U0165885

JAPAN

日本學指南

100本研究日本人文科學領域主題的經典專書

山藤夏郎、林承緯、柳瀨善治、
陳志文、楊素霞、榊祐一、羅曉勤——著

五南圖書出版公司 印行

凡例

一、在每篇導讀文章開頭，會列出該書的作者、書名及初版的出版年份。該書為外文的話，會將該書的作者及書名譯成華語，同時並列加上原書的資訊；若已有出版的華語或日文譯本，也將一併附上相關資訊。

二、本書所導讀的一百本著作之中，也有包含叢書，在此叢書算成一本。另外，導讀7的〈委員會的邏輯〉正確來說是論文，但有鑑於其在思想研究領域中的重要性，因此暫且算成一本著作。

三、原則上，本書中的時間以西元表示，必要時用括弧附上日本的年號；例如，1872（明治5）年。

四、文中提及的人名，一律省略敬稱。另外，由於每個人對於個人資料保護程度不同等因素，部分行文中提及的人名不會附上出生年等個資。

五、為了讀者閱讀方便，行文中言及的外國的人名、出版社名、團體組織名，皆以華語呈現，必要時將用括弧附上原文說法；例如，米歇爾・傅柯（Michel Foucault）、福田亞細男（福田アジオ）、「民間傳承之會」（日語：民間伝承の会）。

　　　但同時，部分外國作品、法律、條約、公約的華語譯名，在華語圈已經被使用一陣子，甚至耳熟能詳的話，就不另附原文說法；例如，宮崎駿的《龍貓》、夏目漱石的《心》、《大日本帝國憲法》。

六、為了讓讀者日後能進一步查詢相關資訊，行文中提及的日文的書名、雜誌名和論文名，仍以原文呈現。相對地，有鑑於本書介紹的歐美著作的使用語種不限於英文，再加上其中部分的小眾語言在華語圈市場不大，因此歐美著作的書名、雜誌名和論文名一律譯成華語，其後用括弧附上原文資訊；例如，《瘋癲與文明》（*Histoire de la folie à l'âge classique*）。

七、導讀文章中若引用到該篇導讀的著作，將用括弧僅表示頁數；例如，（導讀2）作者酒井直樹（1946-）便指出：「本書的目標，在於究明十八世紀日本之思想與文學論述的歷史」（p.13），……。另外，若引用到該著作的華語或日文譯本時，將一併加上譯本的頁數。

　　　　若引用或參考到參考文獻所列的著作時，將採用哈佛註釋體系（Harvard referencing），在行文裡使用括弧標示編著者名、出版年，必要時也會加上頁數。例如，第I部思想研究〈總論〉所言的熊野純彥編（2009），意指其參考文獻裡的該書資訊──熊野純彥編，2009，《日本哲学小史─近代100年の20篇》，中公新書，東京：中央公論新社；同樣地，導讀2所述的（酒井直樹、坪井秀人2021a：119），意指其參考文獻裡的該文資訊──酒井直樹、坪井秀人，2021a，〈近代化の中の「日本語」対話2〉，《現代詩手帖》第64卷第9號──的第119頁。

八、有鑑於本書是引導初學者的入門書，因此必要時將針對專門用語附上簡單的解說。另外，對於語言轉換上難解的語彙或文意，譯者將適時在文中或註釋中以譯註的方式加以解說。

九、本書最後設有〈研究指南〉之項目，提供初學者在進行日本研究時有益的網站、辭典、百科全書等資訊。

十、原則上，參考文獻的排序基準：華語及日文文獻採用編著者名的漢字筆畫；若日文文獻的編著者名為片假名，則採五十音；歐文文獻則採編著者名的字母。

　　　　另外，包含〈總論〉，每篇導讀文章的參考文獻皆列在該篇文章的最後，本書就不另外設參考文獻的項目。

　　　　至於參考文獻的專書、專書篇章或論文資訊，尤其編著者名、書（雜誌）名、專書篇章與論文名、出版社，皆以原文呈現，其格式統一成如下所示：

專書
→編著者名，出版年，《書名》，出版地：出版社名。
　　【例】（華語）姚蒙，1988，《法國當代史學主流：從年鑑派到新史學》，香港：三聯書店。
　　　　　（日文）福田アジオ，2009，《日本の民俗学─「野」の学問の二〇〇年》，東京：吉川弘文館。
　　　　　（歐文）Judith Butler, 1990, *Gender trouble: feminism and the*

subversion of identity, New York: Routledge.

專書篇章

→著者名，出版年，〈論文名〉，編者名，《書名》，出版地：
　出版社名。

【例】（華語）張文薰，2019，〈譯者序〉，《花街‧廢園‧烏托邦：都市
空間中的日本文學》，新北：臺灣商務印書館。

（日文）二宮宏之，2005，〈戦後歴史学と社会学〉，歴史学研究会
編，《戦後歴史学再考—「国民史」を超えて》，東京：青
木書店。

（歐文）Eric J.Hobsbawm, 1992, "Ethnicity and Nationalism in Europe
Today", Gopal Balakrishnan(ed.), *Mapping the Nation*, London
and New York: Verso.

期刊論文

→著者名，出版年，〈論文名〉，《雜誌名》號數。

【例】（華語）酒井直樹，1998，〈現代性與其批判：普遍主義與特殊主義
的問題〉，《台灣社會研究季刊》第30期。

（日文）駒込武，2000.4，〈「帝国史」研究の射程〉，《日本史研
究》第452號。

（歐文）Fukuda, Atsushi, & Asato, Noriko, 2004, "Universal Politeness
Theory: Application to the Use of Japanese Honorifics", *Journal
of Pragmatics*, 36.

譯本

→編著者名，譯者名，原書出版年＝譯本出版年，《書名》，出
　版地：出版社名。

【例】E‧H‧カー著，清水幾太郎譯，1961＝1994，《歴史とは何か》，
東京：岩波書店。

改訂版或增補版

→編著者名,初版出版年→改訂版或增補版出版年,《書名》,
　出版地:出版社名。

【例】丸山眞男,1952→1983,《日本政治思想史研究》,東京:東京大学
　　　出版会。

總序

本書的緣起：「學術」的意義

　　由於全球化和科技發展日新月異，現今我們所身處的社會環境正在發生重大的變化。在過去的四分之一的世紀裡，聽到日語，以及接觸日本的動畫、漫畫等流行文化的機會急遽增加，去日本旅行也變得更加容易了。跨境的全球供應鏈的形成，更進一步強化了國際社會在經濟層面的凝聚力。根據國際交流基金的調查，目前全世界學習日語的人數，已超過380萬人，又以華語圈的人數最多。[1]

　　其中，有不少人雖然進大學以前就已經透過流行文化多少對日本有一定的認識，但正式學習日本的事物，可說是進入大學，履修學校相關課程之後。單就本書多位編輯在職的臺灣的大學現況來說，大學的課程以學習日語為基礎，但與日本相關的「學術」領域直接銜接之情況不見得理想，研究型大學亦不例外。所以即便大學生畢業後選擇升學，進入研究所就讀，也只是將研究所視為日語的語言學習的延伸，甚至之後察覺到研究所與當初想像的不同，因而感到挫敗的例子屢見不鮮。

　　然而，問題的根源在於科技迅速發展，使得人們認識到學習科技的必要性，再加上廣設大學，造成社會上潛在對於學術研究，尤其是人文科學的學術不信任與無用的認知。換言之，社會大眾普遍認為，具備日語能力將有利於未來的就業，但學術研究能力就未必如此了。這種強調實用性的認知傾向，不限於「日本」研究，在人文科學中是很常見的。值得注意的是，這種認知是建立在對於學術有很大誤解的前提之上；亦即，誤解學術的目的是為了獲取既有的知識與資訊，連帶地誤認在網路上搜尋日本相關的知識與資訊就足夠了，沒有必要浪費時間閱讀艱澀的學術專書，認為那是沒有效率的事。獲得已知的資訊，確實是學術研究過程中的附屬要素，

---

[1]　国際交流基金編，2020，《海外の日本語教育の現状　2018年度日本語教育機関調査より》（https://www.jpf.go.jp/j/project/japanese/survey/result/dl/survey2018/all.pdf，最終檢索日：2022年2月7日）。

但並非學術的目的。學術的目的是，當人們面對問題時，用自己的頭腦獨立「思考」，並以此為前提來創造新知識。

　　學術研究的進行方式，通常是蒐集大量資料，對其進行分類並加以系統化，同時提出論證根據，分析其含義。從資料中歸納出法則，從論證中演繹出意義，並適時切換微觀與宏觀的視角，解讀隱藏在現象裡的法則、結構和制度，但也必須排除不正確的資料和主觀想法，為研究主題賦予創造性的新意義。另外，將研究命題和結論之間的邏輯關係，包括上述的獨立思考過程，明白地表達給尚未共享研究成果的第三方，以供日後驗證。而學術研究，即是上述的作業流程不斷的重複。如此一來，自己也可以作為第三方來驗證他人的研究成果，同時透過相互公開各自的獨立思考過程，重複檢驗，進而建構社會共享的專業知識體系。

　　換句話說，學術研究最終會得出什麼結論，固然重要，但更重要的是，為了得出結論，到底經歷了什麼樣的獨立思考過程。如果低估了獨立思考過程的重要性，未留意到論證的過程，就可能僅從結論輕率地擷取片面的資訊罷了。重視思考過程的學術，與獲取知識或資訊並不同，若將兩者混為一談，將會過度信賴現今越來越豐富、多元，且以獲得知識或資訊為目的的網路資訊，也將容易傾向於認定複雜的學術是無用的。

　　不可諱言的，網路資訊確實有些具有專業性、高可信度的內容，但也有其盲點與陷阱。第一點，有一些資訊是粗略、不準確的，還有一些是將個人經驗加以一般化，甚至參雜了杜撰的內容。不僅如此，充斥了不少的假新聞，包含出於杜撰或誤解的虛假資訊，以及意識形態的宣傳。這些也因網路在審查資訊真偽和過濾假新聞方面的表現與機能不佳，未經嚴謹審查就為網路使用者接收，再透過社群媒體（SNS）回流並擴散到網路世界。第二點為「同溫層效應」（echo chamber），即網路使用者在社群媒體上封鎖不中聽的言論，安心身處在價值觀、立場和想法相近，相對封閉的環境裡，進而放大和強化自己的信念。第三點，雖然網路很方便，但並非世界上所有的資訊都能在網路上檢索得到，網路只能檢索到已知的資訊，對於未知的問題或無法識別的事物，則無法提供相關的資訊。

　　在媒體高度發達的現今社會，儘管有不少人呼籲人們需要具備「媒體素養」（media literacy），即對於媒體的理解與運用能力，以避免媒體

不當的影響。但是，隨著網路空間不斷地擴張，其影響力與日俱增，在社群媒體裡充斥了不少缺思考過程的資訊，人們已越來越難判斷事物的真偽，將漸漸喪失思考未知問題的能力與習慣，容易被具有渲染力的假新聞煽動，或者將毫無根據、與個人情感和信念相符的資訊視為客觀事實，也就越來越無法抗拒「後真相」（post-truth）時代的到來。

再者，現在技術已不再僅是加諸於人類外部的附屬品，而是從內部左右了人類的行為模式。顯而易見的例子是，智慧型手機已經顯著地改變了人類的行為模式；社群媒體的聲量與評價，也一定程度地影響到消費者選擇商品和餐廳的意願。更令人擔憂的是，未來可能會出現由某些超大型企業和強權國家控制大數據和技術，全球大多數人只能任由他們擺佈的世界。

因此，人們將越來越需要科技無法取代，且建立在獨立思考、專業知識的基礎上之創造力。此創造力絕非單純等於知識或資訊，而是今後科技如何發展，都是社會上不可或缺的。而學術這個保護屏障，正可以用來抵禦毫無防備地接收假新聞或假資訊的危險性，同時開發創造力，如同前述，此乃因學術重視的，不是結論或資訊，而是導出結論的獨立思考過程。從這個意義上來說，閱讀論述獨立思考過程的學術專書，可說是至關重要的事，這正是我們編輯群編輯本書的緣起。

再論「日本」的重要性及本書的構成

自古以來，日本雖然不是東亞或世界的中心，但藉由將中國大陸、朝鮮半島，乃至歐美等地的經驗與智慧消化吸收，創造出具有特色的「日本文化」，並在十九世紀後期起，透過現代化改革，在東亞地區佔有一席之地，甚至躍升為世界強國。縱使自1990年代初期泡沫經濟崩潰以來，第二次世界大戰結束後所建立的諸多體制開始出現破綻，日本在國際社會的國力與影響力大不如前，但仍是七大工業國組織（G7）之中亞洲唯一的國家，其軟、硬實力，乃至日本研究依然備受矚目。

再者，相較於冷戰時期，後冷戰時期，東亞地區已經比較能跳脫東西二元對立的意識型態，以及民族國家的框架之枷鎖，民間層級的發展與交流機會大增了，鄰近國家的人們對日本的認識加深了，連帶地，出於對彼

此文化的誤解與無知所產生的矛盾和衝突也層出不窮。為了避免此情形持續惡化，在日本以外的東亞地區，尤其戰前日本殖民地的臺灣、朝鮮（現今的南韓與北韓），以及戰爭期間日本佔領地的中國，應該修正以往單從反日／親日之二元對立的思維或特定意識型態的視角，採用嚴謹的學術研究方式再論日本。

　　值得一筆的是，不少關於日本的文章裡，理所當然地將「日本」、「日本人」，乃至「日本文化」視為具有一體性的主體，而不細究其內含的複雜性，行文間亦充斥了具有刻板印象的膚淺資訊。此情形不僅出現在市售的專書裡，在網路世界裡特別明顯。並且，這類文章常將日本視為自己的他者或外部，展現出「外團體同質性效應」（out-group homogeneity effect）。此效應意指，人們誤認外團體比自己所屬的團體更具同質性，因而忽略外團體的複雜性。若不自覺地將外團體的日本視為一個可以憑自我意志而自行運作的綜合體的話，日本會成為反射鏡，回過頭來將內團體的自我認同加以單一化，也可能破壞內團體的多元性和可變性。換言之，粗略地、膚淺地理解日本，與其說是日本的損失，不如說更是自己的損失。到底純粹的日本是否真的存在？這不是理所當然的前提，而是值得探究的課題；同樣地，一些被視為日本的事物，可能在我們的社會裡也可以見到。

　　有鑒於此，本書精選了一百本關於日本的人文科學領域的經典學術專書，供有志從事日本研究的大學生、研究生，以及相關領域的研究者參考，並以通俗易懂的方式解說其要點，以期為讀者的研究活動盡微薄之力。

　　本書涵蓋了七個人文科學領域，依據《中文圖書分類法》的圖書排序，[2]分別為思想研究、民俗學、歷史學、語言學、日語教育與第二語言習得研究、文學研究，以及現代大眾文化研究。當然，本書並沒有涵蓋所有的人文科學領域，還欠缺哲學、宗教學、地理學等領域，此乃因我們編輯群的專業的侷限性所致，但不表示其它領域的重要性較低，也絕無貶低之意。

2　《中文圖書分類法》（2007年版）修訂委員會修訂，2016，《中文圖書分類法2007年版 類表編》，臺北：國家圖書館，pp.2-5。

　　還應注意的是，這些領域並非單獨存在，而是常與鄰近領域連動，互相產生錯綜複雜的共鳴。例如，文學研究不僅是閱讀作品，還需要剖析與作品相關的歷史背景或語言結構。從這個意思來說，我們編輯群衷心希望讀者能跨越本書所預設的領域分類來閱讀本書。

　　此外，本書所導讀的一百本專書，原則上以理論研究為中心，其中包括歐美的理論專書。此目的並非僅將日本研究視為一個地域研究而已，而是期盼將其定位為朝向更大普遍性的入口。因為在歷史上，尤其近代以來，日本研究就是通過引進歐美知識建構而成，迄今歐美的學術研究成果仍持續地被翻譯成日文，一直為構成日本研究的要素。因此，即便歐美的理論專書沒有討論到日本，但只要是構成日本的人文科學研究的基礎，也會被我們編輯群視為經典的學術專書。日本研究並非是封閉的一個地域研究，而是需要與鄰近領域建立對話關係，對理論的考察也必不可少。

　　並且，必須適切地閱讀學術專書，正確地理解專業用語。然而，本書作者與譯者分別在進行經典著作導讀與翻譯時，遇到了用語方面的諸多困難。其中一大難處就是，即便華語與日語都使用相同的漢字，但其概念有些許的差異。例如modern一詞，以及與此相關的modernity、modernization、modernism等理論，在日文書寫世界裡通常被翻譯成「近代」，但在華語書寫世界裡則被譯成「現代」。另外，modern一詞作為歷史分期，因二戰後日本有其獨特的歷史脈絡，通常指十九世紀後期至二戰結束為止的時期，以區別二戰之後的「現代」（請見第Ⅲ部歷史學的〈總論〉）。因此，為了保留此歷史特色，本書將作為歷史分期的modern一詞統一譯成「近代」；至於與modern相關的理論，則翻譯成「現代」，如modernity＝「現代性」、modernization＝「現代化」、modernism＝「現代主義」、postmodern＝「後現代」。同時若有需要，也會適時在導讀文章的本文或註釋裡加以說明。

　　本書得以完成，承蒙高達六十多位臺日兩國為主的知名研究者的協助。讀者可以挑選自己感興趣的文章閱讀。另外，每個領域都有一個〈總論〉，來總結各領域的學術發展脈絡和要點，希望讀者也能一併參考。

　　不可諱言的，所謂的經典著作，其定義因人而異，除了本書精選的一百本專書之外，尚有不少的重要著作未被介紹到。因此，也請讀者多留

意這一百本以外的著作，或者也可以請周遭的師長和同學推薦好書，並多與他們進行學術對話，打破老師單方面講述、學生單方面學習的僵化關係，建立起雙方互相啓發的關係，這也是學習共同思考難題的基礎。

　　綜言之，在網際網路技術發達、知識與資訊爆炸的二十一世紀，我們全體編輯盼望透過導讀人文科學領域的日本研究的一百本經典著作，使讀者能理解學術研究過程中獨立思考的重要性，進而深入理解並再論這個在東亞地區仍佔有一席之地，且與鄰國有密切關聯，又具有多樣性的日本。

全體編輯

CONTENTS
目　次

第 III 部　歷史學

第 IV 部　語言學

第V部　日語教育與第二語言習得研究

第 VII 部　現代大眾文化研究

思想研究

總論——日本思想史研究的譜系

柳瀨善治／阮文雅　譯

　　日本思想史研究的視野，向來始於《古事記》，後經佛教、武士道（士道）[1] 及近世的「國學」[2] 等思想，到西田幾多郎（1870～1945）等近代哲學思想爲止。例如，在日本思想史入門解說等方面已然成爲經典之作的相良亨編（1984），皆是以此脈絡寫成的。

　　不過，近年也出現了將研究範圍延伸至近現代的著作，如清水正之（2014）、熊野純彦編（2009）等研究。清水正之（1947～）爲相良亨（1921～2000）的弟子，不僅以更廣袤的視角縱橫論述從古代至現代的日本思想史，甚至涉及生命倫理學中的應用倫理學範疇。而法國哲學研究學者熊野純彦（1958～），除了編寫伊曼努爾・康德（Immanuel Kant, 1724～1804）、伊曼紐爾・列維納斯（Emmanuel Lévinas, 1906～1995）等人的西洋哲學思想之專門著作（熊野編2009），也將目光投射到數名在日本思想史上通常不被提及的思想家，如下村寅太郎（1902～1995）、岩下壯一（1889～1940）等人。另外，苅部直、片岡龍編（2008）有著亮眼的編排結構，除了佛教、神道等項目之外，也以簡潔明快的評論方式介紹了具代表性的日本思想史研究名著；苅部直（2018）、子安宣邦編（2011）也將日本思想史研究名著及其背景，以極其俐落的筆致整理、介紹。

---

[1] 譯注：所謂的「武士道」，一般咸認是一種遠從近代之前綿延至今的日本思想，具有久遠的傳統。但現今的研究中亦有一種說法，認爲武士道「其實是以明治的國家體制爲依據所產生的近代思想」（菅野覚明2004），也就是一種「被發明的傳統」（請見第III部導讀41）。至於上述關於武士道的敘述，請參見鈴木康史，2001，〈明治期日本における武士道の創出〉，《筑波大学体育科学系紀要》第24卷；菅野覚明，2004，《武士道の逆襲》，東京：講談社。

[2] 譯注：「國學」是指日本江戶中期左右興起的一門學問，意圖透過《古事記》、《萬葉集》等古典名著研究，闡明日本的「古道」（日本固有的精神性）。

　　本書的第I部，從日本思想史的國學相關研究中，選定介紹經典的丸山眞男《忠誠與反叛：日本轉型期的精神史狀況》（導讀10），以及爲國學研究開拓嶄新局面的酒井直樹《過去之聲：語言在18世紀日本論述中的地位》（導讀2）。以「執拗而不間斷的低音（basso ostinato）」，聽取日本歷史古層的訊息，此爲丸山眞男（1914～1996）著作中非常膾炙人口的文句。但丸山的思想可不只這種本質主義式的敘述表現層面而已，他還考究了幕末維新期各家的論述，解析出「忠誠與反逆」之驅動力，由此已可見證丸山這位思想史學者的力量不容小覷。有關丸山《忠誠與反叛》的介紹，請參照通曉日本及歐美文學理論的水川敬章所執筆的導讀文章。

　　《過去之聲：語言在18世紀日本論述中的地位》旁徵博引了雅克・拉岡（Jacques Lacan, 1901～1981）、米歇爾・傅柯（Michel Foucault, 1926～1984）的話語（discourse），以及主體性等相關理論，顚覆了丸山眞男以來的國學研究定論（丸山1952→1983）。酒井直樹（1946～）在著作中採取以設想十八世紀的言說空間之方法爲視角，進而重新檢證國學和古文辭學，並解析伊藤仁齋（1627～1705）的思想在當時的言說空間中具有哪些特徵，尤其針對不能以同時代言說的議論來處理的部分──例如「日本語」、「日本人」、「日本國」的類別範疇起源於國學，長久以來都被視爲牢不可破的定見，他認爲這些並不是具有本質性的類別，而是在歷史及社會的流轉中所形成的。在民族主義（nationalism）研究中這也是非常重要的一點。有關酒井《過去之聲：語言在十八世紀日本論述中的地位》之介紹，請參照英語圈文學研究者齋藤一所執筆的項目簡介。齋藤爲該書之日文翻譯者，對於酒井的著作在英語圈所造成的回響，齋藤也瞭若指掌。齋藤的研究著述對於戰前的英文文學與殖民主義的關係，有著縝密的檢證（齋藤2006）。

　　日本思想史中有數個至大的主題，例如天皇制研究就是其中之一。天皇制研究在歷史學領域中已有數量龐大的研究文獻，本書擇定從日本法制史立場所撰寫的水林彪《天皇制史論：本質、起源、展開》（導讀6）。水林彪（1947～）援用了歷史學的相關學術成果，以及馬克斯・韋伯（Max Weber，1864～1920）的《支配社會學》（Soziologie der Herrschaft）（マックス・ウェーバー1922＝1960），將天皇的本質定義爲「不含權

力的權威」，其歷史就是形成「古層」的「共同狀態秩序」與「新層」的「律令制度」相抗衡的過程。筆者（柳瀨善治）相信，將此論述與丸山的「執拗而不間斷的低音」所引發的議論，以及後敘關於東島誠（1967～）所進行的現代日本史學概觀來進行對照比較，更是饒富興味。此導讀由才氣縱橫的天皇制研究學者茂木謙之介執筆（請參考茂木2019）。

　　把日本近代思想史中如日本天皇制等主要論點，以獨特的視點整理出脈絡的，則是久野收、鶴見俊輔《現代日本思想：其五大潮流》（導讀1）。該書將「白樺派」視為日本觀念論的代表，又將「生活綴方運動」[3]當成實用主義的代表；此獨樹一格的觀點為該書的一大特徵，已是日本近代思想史的經典名著。有關天皇制與白樺派的私小說的論述，建議閱讀時可與後述的橋川文三（1922～1983）的研究進行比較分析，將更得知其精髓。本導讀由茂木所執筆。

　　有關私小說，請參照鈴木登美（2000）；至於向來較少與日本思想史相提並論的實用主義，請參照ルイ・メナンド（路易・梅南＝Louis Menand, 1952～）（2001＝2011）。順道一提，鶴見俊輔（1922～2015）晚年促成了梅南著作的日文譯本的出版。另外，以鶴見為中心所組成的「思想的科學研究會」（原名：思想の科学研究会），發表了許多共同研究的成果，例如《共同研究 転向》叢書，該叢書不僅是重要的馬克思主義研究，也是不可忽視的日本思想風土論證研究（思想の科学研究会編1959～1962→2012）。此外，思想史家藤田省三（1927～2003）結合了丸山與鶴見兩派的學說理論，其研究成果也不能忽略（藤田1982→1997）。

　　日本近現代思想史之中，學術研究成果最為彪炳的就屬「京都學派」了。竹田篤司（2001）闡明了京都學派整體的動向，勾勒出其整體的樣貌。關於西田幾多郎的思想研究為數眾多，此處舉出小林敏明（2003→2011）；小林著眼於西田幾多郎的特殊文體的形成過程，並進行

3　譯注：所謂「生活綴方運動」，是源自於大正時代的一種日本教育方法。該運動的基本理念與方法雖然形形色色，但最主要的就是讓孩童將自己生活體驗中所發現以及所感受到的事物，用自己的文字據實寫出，藉此提升文章表達能力，同時也加深對生活的認識與思考。

其思想論述（小林爲後敘的廣松涉的得意門生）。至於和西田一樣撐起京都學派的田邊元（1885～1962），以「種的論理」的邏輯思維打響名號，在此舉出合田正人（2013）一書；該書從世界思想史的廣角視點出發，針對田邊思想研究提出了精闢的見解。近年有關京都學派等日本哲學方面的研究有：檜垣立哉（2015）；華語圈對京都學派進行介紹及檢證的則有：廖欽彬（2012）、廖欽彬、高木智見編（2018）之一連串的研究成果。

　　本書第I部也另外介紹九鬼周造《「粹」的構造》（導讀8）和中井正一〈委員會的邏輯〉《中井正一評論集》（導讀7）。雖然這兩位作者在京都學派中處於有點偏離中心的周緣位置，但都在早期就將結構論的研究方法加進自己的著作裡。九鬼周造（1888～1941）的著作將日本「文化文政年間」（1804～1830）的美學意識「粹」（いき），從「媚態」、「骨氣」與「死心」的三個觀點來建構，是日本非常少見的結構論傑作。該書可說與後敘的法國社會學家皮埃爾・布爾迪厄（Pierre Bourdieu, 1930～2002）相同路線、屬於解析「品味」（另譯「趣味」）的規範結構之研究，且在1930年的時間點就已經提出「公共圈」的概念，其敏銳的直覺值得記上一筆。本導讀的執筆者是臺灣版譯書出版時擔任監修的內田康。內田是日本中世文學的研究者，對於該書在華語圈產生的影響也進行了詳盡的解說。

　　至於中井正一（1900～1952）所提出的「委員會的邏輯」，是以所謂的辯證法，將「討論」、「思惟」、「技術」、「生產」這些「實踐性邏輯」加以統合而產生的理論，此遙遙領先了尤爾根・哈伯馬斯（Jürgen Habermas, 1929～）等學者戰後提出的、與德國社會學溝通性相關的概念。而中井提及的印刷文化，也含有跟媒體史研究接軌的可能性。就1930年代的理論來說，其宏觀思惟所涉獵的範圍居然已經涵蓋了資本主義社會論及技術社會論，是令人欽佩的先驅研究。關於該文，將由已產出豐富「社團村」研究業績的水溜眞由美進行精闢的介紹（水溜2013），她於導讀文章中拋出該邏輯運用於分析現代社會的可能性。

　　中井的研究與資本及勞動有關，與馬克思主義的相關論述亦有交集。廣松涉《「近代的超克」論：昭和思想史的一個視角》（導讀9），即爲從馬克思主義觀點來探討日本近代思想史的研究。該著作討論到1942年，小

林秀雄（1909～1983）、林房雄（1903～1975）等作家與評論家，以及高山岩男（1905～1993）、西谷啓治（1900～1990）等哲學、歷史學、宗教學等學者濟濟一堂所進行的名爲「近代的超克」之知性激盪座談會（《文学界》1942年10月號），並且將京都學派中世界史的文哲學者的浪漫主義式思惟，與戰時的政治體制相互對照，進行嚴密的論述。

廣松涉（1933～1994）最廣爲人知的研究是廣松涉（1968→1997），此透過探究卡爾・馬克思（Karl Marx, 1818～1883）的《德意志意識形態》（*Die deutsche Ideologie*, 1845～1846），主張馬克思的前期思想與後期思想有著明顯的轉變與區隔，而且後期馬克思的關係主義連結至《資本論》（*Das Kapital: Kritik der politischen Ökonomie*, 1867），這些思想才有可能發展爲社會理論。而廣松涉《「近代的超克」論：昭和思想史的一個視角》一書的導讀文章，由菅原潤執筆。菅原曾發表關於「近代的超克」的研究論著，也是德國哲學家弗里德里希・謝林（Friedrich Schelling, 1775～1854）的研究者，通曉德國思想史（菅原2011）。

與「近代的超克」論相關的，還有戰局下日本思想史的問題、與戰爭的關係，以及在此之前保田與重郎及林房雄等民族主義者受到馬克思主義的影響與其思想轉變的問題；而與這些問題都至關重要的，就是日本浪漫派（日本浪曼派）的存在。近年出現了許多出色的日本浪漫派研究，如吳京煥、劉建輝（2019）、坂元昌樹（2019）等等。本書第I部選擇了橋川文三《日本浪漫派批判序說》（導讀3）來作介紹，這本著作可謂是這方面研究的原點。如前述，將各問題統合起來的就是日本浪漫派，尤其是保田與重郎。橋川的這本著作企圖透過內在的批判，讓當時日本浪漫派的問題得到解決。光這一點就讓橋川的著作具有超強力度，即使在今天也無其他著作可以相比擬。此外另有橋川（1994），該書對於與日本天皇制相關的超國家主義有著透徹的分析，對現今的民族主義研究來說也相當值得參考。《日本浪漫派批判序說》（導讀3）的執筆者爲柳瀨善治，是三島由紀夫與保田與重郎的研究者。

橋川的故鄉是廣島，他的親族中有人是廣島核災的被爆者（即在核爆中生還的人們）；而在戰後的日本思想論述中有個不可或缺的論點，那就是核爆相關思考與文學之關係的問題。內田隆三（2002）指出，戰後日本

有一個具有超越性的思考移轉，那就是從天皇制移轉到核武。有關烙印在戰後日本的新超越性──也就是核爆體驗的問題，不只在歷史學、政治學方面，在文學研究領域也累積了以《原爆文学研究》雜誌（2001起至今）等主要成果。

　　本書在這些研究中選定了約翰・惠蒂爾・崔特（John Whittier Treat）《書寫原爆點：日本文學與原爆》（導讀4），該書雖然出自美國研究者之手，但該書從日本的「原爆文學」研究動向開始論述，延伸到就連海登・懷特（Hayden White, 1928～2018）刷新歷史學理論（ヘイドン・ホワイト 1973＝2017）之舉，也收入到該書浩瀚的視野中。該書導讀文章的執筆者爲其中一位日文譯者川口隆行，川口爲日本原爆文學首屈一指的學者，在他的個人著作中也有提及日本原爆文學的研究動向，其資訊量蘊含豐富（川口2008）。

　　思想史既然屬於歷史記述，就不能閃避歷史的可記述性以及文體的問題。有關此點，著名的學術研究有前述的海登・懷特（ヘイドン・ホワイト 1973＝2017），以及已另立項目介紹的米歇爾・傅柯《知識考古學》（導讀13）。而日本史研究方面，東島誠《公共圈的歷史創造：朝向「江湖思想」》（導讀5）將此課題連結到哈伯馬斯的「公共圈」議題之上，發表了展現雄心的研究。東島十分明瞭西方理論的動向，亦充分掌握日本史的各時代研究動向，從東島的著作，讀者將可理解日本史研究的最新動態。該書與其他導讀的書籍亦有關聯，如關於「公共圈」議題，若將前述的九鬼周造及中井正一的論述放到東島所呈現的框架中來探討，相信將會是極爲有趣的觀點。東島的這本書由柳瀨善治導讀，柳瀨將介紹歷史記述的理論問題、此與丸山眞男及哈伯馬斯的研究成果的關聯性，以及天皇制所涉及的範圍等內容。也希望讀者務必將東島的研究，以及第III部歷史學的〈總論〉（由楊素霞撰寫）及導讀文章一併閱讀。

　　上野千鶴子《民族主義與性別》（導讀11），將性別（gender，ジェンダー）觀點加進歷史記述與民族主義問題中，在日本史研究領域激起廣大的波瀾，例如東島的上述著作也有提到上野千鶴子（1948～）的論述。上野是日本女性主義研究的佼佼者，著作數量豐富（1990→2009等），其凌厲鋒銳的辯士風格透過本書即可略窺一二。該書的導讀者爲淡江大學的

李文茹。

　　外國的理論研究如何在日本思想史研究生根發展，是理論相關研究上重要的課題。此次從龐雜浩瀚的理論相關研究中選出了以下四冊具代表性的著作：皮埃爾・布爾迪厄（Pierre Bourdieu）《區分：判斷力的社會批判》（導讀12）、米歇爾・傅柯《知識考古學》（導讀13）、朱迪斯・巴特勒（Judith Butler）《性／別惑亂：女性主義與身分顛覆》（導讀14）、賀爾・福斯特（Hal Foster）主編《反美學：後現代文化論集》（導讀15）。

　　皮埃爾・布爾迪厄《區分：判斷力的社會批判》，重新定義了文化再生產及階級概念因而聞名世界，隨之，近年來也興起了皮埃爾・布爾迪厄（1930～2002）研究，例如石井洋二（2020）、片岡栄美（2019），還有從布迪厄的觀點研究次文化的北田曉大、解体研（2017），都受到矚目。建議讀者可以將北田的著作與第VII部現代大眾文化研究的〈總論〉（由榊祐一撰寫）對照閱讀。而有關日本社會的「格差」問題，請參照佐藤俊樹（2000）。

　　傅柯的學說舉世聞名，一舉顛覆了歷史記述的存在方式，但其實他的理論比一般所了解的更加艱澀。有關傅柯所提出的「話語分析」（discourse analysis）的實踐，必須要對傅柯歷史記述的文體及其必然性徹底了解，才能謹慎地進行精細的處理。將這些論點消化吸收後所撰寫的「話語分析」實踐的具體著作有：竹村信治（2003）、遠藤知己（2016）。本書第I部特別舉出水林彪《天皇制史論：本質、起源、展開》（導讀6），該書解析了日本天皇本質論之研究，若讀者將該書與東島的研究──受傅柯影響下的公共圈理論──一併參照閱讀的話，應該至少能夠略微感受到歷史記述的各種可能性及其困難度。

　　在「性別研究」（Gender studies，ジェンダー・スタディーズ）的領域，則選出了朱迪斯・巴特勒《性／別惑亂：女性主義與身分顛覆》。朱迪斯・巴特勒（1956～）從黑格爾（G. W. F. Hegel, 1770～1831）的哲學研究出發，於該書中批評了西格蒙德・佛洛伊德（Sigmund Freud, 1856～1939）、雅克・拉岡的精神分析理論，並探究性別認同的複數性及可變性。從該書可以觀察到，通曉哲學史的巴特勒之思想考察極具厚度。該書

的導讀文章由李文茹執筆。

　　所謂新藝術史研究（new art history），交錯法國當代思想與美術史理論，其中又以賀爾・福斯特（Hal Foster）主編《反美學：後現代文化論集》是最早出現的例子。稻賀繁美（2014）以日本學之應用例爲主題，研究包含日本的東亞美術史與文化史對此法國美術史研究理念所做出的因應，這是十分難能可貴的研究。該書導讀文章的執筆者爲水川敬章，主要捕捉日本學方面的因應樣態來進行解說。特別要注意的是，臺灣的華語譯本出版時（立緒文化，1998），因版權問題，並未譯出該書所收錄的羅莎琳・克勞斯（Rosalind Krauss, 1941～）與道格拉斯・克林普（Douglas Crimp, 1944～2019）的兩篇論文。

　　以下另外針對若干觀點，提出補充說明。從所謂比較文化的觀點進行日本文化論考察，已有數篇經典研究，如指出日本文化論之雜種性的加藤周一（1956→1974），提出和魂洋才觀點的平川祐弘（2016），以及匯整日本人論／外國人論的平川祐弘、鶴田欣也（1990），再有獨樹一幟的拉夫卡迪奧・赫恩（Lafcadio Hearn, 1850～1904）——即小泉八雲的論述（西成彥1993）。上述久野收、鶴見俊輔的《現代日本思想：其五大潮流》的著作，提出白樺派思想超越觀念論及私小說框架之豐富可能性，此也與柳宗悅（1889～1961）提倡的民藝運動有關。對此，有兩本相關著作：一是岩波文庫本、可輕易入手閱讀之柳宗悅的著作（柳1958→1984）；二是稻賀繁美編（2007）之民藝、工藝研究。同樣與民藝運動相關的民俗學者柳田國男（1875～1962）、折口信夫（1887～1953）之思想，請參照第II部民俗學的〈總論〉（由林承緯撰寫）及導讀文章；而從思想史視點對其方法論進行細緻剖析的內田隆三（1995），也值得參考。

　　就如同上述橋川文三的著作所顯示，既然要討論日本思想史，就不能除去文藝評論家的評論不談。若在研讀那些評論家的論著之際，也同時參照第VI部文學研究的〈總論〉（由山藤夏郎撰寫）及導讀文章的話，相信就能夠察覺到，日本的文學研究是建立在與文藝評論家的評論折衝、拉鋸所形成的一種緊繃關係上，而日本思想史研究方面也是如出一轍。

　　此外，還有一些值得參考的研究：唐木順三（1964）用思想史的論

述方法，釐清傳統文化和「品味」判斷的交織樣態；小林秀雄（1977）的「本居宣長」論，與日本國學研究相呼應；吉本隆明（1968→2020）是因應民族主義研究而成的；江藤淳（1967→1993）充分對應次文化研究、性別研究範疇；大塚英志（2004）研究江藤淳（1932～1999）與次文化式思惟；柄谷行人（1986→1992）將馬克思主義與實用主義式思考結合等等。近年的新銳文藝評論家的論著則有：杉田俊介（2005）發表有關自由工作者的論述；岡和田晃編（2014）將SF科幻思考與地域文化研究跨域結合。

　　將這些評論家的論著與日本思想史的研究著作交織參照，更能夠實際感受到，思考何謂日本思想史，就是回溯溫習過往思想家的知性工作；也就等於透過「日本」，去思考何謂「現代」、何謂「世界」。期望透過這些論著的導讀文章，能夠讓各位讀者體會日本思想史這條大河裡的靜水流深與洶湧浪濤。

參考文獻

丸山眞男，1952→1983，《日本政治思想史研究》，東京：東京大學出版会。

川口隆行，2008，《原爆文学という問題領域》，福岡：創言社。

子安宣邦編，2011，《日本思想史　ブックガイドシリーズ基本の30冊》，京都：人文書院。

小林秀雄，1977，《本居宣長》，東京：新潮社。

小林敏明，2003→2011，《西田幾多郎の憂鬱》，岩波現代文庫，東京：岩波書店。

上野千鶴子，1990→2009，《家父長制と資本制―マルクス主義フェミニズムの地平》，岩波現代文庫，東京：岩波書店。

大塚英志，2004，《サブカルチャー文学論》，東京：朝日新聞社。

内田隆三，1995，《柳田国男と事件の記録》，講談社選書メチエ，東京：講談社。

――，2002，《国土論》，東京：筑摩書房。

片岡栄美，2019，《趣味の社会学―文化・階層・ジェンダー》，東京：青弓社。

水溜眞由美，2013，《「サークル村」と森崎和江 —— 交流と連帯のヴィジョン》，京都：ナカニシヤ出版。

平川祐弘，1971→2016，《和魂洋才の系譜 —— 内と外からの明治日本》，東京：河出書房新社。

平川祐弘、鶴田欣也編，1990，《内なる壁 —— 外国人の日本人像・日本人の外国人像》，東京：TBSブリタニカ。

石井洋二郎，2020，《ブルデュー『ディスタンクシオン』講義》，東京：藤原書店。

北田暁大、解体研編，2017，《社会にとって趣味とは何か》，河出ブックス，東京：河出書房新社。

加藤周一，1956→1974，《雑種文化—日本の小さな希望》，講談社文庫，東京：講談社（初版＝東京：大日本雄辯会講談社，1967年）。

合田正人，2013，《田辺元とハイデガー —— 封印された哲学》，PHP新書，東京：PHP研究所。

吉本隆明，1968→2020，《共同幻想論》，角川ソフィア文庫，東京：KADOKAWA（初版＝東京：河出書房新社，1968年）。

竹田篤司，2001，《物語「京都学派」》，中公叢書，東京：中央公論新社。

竹村信治，2003，《言述論》，東京：笠間書院。

西成彦，1993，《ラフカディオ・ハーンの耳》，東京：岩波書店。

江藤淳，1967→1993，《成熟と喪失—「母」の崩壊》，講談社文芸文庫，東京：講談社（初版＝東京：河出書房新社，1967年）。

坂元昌樹，2019，《〈文学史〉の哲学—日本浪曼派の思想と方法》，東京：翰林書房。

杉田俊介，2005，《フリーターにとって「自由」とは何か》，京都：人文書院。

吳京煥、劉建輝編，2019，《日本浪曼派とアジア—保田與重郎を中心に》，京都：晃洋出版。

佐藤俊樹，2000，《不平等社会日本—さよなら総中流》，中公新書，東京：中央公論新社。

岡和田晃編，2014，《北の想像力—《北海道文学》と《北海道SF》をめぐる思索の旅》，札幌：寿郎社。

苅部直，2018，《日本思想史の名著30》，ちくま新書，東京：筑摩書房。

苅部直、片岡龍編，2008，《日本思想史ハンドブック》，東京：新書館。

茂木謙之介，2019，《表象天皇制論講義――皇族・地域・メディア》，東京：白澤社。

柄谷行人，1986→1992，《探究I》，講談社学術文庫，東京：講談社。

相良亨編，1984，《日本思想史入門》，東京：ぺりかん社。

柳宗悦，1958→1984，《民芸四十年》，岩波文庫，東京：岩波書店（初版＝東京：宝文館，1958年）。

思想の科学研究会編，1959～1962→2012，《共同研究 転向》，東洋文庫，東京：平凡社。

唐木順三，1964，《無常》，東京：筑摩書房。

原爆文学研究会編，2001年至今，《原爆文学研究》第1號。

清水正之，2014，《日本思想全史》，ちくま新書，東京：筑摩書房。

菅原潤，2011《〈近代の超克〉再考》，京都：晃洋書房。

鈴木登美著，大内和子、雲和子譯，2000，《語られた自己――日本近代の私小説言説》，東京：岩波書店。

遠藤知己，2016，《情念・感情・顔》，東京：以文社。

熊野純彦編，2009，《日本哲学小史――近代100年の20篇》，中公新書，東京：中央公論新社。

廖欽彬，2012.3，〈実践における死生――田辺元の「死の哲学」と慈済の宗教的世界〉，《死生学研究》第17號；（中文版）2012.3，〈實踐中的生死：田邊元「死的哲學」與慈濟的宗教世界〉，《臺日國際研討會特集：朝往東亞的生死學》第17號。

廖欽彬、高木智見編，2018，《近代日本の中国学》（日本學研究叢書28），臺北：國立臺灣大學出版中心。

廣松渉，1968→1997，《マルクス主義の成立過程》（收錄於《廣松渉著作集》8），東京：岩波書店（初版＝東京：至誠堂，1968年）。

稲賀繁美，2014，《絵画の臨界―近代東アジア美術史の桎梏と命運》，名古屋：名古屋大学出版会。

稲賀繁美編，2007，《伝統工藝再考 京のうちそと―過去発掘・現状分析・将来展望》，東京：思文閣出版。

橋川文三，1994，《昭和ナショナリズムの諸相》，名古屋：名古屋大学出版
　　会。

檜垣立哉，2015，《日本哲学原論序説─拡散する京都学派》，京都：人文書
　　院。

齋藤一，2006，《帝国日本の英文学》，京都：人文書院。

藤田省三，1982→1997，《精神史的考察》（收錄於《藤田省三著作集》5），
　　東京：みすず書房（初版＝東京：平凡社，1982年）。

ヘイドン・ホワイト（Hayden White）著，大澤俊朗等譯，1973＝2017，《メタ
　　ヒストリー──一九世紀ヨーロッパにおける歴史的想像力》，東京：作
　　品社。

マックス・ウェーバー（Max Weber）著，世良晃志郎譯，1922＝1960，《支配
　　の社会学I》，東京：創文社。

ルイ・メナンド（Louis Menand）著，野口良平、那須耕介、石井素子譯，2001
　　＝2011，《メタフィジカル・クラブ──米国100年の精神史》，東京：み
　　すず書房。

1. 久野收、鶴見俊輔，《現代日本思想：其五大潮流》，1956年

原書：久野收、鶴見俊輔，1956，《現代日本の思想——その五つの渦》，岩波新書，東京：岩波書店。

茂木謙之介／劉淑如　譯

　　生活在2020年代的我們，通常不太會將《現代日本の思想——その五つの渦》一書（以下簡稱此書）所涉及的觀念論、唯物論、實用主義（pragmatism，プラグマティズム）、超國家主義和存在主義等視爲「現代」思潮。其次，此書所探討的具體內容，例如白樺派、日本共產黨、「生活綴方運動」、「昭和維新」、戰後世態等等，也與我們較容易聯想到的「思想」的樣貌有所隔閡。因此，讀者在閱讀此書時，必須先具備以下的認知：關於前者，是基於此書出版於日本戰敗十餘年後的1956年的這種歷史性所需；至於後者，則是基於以實用主義思潮的引進者鶴見俊輔（1922～2015）爲代表的作者的戰略性所需。另外要補充的是，此書的序、第IV章、跋等章節，由久野收（1910～1999）執筆；第I、II、III、V章則是由鶴見執筆。

　　首先在第I章中，鶴見將觀念論定位爲「極看重精神性（或觀念性）事物，世界據此而成立的思想」（p.3），接著評價明治末年以降的文學思潮白樺派，稱其「含有在觀念論此一思想流派所能達成的成效中最好的部分」（p.2），並認定其對於個人層面的自我磨練具有重要性。但另一方面，鶴見也將白樺派文化人未能抵抗戰爭——即戰爭協力——視爲是一種結構性問題下的結果，並對此展開批評，包括批判其在戰後缺乏對戰爭責任的自我反省。

　　接著在第II章中，鶴見針對爲何以日本共產黨的思想是日本的唯物論一點，分成四個層面解說：一是日本共產黨的思想採用了試圖驅動由物質

所組成的世界以使其更美好的「辯證唯物論」；二是日本共產黨的思想挑戰了明治時代以降日本社會對於「國」與「家」的刻板印象。以上二者皆屬正面評價。三是日本共產黨的思想一方面由知識分子的意志主導，另一方面卻偏離了民眾的實際感受；四則日本共產黨的思想大體上雖然是唯物的，但細節卻不同。亦即，作者批判日本共產黨的思想主張並未觸及大眾，而這可說是對當時的日本共產黨的評價——作者留意到1955年召開的日本共產黨第六次全國協議會（六全協）中解除武裝鬥爭路線的決議。

　　在第III章中，鶴見討論始自戰前、旨在透過作文以實施教育改革的「生活綴方運動」，稱其為日本的實用主義，並將其定義為「透過與在地小學生的交會而產生的自發性的思想運動」（p.73），而非從外國輸入的特定學說。鶴見認為，該運動集結了「東洋的虛無思想、歐洲世紀末的唯美主義、無政府主義、馬克思主義」（pp.102～103）等語境，乍看下頗為混雜，實則深具「創造的折衷性」，因而給予高度的評價（p.103）。

　　第IV章看似在解說日本的超國家主義——「昭和維新的思想」，實則為勾勒明治末期至昭和初期的近代政治思想史。在本章中，久野認為以天皇為中心的國家主義從明治時代以降便維持至今，並將伊藤博文（1841～1909）等人所創造的天皇中心體系稱為「天皇的國民、天皇的日本」（p.127）。久野並以吉野作造（1878～1933）的民本主義與北一輝（1883～1937）的超國家主義為例，闡述在此一體系自大正時代以降陷入機能不全的狀態下，試圖將之重新解讀為「國民的天皇、國民的日本」之思想。久野指出，由於農村的天皇信仰的剷除失敗、既存政治制度的牢不可破，再加上政黨的腐敗、社會主義的暴走等因素，吉野的民本主義運動，早早便遭遇到挫敗。至於北的思想，雖然旨在結合日本的國家主義（nationalism，ナショナリズム）與社會主義，揭發國家主權說與天皇機關說此一由菁英共享的國家機制，並試圖將天皇定位為「國民統合的象徵」（p.149），此一思想也與政變的發生有關聯，但並未能促成體制上的根本改革。作者的這些論點，至今依然值得作為我們在理解明治體制與理解邁向超國家主義的過程時之參考。

　　第V章以日本的戰後世態為例，討論日本的存在主義。鶴見探討當時二十到三十多歲年輕人（＝戰後派）的經驗與行動，指出這些人在戰後

「經歷許多過去所堅信不移的價值在瞬間褪色，變成什麼都不是的、無足輕重的理念」之經驗（p.198），他們目睹上一代的「轉向」，並對其不負責任感到憤慨。對此作者給予正面評價，認為其中存在著「為叛逆而叛逆的此種完全符合存在主義性質的理念」（p.191）。而屬於戰後派的鶴見，其切身感受可說亦包含在其中。另一方面，這將如何影響出生在同一時期秩序恢復狀況中的新世代？作者也將之列為日後的研究課題。至於此時將石原慎太郎《太陽の季節》[4] 視為走在時代尖端、具嶄新的青春形象之代表，這應該是在大眾文化方面造詣頗深的鶴見慧眼獨具所致。

縱觀此書可知，貫穿其中的，乃是作者對於與生活實感共同「驅動現實、推動現實」（p.i）的思想所給予的高度評價，以及「無論哪個思想流派都必須學習」（p.ii）的這種實用主義式的思考。因此，此書不僅可直接地被理解為該年代的思潮型錄，也有必要視為引領同一時代日本思想界的兩位思想家的營為。

---

4 譯注：該著作原先在1955年7月發表於《文学界》雜誌，同名單行本於1956年3月由東京的新潮社出版。

2. 酒井直樹，《過去之聲：語言在18世紀日本論述中的地位》，1991年

原書：Naoki SAKAI, 1991, *Voices of the past : the status of language in eighteenth-century Japanese discourse*, Cornell University Press.

日文譯本：酒井直樹著，川田潤、斎藤一、末広幹、野口良平、浜邦彦譯，2002，《過去の声 ―― 一八世紀日本の言説における言語の地位》，東京：以文社。

齋藤一／葉宇軒　譯

　　在《過去之聲：語言在18世紀日本論述中的地位》（以下簡稱此書）〈前言〉的開頭，作者酒井直樹（1946～）便指出：「此書的目標，在於究明十八世紀日本之思想與文學論述的歷史」（p.13），他強調，「不同於『日本社會的歷史』，我企圖勾勒的『歷史』，是要向前者那般作爲『整體』被發明出來，乃至於被假想爲實際存在於歷史上的共同體，以及主張社會是體系性統一體的想法，皆提出質疑的『歷史』。」（p.15）在「日文版書序」中，酒井寫道：「之所以會產生『何謂日本語？』這個疑問，或許是因爲到那時爲止，我對於日本語一直抱有某種奇異的感覺。又或許更準確地說，是對於『日本語』這種統一、整體性的概念感到違和吧？」（p.4）如上所述，此書並非意在探討十八世紀日本思想或文學，而是極爲根本性（radical，ラディカル）地企圖解明我們向來含糊視爲「日本（語）」的存在，是如何在十八世紀的論述中被建構而成。

　　換言之，此書並非要提供讀者有關「日本思想」或「日本文學」的新知，而是要重探「日本」這一概念之成立，力求爲讀者帶來根本性的思想變革，對初學者而言有相當的門檻。因此，筆者（齋藤一）欲介紹現在（2021年11月）正於雜誌《現代詩手帖》上連載的、酒井與二十世紀日語詩研究者坪井秀人（1959～）的對談。其中，坪井和酒井以淺顯易懂的方

式介紹了《過去之聲》。

書寫《過去之聲》的契機，是酒井和丸山眞男（1914～1996）（失敗）的相遇。酒井自言，在準備撰寫博士論文*Voices of the Past*（1983年成書）的時期，對日本思想史研究者而言，「理論性的洗練研究」非丸山眞男（1952）莫屬。對於丸山「主張西洋的各種制度中，存有在『普遍性』意義上的『現代性』⁵，現代化的慾望以西洋的各種制度爲準則，加以崇拜並企圖模仿，也是無可奈何的」（酒井直樹、坪井秀人2021b：124～125）等論述，酒井也有所參照。事實上，《過去之聲》重審了丸山對日本近世的朱子學、荻生徂徠（1666～1728）和國學的梳理，得益於丸山者明顯不少，但兩人的觀點差異甚大。「在解讀儒學、國學文獻之際，丸山對於語言，特別是作爲文本的語言行爲，幾乎未加關注。（中略）對他而言，國語或者國民語是預先給定的範疇，可以說他原封不動地接受了此前有關日本史和國語學的全部見解。在他那裡，不見『日本語或者作爲一個民族的日本人乃近代的發明』之歷史感。」（同上）

在十七世紀以降，如荻生徂徠等日本知識人的知識活動中，酒井發現了「日本語或作爲一個民族的日本人」這一「發明」。「在當時的日本，極其理所當然地認爲中國的漢字具有文明優越性，並向來自中國的文化產物尋求文化權威之源。他們對於這樣的習慣感到反感，企圖從中國的東西裡分辨、精選日本固有之物，並脫離以漢文訓讀閱讀文本的方法。換言之，即著手追溯隨著歷史時間流逝而被汙染、劣化之前的，尚未受中國文化產物影響的『原日本語』。」（酒井直樹、坪井秀人2021a：119）這正是「開始尋求作爲『獨立於中國語的統一體』之『日本語』，期待日本語作爲獨立於中國文明之異語言的可能性」，但根本上來說，無論是認爲在遙遠的過去中，存在著「中國（語）」這樣優越的統一體，或者假定存在

5　譯注：有關「現代性」這一概念，於不同的學術領域和學者之間，存在著各種莫衷一是的定義。酒井直樹對現代性的討論，重點往往不在於經濟發展程度、政治型態差異等問題，而是強調當代所謂「現代性」和「普遍性」兩種看似無關的話語，在概念層次上實爲一體兩面的存在。相關討論請見酒井直樹，1998，〈現代性與其批判：普遍主義與特殊主義的問題〉，《台灣社會研究季刊》第30期；酒井直樹、孫歌著，董子云、杜可珂譯，2018，《普遍與特殊：何爲亞洲性？》，北京：中間美術館／華人作家協會。

一個能夠與之相提並論的、純粹無垢的「日本（語）」，都僅僅是經不起實證的「夢想」罷了（同上）。酒井將荻生等人的「夢想」稱為「對—形象化圖式」（日語：対—形象化の図式），[6] 甚至連丸山眞男也將這樣的圖式當成了不證自明的存在。

　　無庸贅言，酒井在十八世紀日本諸論述中所發現的、那「純粹無垢」且排他性的國民語和國民文化之「夢想」，並非日本列島所固有。在《過去之聲》及其後著作中，酒井反覆琢磨而成的、對於「夢想」＝「對—形象化圖式」的批判，成了一個有力的出發點，讓世界各地的人們，得以意識到那個在現代化過程中自我內化的「夢想」，並加以批判地超越。

參考文獻

丸山眞男，1952，《日本政治思想史研究》，東京：東京大学出版会。

坪井秀人，2020，《二十世紀日本語詞を思い出す》，東京：思潮社。

酒井直樹、坪井秀人，2021a，〈近代化の中の「日本語」対話2〉，《現代詩手帖》第64卷第9號。

──，2021b，〈国民語を再考する 対話3〉，《現代詩手帖》第64卷10號。

6　所謂「對—形象化圖式」，乃酒井直樹提出的關鍵概念之一。舉例而言，當我們試圖研究「日本思想」時，該「日本」便成了均質的、被抽空的「形象」（figure）；同時，自己──比如「臺灣」──作為慾望「日本」之主體，便也對照性地被理解為同樣均質的「形象」。此際，存在於真實的「日本」和「臺灣」中的多樣性，便遭到了忽視。

3. 橋川文三，《日本浪漫派批判序說》，1960年

原書：橋川文三，1998，《日本浪曼派批判序説》，講談社文芸文庫，東京：
　　　講談社（初版＝東京：未來社，1960年）。

柳瀨善治／葉宇軒　譯

　　橋川文三（1922～1983）出生於長崎縣壹岐市，成長於廣島，雖然
是畢業於第一高等學校及東京帝國大學的秀逸之才，但因父母早逝，成長
過程中備嘗艱辛。十幾歲時，橋川文三深受日本浪漫派，特別是保田與重
郎（1910～1981）的影響，成為一名愛國青年。然而，日本的戰敗，帶
給他深刻的震撼（橋川本人雖未親歷廣島核爆，卻因此失去了親友）。
「投身浪漫派的經驗」與「戰敗」這兩個衝擊，是橋川的理論根本。戰
後不久，橋川從事編輯工作時，由於負責丸山眞男（1914～1996）的論
文（1949.5）──此乃探討「無責任體系」的作品──而認識了丸山，尊
其為師，習得以馬克思主義及卡爾・施密特（Carl Schmitt, 1888～1985）
（《政治的浪漫派》／《政治的浪漫主義》，*Politische Romantik*）為首
的德國政治學知識。
　　可稱之為其出道作的《日本浪曼派批判序說》（以下簡稱此書），是
年少時耽溺於日本浪漫派作品的橋川文三，在戰後以此經驗為基礎，企圖
對日本浪漫派進行內部批判與重新評價，並藉此將之超越的作品。如此書
開頭所述，戰前影響了知識人及青年階層的日本浪漫派，其價值在戰後幾
乎被全盤否定。本作一方面是對於日本浪漫派的重新評價，同時也是對於
戰時日本思想的重新檢驗，並將受其影響之世代的精神型態加以解剖。
　　此書中，橋川指出，保田與重郎早期曾有馬克思主義經驗，又日本浪
漫派抬頭的時期與1933年的轉向聲明──日本共產黨最高指導者的政治轉
向──重疊，他並將當時以福本主義為代表的馬克思主義者之思考型態，

解釋爲「浪漫主義的精神構造」，由此看出其與保田等日本浪漫派的近似性，因而主張：「日本浪漫派經常伴隨著現實的『革命運動』，藉由中介、移轉其挫折的內在必然性於非政治的形象，結晶爲同樣過激的某種反帝國主義。」（p.38）

　　橋川更著眼於保田獨特的文體，以及支持此文體的思考型態──「反諷」（Irony，イロニイ），透過比較德國浪漫主義者與受其影響之保田的思考型態，將「反諷」視爲「在退廢與緊張之間，無限保留自我決定的心理態度」（pp.46～47），指出其中含有「道德上的欠缺責任感及政治上的逃避這兩種情感」（p.47），此點同樣值得矚目。

　　藉由追蹤小林秀雄（1909～1983）從其所謂「社會化的我」──此說的核心即藉由作爲「他者」之「思想」的馬克思主義，解體至今爲止的知識人的「我」（日語：私）──朝向「戰爭這一現實的絕對化」轉變的過程，橋川看見某種必然性與「對命運的陶醉」，其徵兆可見於（並不認爲前述過程是「轉向」的）小林對「社會傳統」與「實際感受」的重視。在小林之「我」與「思想」的關係中，橋川看到以下的根本問題：「（政治）轉型期的自我」糾纏於「歷史」與「政治」。從這個問題意識出發，橋川著眼於日本知識人、文學家之「實際感受信仰」的根深蒂固，及該信仰在馬克思主義轉向問題中，所投下的濃重陰影：「朝向家族＝鄉土＝對國家之『實際感受』的回歸」推動了「轉向」，同時，橋川闡明了無法被實際感受信仰（＝私小說）回收的「抽象化」之重要性。

　　「私小說展現的驚人美學構想力，在其絕妙之姿中，始終仍未突破內含於天皇制的美之限定。」（p.209）這段文字說明了橋川在何處看出「文學」與「政治」的關係。

　　青年時期的橋川，注視先行文學家的戰時動向，而在此動向的終點，是日本的戰敗。從這樣的經歷出發，橋川提倡「在歷史中認同普遍之意味的思考衝動」（p.282）之重要性，這是在戰爭中迎來青春期的世代的歷史認識：即「通過『抽象化』的手段，作爲『超越者』擔負戰爭（戰敗）體驗」這一歷史觀念。橋川後來的歷史論圍繞此主題展開，而其徵兆早在此書中以世代論之姿顯現。此外，橋川在「僅僅是實際感受並不能阻止原水爆（譯按：原子彈及氫彈）」（p.207）一事中尋求「抽象化」的必然性這

點，也應加以注意。

　　關於少時的橋川，宮嶋繁明在傳記（宮嶋2014）中有詳細記載；田中純（2016）則從德國思想史等世界性的脈絡，考察橋川的歷史認識。不同於橋川企圖對日本浪漫派進行內在超越，近年另有吳京煥、劉建輝（2019）及渡辺和靖（2004）等的日本浪漫派論，可以從中觀摩多樣的取徑。

參考文獻

丸山眞男，1949，〈軍国支配者の精神形態〉，《潮流》第4卷第5號。

田中純，2016，《過去に触れる　歴史経験・写真・サスペンス》，東京：羽鳥書店。

杉田俊介，2022，《橋川文三とその浪漫》，東京：河出書房新社。

吳京煥、劉建輝編，2019，《日本浪曼派とアジア—保田與重郎を中心に》，京都：晃洋出版。

宮嶋繁明，2014，《橋川文三　日本浪曼派の精神》，福岡：弦書房。

渡辺和靖，2004，《保田與重郎研究——一九三〇年代思想史の構想》，東京：ぺりかん社。

橋川文三，1994，《昭和ナショナリズムの諸相》，名古屋：名古屋大学出版会。

4. 約翰‧惠蒂爾‧崔特（John Whittier Treat），《書寫原爆點：日本文學與原爆》，1995年

原書：John Whittier Treat, 1995, *Writing ground zero : Japanese literature and the atomic bomb*, University of Chicago Press.

日文譯本：ジョン‧W‧トリート著，水島裕雅等譯，2010，《グラウンド‧ゼロを書く─日本文学と原爆》，東京：法政大学出版局。

川口隆行／楊琇媚　譯

　　《書寫原爆點：日本文學與原爆》（以下簡稱此書）爲原作將近五百頁、日文譯本超過六百頁的「原爆文學」研究的大作。作者約翰‧惠蒂爾‧崔特（John Whittier Treat, 1953～）在原作出版時擔任華盛頓州立大學副教授，之後就任耶魯大學教授，是美國的日本文學研究的代表性人物之一。除了此書之外，也有關於井伏鱒二（1898～1993）的研究書、論述東方主義及同性愛表象等的著作。

　　關於日本原爆文學的研究與評論，1970年代以後由長岡弘芳（1932～1989）、山田寬（山田かん）（1930～2003）、黑古一夫（1945～）等人累積了重要的相關研究業績，尤其是長岡弘芳將既有的文學史或文學辭典中幾乎不存在關於原爆文學的記述一事視爲一大問題，並依據長岡（1973、1977、1982）等文獻調查，致力於研究日本原爆文學，且留下重要的研究成果。此外，他亦身爲實質上的主編，盡力從事「核戦争の危機を訴える文学者の声明」署名者企畫（1983）一叢書的編輯工作。如上所述，長岡等人的研究工作，不僅將根據廣島及長崎核爆體驗所撰寫而成的作品群視爲一種文類，也提供了評論的觀點，對於提高日本原爆文學的認知度也給予了貢獻。

　　崔特以上述日本的研究者與評論家的論述為基礎，試著更有理論、且有系統地深化論述。此書的主要架構為序章、第一部（第一章到第三章）及第二部（第四章到第十一章）；其中，第一部整理了考察原爆文學的理論性課題，第二部則論述峠三吉（1917～1953）、栗原貞子（1913～2005）、原民喜（1905～1951）、大田洋子（1906～1963）、井伏鱒二（1898～1993）、大江健三郎（1935～2023）、林京子（1930～2017）、小田實（1932～2007）等個別作家的作品。至於具體的作家與作品分析的妥當性，則交由實際閱讀此書的各位讀者來判斷，在此僅簡單地介紹崔特的理論與思想方面立場的核心所在。

　　崔特的論述，最重要是將日本的原爆文學與歐美的納粹大屠殺文學定位在同樣的問題領域這一點。第二次世界大戰時，納粹德國在奧斯威辛集中營進行的大屠殺，由於能成為證據的影像或畫面極為稀少，因此很難「再現」（represent，日語：表象）收容所內發生的事，此問題長久以來備受爭議。如同克勞德・朗茲曼（Claude Lanzmann, 1925～2018）的紀錄片《浩劫》（*Shoah*, 1985），將「不可再現性」（irrepresentability，日語：表象不可能性）作為再現的禁止，此點忠實地在作品裡呈現，一概不進行納粹大屠殺事件的再現，而只透過關係者的證言來構成，這引起了很大的話題。另外，在1990年代前半，也發生了海登・懷特（Hayden White, 1928～2018）及卡洛・金茲堡（Carlo Ginzburg, 1939～）這兩位著名的歷史學家所參與的歷史的「真實」論爭。[7]

　　試想，在廣島和長崎的「原爆點」（Ground Zero，即原子彈爆炸中

<hr />

[7]　1989年，針對「歷史、事件、論述」，海登・懷特與卡洛・金茲堡進行了一場論爭。以此為契機，翌年，在加州大學洛杉磯分校（UCLA）舉辦了名為「納粹主義與最終解決方案：探究再現的極限」（Nazism and the Final Solution: Probing the Limits of Representation）的會議；在場懷特強調包含歷史敘述的敘事，對此，金茲堡則批評懷特的主張是無視「相對主義的態度」——即虛構與歷史的區別。另外，1980年代中期起，關於奧斯威辛的解釋與「再現」，在德國持續有著「歷史學家論爭」（Historikerstreit），因此上述兩人的論爭成為相當大的話題。此會議的紀錄，日後被出版成冊（Saul Friedländer (ed.), 1992, *Probing the limits of representation: Nazism and the "final solution"*, Cambridge, Mass. : Harvard University Press；日文譯本：ソール・フリードランダー編，上村忠男、小沢弘明、岩崎稔譯，1994，《アウシュヴィッツと表象の限界》，東京：未來社）。

心點）的人，因爲是在一瞬間消失，即使他想陳述事情的發生也無計可施。崔特認爲原爆文學是與納粹大屠殺並列的文類，或是根本上含有更勝後者的「不可再現性」的文類。藉此，將原本被定位於描寫發生在地方上的慘劇的日本原爆文學，視爲響應二十世紀後半全球的思想性課題之文類，試著給予重新評價。

崔特並非像《浩劫》那般將不可再現性單純地只視爲「再現」的禁止，而是設定了如下的課題：過去人們如何去面對再現「不可能再現的事」之難題。他一邊將西歐的傳統修辭學做爲武器，一邊將個別的作品進行詳細的分析；此外亦根據探討的對象，自在地採用後現代主義之後的批評理論，或政治學、心理學、科學史等的成果。這樣的研究手法也是他的特色之一。此外，崔特的論述之理論性範圍，也涉及2011年3月發生的三一一大地震（東日本大震災）和福島第一核電廠事故之後的日本，乃至世界的文學和藝術之當代問題。

若想了解崔特之後的研究狀況或課題，《原爆文学研究》雜誌（至2023年，已發行到第21號）是最重要的媒體。該雜誌公開在原爆文學研究會的官網（http//www.genbunken.net/），敬請參考。此外，川口隆行編（2017），廣泛地整理了核子的表象或言論的問題，此書對這個領域有興趣的人來說是便利的導覽書。單行本則有根據崔特之後的「國民國家論」或後殖民主義的問題意識所寫的川口隆行（2015）及村上陽子（2015），其他還有松永京子（2019）論述北美原住民的核文學，同時也謀求與日本原爆文學的連結。

參考文獻

川口隆行，2015，《原爆文学という問題領域》，東京：創言社。

川口隆行編，2017，《〈原爆〉を読む文化事典》，東京：青弓社。

村上陽子，2015，《出来事の残響―原爆文学と沖縄文学》，東京：インパクト出版会。

松永京子，2019，《北米先住民作家と〈核文学〉―アポカリプスからサバイバンスへ》，東京：英宝社。

長岡弘芳，1973，《原爆文学史》，名古屋：風媒社。

──，1977，《原爆民衆史》，東京：未來社。

──，1982，《原爆文獻を読む》，東京：三一書房。

「核戦争の危機を訴える文学者の声明」署名者企画，1983，《日本の原爆文学》共15巻，東京：ほるぷ出版。

5. 東島誠，《公共圈的歷史創造：朝向「江湖思想」》，2000年

原書：東島誠，2000，《公共圈の歷史的創造 ── 江湖の思想へ》，東京：東京大学出版会。

柳瀨善治／葉宇軒　譯

石母田正（1973）在古典式古代史研究中，提出了「行基」[8]論，而《公共圈の歷史的創造 ── 江湖の思想へ》一書（以下簡稱此書）以此爲基礎，強調「共同體」及「結社」（＝脫離共同體的交往、溝通活動）之重要性，以探論日本的歷史進程。

放眼日本思想史學界，如此書作者東島誠（1967～）般古今兼擅者實爲罕見，他精通西洋的理論動向，也詳知日本史研究諸斷代的研究態勢，追蹤其論，讀者即可概觀日本史研究的前沿。參考東島誠自著的此書提要〈中世における「公共圈」〉（苅部直、片岡龍編2008），將有助於理解此書。東島誠的其他著作，除了以普及日本中世史研究爲目的的東島（2010）之外，尚有東島、與那覇潤（2013），其中接合了現代社會與此書的思考，並仔細考察了亞洲史研究動向。

此書的理論輔助線，是德國社會學家尤爾根·哈伯瑪斯（Jürgen Habermas, 1929～）的《公共領域的結構轉型：論資產階級社會的類型》（*Strukturwandel der Öffentlichkeit. Untersuchungen zu einer Kategorie der bürgerlichen Gesellschaft*，ユルゲン・ハーバーマス1962＝1994），東島誠探究的問題，在於如何將近代市民社會裡向萬眾開放的言說空間──

8　譯注：行基（668～749），活躍於奈良時代的法相宗僧侶，一生致力於修建橋梁、道路、堤防、寺院等公共事業。並且，行基和尚在接受聖武天皇的皈依後，也肩負起東大寺大佛建造的「勸進」（募款活動）之責。

「公共圈」（public sphere）——融入日本歷史之中。[9]在此，馬克思的聯合（association，アソシエーション）論，以及雷吉斯・德布雷（Régis Debray, 1940～）的「媒介作用」（mediation，メディエーション）論，也是重要的參照對象。另外，除了上述著作，以1990年代圍繞史學方法論展開的諸多論爭爲背景，對於「記述歷史」一事的敏銳問題意識貫穿此書。有關這點，請見米歇爾・傅柯（Michel Foucault）《知識考古學》（第I部導讀13）。

　　儘管東島誠本身的專長是日本中世史，他卻批判至今爲止中世史研究討論的惣村——日本中世的自發性地方組織——等自治組織，只導致了身分制的強化，相對於此，他要探尋「聯合體社會」——associative＝結社形成的社會，此爲丸山眞男語——之可能性。根據這一問題意識，東島誠著眼於災害發生時，負擔都市公共事務的「勸進」[10]。「勸進」並非自發性的結社，而是由於被公權力所吸收而體制化了的「行基」（＝結社），藉由追蹤勸進失去獨立性——即「社會回饋途徑的喪失」（p.48）——從而以多樣分歧之型態解體的過程，東島誠清楚看見了「國家與社會的分離」（p.59）。

　　他眼中的「中世國家」，由於「存在『複數』國家而帶來的安定性」，[11]而成了「天皇存續的（國家制度上的）溫床」（p.159）。在此，他透過中世史料中「謀反」——「發生於單一國家『內部』的叛逆」（p.143），與「謀叛」——「發生於複數國家『之間』的叛逆」（p.143）——之表述差異，敏銳地讀出國家同一性的搖搖欲墜，又爲了努

---

[9]　有關用語方式的討論，於《公共圈の歷史的創造—江湖の思想へ》第三部第V章中，和重探網野善彥（1978）的工作一併進行。

[10]　譯注：所謂「勸進」，本意爲勸人皈依佛門、修善積德，後亦指涉向百姓廣爲募款，以建造或修復神社、寺院、橋樑等的募資行爲。

[11]　譯注：東島此處的「複數」國家論，乃上承中世史學家網野善彥（網野，1982，《東と西の語る日本の歷史》，東京：そしえて）之說，及同爲中世史學家的佐藤進一之「東國國家論」（佐藤，1983，《日本の中世国家》，東京：岩波書店。），他們反對將日本視爲「一體」的「常識」。所謂「東國國家論」，即認爲在「前民族國家」時期的中世日本，並非存在著一個「國家」，而是如同「西國—朝廷」與「東國—幕府」的關係一般，多元並存著相互獨立的「國家」（與「東國國家論」相對的國家模型，乃黑田俊雄的「權門體制論」，詳見第III部導讀32）。

力維持同一性，而落入將國家和天皇等值的陷阱。[12]東島認為，當中世的「勸進」組織變質後，取而代之地，近世社會中形成了以書籍為媒介的自發性結社，同時並進的，是「國家和社會重新密合」（p.59）的過程。

日本史上，南北朝時代、戰國時代、幕末維新時期，在這三個具有顛覆社會之可能性的時代中，都浮現了「江湖」概念，這是此書的著眼點。雖然「江湖」一詞源自於中世的禪林文學，但東島誠透過詳細追索明治時代該詞語的用例，試圖從明治時代的「江湖」概念中，看出超越既存共同體而與他者「交通」，並能結成戰線、共同奮鬥的「公共空間」之可能性。

又儘管此書嘗試圍繞著日本史上各種「公共圈」展開思索，卻也細緻地觀察到其為同時代國家權力所侵奪的情形，不忘指出「江湖」在中世已然不存。這樣的批判意識與慎重的論述開展，在前述企圖將討論與現代社會連結的東島、與那霸潤（2013）一書中，同樣一以貫之。無論是輕易參照歷史以肯定現狀，或者僅就片面的歷史曖昧地談論「也許有這樣的可能吧！」都是東島誠始終反對的態度。至於歷史記述的原則性考察，請見宇野邦一（2015）。

東島誠的研究提醒了我們這一危險：根據現代的不同視角，歷史記述可以任意變化；並且，所謂現代社會乃受到歷史重層地決定，身在其中的人們，是無法掙脫這一咒縛而得到自由的。

參考文獻

石母田正，1973，《日本古代国家論》，東京：岩波書店。

宇野邦一，2015，《反歷史論》，講談社学術文庫，東京：講談社（初版＝東京：せりか書房，2003年）。

花田達朗，1999，《メディアと公共圏のポリティクス》，東京：東京大学出版会。

東島誠，2010，《自由にしてケシカラン人々の世紀》，講談社選書メチエ，

---

[12] 關於此問題設定，需要比較並檢討水林彪，2006，《天皇制史論─本質・起源・展開》和丸山眞男，1992→1998，《忠誠と反逆─転形期日本の精神史的位相》，請見第I部導讀6和第I部導讀10。

　　東京：講談社。

東島誠、與那覇潤，2013，《日本の起源》，Tプラス叢書，東京：太田出版。

苅部直、片岡龍編，2008，《日本思想史ハンドブック》，東京：新書館。

網野善彦，1978，《無縁・公界・楽——日本中世の自由と和平》，平凡社選
　　書，東京：平凡社。

ユルゲン・ハーバーマス（Jürgen Habermas）著，細谷貞雄、山田正行譯，1962
　　＝1994，《公共性の構造転換——市民社会の一カテゴリーについての探
　　究》，東京：未來社。

6. 水林彪，《天皇制史論：本質、起源、展開》，2006年

原書：水林彪，2006，《天皇制史論——本質・起源・展開》，東京：岩波書店。

茂木謙之介／楊素霞　譯

　　在談到「日本」的特殊性時，「天皇制」常被提及，「天皇制」有時也被當作用來解釋「日本」的政治、文化與社會現象之原因，可說是進行日本學研究時不得不探討的研究對象。

　　至今，引領天皇制研究的歷史學，多依照古代、中世、近世、近代、現代之時代區分，從微觀的角度來探究個別的主題。且在各斷代關於天皇制之討論裡，縱使有論及與其前後時代的關聯性，但仍呈現僅侷限於各時代的傾向。相對於此，《天皇制史論——本質・起源・展開》一書（以下簡稱此書）從日本法制史學的觀點，論述從古代至現代的天皇制。就這點而言，此書是一本極具挑戰性的書籍。

　　如開頭所言，此書旨在「考究天皇制的本質、起源及歷史發展」（p.1）。此看似背離現在作為人文學重要前提的「反本質主義」，但此書卻試圖藉由深究法律的原則層面來超越此問題。作者水林彪（1947～）認為，有可能將律令時代[13]至近世末期的一千兩百年間的天皇制概括稱為「前近代天皇制」，視之後的近現代天皇制為「前近代天皇制」的延伸。而此「前近代天皇制」，是「一個以天皇存在為核心的國家制度」（p.1），在此，「天皇之存在本質」「是〈不含權力的權威〉」，此乃「為了將作為諸多權力的重層構造而存在的權力秩序狀態加以正當化」（p.2）。在此，所謂「作為諸多權力的重層構造而存在的權力秩序狀

13　譯注：律令時代意指645年大化革新起至十世紀左右，為期三世紀左右，律令國家存續的時代。

態」，可解釋爲「支配」之意。水林根據馬克斯‧韋伯（Max Weber，
1864～1920）的「支配的正當性」理論，站在「支配」是整個社會的核心
問題之觀點，採用將「支配的合法正當性」（p.22）當作天皇制問題的核
心，藉此從法制史學的立場談論天皇制之策略。

　　在此策略下，水林將西歐與中國、日本的國家制度史，放在超越地
域性、具有普遍歷史法則的相同脈絡下討論。具體而言，從「人的身分
的統合秩序」──即「在某種程度上分享以共同狀態爲基礎的合法暴力
之諸部落勢力，經多階段人的身分的統合關係所形成的重層權力秩序」
（p.23），轉換成「制度性領域國家體制」──即「獨佔合法暴力的國
家，將人們編制在地方行政單位裡，且在制度上進行支配之國家制度」
（p.24）。

　　並且，他將大化之前時代的國家制度，定義爲「依身分契約而緩慢
統合的人的身分的統合秩序」（p.120）；將之後的律令天皇制，解釋爲具
有「制度性領域國家」體制之外觀的「人的身分的統合秩序」。換言之，
律令制度成立以前的階段就已經存在的共同狀態秩序（＝古層），爲了配
合從中國輸入的國家制度所形成的律令制度（＝新層），而改變其樣貌，
律令天皇制就此成立了。其中，天皇的存在，在於承襲古層的秩序，給予
支撐新層的政治權力正當性。即，天皇被認定爲承認支配權力之法律上的
權源，也因而天皇成爲承認行使具體權力者的權威，天皇的地位也得以堅
若磐石。故此，天皇不親政，雖然到目前爲止都被理解爲律令制度的「變
質」，但不如說是律令體制的「本質」。

　　水林將上述的律令天皇制視爲天皇制的「原型」，將之後的天皇制
歷史，描述爲古層與新層的競爭過程。他指出，支撐「制度性領域國家體
制」之新層者爲商品經濟，此商品經濟隨著時間的推移而滲透至共同狀態
社會之古層，且將其所帶來的變化定位爲新層超越古層的過程。再者，他
將天皇定位爲最關鍵也是最高的權力者，主張國家制度最終轉換成以「皇
祖皇宗」來支持天皇權威的近代天皇制。雖然上述的論點很公式化，但或
許可說是對天皇制非常明快的說明。另外，他也從比較的觀點，參照了中
國與法國的國家制度。

　　而他試圖通史性地釐清「構成天皇制現象的諸多部分之整體關聯性」

（p.3）的嘗試，在性質上爲總論性的描述，因此從個別論點的角度來說，可能會引起質疑。實際上，關於此書，已經有古代史研究者寫過幾篇書評，還針對細節提出討論；但另一方面，在2020年代的現今，因受到此書成果的影響，關於天皇制的個別論點仍持續爲研究者深入探究著。透過閱讀此書及其後的相關成果，讀者應該可以同時理解通史性敘事的困難處及可能性。在此建議讀者沒必要將此書視爲絕對的關於天皇制的通史書，而是透過上述的思辨過程，將此書當作思考天皇制的一種框架，批判性地閱讀之，或將其用作研究時的參考。

7. 中井正一，〈委員會的邏輯〉（《中井正一評論集》），1936年

原書：中井正一，1995，〈委員会の論理〉，《中井正一評論集》，岩波文庫，東京：岩波書店（初版＝岩波書店，1936年）。

水溜眞由美／葉靜嘉　譯

　　中井正一（1900～1952）是一位承襲「京都學派」[14] 的美學家和思想家。在針對「瀧川事件」[15] 後的反抗運動，以及之後在京都發生的反法西斯主義運動中，中井皆是核心人物。中井擔任過《世界文化》雜誌（1935年2月～1937年10月），以及四開大小的雙週刊報紙《土曜日》（1936年7月～1937年11月）等刊物的編輯。本論文被視爲中井的主要著作，曾分爲三篇連載於《世界文化》雜誌1936年1月號至3月號。

　　〈委員会の論理〉一文（以下簡稱此論文）探討的是邏輯學史。中井將邏輯的歷史發展分爲古希臘的「被討論的邏輯」、中世紀的「被書寫的邏輯」、近代的「被印刷的邏輯」，並探討其與下層結構的關聯性。「被討論的邏輯」，指的是其目的在於說服眾人的「辯證邏輯」（討論）。「被書寫的邏輯」，則是指將上帝的權威當作後盾，以單義性爲目標的「冥想邏輯」（思惟）。「被印刷的邏輯」，指的則是包含由個人懷疑而產生的非合理性的「經驗邏輯」（實踐），經由印刷後傳播到大眾之間，進而可產生多種意義的解釋。另外，十九世紀末以降，由於生產機制的高

14　譯注：「京都學派」，通常指西田幾多郎（1870～1945）與田邊元（1885～1962），以及師從二人的諸位哲學家所形成的一門哲學學派。

15　譯注：「瀧川事件」，指的是1933年發生在京都帝國大學的一場壓制思想事件。起因是當時該大學法學部教授瀧川幸辰（1891～1962）被文部省停職，而後離職。理由是他散布共產主義思想。這引發了該法學部全體教授及學生群起抗議，主張學術自由、大學自治。最終抗議活動被政府鎮壓，而法學部有三分之二的教授辭職。亦稱為「京大事件」。

度發展，帶來了面向永恆世界的「邏輯數學化」。

　　另一方面，近代商業、工業、金融的發展，還催生了「技術邏輯」及「生產邏輯」。「技術邏輯」被視爲「生產邏輯」——透過勞動力及勞動手段影響自然——的一環，它改變了自然秩序，並與人類秩序連結。如同科技的發展讓齊柏林的「會飛行的氣球」成眞，技術可以將非現實化爲現實、將不可能變成可能、將偶然轉換成必然。技術的發展將產品的概念（功能概念）轉變爲流動的。

　　中井將歷史上各階段所產生的「討論」、「思惟」、「技術」、「生產」，以「實踐性邏輯」進行辯證法統合。本論文的標題「委員會的邏輯」，即是以民主方式運作「實踐性邏輯」的機制。

　　以此爲前提，中井否定將邏輯作爲單一眞理的媒介。眞理應該將負面性作爲媒介不斷修正、更新。眞理之所以並非一元性，在於其與他者的存在有關。一個人在「思惟」中引導出自我判斷，即「確信」，並且「確信」在「討論」之中則變成了「主張」，尋求他者的認可。而且「確信」和「主張」內部可能存在著謊言結構，可能是不連續的。然而，自我內部的「確信」並非不變，而是媒介著負面判斷。

　　另一方面，產品的概念應該是經由大眾的參與，媒介負面判斷後經過修正才發展出來的。但是，現代的「商品化」與「專業化」，卻將大眾從概念中疏離。「商品化」，僅視概念爲商品的表象，其必然內含「無批判性」；「專業化」，則是將概念的結構交由企業專屬的技術委員會或是大學的研究單位等專業機構處理，但會導致「無合作性」之結果。爲了對抗大眾社會如此的疏離狀況，中井則提倡組織性的審議制與代表制。

　　中井將一系列從「思惟」「討論」到「技術」「生產」的流程，視爲基於提案而審議和決議、委託並執行計畫的過程，並將其圖示化。執行結果將透過報告之後進行二次的提案、決議、委託、執行，經由反饋成爲更縝密的計畫。「委員會的邏輯」便是保障這些過程循環的民主機制。

　　此論文極具思辨性且深奧，反映出了哲學的最新趨勢。並且，此論文也明確認同以下的動向：戰時的西方及日本在受到馬克思主義衝擊的同時，也把以先驗主體性爲基礎、以認識的普遍有效性爲目標之新康德主義的典範（paradigm，パラダイム）加以相對化。另一方面，針對第二次世

界大戰後大眾社會的狀況開始被正式議論之現象，此論文提出了警示，是
這方面的開創性著作。再者，對於當時以前衛黨爲中心，將由上而下式的
意志決定當作不證自明的左翼運動，該論文亦提出了替代（alternative，
オルタナティヴ）的主張。「委員會的邏輯」的特徵，也就是由下而上式
的大眾參與的邏輯，此邏輯在試圖將讀者轉化爲執筆者的雙週刊報紙《土
曜日》之中也可看見。有人認爲這是受到中井參加的京都消費合作社運動
的影響所致。

8. 九鬼周造，《「粹」的構造》，1930年

原書：九鬼周造，1979，《「いき」の構造》，岩波文庫，東京：岩波書店
　　　（初版＝岩波書店，1930年）。
華語譯本：九鬼周造著，藤田正勝原注釋，黃錦容、黃文宏、內田康譯注，
　　　　2009，《「粹」的構造》，臺北：聯經出版。

內田康／劉淑如　譯

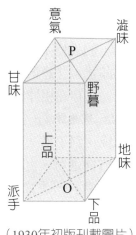

（1930年初版刊載圖片）

　　九鬼周造（1888〜1941）出生於東京，為九鬼隆一（1852〜1931）男爵的四男。東京帝國大學哲學系畢業後，前往歐洲留學。在德國時，曾參加海因里希・李克特（Heinrich Rickert, 1863〜1936）、埃德蒙德・胡塞爾（Edmund Husserl, 1859〜1938）、馬丁・海德格（Martin Heidegger, 1889〜1976）等人所開設的講座，在法國時，也曾與亨利・柏格森（Henri Bergson, 1859〜1941）及讓・保羅・薩特（Jean-Paul Sartre, 1905〜1980）等人有所交流，對於歐洲的哲學與文學及文化相關知識，有相當深切的體悟。在結束負笈歐洲長達七年多的歲月後，九鬼返回日本，任教於京都帝國大學。翌年在母國出版第一本著作，此即《「いき」の構造》一書（以下簡稱此書）。此書後來與九鬼（1935）等書並列為其主要著作之一，至今仍擁有廣大的讀者。

　　此書之所以到現在依然廣受好評，原因不僅在於其富於知性的分析手法之高明，與後來的結構主義有相通之處，也與書中所處理的「粹」（いき）──前近代日本的「文化文政年間」（1804〜1830）江戶的世俗場域

遊廓所孕育出的男女關係周邊的美意識——有關。

翻開此書的目次，首先會被那井然有序的架構所吸引。介於第一章〈序論〉與第六章〈結論〉之間的各章，分別爲第二章〈『粹』的內涵性構造〉、第三章〈『粹』的外延性構造〉、第四章〈『粹』的自然性表現〉、第五章〈『粹』的藝術性表現〉。第一章揭示分析時所採用的方法論，將「粹」與西方語言文化中的類似概念進行對比，說明其有別於西方概念的獨特性，並強調考察過程中，保持「詮釋性的」（p.19; 華語譯本pp.21～22）態度之重要性。在此可明顯看出，九鬼受到其在德國時曾近距離接觸的海德格的《存在與時間》（*Sein und Zeit*, 1927）一書的影響。

在第二章當中，作者抽出左右「粹」的構造的三個契機，即「媚態」、「骨氣」與「死心」，而此時「老練脫俗」（死心）、「有勁」（骨氣）、「妖豔」（媚態）（p.29; 華語譯本p.43）等「粹」的定義，也隨之浮現。這一點透過歌舞伎、清元及長唄[16]，以及爲永春水（1790～1844）的人情本[17]等臺詞與歌詞，便可獲得佐證。而從中，作者也導出自己的論述：「戀情的認眞與虛妄執著，會因爲其現實性和非可能性，而與『粹』的存在相悖離。『粹』必須是超越戀情束縛的一種自由的風流心」（p.28; 華語譯本p.40）。即九鬼揭櫫了對於構成「粹」的諸要素之間的實質探究。到了第三章，此探究則朝向試著爲「粹」與其周邊相關諸概念定位的方向進行。九鬼在此列舉「骨氣—土氣」、「高尙—低俗」、「華麗—樸素」、「甘味—澀味」這四組對立組，並依照其所根據的到底是「人性的普遍性」還是「異性的特殊性」，或者是「對自性」（價值性的）還是「對他性」（非價值性的），抑或者是「有價值性的」還是「反價值性的」、是「積極的」還是「消極的」等加以分類，並將其整體的樣貌以長方體的形狀來表示（p.44; 華語譯本p.61：參見引用圖）。另外，九鬼也指出，日本的「寂寥」、「雅」、「味」、「乙」自不待言，另外像是法語中的chic（瀟灑）或raffiné（洗練的）等等，也能在此圖當中找到定位（pp.45～47; 華語譯本pp.62～64）。在釐清更廣泛事象上，這種展現採用

16　譯注：這些都是使用三味線演奏的歌舞伎等舞臺音樂。
17　譯注：流行於江戶後期至明治初期的言情與風俗小說

個別對象的分析手法所具備的有効性，應該是翻閱此書時的最大樂趣之一吧！

　　以上述的討論爲根基，作者在後面的第四章與第五章中，則更加全面地從浮世繪、紋樣、音曲等視覺與聽覺的層面，轉而分析身體性、藝術性的「粹」之表現。在此我們應該也密切關注到，像是動作、服飾、建築中各種廣泛被認可的元素的二元性（例如平行線），也和保有與對方不即不離的「媚態」的二元性相互呼應。即，這種前半部的「構造」與後半部的「表現」之間的相關性。在經過這一連串的考察之後，第六章以降所展開的論述，可說超越了「粹」的概念，而與所有人文學的研究底氣相通；即「我們明確地意識到，意義體驗和概念性認識之間存有不可約分的無盡性，並且是將邏輯性表述的現實性視爲『課題』，而『無窮』地去追蹤。學問的意義正在於此」（p.88; 華語譯本p.114）。

　　此書的原書爲岩波文庫版（九鬼周造1979），雖然容易入手，但想要完全理解，包括具體例證的引用，仍有一定的難度。因此，建議讀者最好還是一邊參照華語譯本（2009），一邊對照華語譯本所依據的講談社學術文庫版（九鬼周造2003）的注釋來閱讀。

參考文獻

九鬼周造，1935，《偶然性の問題》，東京：岩波書店。

——，1979，《「いき」の構造　他二篇》，岩波文庫，東京：岩波書店。

——，藤田正勝注釋，2003，《「いき」の構造》，講談社学術文庫，東京：講談社。

九鬼周造著，大久保喬樹編，2011，《ビギナーズ日本の思想　いきの構造》，角川ソフィア文庫，東京：角川学芸出版。

黃錦容，2009，〈「粹」：九鬼周造召喚的文化記憶〉，《中外文學》第38卷第2期。

藤田正勝等著，2016，《現代思想2017年1月臨時增刊号總總特集：九鬼周造——偶然・いき・時間》，東京：青土社。

9. 廣松涉，《「近代的超克」論：昭和思想史的一個視角》，1980年

原書：廣松涉，1989，《〈近代の超克〉論――昭和思想史の一視角》，講談社學術文庫，東京：講談社。（初版＝東京：朝日出版社，1980年）。

菅原潤／葉靜嘉　譯

　　廣松涉（1933～1994）是戰後日本的代表性哲學家，主要著作有廣松（1982、1993）[10]。他以馬克思主義為基礎，卻同時融合現象學和科學哲學等最新哲學思潮的學術風格著稱。廣松的著作在1970年代左右，學生運動最為鼎盛的時代被廣為閱讀，其後也博得廣大讀者的青睞。

　　廣松留下了許多著作，主要是在建構自己的理論，較少討論哲學史。《〈近代の超克〉論――昭和思想史の一視角》一書（以下簡稱此書）可算是廣松的著作中較特殊的類型。值得注意的是，後面也會提到的京都學派四天王，由於他們在戰敗後皆被GHQ（駐日盟軍總司令部）剝奪公職，戰後日本的大部分哲學家都避談京都學派，但廣松一人卻給予京都學派很高的評價。

　　在閱讀此書之前還需要留意的是，書名中的「近代的超克」的含義。一般而言，「近代的超克」是指1942年《文学界》雜誌社舉辦的一場座談會，這場座談會聚集了哲學、宗教、歷史學、文學、美學等各個領域的專家，但是此書主要聚焦於京都學派的哲學家，且此書以一定篇幅論及的京都學派的高坂正顯（1900～1969）與高山岩男（1905～1993）兩人，他們甚至並未被邀請參加此座談會。廣松確實在書中對參加「近代的超克」的京都學派的鈴木成高（1907～1988）給予高度評價，從這點看來，此書的書名還算是名符其實。但與「近代的超克」不同的另一場座談會，也就

18　原定共三卷，1982年第一卷出版，但1993年出版第二卷後作者病倒了。

是《中央公論》雜誌在同年1942年1月刊登的「世界史上的地位與日本」
（原文名：世界史的立場と日本）座談會上，除了同樣出席「近代的超
克」的鈴木成高和西谷啓治（1900～1990），另外還有高山岩男和高坂正
顯二人，也就是合稱京都大學四天王的這四人都在行列之中。甚至廣松在
此書中講評了高山岩男（1942）。由此看來，《〈近代の超克〉論——昭
和思想史の一視角》一書的內容，實際上應稱作《「世界史的哲學」論》
才對。

　　廣松分別在第二章和第三章中討論高坂和高山。第二章裡面，廣松提
醒讀者，高坂曾在戰後一段時間倡導過「眾所盼望的人物形象」，並強調
高坂是東洋的無的倡導者。在筆者（菅原潤）看來，高坂的理論與東洋的
無所屬的時間意識是不同的，不如說，廣松是一邊借用高坂的話語，一邊
不忘講述京都學派的中心思想——即西田幾多郎（1870～1945）與田邊元
（1885～1962）的哲學的特徵。

　　此書最耐人尋味的部分是第三章。廣松進一步強調高山是黑格爾（G.
W. F. Hegel, 1770～1831）的可靠詮釋者，並期待高山描述黑格爾歷史哲
學的後續發展。一般所知的黑格爾歷史哲學之中，世界史的中心是從東
方、地中海、日耳曼社會這樣的形式由東向西移動，但黑格爾並未討論日
耳曼社會之後的歷史演變。在這裡，廣松援用高山（1942）來關注日俄戰
爭後日本躍進世界史的中心這一事實，並認為在這個時間點，已經超出了
以西方為中心發展的世界史。這個部分也驗證了筆者所述，《〈近代の超
克〉論——昭和思想史の一視角》一書的內容應稱作《「世界史的哲學」
論》。

　　第十章討論了參加「近代的超克」座談會的鈴木成高。在這裡，廣
松注意到鈴木在研討會舉辦之前撰寫的論文中所列出的六個命題，這些命
題分別是：（一）闡明了歐洲的意義上的「近代的超克」；（二）將同樣
的問題以日本的角度定位；（三）釐清必須超克的近代是十九世紀，還是
文藝復興之後；（四）考量基督教的未來；（五）思量科學的作用和局限
性；（六）建立一條超克「進步的理念」之道路。廣松將這些命題與自己
所主張的「在政治上超克民主，在經濟上超克資本主義，在思想上超克自
由主義」的觀點交疊。

　　從廣松這番討論的結構中可以明顯得知，他認爲高山提出了日本奠定黑格爾沒有揭示的歷史哲學的路線，並且廣松還將鈴木的論文，解釋爲日本將世界史哲學的未來路線定位在超克資本主義的方向。也就是說，廣松關注到從高山至鈴木的京都學派哲學，並認爲這是日本實踐馬克思主義的現實形態。

　　然而，當「近代的超克」座談會編纂成冊時，前述的鈴木的論文卻被刪除了，據說是因爲座談會的進行不如鈴木所預期。據此，此書與其說是關於「近代的超克」座談會的研究書籍，不如說應該被視爲理解廣松思想的資料才對。另外，若是將焦點放在廣松對高山所提出的觀點——日本將在今後的世界史中發揮牽引的作用——抱有同感這一點上的話，也可將此書的內容當作廣松臨終前的文章（廣松1994）之前導。

參考文獻

廣松涉，1982、1993，《存在と意味》共二卷，東京：岩波書店。
——，〈東北アジアが歴史の主役に—日中を軸に「東亜」の新体制を〉，《朝日新聞》1994年3月16日晚報。（收錄於廣松涉，1997，《廣松涉著作集》第14卷，東京：岩波書店）
高山岩男，1942，《世界史の哲學》，東京：岩波書店。

10. 丸山眞男，《忠誠與反叛：日本轉型期的精神史狀況》，1992年

原書：丸山眞男，1998，《忠誠と反逆 —— 転形期日本の精神史的位相》，ち
　　　くま学芸文庫，東京：筑摩書房（初版＝筑摩書房，1992年）

華語譯本：丸山眞男著，路平譯，2021，《忠誠與反叛：日本轉型期的精神史
　　　　　狀況》，上海：上海文藝出版社。

水川敬章／葉靜嘉　譯

　　丸山眞男（1914～1996）的角色，可說是守護戰後日本民主主義的啓
蒙型知識分子。丸山以批判角度審視了日本近現代的政治、國家、意識形
態，是他具代表性的研究成果（丸山1956、1957）。不過，現今對丸山的
普遍看法卻很矛盾。這是因爲從1990年代中期開始，酒井直樹（1946～）
等人批判丸山思想的負面部分（指丸山的見解具「國民主義者」或民族主
義者的色彩），而這部分引起了人們的注意。

　　《忠誠と反逆 —— 転形期日本の精神史的位相》一書（以下簡稱此
書）收錄了與這些批判極爲相關的論文。此書的主題並非現代政治，而是
丸山本來的專業領域，即思想史。此書收錄了八篇論文，以下按章節順序
列出標題和初見年份：〈忠誠と反逆〉（1960）、〈幕末における視座
の変革—佐久間象山の場合〉（1965）、〈開国〉（1959）、〈近代日
本思想史における国家理性の問題〉（1949，補記爲1992）、〈近代日
本思想史における問答体の系譜—中江兆民『三酔人経綸問答』の位置付
け〉（1977）、〈福沢・岡倉・内村—西欧化と知識〉（1958）、〈歴
史意識の「古層」〉（1972）、〈思想史の考え方について—類型・範
囲・対象〉（1961）。丸山在此書的〈後記〉中說明，除〈歴史意識の
「古層」〉和〈思想史の考え方について—類型・範囲・対象〉兩篇之
外，其他六篇的主題是銜接的，因此他說明這兩篇算是補論。正如初見

日期所示，此書收錄的內容其實寫於此書出版日期很久之前，但根據丸山「尊重執筆時的思路的基礎上做增訂」（p.479；路平譯p.393）之方針，他已經將這些內容加以增補並修改。[19]

　　由於此書收錄的論文本來就是分開撰寫而成的，因此若問及「貫穿此書的命題是什麼？」，也難有令人滿意的答案。丸山也在〈後記〉強調，與此書同名的卷頭論文〈忠誠と反逆〉，也並非凝聚此書的命題：「主要的研究對象是從幕藩體制的解體到明治國家的完成這段歷史時期」（p.469；路平譯p.385），也就是，他在探尋這段時期思想的可能性。這可以算是妥適的回答，但仍會遺漏許多重點。

　　此書所載的八篇論文中最引人入勝的，應當是〈忠誠と反逆〉和〈歷史意識の「古層」〉。〈忠誠と反逆〉是以「王政復古作為起點的『近代』日本」的思想中所蘊含的「忠誠」與「反叛」出發，對於應該稱之為革命的「明治維新這一空前的大變動」，重新提出質疑（p.13；路平譯p.6）。忠誠與反叛，雖然是一對「相反概念」，但並非一對「矛盾概念」。「不忠誠的人未必就是反叛者，反叛是不忠誠的一種表現形態」，此書便是以思想史的形式探尋這兩個概念（p.11；路平譯p.4）。雖然其對象是日本的「近代」，但在「不對其先行的歷史背景做最基本的說明，讀者將無法獲得充分的歷史理解」（p.13；路平譯p.5～6）這個信念下，丸山按照以下的順序展開了論述：首先探討過法律上的概念後；接著是德川幕府統治下的武士思想，以及從幕末到明治維新以降的各類思想；最後是「忠誠」與「反叛」的意義及功能之論述。而之後的內容更是丸山獨到的精彩論述，他找出了日本近代的民族（nation）和精神氣質（ethos）的真實樣貌。

　　〈歷史意識の「古層」〉，則正是讓丸山成為批判對象的其中一篇論文。在該論文中，丸山以他獨創的「古層」一詞來描述日本特有的「構想範式」（日語：発想様式。p.358；路平譯p.294）。其論述的方法是，「從開闢神話的敘述或裡面的用字遣詞的構想中直接提取」，聽取「從日

---

[19] 譯注：本文中，若有引用原書文字，其譯文原則上採用華語譯本。但依文章脈絡，將修改部分譯文。

本自古而今的歷史敘述或理解歷史事件的方法底部，找到那個或隱或顯而持續奏鳴的執拗低音（basso ostinato），再順著這個低音旋律逆流而上，「一路回溯到古代而導出」（p.359；路平譯p.294）。丸山之所以認爲此方法有效，其敘述如下：「跟世界上的其他『文明國』相比，我『國』最晚從古墳時代後期開始，便在領土、民族、語言、水稻生產方式及與之密切相關的聚落和祭祀形態上，表現出堪稱例外的同質性（homogeneity），並將這種同質性保持了千數百年之久，這一厚重的歷史現實爲該方法提供了有效的基礎。」（p.359；路平譯pp.294～5）僅以這些引用文字雖無法完整呈現丸山的思想，但對生活在「國民國家論」（請見第III部歷史學的〈總論〉）出現之後的我們來說，這想法實屬陳舊，也能理解丸山爲何會被批評是「國民主義者」。

　　然而，丸山的思想及其後設論述，現在正被縝密地研究著。因此，只是輕易地重複迄今爲止千篇一律關於丸山是「國民主義者」等的批評，可能只是曝露自己不夠用功。我們需要做的是，仔細地讀通複雜的丸山思想中的「可能性與極限」。（按照原譯文，保留引用內容的傍點）

參考文獻

丸山眞男，1956，《現代政治の思想と行動 上》，東京：未來社。
──，1957，《現代政治の思想と行動 下》，東京：未來社。（華語譯本：丸山眞男著，林明德譯，1984，《現代政治的思想與行動：兼論日本軍國主義》，臺北：聯經出版；丸山眞男著，陳力衛譯，2018，《現代政治的思想與行動》，北京：商務印書館）。

11. 上野千鶴子，《民族主義與性別》，1998年

原書：上野千鶴子，2012，《ナショナリズムとジェンダー》，岩波現代文庫，東京：岩波書店（初版＝東京：青土社，1998年）。

李文茹

　　作者上野千鶴子（1948～）是社會學研究者，也是日本女性主義運動代表性人物。《ナショナリズムとジェンダー》一書（以下簡稱此書）從性別研究（Gender studies，ジェンダー・スタディーズ）的角度，探討「日本從軍慰安婦」問題，並對同時代「歷史修正主義」論爭進行回應。此書是將女性史研究推向更高境界的代表作之一，當中提示性別研究脫離民族主義（nationalism）的論證方法。女性主義研究明確認知到，在民族國家相關的論述當中不可能出現「男女平等」，因爲無法擺脫近代、家父長制、民族國家等框架。

　　探討日本在第二次世界大戰期間的戰爭責任時，1990年代是重要的轉振點。開啓這場歷史對話的契機，來自於1991年韓國女性金學順（1924～1997）等三人打破近半世紀的沉默，以眞實姓名表示自己曾於二戰期間被迫從事「從軍慰安婦」工作，並向東京地方法院提告要求日本政府謝罪與人道賠償。之後1995年，日本政府委託民間團體「亞洲女性和平基金會」（原名：女性のためのアジア平和国民基金），進行調查相關事宜（該會於2002年停止運作、2007年解散）。歷史並非是要傳達過往事實原貌，同樣的「事實」，也會因時代的脈絡、解釋方式而有所不同。例如，原本「慰安婦」從未被隱瞞且是普遍認知的「事實」，但1990年代之後，當事人以異於過往的方式提出「新事實」後，原本立足在沈默「事實」裡的可靠性被迫面臨顚覆性挑戰，而未被視爲「犯罪」的「慰安婦制度」，在當事者自我定義爲「受害者」之下變成「性犯罪」。將鎂光燈聚焦在history背影的her-story的這項研究，將女性的主體性從「被害者史觀」獨立出來，同時也揭發日本女性的戰爭責任。

　　此書由三部分組成，文末附有相關年表（1890～1998）。作者以社會學「後設歷史」的方式爬梳二次文獻，藉此取代歷史學的「實證主義」來提出性別化民族主義的研究（engendering the nation-states）方法。

　　第一部分〈民族國家與性別〉主張，女性是近代化＝市民社會＝民族國家主義的「創作」。日本的民族主義（方案），是明治維新時期近代化的歷史產物，從地政學或人口學來看，近代化過程中持續對「界線」進行定義與再定義，例如誰是民族？誰是市民？這也創造出「女性」。這部分聚焦日本近代化將女性「民族化」的過程，並藉由近代女性主義運動者（提倡「女性解放」），以及總力戰時期包含一般大眾的女性參與戰爭活動的方式，論證二戰期間「女性」自主「參與」戰爭，並與「民族國家」結成命運共同體的女性史與女性戰爭責任。當時的女權主義者與近代都已經被遺留在過去，但她們發現的「性別」（gender，ジェンダー）成為之後解體「近代鬼子」的變數。

　　「慰安婦」動搖正史的正統性，指出「正史沒看到的另一個歷史」，更重要的是成為製造歷史的實踐者。第二部分〈「從軍慰安婦」問題〉，串連了二戰時期與1980年代「買賣春」問題，透過性、階級、民族等多方面觀點來探討：迫使女性長久沈默的理由、「慰安婦」與「買賣春」的差異、家父長制，以及民族主義背後的父權問題、與性相關的問題等等。

　　第三部分〈「記憶」政治學〉說明，1996年民間團體「新歷史教科書編纂會」（原名：新しい歴史教科書をつくる会）成立，要求刪除歷史教科書中「慰安婦」的相關記載，此造成「慰安婦」問題對性別研究來說是重大挑戰。對於同時代的歷史論述，上野從三個面向進行回應：第一個為實證史學與學問的客觀性、中立性神話問題；第二個為歷史與民族史背後的性別問題；第三個為民族主義的同化蠱惑與陷阱。

　　此書提出女性主義必須跨越國界、擺脫民族國家思想的重要性：「『我』的身體與權利不屬於國家，男女皆是。從『人權侵害』的角度來看，『慰安婦』是對女性的『人權侵害』；被徵招的『士兵』為國家成為殺人犯，是對男性的『人權侵害』。」「『慰安婦』問題探討，不僅是戰

爭犯罪，包含戰爭本身就是犯罪。」（p.199）

　　2012年岩波現代文庫刊行增補版，並放入之後刊行的作者的相關論文，當中部分收錄在上野千鶴子（2006）。

參考文獻

上野千鶴子，2006，《生き延びるための思想－ジェンダー平等の罠》，東京：岩波書店。

12. 皮埃爾・布爾迪厄（Pierre Bourdieu），《區分：判斷力的社會批判》，1979年

原書：Pierre Bourdieu, 1979, *La distinction: critique sociale du judgment*, Paris: Éditions de Minuit.

華語譯本：皮埃爾・布爾迪厄著，劉暉譯，2015，《區分：判斷力的社會批判》，北京：商務印書館。

日文譯本：ピエール・ブルデュー著，石井洋二郎譯，1989、1990，《ディスタンクシオン —— 社会的判断力批判》I、II，東京：藤原書店。

柳瀨善治／葉靜嘉　譯

　　《區分：判斷力的社會批判》一書（以下簡稱此書）的原著出版已屆43年，日文譯本則出版至今屆32年。隨著近來日本「格差社會」（社會分化）顯著，此書再次展現其價值所在。

　　作者皮埃爾・布爾迪厄（Pierre Bourdieu, 1930～2002）（另譯皮耶・布迪厄、布赫迪厄），誕生於1930年。他在1951年進入高等師範學院（ENS）就讀，並在阿爾及利亞度過研究生涯；1964年進入社會科學高等學院（EHESS）擔任教授，1981年則進入法蘭西公學院（Le Collège de France）擔任教授。此書於1979年出版，可說是他的主要著作。

　　此書將法國社會分為「支配階級」、「中間階級」和「庶民階級」，並透過這些階級的社會性行為、喜好等的實際呈現，討論這些行為或是感性如何在社會或歷史上被定義。此書在分析時所提出的多種概念，現今已被廣泛應用。

　　「文化資本」是這些概念的其中之一，指的是一種形式與資本相同，在社會空間中作用，與文化有關的各類要素。只要聯想到經濟條件好的家庭，可以將音樂或是藝術、文學的「品味」傳承給其子，便可理解。

　　另一個關鍵術語的「慣習」（habitus），其被定義爲「客觀上可分類的實踐的發生原則，也是這些實踐的分類系統」（石井譯I p.261；劉暉譯上冊p.268）[20]。這是人們創造自己習慣行爲模式的原理，同時也是人們對如此行動的他人的行爲進行分類、評價的能力。布爾迪厄的用語經常具有像這樣的二元性，如「慣習」在別處被解釋爲「結構化的結構」和「被結構的結構」。

　　日文譯本的譯者石井洋二郎（1951～），將「習慣行爲分類體系」的另一面理解爲與「品味」（趣味）有關（石井2020：88）；但布爾迪厄的這種觀點，是認爲一般常被視爲個人嗜好的「品味」和感性，其背後其實存在著社會形成的階級繼承和行爲的再生產。《區分》，可說是對「品味判斷」（伊曼努爾・康德＝Immanuel Kant, 1724～1804）的階級性和社會性提出質疑的著作；此書的後記〈對「純粹」批判的「粗俗」批評〉，很明顯地針對康德。

　　把對古典、香頌等音樂的取向，按各個階級分類，而在大眾的美感的「品味判斷」上，則與康德的美學理論呈現對立（讓美成爲功能和意義的從屬）；反過來又將布爾喬亞（資產階級）的「品味判斷」視爲是他們展現「卓越性」（distinction）的標誌，這個分析便是此書的典型理論。

　　「卓越性」，也就是此書的標題distinction，所指即是，只要透過察看對方的衣著和舉止就能了解對方屬於哪個階級的判斷能力，或是透過自己的行爲舉止來表示自己的出身來自特定類別的優越階層。

　　而「支配階級」、「中間階級」和「庶民階級」，各自的行爲舉止的形態分別是：屬於「支配階級」的人們，將自己的「品味」和價值觀當作展示「卓越性」的象徵，「將正統的生活方式強加於人」；「中間階級」的人們則摸索著如何提昇階級，期望能符合「時下的樣態及理想的樣態」；「庶民階級」的人們則首要考慮「依必要性順應調整」。

　　正如前述，每個階級都在重複「鬥爭」，也就是堅持自己的階級和文化資本的正統性。布爾迪厄將這種「鬥爭」與所謂的「階級鬥爭」區分

---

[20] 譯注：部分翻譯參照邱德亮《布爾迪厄《區判：品味判斷的社會批判》譯注計畫》（科技部補助專題研究計畫期末報告，計畫編號MOST 102-2410-H-009-026-MY3，2016）。

開來，稱其爲「象徵鬥爭」和「分類鬥爭」。布爾迪厄解釋，「爲了分類的不斷鬥爭，分類有助於產生階級，儘管分類是階級之間鬥爭的產物而且分類依靠階級之間建立的力量關係。」（石井譯 II p.361；劉暉譯下冊 p.761）

　　過去日本研究中，所謂「階級史觀」曾一度橫行，而馬克思主義退潮後，又出現類似「日本社會已不存在階級」的論調。但是，佐藤俊樹（佐藤2000=2008）一書發行前後，日本的社會分化問題再度引起討論，再加上這些社會狀況的變化，在重新探討SNS等平臺上浮出水面的、包括御宅族等「品味判斷」的政治性問題（北田曉大、解體研編2017；片岡栄美2019）之意義上，想必未來布爾迪厄的研究將更加重要。

參考文獻

北田曉大、解体研編，2017，《社会にとって趣味とは何か》，河出ブックス，東京：河出書房新社。

片岡栄美，2019，《趣味の社会学》，東京：青弓社。

石井洋二郎，2020，《ブルデュー『ディスタンクシオン』講義》，東京：藤原書店。

佐藤俊樹，2000，《不平等社会日本—さよなら総中流》，中公新書，東京：中央公論新社。（華語譯本：佐藤俊樹著，王奕紅譯，2008，《不平等的日本：告別「全民中產」社會》，南京：南京大學出版社。）

宮島喬，2017，《增補新版　文化的再生産の社会学—ブルデュー理論からの展開》，東京：藤原書店。

ピエール・ブルデュー（Pierre Bourdieu）著，加藤晴久等譯，1996=2007，《理性—行動の理論について》，東京：藤原書店（華語譯本：皮埃爾・布爾迪厄著，譚立德譯，2007，《實踐理性：關於行為理論》，北京：生活・讀書・新知三聯書店。）

13. 米歇爾・傅柯（Michel Foucault），《知識考古學》，1969年

原書：Michel Foucault, 1969, *L'archéologie du savoir*, Paris: Gallimard.

華語譯本：米歇・傅柯著，王德威譯，1993，《知識的考掘》，臺北：麥田出版；米歇爾・福柯著，謝強、馬月譯，1998，《知識考古學》，北京：生活・讀書・新知三聯書店。

日文譯本：ミシェル・フーコー著，槙改康之譯，2012，《知の考古学》，河出文庫，東京：河出書房新社。

柳瀨善治／葉靜嘉　譯

　　《知識考古學》（*L'archéologie du savoir*, 1969）是米歇爾・傅柯（Michel Foucault, 1926～1984）在《瘋癲與文明》（*Histoire de la folie à l'âge classique*, 1961）[21]、《詞與物》（*Les Mots et les choses: un archeologie des sciences humaines*, 1969）[22]等所謂他早期的著作之後，回應針對這些著作的批評而撰寫的。此外，請留意《知識考古學》一書（以下簡稱此書）是傅柯待在突尼西亞時所撰寫的（請參見日本最新的傅柯研究，小泉義之、立木康介編2021）。

---

[21] 此書原為傅柯的博士學位論文，最早在1961年出版，題名為*Folie et déraison: histoire de la folie à l'âge classique*（瘋癲與非理智：古典時期的瘋癲史）。經過多次刪減、改訂，成為現在通行的版本*Histoire de la folie à l'âge classique*（瘋癲與文明：理性時代的瘋癲史）。日文譯本：ミシェル・フーコー著，田村俶譯，1961→1972＝1975，《狂気の歴史─古典主義時代における》，東京：新潮社；華語譯本：米歇爾・傅柯著，林志明譯，2016，《古典時代瘋狂史》，臺北：時報文化；米歇爾・福柯著，劉北成、楊遠嬰譯，1999，《瘋癲與文明：理性時代的瘋癲史》，北京：生活・讀書・新知三聯書店。

[22] 日文譯本：ミシェル・フーコー著，渡辺一民、佐々木明譯，1974，《言葉と物─人文科学の考古学》，東京：新潮社；華語譯本：米歇爾・福柯著，莫傳民譯，2001→2016，《詞與物：人文科學考古學》，上海：上海三聯書店。

　　此書可說是傅柯的歷史書寫方法論，並被定位爲對馬克思主義和傳統史學提出來的挑戰。

　　從此書重複使用「不連續性」、「斷裂」、「界線」、「極限」、「序列」、「轉換」（p.43；謝強、馬月譯p.23）等概念可以理解，此書提出的歷史觀，不採用所謂傳統或連續性等一般歷史書寫的概念。傅柯非常重視「話語事件的描述」（pp.54～55；謝、馬譯p.27）和它們「作爲事件的散落」（p.54；謝、馬譯p.27），並且其中不像一般的歷史書寫一樣會假設因果關係。傅柯認爲「某個話語的單位」，「是由多種多樣的對象在其中形成並不斷地轉換的空間所決定」（p.66；謝、馬譯p.34），而「書與作品的統一」會被分解。從這樣的認知來看，「話語」（discours，日語：言說／ディスクール）是「一個主體的擴散、連同它自身的不連續性在其中可以得到確定的總體」（p.108；謝、馬譯p.59），而其中的「陳述制度」不是「超驗主體」或「心理主體性」可以定義的。[23]

　　傅柯認爲「陳述」（énoncé，日語：言表／エノンセ）是經過所有邏輯學和語言學的檢驗過後的「滯留成分」（p.159；謝、馬譯p.91），且並非「以語言採取的方式」存在（p.163；謝、馬譯p.93）。「陳述」是一種「功能」，重視「陳述與區別（譯按：指差異化）空間——在這個空間裡會出現陳述本身以及許多差異——之間的各種關係」（p.172；謝、馬譯p.99）[24]。「話語的實踐」被定位爲「總是被確定在時間和空間裡」的「一個匿名的、歷史的規律的整體」（p.222；謝、馬譯pp.129～30）。在這裡可以發現話語「它始終是歷史的」（p.222；謝、馬譯p.129）這個命題。傅柯的話語分析，在歷史書寫中其意義才會顯示出來。

　　此書提出的另一個概念是「稀少性」（p.224；謝、馬譯p.130）。社會學家大澤眞幸（1958～）以尼克拉斯・盧曼（Niklas Luhmann, 1927～1998）的社會系統理論「複雜性的縮減」爲輔助，解釋傅柯的「稀少性」

---

[23] 譯注：傅柯的重要概念「discours」，日文譯為「言說」，或是以外來語「ディスクール」呈現。而華語圈則依談論者或文章脈絡，有多種翻譯。本譯文原則上遵從謝強、馬月譯，使用「話語」一詞。

[24] 譯注：此段譯文，為譯者參照日文譯本及謝強、馬月譯文自譯。

概念（大澤2015）。換言之，如果將「話語」視爲一種「社會系統」，其「複雜性」必須小於自然界等外部世界的「複雜性」，系統才能發揮作用。爲此，盧曼提出了「複雜性的縮減」；同樣地，大澤解釋，傅柯所說的各個時代的「話語的總體」的「複雜性」被「稀少化」之後，產生了一定的「規則性」。而包含這種「規則性」的「話語」稱爲archive（日語：集蔵体／アルシーヴ，華語：檔案），這即是傅柯的歷史分析的基礎。

　　從傅柯重複「非——」這樣的否定形的寫作風格可以類推出，《知識考古學》中提出的話語分析，並不存在類似像教科書中會有的說明：「任何人都可以用這種方法來分析話語」。阿克塞爾・霍耐特（Axel Honneth, 1949〜）對傅柯的批評即是針對這一點，認爲這裡面不存在正面定義（アクセル・ホネット 1985＝1992＝2012）。也就是話語分析的成立，來自與過往的各種歷史書寫之間的文體差異，且只能透過具體的「話語實踐」來實現。

　　傅柯再三強調「話語實踐」一詞，而他要強調的是，話語分析只有透過具體的書寫實踐才有意義。關於這點如遠藤知已的說明：「話語分析本來就是始於對特定主題形象的歷史書寫，終於歷史書寫。其價值在於這個書寫具有多少意義，或是（譯按：根據話語分析得出的）作爲事件的（譯按：歷史）書寫，如何提出與過往的架構（譯按：指一般的歷史書寫）不同的隱性對立架構」（遠藤知已2006：44）。另外，日本話語分析的具體實例，包括竹村信治（2003）和遠藤知已（2016）；對此，可另見東島誠《公共圈的歷史創造：朝向「江湖思想」》（第I部導讀5）。

　　教科書式的思維無法挑戰「歷史」。歷史書寫是不斷地被archive和自己的書寫背叛，同時不斷地與「歷史」正面相對，因此，傅柯的研究具有不斷被後人參照的價值。

參考文獻

小泉義之、立木康介編，2021，《フーコー研究》，東京：岩波書店。
大澤真幸，2015，《社会システムの生成》，東京：弘文堂。
竹村信治，2003，《言述論》，東京：笠間書院。
遠藤知已，2006，〈言説分析とその困難（改訂版）─全体性／全域性の現在

的位相をめぐって〉，佐藤俊樹、友枝敏雄編，《言説分析の可能性—社会学的方法の迷宮から》，東京：東信堂。

──，2016，《情念‧感情‧顔》，東京：以文社。

アクセル‧ホネット（Axel Honneth）著，河上倫逸譯，1985＝1992，《権力の批判—批判的社会理論の新たな地平》，東京：法政大学出版局（華語譯本：阿克塞爾‧霍耐特著，童建挺譯，2012，《權力的批判：批判社會理論反思的幾個階段》，上海：上海人民出版社）。

14. 朱迪斯·巴特勒（Judith Butler），《性／別惑亂：女性主義與身分顛覆》，1990年

原書：Judith Butler, 1990, *Gender trouble: feminism and the subversion of identity*, New York: Routledge.

華語譯本：朱迪斯·巴特勒著，林郁庭譯，2008，《性／別惑亂：女性主義與身分顛覆》，苗栗：桂冠出版。

日文譯本：ジュディス·バトラー著，竹村和子譯，1999，《ジェンダー·トラブル——フェミニズムとアイデンティティの攪乱》，東京：青土社。

李文茹

　　「女人」非只有單一面向。但規範「女人」的範疇，卻在文化性別（gender）、性意識（sexuality）、身體的性（sex）等次元中不斷地被重複生產，被捏造成爲如鐵般的事實。《性／別惑亂：女性主義與身分顛覆》一書（以下簡稱此書）的目的是批判捏造「女人」範疇的系譜學。

　　此書作者朱迪斯·巴特勒（Judith Butler, 1956～），是哲學家、理論家，現任教於加州大學柏克萊分校。此書對社會學、政治學、哲學、文學、思想等領域有碩大影響，也獲得女性主義運動、性平運動極大迴響。巴特勒所撰寫的論述並不易理解，這是作者對於普遍廣受理解的「共通文體」所提出的質疑與異議。建議讀者閱讀時，從能理解或有所感的部分開始。

　　書名「惑亂」（trouble）意指混亂、顛覆、動搖。現行法規爲了讓大家遠離混亂，提出警告：製造混亂者自身也會被捲入或是深陷其中。混亂無可避免，且其本質上充滿曖昧與迷樣。序文（1990）中作者提到在知悉這狀況後，我們能做的是技巧性地製造惑亂、並安身其中。就性／別議題

來說，去思考建構主體性、他者、「男」「女」二元論，討論這些用字的
內部安定性中的權力配置、約制爲何？如何對認識性別存在論提出質疑？
是否有良策可以顛覆穩固性別的階級秩序以及強制性異性戀的性別規範？
巴特勒提出，普遍認知的性別僅不過是展演（performative）語言層次的
男／女所建構出的事實，而建構性別認知的生物性別、性別文化、身體二
元論等各項基礎範疇，都僅是建構自然、起源、必然性等結果的人工產
物。

　　巴特勒將性／別的形成定義爲「反覆被樣式化的行爲」的過程。此書
對與性相關的內部性情和身分的「眞理」提出質疑，並企圖顛覆、混亂支
持男性霸權和異性戀主義權力的性別概念並創造持續混淆性別的可能性。

　　性是「踐履性扮演」的表現樣態，其本身並不存在。此書裡頭，踐
履性（performance）、踐履理論（performative）是重要概念。踐履即是
扮演、展現、表演。性別是藉由扮演社會規範制定的「性別」──「男性
性」「女性性」──的行爲過程所形成的樣態，「性別眞實透過持續的社
會演出被創造出來，意味著本質上的性，以及眞實或持久的陽性特質或陰
性特質也是建構出來的，作爲部分策略來隱藏性別的踐履性特質，也隱藏
了在陽性化領域和強制性異性戀框架之外，繁衍性別型態的踐履可能性」
（pp.218～219）。踐履是來自戲劇研究的概念，在此之前巴特勒就運用語
言行爲、戲劇表演和現象學等理論，探討身體與語言行爲的展演如何建構
出性別。

　　此書有三個章節。第一章〈性／別／慾望的主體〉提出：若擺脫「女
人」這個行爲「主體」女性主義是否還能成立？本章聚焦於女人「主體」
的定義方式，對女性主義系譜學提出質疑。第二章〈禁制、精神分析和異
性戀母模的製造〉批判，文化人類學、精神分析、結構主義、女性主義等
研究在解釋性差異和性意識時所提出的規範性架構。例如在談論性別認同
時，如何論述象徵界、慾望、性差異制度？法制（the Law）如何劃分亂
倫禁忌、同性戀意識／慾望、變性人等的「可以和不可以」等。解構性／
性別的二元規範的虛構性、二元框架如何被合併在男權中心與異性戀壓
迫的權力體制後，第三章〈身體顛覆行爲〉指出，米歇爾・傅柯（Michel
Foucault, 1926～1984）、女性主義理論者等在論述規範性的異性戀以及

顛擾性範疇——如女男同志、零號、女同志婆——時，提出基於性別行動踐履理論的「諧擬實踐」（parodic practices）。結論〈從諧擬到政治〉指出，性別的「諧擬」重複揭露了性別身份只是錯覺，而性／別僅是幻象。

　　華語譯本收錄導讀〈陌生人發言：《性／別惑亂》在亞洲〉（D.C.歐尼爾、柏克萊加州大學東亞系教授）。

參考文獻

Judith Butler, 1988, "Performative Acts and Gender Constitution: An Essay in Phenomenology and Feminist Theory", *Theatre Journal*, 40(4).

15. 賀爾・福斯特（Hal Foster）主編， 《反美學：後現代文化論集》， 1983年

原書：Hal Foster (ed.), 1983, *The Anti-Aesthetic : Essays on Postmodern Culture*, New York: Bay Press.

華語譯本：賀爾・福斯特主編，呂健忠譯，1998，《反美學：後現代文化論集》，臺北：立緒文化。

日文譯本：ハル・フォスター編，室井尚、吉岡洋等譯，1987，《反美学——ポストモダンの諸相》，東京：勁草書房。

水川敬章／葉靜嘉　譯

　　賀爾・福斯特（Hal Foster , 1955～）主編的《反美學：後現代文化論集》（以下簡稱此書），是一本收錄從文化、藝術、思想、人文學等多個角度探討此書主題——極為難解的後現代（postmodern）／後現代主義（postmodernism）——的論文集。此書於1983年在美國出版，當時正是以批判理論（日語：現代思想）[25]為中心，蓬勃討論後現代／後現代主義的時代。從此書出版後，立即受到日本批評家如柄谷行人（1941～）、蓮實重彥（1936～）等人的關注；由此可以看出——正如此書日文版的〈譯者後記〉所指出的，當時此書是一本劃時代的論文集，在日本也深受行家賞識。自然地，此書出版後，關於後現代／後現代主義的各種討論也陸續展開，在英語圈累積了豐富的討論成果。但既使如此，此書仍是不可錯

---

[25] 譯注：這裡出現的批判理論，日語原文是「現代思想」。但這裡的「現代思想」所指的並不是所謂「現代」的「思想」，而是統稱1960年代以降，在歐美學界出現的人文、社會科學領域理論群的一種概念，其包含的理論，如結構主義、後結構主義、現象學、詮釋學、法蘭克福學派、文化研究、女性主義思想、符號學、分析哲學等等。

過的基礎文獻之一。此書不僅收錄以主編福斯特為首，「批判理論」、哲學、美學界的代表性人物之間的豐富討論及重要的論文，還可從此書得知1980年代當時最尖端的討論內容。

　　另外，若從日本研究的角度來補充說明的話，首先，在日本，後現代／後現代主義的討論本身就被當成是一種短暫的風潮，而且撇開部分評論家和批評家的話，很難說這方面的探討已趨完整，這可以說是很多人的共識。特別是在日本國內的日本文學研究的討論當中，Brian McHale（1987）等重要文獻，不知為何未曾被參照。有鑑於此，這本由室井尚與吉岡洋兩位眼光獨到的美學者所介紹、翻譯的論文集，究竟有多少被日本國內的日本文學、文化研究者探討過，實在令人擔憂。至少，日本國內利用此書的日本文學研究計畫，可能還未完成，或是還未開始著手吧。

　　以下概略地介紹此書的內容。放在最前面的福斯特的〈英文版序／後現代主義〉一文，不只擔綱了導論，介紹此書囊括的內容及其摘要，還明確地討論站在美感經驗上，重新質疑後現代主義的意義——也就是「反美學」這個觀點的討論範圍。接下來的篇幅則是給了著名的尤根·哈伯瑪斯〈現代性：一個不完整的方案〉。隨後則是關於下列主題的論文：肯尼斯·法蘭屯（Kenneth Frampton, 1930～）是建築；羅莎琳·克勞斯（Rosalind Krauss, 1941～）是雕刻；[26]道格拉斯·克林普（Douglas Crimp, 1944～2019）是美術館；[27]柯瑞格·歐因茲（Craig Owens, 1950～1990）是女性主義；葛瑞格里·阿默（Gregory L. Ulmer, 1944～）是批判理論；弗雷德瑞克·詹明信（Fredric Jameson, 1934～）是現代的資本主義和藝術文化；尚·布希亞（Jean Baudrillard, 1929～2007）是資訊和傳播；最後的愛德華·薩依德（Edward W. Said, 1935～2003）是以人文學為題。

　　如上述以關鍵字簡化內容後，能看出此書的討論對象所涵蓋的範圍相當廣。而事實上，每篇論文都探討了與後現代主義有關的核心理論用語與概念。但每個理論都是極為複雜的，像這樣只用關鍵字來表達並不

26　譯注：華語譯本未收錄。
27　譯注：華語譯本未收錄。

夠充分。例如薩依德的論文保有普遍的批判性，讓人可以讀作是一篇探討包括知識分子問題在內的人文學科之使命（與社會／世界的關係）的文章，而且其意義超越了後現代主義論述。再者，若擴展至現代上的問題，詹明信的論文則特別引人入勝，從該篇論文，可得知詹明信著名概念之一的「懷舊模式」（nostalgia mode）的相關討論。關於這個概念，例如要說明2010年代出現的網路文化蒸氣波（Vaporwave）時——這也直接關係到日本文化的表象（representation），這是不可忽視的概念；另外要針對網際網路之後的資本主義社會和思想文化——從城市流行音樂流派到馬克・費雪（Mark Fisher, 1968～2017）的《資本主義寫實論》（*Capitalist Realism*）——進行審視和解讀時，該論文也蘊含必要的觀點的片段。當然，關於這點，需要參考詹明信Fredric Jameson（1991）等其他重要討論來做深入的了解。

　　再來想要提醒讀者的是，不應只將哈伯瑪斯的論文理解為，這單純是一篇擁護現代（也就是與後現代主義對立）的文章，該論文從審美現代性（尤其是前衛〔avant-garde〕）為主展開論述，透過從生活世界或是溝通傳播等的角度進行討論，在考慮過審美現代性的極限後，對「現代性（modernity）＝啟蒙工程」的可能性進行了細膩的解說。由於此書內容之複雜，因此比較各篇論文屢次探討的後現代主義和現代主義之間的連續／斷絕的討論後，自行理解出其各自的課題，是十分重要的。如此一來，或許可發現福斯特的序文中沒有提到的，此書的各種可能性。

參考文獻

Brian McHale, 1987, *Postmodernist Fiction,* New York: Routledge.

Fredric Jameson, 1991, *Postmodernism, or, the Cultural Logic of Late Capitalism*, Durham: Duke University Press.

第 II 部
民俗學

總論

林承緯

　　在距今百年前的日本社會，民俗、民藝、民具或是民話等冠上了「民」的詞彙逐步問世，民在當時，可視為相對於都會、「近代」的概念。近代日本，在歷經明治維新舉國朝西化、「現代性」奮進的狂飆期，進入到大正、昭和時代，那些標榜以民為研究對象的學問，開始在哲學、文學、歷史學、地理學等既有的學科所構成的學術局面中嶄露頭角；雖然各自的發展脈絡不盡相同，但伴隨著社會風氣及時局環境等條件，柳田國男（1875～1962，民俗學）、柳宗悅（1889～1961，民藝學）、澀澤敬三（1896～1963，民具學）等代表人物，分頭引領出不同的民間知識探索路徑。日本近代史家鹿野政直（1931～）便以「民間學」來詮釋這波相對於明治時代以富國強兵為目標的官學，認為是相應於大正民主氣韻的一股民間知識綻放。

百花繚亂的民間學與《民俗臺灣》

　　如此擁抱常民百態、探究大眾知識的氛圍，在戰前也隨著來臺的日本知識分子及知識脈絡的發展途徑，為臺灣注入探討民間的學問基礎。舉凡早年來臺研究臺灣文化的伊能嘉矩（1867～1925），還是致力於創辦《民俗臺灣》的金關丈夫（1897～1983）、池田敏雄（1916～1981）等這些當年活躍於臺灣社會的研究者，其知識探索的背後都可看見與日本近代民間學的脈絡鏈結。像是素有臺灣研究重要奠基者之稱，一生致力於臺灣歷史、民族研究的伊能嘉矩，便與柳田國男有深厚的情誼。在柳田國男撰寫《遠野物語》期間，兩人於日本東北地方的遠野會面，對臺灣、遠野的民俗研究及傳承資料有頻繁的交流，後續更促成《臺灣文化志》這套巨著的問世。另一方面，在日治末葉，前所未見地以蒐集、探討臺灣民俗的月刊雜誌《民俗臺灣》出刊了，著名的人類學者金關丈夫不僅是《民俗臺灣》

的催生者、發起人，並在主編池田敏雄的協助下，親手策劃全刊內容與編集形式。雖然《民俗臺灣》發行的時間已在時局動盪的年代，但在金關丈夫為首的有志之士號召下，仍吸引各界關心臺灣民俗文化者相繼投入。數年之間，該雜誌累積龐大豐富的臺灣民俗研究成果，成為後世認識臺灣文化傳統的關鍵窗口。值得留意的是，《民俗臺灣》不僅在第三卷第十二期收錄〈柳田國男氏を圍みて ── 大東亞民俗學の建設と「民俗臺灣」の使命〉專題對談，在內容主軸、取材關懷及研究視野上，該雜誌都有相當程度地受到柳田國男所倡導的民俗學影響，同時期由柳宗悅所致力推動的民藝運動，其精神及論述也展現於《民俗臺灣》。常民文化的關懷，從日本本土發軔，到戰前在臺灣社會的共鳴，如此不同於過往學術發展及知識建構的在野之學，究竟對今日社會的人文社會研究有何意義，以下就從最具代表性的民俗學學科發展來入門。

從在野之學的民間傳承到民俗學

　　「民俗」成為研究探討的對象，是由柳田國男所倡導的，這位被後世尊稱為「日本民俗學之父」的人物，最初以「民間傳承」來指稱民俗文化，將世代相傳於常民社會的文化傳承作為學問對象。「民俗學」在日本的誕生，起初與對歷史學研究的批判及研究補足有關。過往若要了解過去、掌握文化的發展演進，透過史料、文獻撰述而成的歷史書，確實能讓我們快速理解歷史發展脈絡。只不過，柳田国男認為理解日本人的歷史，應不只仰賴以文字為據的歷史學研究就足以完備。特別在過往的年代，有更多與文字無緣的廣大民眾的生活足跡，這些被柳田国男定義為「常民」的人物，曾經一一在歷史中登場，卻因欠缺記錄下他們的文字性資料，而被後世的研究者所遺忘。除此之外，人類學、民族學的學術傳統，主要是以族群文化甚至是文明開化較晚的民族為研究對象，重視他族群間的文化與社會的現象探討，因此也無法全力關注自我文化的研究大任。

　　民俗學（日語發音：Minzokugaku）在近代日本人文研究領域興起，即在這樣的社會背景下展開。柳田国男有意識地參考歐美民俗學、人類學等相關學科發展，試圖透過自我文化研究來解決現實社會問題，在如此的企圖心及知識建構意圖下，提倡「經世濟民」的傳承文化研究，進而催生

日本獨特的民間傳承之學——民俗學。這門新學問是以他所撰寫的《鄉土生活の研究法》、《民間伝承論》二書為基礎，他具體提出「有形文化、語言藝術、心意現象」等民俗分類基準，以「體碑、口碑、心碑」之說來界定民俗。草創至今的日本民俗學學科發展，前有柳田國男的開拓領導，後有代代輩出的民俗學者繼承，延續開枝散葉，讓民俗學成為獨立、具系統性的一門學科。其不僅開創了以自我文化來尋找生活軌跡，解明庶民生活文化的新學問，更對1950年代至今，日本政府所推動的文化財保護制度的法制化及保存措施，提供穩固且信賴的學術根基。

　　話說回來，啟迪這位原任職內閣法制局的高等官僚踏上民間傳承學術之路，可追溯於柳田國男在兩次旅行中的體驗。首先在1908年的夏天，柳田國男來到九州旅行，在為期三個月的長途旅行途中，特別是其在停留於九州山林僻野的宮崎縣椎葉村的所見所聞，世代相傳於當地的農法及狩獵文化傳承，讓他的內心深受感動，啟發他開始透過常民社會保有的各種生活模式來思索日本社會的全貌及特質。在關鍵的時刻，與出生於遠野、往後被比擬成「日本的格林」這位文藝青年佐佐木鏡石（1886～1933）邂逅；柳田國男聽取佐佐木鏡石述說遠野傳說奇談，隔年即親身來到遠野進行調查，拜訪請益遠野出身的伊能嘉矩，嚴謹地取材自佐佐木鏡石的口傳述說內容，轉化成書《遠野物語》。這本著作雖篇幅輕薄不厚重，其內容一字一句卻充滿撼動人心的力量。另一本被視為日本民俗學首部著作的《後狩詞記》，則描述柳田國男探索九州椎葉村當地傳承的狩獵民俗。這兩部民俗誌相繼的問世，為日本民俗學的誕生揭開序幕。

日本民俗學的理論基礎及其方法建構

　　柳田國男所樹立的日本民俗學，是一門研究歷史、解明歷史的知識體系。只不過在這裡民俗學所指的歷史學研究，並非一般廣為熟知的歷史學研究，而是將人們日常的生活行為百態視為研究題材，透過文化現象的研究分析來探究歷史。柳田國男認為這門學問具備著經世濟民的使命，簡而言之，柳田國男眼中的民俗學，並非是為某些人們抱持的懷古嗜好或興趣而存在，而是一門必須對應社會與世人的生活需求，具有學術使命及社會責任的學問。柳田國男在《鄉土生活の研究法》一書中，數度提及個人走

向常民文化研究的動機在於探究農民貧困的問題。

　　基於學科發展背景之下，日本民俗學在初期的研究理論建構上，主要呈現三大特徵，其一是「以人類的行為為研究重心的民俗學」。日本民俗學的研究取向，不同於歐美民俗學偏重於神話傳說、民謠、口傳文學等研究議題，柳田國男所建構的日本民俗學，除了致力於神話傳說方面的研究，更將研究的重心投注於人類行為的整體面貌，特別就信仰、儀式、習俗的考察探索，透過各種環境、文化狀態具有的語言及用語為線索，展開常民文化的考察。其二是「具有歷史學研究傾向的民俗學」，除了前述已指出的，日本民俗學是以探究常民文化的歷史為研究目的，柳田國男也批判文獻史學、進步史觀衍生的問題。柳田國男為民間傳承學問打造基礎，他認為真實的歷史發展演進並非僅止於朝著進步的方向前進，若過度仰賴線性史觀來看文化現象，將導致判讀歷史、過去的謬誤，進而提出應以現實生活的所見所聞為依據，從中探尋歷史、掌握過去的社會及生活全貌。其三是「側重於地域差異研究的民俗學」，這項特徵取自於柳田國男從事民間傳承研究的視野及學術關懷，相較於起源探索，他更關注於文化從古至今形成的一連串變遷過程。民俗學透過通時性（diachrony）的傳承文化發展，來掌握「傳承」的本質真諦；另一方面，就共時性（synchronicity）的研究層面上，相較於民族學、人類學等學門重視跨文化、多種族的研究，柳田國男所打造的日本民俗學則側重於單一社會、文化的民間傳承，「一國民俗學」的學問發展定位，可說是柳田國男草創日本民俗學當時極為重要的主張。

從柳田國男民俗學到日本民俗學術發達的百家爭鳴：從現代民俗學、民俗傳承學、現代學（Vernacular）到日常學的展開

　　日本民俗學走過百年的歲月，從當年較廣為人知的柳田國男為首的學問體系及知識基礎的建構，這一門在野之學，根植日本斯土所誕生的民間傳承之學，從草創到1958年開始在大學教育下立足，南方熊楠（1867～1941）、折口信夫（1887～1953）、澀澤敬三、宮本常一（1907～

1981）、瀨川清子（1895～1984）等學問協力者的付出實在不可言喻。從柳田國男催生孕育下的民俗學，一路上歷經各種不同學術關懷、研究興趣及知識背景的民俗學者，將這門學問薪火相傳延續下來。

　　譬如從1980年代左右起，以福田亞細男（福田アジオ）（1941～）為首，對於後柳田國男時代的民俗學研究局面進行檢討，特別針對數十年來民俗學發展所衍生的形式主義，以及過度追求客觀主義、忽視各地域存在的文化差異等課題，開創現代民俗學研究的新可能性。相較於現代民俗學推動者對柳田國男的民俗學提出的修正路線，像是新谷尚紀（1948～）則斬釘截鐵地主張，日本民俗學並非是直譯英語Folklore的學問，是柳田國男將法語的tradition populaire譯成民間傳承、一門為研究傳承的學問，創生於日本本土的民間傳承學；同時，認為戰後於大學教育中發展的民俗學對於過往的民俗學有所誤解，進而造就出否定柳田國男開創的日本民俗學傳統，強調應該重新認識日本民俗學獨創的視野及方法。相對地，近年來以島村恭則（1967～）為中心的研究者，對於現代美國民俗學倡導的Vernacular論述有共鳴，積極地運用這項新用詞來論述生活文化，並將日本民俗學的發展置入全球民俗研究的範疇，視之為一門反霸權主義、去中心思想、相對於主流價值的學問。對應於過往民俗學發展曾出現淪為落日的學問，或社會輿論時而迸出人文研究無用論等情形，日本民俗學界在進入後柳田國男時代以來，展現相互爭鳴的學術盛況局面，表露出這門原生於「在野」根底那股豐沛的民間傳承研究生命力。

16. 柳田國男，《民間傳承論》，1934年

原書：柳田国男，1990，《民間伝承論》，ちくま文庫（柳田国男全集28），
　　　東京：筑摩書房（初版＝東京：共立社，1934年）。

林承緯

　　《民間伝承論》（以下簡稱此書），是柳田國男（1875～1962）推動
日本民俗學體系化的拓展初期，最具指標性的一部民俗學理論著作。此書
出版於1934年，實際的印刷日為1934年8月20日，發行日則在同月25日。
《民間伝承論》首度問世時，被收錄在東京的共立社所發行的「現代史學
大系」第七卷；而後，分別被納入東京的筑摩書房出版《定本柳田國男
集》（1964年）、《柳田國男全集》（1989年文庫版、1998年新版）。
除此之外，在1980年與1986年，則是由東京的「傳統與現代社」（日語：
伝統と現代社）與「第三書館」發行單行本。《民間伝承論》一書自出版
問世以來，歷經不同時期的發行再版，展現作為經典之作的歷久彌新價
值。全書共分成十章，分別是以〈一國民俗學〉〈殊俗誌學的新使命〉
〈書契以前〉〈鄉土研究的意義〉〈文庫作業的準備〉〈採集與分類〉
〈生活諸相〉〈語言藝術〉〈傳說與說話〉〈心意諸現象〉為標。排列於
內文前頭的序文篇幅，乃是由28條宛如箴言般的文字，精要地闡述民間傳
承的宗旨、意涵及資料論的分類概念；譬如第一條寫道：「民間傳承論是
屬於明日的學問，它還只是一棵稚嫩的樹，要將它種在山上或作為盆栽，
都會由你我的心意來決定，也因此，作為期待它發展的人也可成為預言之
人。」以幼嫩的植物來做比喻，呼籲大家對這樣亟待茁壯的學問給予呵護
支持，字裡行間流露出柳田國男對民俗學所投注的情感及熱誠。

　　此書以「民間傳承」為標題，柳田國男於書中開宗明義地透過對書
名的由來及定義，展開對民俗研究的目的及對象的說明：「民間傳承論這
個名詞，僅僅是我個人的提議，所幸它流行的範圍有限，尚沒有產生什麼
歧異，所以我想可以無顧忌地來公開並限定它的含意。我的構想是，希望

可把這個用詞對應於歐陸一些文明古國所使用的les traditions populaires，意指一個社會集團的生活知識，也和英國的folklore的範圍完全吻合。tradition這個用詞，在其本國往往引起某些政治上的聯想而產生麻煩，這可從日文翻譯成傳統的情形推測出來。而populaires這個形容詞，在這裡份量很重，但我們只能譯成民間。不過，可以用帶有新鮮感的『傳承』一詞來取代『傳統』，這是個詞意豐富且意蘊複雜的用詞。我在這篇《民間伝承論》之中，就是要論述folklore這個已廣爲人知的民間傳承概念的重要性。」由此可見柳田國男在推動民俗學學術化的初期，相當細膩地推敲各項用詞於各國學術場域的詞句意涵，進而梳理出民間傳承這個概念。

　　作爲民俗學重要的資料採集方式的田野調查，以及透過方法論的建構來加速民俗學學科化的點滴，都在此書中清楚嶄露著。譬如在第三章第五節〈我們的方法〉這章節中，後來成爲日本民俗學代表的研究方法——「重出立證法」——首度被提起。柳田国男寫道：「所謂重出立證法，是類似重疊照相的作法。」更進一步針對實地調查採集的資料價值提出：「雖然承認文獻是重要的資料來源，但絕不將文獻視爲高高在上的存在，我們認爲最值得重視的是實地觀察調查得來的資料，文獻僅僅可作爲佐證，過多仰賴文獻作爲旁證，將使得民俗學成爲一門與歷史學混淆不清的奇怪且不可靠的學問。」柳田国男深刻地透過資料論來界定民俗學發展及立足的特徵，他甚至以「採訪收集是民間傳承之學的根本，調查的方法如何是關係到這門學問生死存亡的重要問題」，來深刻凸顯民俗學立足於現地，以實地調查爲學科發展命脈的學問性格。也因此，此書從第四章起，從調查採集的目的、採集紀錄及資料庫的整備爲基礎，再進一步提出柳田国男獨創的旅人之學、寄寓者之學、同鄉人之學的三項調查分類概念，再透過數章的篇幅提出柳田国男的資料論原則及意義，進行詳盡具體的說明。這本被民俗學徒視爲必讀經典的民俗學理論著作，循序漸進且條理分明地將民俗學發展的學術宗旨、特色、方法論、資料論、調查法及分類原則等等，做了詳盡、有系統的說明，縱使發行至今將近九十年，仍是一部相當有參考價值的日本民俗學理論經典。

17. 宮田登，《日本的民俗學》，1978年

原書：宮田登，1978，《日本の民俗学》，東京：講談社。

武井基晃／黃信棋　譯

　　宮田登（1936～2000。享年63歲）於42歲時出版《日本の民俗学》一書（以下簡稱此書），在此書中論述日本民俗學這門學問之中的「傳達」＋「繼承」＝「傳承」。也就是說，宮田登繼承柳田國男（1875～1962）的民俗學，並以當時的時代脈絡修正路線，發展出具有展望日本民俗學未來意義的新民俗學，如地域民俗學、都市民俗學、比較民俗學。宮田登未曾拜師於柳田國男，他是在大學裡學習民俗學、在大學裡教授民俗學、在大學裡進行研究的第一批正統民俗學研究者，體現了學院式的民俗學（福田アジオ2014：50～53）。他從1976年開始任教於筑波大學[1]，擔任助教授，此書於1978年出版時他還開始同時兼任國立民族學博物館[2]的助教授，並於隔年成為國立歷史民俗博物館[3]的成立籌備委員會專門委員，該館設立時他是客座助教授（宮田登追悼会編2001：327）。

　　此書是壯年期的宮田登，於1978年針對當時最新的民俗學課題所寫成的一此書。此書的架構，如下所示：第一章〈日本民俗學的性格〉，說明日本民俗學是歷史科學還是現代科學，是文獻還是傳承，以及歷史民俗學的立場、柳田民俗學的原點，與人類學的關聯；第二章〈日本民俗學與「常民」〉，其中包含作為抽象概念的「常民」、鄉土研究中的「常民」，以及「非常民」的性格等等；第三章〈日本民俗學與鄉土研究〉，言及鄉土會的活動、鄉土研究與民俗調查、鄉土教育的方向、對鄉土研究的批判，以及通往地域民俗學的道路等等；第四章〈通往都市民俗學的道

---

[1]　1973年開設，位於茨城縣。

[2]　1974年成立，位於大阪府。

[3]　1981年設立，位於千葉縣，於1983年一般開館。

路〉，論道都市化的意義、柳田民俗學與都市，以及都市化和民俗等等；第五章〈通往比較民俗學的道路〉，敍述柳田民俗學與南方熊楠（1867～1941）、柳田國男與比較民俗學，以及比較民俗學的基準；第六章爲〈民俗研究的新課題〉。

接下來，要來介紹宮田在此書中所提倡的民俗學的「道路」。第一點「通往地域民俗學的道路」，是指從過去的民俗學──將整個日本列島視爲調查、分析、探究的對象──，轉換成地域民俗學──掌握個別地域社會內部的狀況並解決課題；過去的民俗學「只重視舊型的民俗學」（p.138），將重點放在「探究原初的文化類型」（p.168），因此也就「捨棄」了「新的民俗學被創造或是被再生產之觀點」（p.168）。但是宮田主張，「應該要因應地域社會的變化情形去捕捉民俗」（pp.137～138），今後漸漸地「探究民俗的變化過程變得重要了」（p.138）。而現今的日本民俗學，就是在這樣轉變後發展出來的。

第二點「通往都市民俗學的道路」，直接與上述的批評和轉換連結。宮田認爲，「都市民俗學這個領域，有作爲地域民俗學一環而成立的可能性」（p.177）；雖然「在都會，仍然可以確認作爲一個原風景的村落的民俗，而那樣的時代是柳田民俗學的出發點」，但「另一方面，當時急速的現代化潮流迫在眉前，柳田民俗學也有考量到在變化前夕仍可明確掌握到作爲模式的民俗之存在」（pp.154～155、162）。並且他主張，「爲了釐清日本民俗文化的全貌」，今後「以田野調查爲主軸的民俗學」，「無論如何都必須將其基礎放在柳田國男所提出的常民（＝定居農民），同時要爲都市民（非農業民、非常民、各種職人）在田野調查裡保留充分的位置」（pp.152～153）。此時，宮田提出一個課題：「在日本，經歷過從村落（日語：ムラ／村）轉變成市鎮（日語：マチ／町）之歷史過程而成立的都市，衍生出獨自的『都市的民俗』，其是否有被傳承下來？」（p.178）

第三點是「通往比較民俗學的道路」。根據福田亞細男（福田アジオ，1941～）所示，「稍微慢於地域民俗學的提倡，宮田所提倡的比較民俗學，試圖將地域民俗學與比較民俗學並列爲新的民俗學領域」，「把具固定性的民俗學，一方面發展出定著於地域、朝向在地研究的民俗學，另一方面則從日本列島向外擴展，擴大到進行廣泛比較的比較民俗學」

（福田アジオ2014：107）。在此書中，宮田論道：「雖然標榜爲一國民俗學的日本民俗學，反映出柳田國男獨特的思考，但其研究狀況近年也急速地朝向比較民俗學的方向發展。」不過，對此，他還是抱持愼重的態度；他當時已經斷然主張，「將單一語言及伴隨語言的儀禮作爲一個組合、來當成比較的基準的話，當然還是以漢字文化圈內的比較作爲前提」（p.212），「話說是比較，但羅列式地將單純的文化要素進行比較的時代已經過去了」（p.213）。宮田「雖然對於比較民俗學的獨特性還殘留著疑問」，但對於「將一國民俗學內在的視點向外擴大的方向」仍然抱有期待。

參考文獻

福田アジオ，2014，《現代日本の民俗学ーポスト柳田の五〇年》，東京：吉川弘文館。
宮田登追悼会編，2001，《宮田登年譜・著作目録》，東京：宮田登追悼会。

18. 宮本常一,《被遺忘的日本人》, 1960年

原書：宮本常一，1971，《忘れられた日本人》，東京：岩波書店（初版＝東京：未來社，1960年）。

伊藤龍平／蔡亦竹　譯

　　《忘れられた日本人》（以下簡稱此書）是日本代表性民俗學者之一的宮本常一（1907～1981）的代表作，被視爲是優秀的民俗誌——以田野調查獲得的資料爲基礎，記錄特定地域民俗文化的文本——之一。

　　標題的「被遺忘」，到底意義爲何？此書發行於1960年，不過宮本進行田野調查是在戰前之時。在迎接高度經濟成長期、經濟白皮書宣言「已經不是戰後」（1956年），且準備迎向即將到來的東京奧運（1964年）的日本的國家形態、風貌，乃至人心轉變之際，收錄於此書的人們生活速寫，被1960年代以降的人們帶著新鮮的驚喜閱讀著。

　　被宮本選爲對象的，是未曾在日本近代史舞臺登場的無名人們。宮本如實地將在基層支撐著社會、許多連字都不認識的他們／她們雖貧窮卻積極且堅韌的人生呈現出來，其中亦含有柳田民俗學避諱的性問題和歧視等問題。在不到數十年前是極爲常見、卻連日本人都遺忘的日本人生活，也就是說，被遺忘的日本人的人生究竟爲何這個疑問，直接成爲了此書的書名。

　　但事前未曾吸收過這些資訊而就翻閱此書的讀者，應該會對宮本的文體和記述方式感到不習慣而困擾吧。這眞的可以稱之爲學問嗎？這不就是小說或隨筆嗎？比方說，被視爲此書具代表性篇章的〈土佐源氏〉，是從高知縣樗原町的老乞丐這段獨白開始：「你是哪裏人？啊長州啊？長州啊這樣。長州人有很多人到這裡來。長州人從以前就很會賺錢，到這附近來做伐木工跟木匠。那些木匠手藝很好，大家工作都做得不錯。」之後的

〈土佐源氏〉的全文，幾乎都是由這位老人的獨白編織而成的。

　　不只〈土佐源氏〉，收錄於此書的各篇章許多都有主角，而且有明確面對讀者意識的敘述者。這並不符合要求客觀思考的人文科學的文體，可以說是一種記述形式。別說是現代民俗學界，此書在當時也是異類的著作。在此我們必須思考的是，宮本選擇這種文體、記述方式的原因是什麼，因而得到的效果又是什麼。

　　所謂民俗學，主要使用田野調查這個手法，掌握常民生活中可見之傳承文化的現在與其軌跡，從而思考何謂日本人的學問；在日本，是由柳田國男（1875～1962）主導而發展至今。在宮本立志於民俗學之時，民俗學已經被系統化地細分並整理出作為學問的體系；在民俗誌裡，田野調查得到的資訊，比方說信仰、藝能、生業、交通交易、衣食住、生產、葬送、口傳文藝等等，也依項目被加以分類、被體系化地整理。

　　不過，當然，這些項目不是個別存在，而是在人生裡並存的。許多民俗誌就算記錄了該地的民俗文化，卻無法看到鮮活傳承於這些民俗文化的每個人容貌。對於這點不滿的宮本，嘗試把在書桌上整理得井井有條的民俗資料，反饋到田野的混沌中和人們生活的根本裡。在這種用心之下，《忘れられた日本人》此書就此誕生了。也因此，宮本稱自己的著作時，不用「民俗誌」，而使用「生活誌」這個用語。

　　對於宮本的嘗試，學界的評價大致都是針對上述的特徵。另一方面，我們也必須思考宮本採用的方式其問題與其極限。

　　對於宮本的評價，就是對於日漸僵化的柳田民俗學之反論。這種評價，類似於坪井洋文（1929～1988）針對柳田提倡的稻作文化論，指出燒耕文化傳統的存在，或是赤松啓介關注到柳田未曾探討的性問題。而至今，宮本的調查成果仍是一種孤高的存在，這是因為沒有人繼承他的學問。宮本的調查成果來自於藝術技巧，是無法重現的。這很難說是純粹的學術。並且近年也有井出幸男（2016）等這種動搖宮本研究成果根本的批判出現；根據井出的說法，《忘れられた日本人》收錄的〈土佐源氏〉，是以宮本的小說為藍本的創作。

　　在掌握這些重點之後，若想要思考宮本的學術研究的可能性與其極限，並摸索出民俗學新的方向性，可以說《忘れられた日本人》還是有一

讀的價值。

參考文獻

井出幸男，2016，《宮本常一と土佐源氏の真実》，東京：新泉社。

19. 鈴木正崇，《神與佛的民俗》，2001年

原書：鈴木正崇，2001，《神と仏の民俗》，東京：吉川弘文館。

伊藤龍平／蔡亦竹　譯

　　鈴木正崇（1949～）的《神と仏の民俗》（以下簡稱此書），是從以下的一節論起：「近三十年我持續探訪傳承於日本各地數量龐大的祭典旅程。其中，我至今仍注目的就是神、佛，或是溶入於民俗中的カミ（kami，神）和ホトケ（hotoke，佛），以及魂之間複雜而流動的相互關係。」相信剛開始學習日本文化的外國人讀者，乍看之下會覺得混亂吧。「神與佛」、「カミ和ホトケ」，為什麼同個東西又用漢字、又用片假名來寫，兩者之間到底有沒有意義上的差別？

　　此書作者鈴木正崇是以廣泛的亞洲宗教文化作為研究對象的人類學者，也是民俗學者。他在以亞洲諸國為研究對象時，是採用人類學的手法；但以日本為研究對象時，則使用民俗學的手法，且不使用漢字，而用片假名記述，此則是柳田國男（1875～1962）以來的民俗語彙記述法。比方說，家→イエ（ie）、村→ムラ（mura）、鬼→オニ（oni）、魂（或是靈）→タマ（tama）等等。

　　其原因是在於要排除作為外語（華語）的漢字，並且呈現用漢字無法完整表述的地域語（方言）的語感。柳田和傳承柳田學術體系的民俗學者認為，若不這樣做，就無法深入過去日本人擁有的固有文化。「カミ」、「ホトケ」這兩個日語單字，選用了意義相近的漢字「神」和「佛」，這可說是一種意譯，但不代表「神」＝「カミ」、「佛」＝「ホトケ」。

　　還有，外來宗教的佛教就不用說了，就連日本固有宗教的神道，也依地域不同獨自變化、累積，並複雜地相互交雜至今。至今，其變化也是不曾停滯地持續著。前文的「溶入於民俗中」和「複雜而流動」，就是在說明這點。

　　解析日本的歷史，會看到雖有神佛分離、廢佛毀釋風潮興盛的時期，但也存在著可能是因爲同爲多神教，所以佛教和神道比較容易混淆在一起的史實，這稱爲「神佛習合」。以「神佛習合」爲中心軸來思考日本文化，就是《神と仏の民俗》的主題。這種佛教和神道的關係，對於臺灣的讀者而言，若聯想到佛教和道教的關係的話，應該就容易理解了。

　　此書《神と仏の民俗》，是由第一部〈神樂〉和第二部〈後戶〉所構成的。

　　第一部探討的〈神樂〉，在辭典上的解釋就是指神道裡神事的歌舞。不過，鈴木指出，中世之後的神樂，受到佛教的影響而變化，成爲「不僅是迎接祭祀各種神靈，也成爲了與死靈和惡靈的交流之地，進行死者供養」的這個事實。在此基礎上，他提示了「出現於神樂的カミ和ホトケ、透過神佛與人之間的共生而構築出的世界觀」──即是個生者與死者透過自然而連結起來的動態世界觀。這是個可以理解日本人如何認識他界，更是可以認識到日本人如何理解現世的極爲當代性的主題。

　　第二部探討的〈後戶〉，指的是在佛教寺院裡位於本尊背後的空間。針對形成於中世的後戶所祭祀的神佛，其性質爲何，和本尊有著什麼樣的關係，集結於此的巫者與藝能民的實態爲何，而後戶這個空間本身的意義又是什麼等的問題，鈴木以修正會（每年一月進行的法會）爲例，由神佛習合的觀點來探討這些問題。在此，鈴木也關注到連結神佛與人類的自然環境。至於和後戶有關、難以掌握其實態的摩多羅神，鈴木也定位其爲「有著外來神的容貌，但是在日本生成而變化出來的神」。

　　老實說，如果沒有民俗學的基礎知識，乍讀之下要理解此書內容，是有點困難的。關於各種祭典的內容和由來的說明，非常詳細，但詳細到難以理解。這不如說是，鈴木想讓讀者藉由融合了其長達三十年間田野調查成果的《神と仏の民俗》，體會到他的研究態度──即是那種眞誠地面對在田野相遇的個別事例、廣搜文獻資料、熟讀先行研究，進而想要追求眞理的研究態度。

　　還有，就像在〈後記〉中鈴木所述，此書的內容包含了許多在亞洲各國的田野調查中所得到的知識，這些知識成爲了其論述的基礎。這是在日本民俗學相關的論述考證中常見的手法，但是亞洲各國的讀者在讀這些內容時，不知道會有什麼樣的印象？閱讀此書的時候，最好也留意到這點。

20. 坪井洋文，《芋頭與日本人》，1979年

原書：坪井洋文，1979，《イモと日本人》，東京：未来社。

蔡亦竹

由柳田國男（1875～1962）創始的日本民俗學，其最大目的就是探索「日本民族」的文化根源。柳田的存命時期正是帝國主義與民族國家風起雲湧的時代，對成爲「列強」之一，且必須與世界互角，甚至吸收臺灣等新領土的新興大日本帝國而言，「日本人是什麼」的確是一個重大課題。啓發自西方Folklore的民俗學，希望從人們的日常生活裡尋找出這個重要命題的答案。但是不同於歷史學和其他人文學科的是，民俗學著重儀禮、行事、生活慣習等非文字資料。因爲史料等文字紀錄在過去歷史上多爲上層階級擁有，而在日本所處的東亞文化圈裡，這些文字資料就免不了受到過去被東亞文化圈所共享的儒教、道教、佛教等外來文化強烈影響。所以一方面爲了排除這些外來文化的影響，另一方面也爲了究明眞正作爲「日本民族」主幹的庶民生活實態，柳田國男以來的民俗學者多使用訪談方式來收集資料。同時柳田民俗學也使用所謂的「重出立證法」，即在各個不同的地方收集事例，在事例群中找出共同之處來作爲各地風俗的共同點，此也就是所謂的「日本民族」的文化根源。但這樣的出發點與調查方式，出現了一個極爲重要的爭議點。

就是「誰才是『日本民族』的代表」？

民俗學者坪井洋文（1929～1988）的《イモと日本人》，就是對這個柳田民俗學的基本命題提出質疑和探討的著作。柳田國男雖然曾經調查過山村、漂泊民等特殊族群的民俗，但基本上柳田民俗學的調查對象是所謂的「常民」。常民是指久居當地數代以上，主要以農業經濟、特別是稻作

為中心所構成的生活體系與其民眾。的確，在日本，南自沖繩，北至北海道，都看得到稻作，許多神道信仰的祭典日程也都配合著稻作的周期。而原為熱帶植物的稻米會成為日本共通的主要作物，也可看出稻米對於「日本民族」幾近「信仰」般的重要性。在此舉個例子來說明，日本的東北地方從過去黃金之鄉到近代貧苦地帶的變化，其很大原因就是因為改種稻米之後屢屢遭受到寒害而歉收。但是柳田民俗學的前提是建立在日本人為共同一定文化的單一民族，而這個單一民族最具代表性的生活樣式，就是以稻作為基礎的「常民」。雖然關於「日本民族」形成的過程，柳田也認為可能是日本國內許多民族在經過稻作民族的強勢主導之後，慢慢同化成現在我們所見的「日本人」。而除了稻米本身作為食糧的重要性外，像是神道祭祀儀式裡對稻米的重視，或是正月（新年）慶祝時必備的「鏡餅」，都顯示出稻米除了單純主食之外的象徵性。

不過，對於柳田民俗學論及稻作的定說，坪井提出了幾個值得思考的問題點。首先，除了稻作以外，種植雜糧作物的火耕（燒畑）的要素仍然殘存於日本各地。坪井更收集了許多事例，證明日本至今仍有許多地方在正月不吃鏡餅，甚至忌諱鏡餅的存在。這些忌諱有些是祖先流傳下來的訓示，或是正因稻米珍貴就更不食用等等。雖然正月不食用鏡餅的原因很多，但從這些事例，我們可以理解，一般視為理所當然的正月鏡餅習俗其實並不一定通用於整個日本；而芋頭等雜糧，則在許多地方其重要性甚至更勝於稻米，也在各種祭祀儀禮中具有一定的代表性和象徵性。如果就這點而言，前述的柳田稻作民族同化說，其實就有可議之處。而參考各種正月不食鏡餅的事例，更會知道柳田的日本人單一民族稻作常民理論其實並不完善，至今仍有許多雜糧耕作文化存留於日本的民俗之中。這也是為什麼柳田的民俗學百年歷史至今，「常民」這個概念是否存在，仍然常常成為民俗學者之間的話題。

本身是農政官僚的柳田，曾自己定義民俗學必須為「在野的學問」。但隨著學問發展的必然性，民俗學也成為了大學裡的一門人文學科，民俗學本身的焦點也放在定住的農耕稻作民身上。對於這個現象的批判，從關心不定住民、被差別部落等族群的宮本常一（1907～1981）等人開始，至今不曾停息。坪井的《イモと日本人》，就是從燒畑農業未受重視這點出

發，進而展開對民俗學研究方向的檢討。在都市化、少子化加劇的現代，
代代久住當地並且以稻作爲主業的「常民」早已失去了「日本民族」構成
的代表性。新的「常民」是否存在、或該如何定義，這也是從坪井洋文、
宮本常一等人對柳田民俗學提出批判之後，現今的民俗學必須繼續思考和
探討的課題。

21. 菊地曉，《柳田國男和民俗學的近代：奧能登的「饗之事」的二十世紀》，2001年

原書：菊地曉，2001，《柳田国男と民俗学の近代 —— 奧能登のアエノコトの二十世紀》，東京：吉川弘文館。

菊地曉／蔡忠佑　譯

　　石川縣能登半島有「奧能登的饗之事（アエノコト）」之儀式。12月5日，農家主人會從田地迎接田地的神明到家裡來，並招待神明沐浴，款待膳食，藉此表達自己對於神明保佑今年收成的感激之情。隔年2月9日，同樣招待完神明之後，農家主人會送神明返回田地，同時祈求該年秋天能夠豐收。這種古樸的儀式型態，被認為是稻作農耕民族的日本人，其本身信仰心的展現而形成的「民間的新嘗祭」，廣為人知。

　　雖然，饗之事看似如此理所當然地古風且純樸，卻是與我們同時代的人們所為、且在各種意義上與「現在」難以分割的儀式。這些文化傳承者，有的要對應來見學的研究者或媒體而疲於奔命；有的則感嘆農業的不振，對觀光化抱持淡淡的期待。而文化傳承者與外來者之間不斷日積月累的交流，影響了當地的政治、經濟、社會、文化狀況，也時而緩慢地、時而戲劇性地改變了這個儀式。此書《柳田国男と民俗学の近代 —— 奧能登のアエノコトの二十世紀》（以下簡稱此書）所追尋的，即是這種與深入骨髓中的「現代性」難以分割的「民間的新嘗祭」之軌跡。

　　追根究柢，關於饗之事的最早紀錄，可在1923年因應當時地方行政單位「郡」的廢止所編製而成的「郡誌」之方志裡找到。且日本最早系統性的民俗學調查——「山村調查」，在1934年開展了，這調查過程就包含對此儀式的採訪調查。而日本民俗學的創始者柳田國男（1875～1962），預

測饗之事是解答自己所構想的「固有信仰」（佛教傳來前的本土信仰）的
關鍵，並提出了「アェ＝宴請（日語：饗応）」之「コト＝祭典」這一解
釋。從調查資料的分析結果來看，饗之事確實存在著能恰好解釋「固有信
仰」論的面向。然而，這個構想並非僅限於柳田一人的解釋而已，而是透
過他的著作擴散至全國的萬千民俗學徒中，他們也被這個想法所左右。

　　並且，在1951年，由柳田國男、三笠宮崇仁（1915～2016）開始了
「新嘗研究會」的運作後，爲了再定義敗戰後「文化國家」中天皇與國民
的關係，學界嘗試從農耕禮儀來探求天皇制的起源，在此脈絡下，饗之事
也被認爲是原本宮中祭祀「新嘗祭」的民間傳承。這個觀點，藉由1952年
開始展開的「九學會聯合能登調查」，對當地的人們也產生影響。其結果
就是，對比宮中的新嘗祭，饗之事作爲「民間的新嘗祭」這種形象就此形
成了。

　　有趣的是，這個「民間的新嘗祭」的形象，並沒有僅侷限在民俗學內
部，還透過文化財保護、媒體報導、觀光化等各式各樣的契機被重複再現
和轉化。1976年，饗之事被指定爲日本國的重要無形民俗文化財，因此在
相關的紀錄製作事業中，饗之事被宣傳爲身爲「稻作民族」的日本人的象
徵。又或1985年，在國立歷史民俗博物館（千葉縣佐倉市）開設的民俗
展中，饗之事被展示爲「日本人」對於「家永續流傳的祈願」之象徵。甚
者，以《原爆圖》聞名的反戰畫家丸木位里（1901～1995），也在此儀
式中找到對原爆被害者的「祈福」。換言之，拜訪當地的來訪者、不得不
與來訪者接觸的文化傳承者，以及這之中所衍生出各式各樣的不溝通或溝
通，都使此傳承的樣貌永無止盡地擴散開來。

　　如此饗之事的傳承表達了什麼含意？就是，民俗文化中「唯一正統
的歸屬地」已然崩壞，而「民族誌式的主體」——即觀察、記述並實踐傳
承——廣泛地擴散到整個社會，這正是「現在」的狀況。所謂民俗，就是
普通人們在日常生活中所形成並流傳下來的習慣總體，如果每日生活安定
的話，這種習慣或許不會被特別關注，但是在時時刻刻不斷變化的近代社
會，就會被視爲「將會消失的事物」或「應當保存的事物」而被熱情地記
錄下來。這種作法反而會影響到記述或記錄對象之民俗的樣貌。

　　因此，不可諱言地，對於民俗誌記述（或民俗調查。Ethnography，

エスノグラフィー）的過度信任，是件危險的事；然而，全面否定它，也是不被允許的事。民俗誌記述是「方法」，同時也是「已發生的事情」。依據作爲「已發生的事情」的民俗誌記述的來歷，同時不放棄追求作爲「方法」的民俗誌記述，用如此溫柔且堅實的方法去求證的姿態，才是研究的態度。

　　另外，從此書第三章〈民俗與寫眞之間〉的標題發展出〈距離感─民俗写眞家・芳賀日出男の軌跡と方法〉一文（《人文学報》第91卷，2004年），目前在網路上公開中，如果有興趣也請一併閱覽。

22. 佐野賢治，《從人屬到人：「獨當一面」的民俗學》，2011年

原書：佐野賢治，2011，《ヒトから人へ ⸺「一人前」への民俗学》，橫濱：春風社。

角南聰一郎／黃信棋　譯

　　《ヒトから人へ ⸺「一人前」への民俗学》一書（以下簡稱此書）是長達12年，不定期地連載在社團法人青少年交流協會的機關誌《野外文化》第142期（1996年6月20日）至第193期（2007年4月20日），由佐野賢治（1950～，神奈川大學名譽教授）所撰寫的報導編纂而成的。由於該協會是透過不同年齡集團的野外文化活動來致力於青少年健全發展的青少年教育團體，所以那些文章並不是針對民俗學專家所寫的，而是讓一般大眾也能容易閱讀的文章，但其內容卻是奠基在作者長年的研究及教育的成果之上。

　　就如作者所說，「此書依照誕生、育兒、成人禮等日本的民俗傳承，介紹誕生下來的『人屬』（Homo，ヒト），透過文化適應（日語：文化化）、社會化及學習，廣義來說，就是透過教育成為一個『人』的過程」（p.11）。此書的特徵是，在書中隨處可見作者透過日本與東亞諸多實例所進行的比較民俗學研究之成果；並且，其比較檢討的素材中，不只有民俗學，當中還大量採用文化人類學的成果，這也暗示著此書的主題「從人屬成為人」，不只限定於日本及民俗學。

　　當然，在此書中隨處可見南方熊楠（1867～1941）、柳田國男（1875～1962）、折口信夫（1887～1953）、宮本常一（1907～1981）這些民俗學者登場，但與一般民俗學入門書不同的是，此書也介紹了石田英一郎（1903～1968；p.15）、中根千繪（1967～；p.25）、詹姆斯・弗雷澤（James George Frazer, 1854～1941；p.34）、三品彰英（1902～

1971：p.161）等這些非民俗學者的文化人類學者及神話學者的研究。

如下所示，此書以作者的田野調查成果爲中心，大量地收錄了以日本及東亞爲主的民俗學事例：中國貴州省黔東南地方的苗族（p.15）、中國四川省大涼山彝族（p.18）、納西族（p.20、43、167）、東南亞的苗族（p.44）、臺灣的卑南族（p.55）、印度的旁遮普地方（p.55）、漢民族（p.64）、韓民族（p.64）、湖南省與貴州省的土家族、苗族及侗族（p.130）、波納佩島的卡那卡族（p.189）、蒙古族（p.209）。

佐野也是曾擔任過日本常民文化研究所所長及日本民具學會會長的民具研究者。因此，此書也對於所謂的民具，如下舉出了許多例子：犬卒塔婆（p.42）、犬張子（p.43）、嬰兒籠（p.46）、飯詰籠人偶（日語：イズメコ人形）（p.47）、雛人形（女兒節人偶）及鯉魚旗（p.65）、注連繩（p.66）、木芥子（p.81）、陀螺（p.82）、用紅色印刷的鍾馗及鎮西八郎爲朝的錦繪（p.90）、道場（日語：御行屋）及其用具（p.107）、千人針（p.147）、韓國的尿床人偶和簸箕（p.173）、片口箕（p.174）、岐阜縣舊德山村的民具（p.180）、法國馬爾戈村的民具（p.201），這些民具的範圍不僅限於日本。甚至他還如下提到多個石造物：筆子塚（p.24）、草木供養塔（p.82）、村裡十字路口的地藏（p.98）、力石（p.138）。

另外，如以下的引文所提到的，對於自然人類學及靈長類學的關注，也是此書的特徵之一：「孩子從爬行到蹣跚學步的過程，誇張地說，會讓人聯想到從猴子轉變成人類的第一步——用雙腳站立步行的開始。而自然人類學就是教導我們，人類的歷史從雙腳站立步行一事開始」（p.63）；「以更大的規模來探討這個問題，在追尋通往雙足站立行走之人類史原點的旅程、也就是The Great Journey的旅程中，不得不提到關野吉晴」（p.132）；且「我看了從世界著名的靈長類學者河合雅雄博士（1924～2021）的《少年動物誌》（2002）所改編的電影《森の学校》。（中略）河合老師著有《森林がサルを生んだ——原罪の自然誌》（1979）。作爲靈長類一份子的人類，也來自森林。應該說是跳越樹枝的痕跡嗎？在短時間內，人類的新生兒就有辦法握住並懸掛在樹枝上」（p.158）。

甚者，作者在宮崎駿導演（1941～　）的作品中發現了民俗信仰的痕跡，並提出如下的看法：《龍貓》《天空之城》《平成狸合戰》等作品的

主旨都充滿著樹靈信仰，這具有不僅小孩子、連大人都會被吸引的魅力」
（p.27）；「木靈在宮崎駿導演的《魔法公主》中，以在森林中帶路的角
色登場」（p.84）。

　　此書還有一個特徵，就是大量吸取了考古學的成果。這個遠因，來自
於佐野所就讀的東京教育大學文學部史學科的史學方法論研究室。該研究
室由民俗學和考古學組成，是進行物質文化研究的絕佳場所。1974年以佐
野為中心的所屬學生，組成了「東京教育大學物質文化研究會」，並發行
了該會的會刊《我楽苦多》。「我樂苦多」這個名字源自佐野的田野──
位於山形縣米澤市六鄉町、由遠藤太郎所設立的民具館「我樂苦多館」
（《我楽苦多》第1號，1974年）。若能這樣熟知佐野的背景、並熟讀此
書的話，就會對以下所提到的考古學成果有更多的發現：繩文時代的埋甕
（將甕埋在土裡的習俗）（p.37）、繩文時代狀為抱著孩子的土偶及土版
（p.39）、繩文時代狗的殉葬（p.44）、繩文及古墳時代的文身（Tattoo；
p.122）。並且，作者還指出：「透過國分直一老師購買的外文書，得到
了閱讀弗雷德里克・埃弗拉德・澤納（Frederick Everard Zeuner, 1900～
1982）所著的《家畜化の起源》（*A history of domesticated animals*）的機
會」（p.211）。

　　佐野將民具及考古資料的關係當作更廣義的物質文化研究，此研究手
法下一個世代該如何繼承呢？這會是一個非常大的課題。

23. 新谷尚紀，《何謂民俗學：重新向柳田、折口、澀澤來學習》，2011年

原書：新谷尚紀，2011，《民俗学とは何か —— 柳田・折口・渋沢に学び直す》，東京：吉川弘文館。

林承緯

　　《民俗学とは何か —— 柳田・折口・渋沢に学び直す》一書（以下簡稱此書），是知名民俗學者新谷尚紀（1948～）為推廣及宣揚其學術理念所撰寫而成的民俗學入門之作。在此書後記，作者提及自己在40歲那年，抱著對柳田國男（1875～1962）、折口信夫（1887～1953）這兩位民俗學巨人的仰慕之心，任職於國立歷史民俗博物館民俗研究部，兢兢業業地從事學術研究工作。近期逢還曆的時刻，新谷尚紀從這個專職於研究的職場，轉任到研究與教學兼顧的國學院大學任教，此本著作的誕生可說是他投身教育的第一項工作。新谷尚紀熱切期盼，透過此書，將柳田國男、折口信夫、澀澤敬三（1896～1963）這三位開創日本民俗學偉大的人物事蹟，真實地傳達給正踏上日本民俗學領域的年輕世代。《民俗学とは何か —— 柳田・折口・渋沢に学び直す》的書籍命名，明瞭地展現作者成書的動機，主標題呈現著典型學術概論書籍的書名，副標題彷彿宣告此書希望達到的正本清源目的：希望大家重新向這三位開創日本民俗學的代表性人物學習。

　　刊登於此書書背的文字：「日本民俗學，不是Folklore，也不是文化人類學。通過對柳田國男、折口信夫、澀澤敬三的原點做確認，解開對於他們的誤解，以『另一個歷史學』來重新理解。作為民俗學新的出發及提供豐富可能性的民俗學入門」，這段文字表現出此書懷抱的出版定位。全

書共分成五大章節，附錄則收錄著柳田國男、折口信夫、澀澤敬三的簡略對照年表，以及日本無形民俗文化財紀錄表等相關資訊。第一章以〈解開對民俗學的誤解〉爲章節名稱，再分成〈日本民俗學不是Folklore，也不是文化人類學〉、〈誤解的原因與理解的途徑〉、〈處於鄰近學門大攻勢之中〉三主題篇幅，展現作者直率且充滿自信地闡述他個人所認知的日本民俗學內涵，如此的章節議題安排，與過往多數作爲學問概論書籍的內容構成頗爲不同，十足展現作者個人致力於學術概念倡導的風格特質。

　　第二章爲〈柳田國男以前的民俗學〉，敘述柳田國男創立日本民俗學之前的民俗研究發展狀態，第三章〈柳田國男的日本民俗學：即是民間傳承論〉，則沿著柳田國男開創民俗學的時間軸線，以其代表作、重要事蹟及關鍵人物爲座標：《鄉土研究》〈蝸牛考〉《民間伝承論》《先祖の話》，以及南方熊楠（1867～1941）、折口信夫、澀澤敬三等關鍵要素，在新谷尚紀有系統地撰述下，將柳田國男推動日本民俗學的黃金年代提綱挈領地說明出來。其中，例如針對柳田國男的代表作的詮釋，新谷尚紀寫道：「被視爲柳田民俗學基礎書的《民間伝承論》與《鄉土生活の研究法》，正如前述所言，都只是口述筆記集結而來。不過，《先祖の話》是活到70歲的柳田國男即使身處空襲警報之中也未停筆，仰賴著自己一筆一劃寫成的著作，這本才稱得上是柳田國男耗盡生涯完成的民俗學核心著作。可惜的是，大家對此書誤讀的情形相當嚴重。」如此不同過往，甚至挑戰過往通論理解的內容，在此書中時而可見，新谷尚紀總以冷靜且敏銳的口吻，陳述著自己對於日本民俗學相關人事物的見解，提供不同角度重新認識這段民俗學發軔成形的歷程。

　　最後兩章，論及戰後至今的民俗學發展現況。第四章〈戰後日本民俗學的出發〉，分別論及民俗學相關的各種學術組織及大學教育現場下的民俗學，同時也涉及到民俗學與文化財行政的議題。第五章〈日本民俗學的新出發〉章節，則提及國立民族學博物館與國立歷史民俗博物館這兩座國家博物館的創設，對民俗學所具有的意義；最後以日本民俗學的新出發與富有的可能性收尾，提及比較研究法與地域研究法這兩種民俗學研究手法並行活用的可能性，並且也透過道祖神爲例，以民俗的變遷論及傳承論的研究視野來分析詮釋，藉此強調日本民俗學具有的突創性。新谷尚紀於

此書中適時運用他長年調查研究所掌握的各種民俗資訊，搭配徵引柳田國男、折口信夫及各種日本民俗學者的相關著作及照片圖檔，系統性地論述日本民俗學的全貌及當代意義。這是一本見解獨到、且相當具可讀性的日本民俗學入門書籍。

24. 菅豐，《新的「野」學：為了連結知識生產與社會實踐》，2013年

原書：菅豐，2013，《「新しい野の学問」の時代へ —— 知識生產と社会実践をつなぐために》，東京：岩波書店。

小林宏至[4]

　　正如書名所示，《「新しい野の学問」の時代へ —— 知識生產と社会実践をつなぐために》一書（以下簡稱此書）記錄了作者菅豐（1963～）在學術界、調查現場和作者自己的腦海中，把將日本民俗學重新塑造爲「新的『野』學」的鬥爭軌跡。此書的封面有一張作者自己牽引黃牛的照片，然而，正是這簡單的照片，展示出此書最重要的部分內容。作者參加鬥牛，成爲牛的主人，並成爲他的調查地新潟縣（小地谷東上）的「居民」。其間，他不再是民俗學研究者，而成爲了超越「調查／被調查」之關係的獨特存在。尤其是2004年「中越地震」後，他受到當地民眾的深深觸動，開始探索「新的『野』學」的可能性。

　　此書由三部組成。第一部〈實際的學術嘗試：我爲什麼開始鬥牛〉，可以稱爲作者自己散文式的自我民族誌（autoethnography）。書中顯示他如何進入調查地區、調查地區被中越地震破壞的事實、他當時在災區所感覺的無助感，以及他如何（再次）進入該地的情景。此外，還有鬥牛在災區重建中的重要性、作者參與鬥牛的背景、作者作爲「外地人」參加鬥牛的矛盾、作者成爲牛的主人的過程，以及作爲民俗學者的自己和周圍環境的關係變化等情況，都在書中一一細緻地描述。他作爲民俗學者的做法特別有意義的是，他在持續調查該地區時，停止記筆記，並停止使用 IC 錄音機；他不再是民俗學的研究者，也不將該地區視爲調查對象（儘管這並

不意味著他已成爲一個完整的當地「居民」）。然而，有一天，他遇到了
他以前的「自我」。那是在2007年6月，他買了一頭牛，成爲「牛主」，
並舉行了相應的慶祝活動，也邀請了很多朋友與學生。但在宴會上，一位
研究生打開了田野筆記，正在採訪當地人，作者一看到，就覺得宴會被破
壞了，當下就責備該研究生的所作所爲。研究生作爲民俗學者並沒有錯。
然而，當拿出備忘錄、照相機和IC錄音機的時候，在那個場合下就已經建
立起「調查／被調查」的關係；當時的作者也不再是民俗學的研究者，而
是當地人之中的一份子，他在小地谷的活動已經超出了研究物件和研究本
身的框架。因此，此書第一部表達了這種情感，且它是以隨筆的形式而不
是學術論述的形式展現，但這並不意味著其學術意義的減少，可以說是在
學術論述中無法表達的事情被刻意轉化成隨筆的形式。

　　在第二部〈對研究方法本身的重新檢討〉中，作者概述了日本民俗學
的歷史。他先論及柳田國男（1875～1962）及其追隨者所創立的第一代
日本民俗學，是透過重新評估被排除在近代之外的事物，來奠定日本民俗
學的基礎。之後，作者說明以福田亞細男（福田アジオ）（1941～）爲代
表的日本民俗學第二代，將民俗學發展成爲一門學術，並成立了「日本民
俗學會」（1949）。此外，作者也寫道民俗學在公共領域的影響力越來越
強，民俗資料也被《文化財保護法》（1950）納入其中，成爲文化財保護
政策的重要一環。在日本民俗學以這種方式走向學術和公共化的同時，那
些作爲民俗知識和民俗技術的承載者也開始從民俗學的中心領域溢出了。
就這樣，作爲「野」學的民俗學失去了「野」的性質。與其他一般學術學
會不同，日本民俗學的相關學會，不僅由學術研究者或學生組成，還由各
種各樣的人組成，這也是民俗學的一個優勢。同時，作者參考美國民俗學
的事例，提出了「民俗學的公共化」、而不是「公共部門的民俗學」的可
能性，並提倡由學術研究者、公共部門官員和當地民眾等各種行爲者合作
（協治）創造的民俗學。

　　在第三部〈新的「野」學的可能性和課題〉中，作者批判性地討論記
錄和保存「死的民俗」的民俗學，或作爲文化財給予政治和經濟認可的公
共民俗學。在此基礎上，他指出近年來在日本社會引起關注的「地方學」
和「老百姓學」等互動和協作的「生活民俗」的可能性。同時，他認爲

「新的『野』學」需要更加強調同理心和「感受」力。

　　以上就是此書的大綱。作者用心描述「新的『野』學」的可能性，用心描述民俗學的歷史和社會背景，用心探討其中的問題和關注點。雖然此書是一本學術書籍，但它的學術部分被敘述於第二部和第三部裡，而貫穿此書的精髓是第一部，也就是記錄作者本人對當地社會的感觸，以及在學術方法之外開展合作的各種活動的篇章。作者可能會否認這一點。在民俗學界，作者是日本首屈一指的民俗學者之一，筆者（小林宏至）認為這就是此書誕生的原因之一。此書討論的主題，是目前各個國家和地區都面臨到的問題，也是每個研究者都應該思考和「回應」的問題。

25. 福田亞細男（福田アジオ），《日本的民俗學：「野」的學問的二〇〇年》，2009年

原書：福田アジオ，2009，《日本の民俗学──「野」の学問の二〇〇年》，東京：吉川弘文館。

武井基晃／黃信棋　譯

　　「野」的學問的「野」，在日語中有兩種讀法：一個爲no（の／ノ）；另一個爲ya（や／ヤ）。如果要簡潔地解釋兩種讀音的差異，no是指「田野」的意思，ya則是指「在野」等的意思。作者福田亞細男（アジオ）（1941～）在別本著作中表示，「no的民俗學」承接了「柳田國男的潮流」（福田アジオ2014b：41），並論道有「作爲在野民俗學的野的民俗學」（制度上的問題），以及「具有在『野』進行野的研究之意的野的民俗學」（研究方法）兩種（福田アジオ2014b：43）。據福田的說法，柳田的民俗學關注到「野的語言」（戰前是「習俗語彙」，戰後是「民俗語彙」），從這語彙的比較中建立了假設（pp.109、142）。

　　《日本の民俗学──「野」の学問の二〇〇年》一書（以下簡稱此書）彙整了在日本所謂民俗學這門學問的歷史，不過是從近世開始，到了第IV章才有柳田國男（1875～1962）的登場，最後再以戰爭期間及第二次世界大戰後（柳田國男的逝世）結束。其章節安排如下：第I章〈近世（江戶時代）文人的活動與民俗認識〉；第II章〈（明治時代）人類學的成立與土俗〉；第III章〈民俗學的萌芽〉，論及《全國民事慣例類集》[5]及《風俗畫報》[6]等等；第IV章〈民俗學的登場〉，其內容包含柳田國男

5　譯注：此書爲司法省編，1880年出版。
6　譯注：此爲1889年至1916年東京的東陽堂所發行的月刊畫報。

的生涯、《後狩詞記》、《遠野物語》和《鄉土研究》等等；第V章〈民俗學的確立〉，論道柳田國男建構民俗學理論並將其體系化，同時確立研究體制等等；第VI章〈戰爭與民俗學〉，討論了戰時體制、臺灣與朝鮮的民俗學；第VII章〈日本的戰敗與民俗學〉，其內容包含柳田國男的《先祖の話》、GHQ（駐日盟軍總司令部）佔領下的民俗學及民俗研究所的設立；第VIII章〈日本民俗學會與民俗研究所〉，說明該學會的設立、理論與論爭、批判、擴大，以及民俗學研究所的解散與民俗學研究的停滯；第IX章〈往學術民俗學的旅程〉，說明關於大學民俗學教育的開始，柳田國男的憤怒與悲傷。

在那之後，作者寫了一本關於戰後到當代的民俗學史，是此書的續編（福田アジオ2014a），因此希望有志於研究民俗學的人可以將兩此書配合著閱讀。此書的組成如下：第I章〈學術中的民俗學〉，關於民俗學的再出發、博物館、文化財行政；第II章〈批判與反省的民俗學〉，論道柳田國男論的形成、柳田國男誕生一百年、學術世代的登場、學校教育與民俗學；第III章〈新型民俗學研究的形成〉，其內容包含常民、傳承母體、地域民俗學與個別分析法、沖繩研究、比較民俗學、民具研究、大學教育及其標準化等等；第IV章〈制度中的民俗學〉，言及「日本民俗學會」的組織變更、國立民族學博物館與國立歷史民俗博物館、研究機關（大學）；第V章〈社會的變化與民俗學〉，說明都市民俗學、跨領域研究、性別（gender，ジェンダー）、孩童與老人研究，以及佛教、社會史、環境等等；第VI章〈日落的民俗學與現代民俗學〉，其內容包含對於學術民俗學的批判、現代民俗學的提倡等等；第VII章〈邁向21世紀的民俗學〉，討論到「個的民俗學」、民俗主義（Folklorism，フォークロリズム）、超越一國民俗學，以及民俗學的未來。

兩本書所描寫的野的學問，以及學術民俗學的轉換與混合，此在像是日本民俗學會及其前身「民間傳承之會」（日語：民間伝承の会），其主要學術期刊所刊載的報導裡也可見到；亦即，「民間傳承之會」的《民間伝承》期刊[7]「沒有刊載長篇論文，而是重視可謂短信之來自各地

---

[7]　1935年發刊，歷經變更發行者，至1983年停刊。

的短篇事例報告」，「要吸收新的研究成果是不可能的事」（p.254）。
因此，《日本民俗学》雜誌[8]開始登載已完成的研究成果之論文，結果，
「雖然提高了民俗學的研究水準，但在那之前會員把在自己居住地或訪查
地較易入手的民俗當作資料、並以此做成的報告，這個面向就此消失了」
（p.254）。這份雜誌停刊後創刊的《日本民俗学会報》（1958年7月），
雖說是「格局貧弱的雜誌」，登載的論文其篇幅也較短、「不能說是正式
的研究」（p.278），但在1969年的第60期之後，開始以一份學術雜誌的姿
態規劃出正式的特刊（福田アジオ2014a：131）。另外，《日本民俗学会
報》發刊至1970年7月的第67期為止，之後改名為《日本民俗学》，直到
現在。

　　福田在此書裡所敘述的「『野』的學問的二○○年」的歷史，以柳田
國男的逝世（1962年8月8日）而告終，此同時也是學術民俗學時代的開
端。也就是說，兩者位置互換的過程，在此書及續編裡一併被加以討論。
柳田的死，造成「在研究層面上繼承柳田所建構的調查及研究的分業體
制一事，變得不可能了」（p.296）。因此，「居住在各地、對於民俗有興
趣、調查周圍的民俗並進行報告」（p.296）的人們，即所謂的「各地的民
俗研究者」，「失去了一個令人鼓舞的目標。以這點來看，作為野的學問
的民俗學被學術民俗學取代，也成為一件必然的事情」（pp.296～297）。

參考文獻

福田アジオ，2014a，《現代日本の民俗学—ポスト柳田の五〇年》，東京：吉
　　川弘文館。
福田アジオ，2014b，《民俗学のこれまでとこれから》，東京：岩田書院。

8　1953年5月至1957年9月停刊為止。

26. 野本寬一，《近代的記憶：民俗的變化與消滅》，2019年

原書：野本寬一，2019，《近代の記憶——民俗の変容と消滅》，東京：七月社。

角南聰一郎／黃信棋　譯

　　民具研究，可以說是日本民俗學的一大特徵。「民具」這個用語，說是1936年由澀澤敬三（1896～1963）命名的也不爲過。澀澤在自己創立的「閣樓博物館」（日語：アチック・ミューゼアム）的活動中，關注到日常生活所使用的道具，並開始收集及研究。在此之後，民具研究就以各式各樣的形式被繼承、展開。

　　從閣樓博物館創設以來，經濟的面向（生計論，日語：生業論）和民具研究有著密切的關係。而將此傳統更推進一步者爲野本寬一（1937～，近畿大學名譽教授）。野本提倡，「將探究由生態學的著眼點及見解所產生的民俗現象之研究」，稱爲「生態民俗學」（野本1987），並從這樣的觀點來對民具進行調查與考察。

　　在此，筆者（角南聰一郎）將介紹《近代の記憶——民俗の変容と消滅》（以下簡稱此書）。在此書中，野本用了大量的篇幅描寫第九章〈地爐（日語：いろり）與其民俗的消滅〉，此章是他爲此書新寫的內容，對此，野本有如下的敘述：「地爐這個設備，不單是一個固定的物品，其功能廣泛，它伴隨著許多附屬設備及相關用具，也產生並傳承了許多的習慣。與地爐相關的民俗學，整體來說，相當多彩且豐富。若追尋各個軌跡的話，煮沸與採光、暖氣的變遷、居住的歷史、家庭狀況、心理狀況、生計與生活相關的各種儲藏物和食物等等，都會一一浮出。從太平洋戰爭結束至高度經濟成長期，地爐的身影已經消失了，地爐這個設備的消失實際上也帶走許多的事物。我想盡可能詳細地把對地爐這樣的記憶記錄下

來。」（p.24）因此，本章被認爲是此書主題的精華。

　　從此書整體來看，以下所提到的新素材、道具是值得注意的：「塑膠碗」（p.53、113）、「作爲碗的材料的塑膠登場」（p.101）、「電燈」「油燈」（p.117）、「丙烷氣」「煤油爐」（p.154）、「丙烷氣」「石油燃燒器」（p.164）、「塑膠袋」（p.179）、「戰時徵收物」（p.231）、「柴爐」「化石燃料爐」「電子空調設備」（p.321）、「咖啡杯」（p.334）、「鐵皮（波紋鐵）」（pp.340～341）、「油燈」（p.361）、「西洋煙囪」（p.368），以及「丙烷氣」「電燈」「瓦斯爐」「電暖桌」「具有用餐功能的廚房」（p.369），還有「柴爐」「電暖桌」「煤油爐」「空調暖氣」（p.370），亦有「電子鍋」「微波爐」「丙烷氣」「天然瓦斯」「具有用餐功能的廚房」「電磁爐」「煤油爐」「空調」（p.382）。在電子化發達的現代社會，對於這種遲早會消失，或者會改變的各種物品，我們該如何進行民具研究？這是個需要思考的課題。

　　另外一點也不容忽視的，就是此書記載了野本將自己本身幼年期以來的歷程，與自己的調查紀錄進行比對一事。這樣的記述方式，雖說是宮本常一（1907～1981）擅長的方法，但近年看似已消聲匿跡了。以下是筆者從野本的回述所做的一些摘錄：

　　「我幼年期是生活在靜岡牧之原市的農村，昭和十八年進入國民學校就學。我曾經偷看過某個佃農家的風呂（譯按：此爲入浴設施，浴缸、浴室、浴場等等），這個風呂被稱爲臍風呂，在桶子當中有架設可以燒水的爐子，被放置在狹小的庭院裡，處於會遭雨淋的狀態。我往這個風呂桶內部一看，在混濁的灰色水面上浮著像是洋菜或是麵粉的東西，其散發著怪異的惡臭，污垢都已經結成了塊。這對一個小孩的心靈造成非常大的衝擊，並長時間烙印在我心中。這個看似被擱置在一旁的風呂桶中的內容物，成爲佃農這個詞及其世界的象徵，像釘子一般牢牢地插進我的心」（p.13）。「我的父親浩（大正三年生），昭和十三年一月二十八日在中國大陸戰死，我在昭和十二年二月十四日出生，那時候連一歲都還不到。雖然父親的遺物都是由母親管理，但在平成二十九年一月二十八日母親去世後，我獲得能夠一探我父親遺物的機會。在父親的遺物中有一個白色的棉肚圍，我拿到手上一看，發現白布是包裹在外，呈袋狀，裡面縫有千人

針。這個肚圍長一百二十公分，寬十公分，兩端有著長二十七公分的繩子。再更仔細地往裡確認後發現，玉結的線是綠色的，在這之前看到用來縫製千人針的線都是紅色的，也因此令我感到訝異」（p.216）。

　　野本把民具研究當作一種手段，同時也看似向讀者提問：今後該如何處理調查者與被調查者的關係，以及其敘述。由於個人隱私保護條例等的因素，使得現今變得很難以第三者的身份去撰寫並公開出版個人紀錄，這個課題該如何解決，就變得相當重要了。

　　閱讀含有野本對讀者提出此類課題的此書，將有助於我們理解日本民俗學中民具研究的前沿，且此書使用容易閱讀的文體，因此筆者非常推薦熟讀此書。

參考文獻

野本寬一，1987，《生態民俗学序説》，東京：白水社。

27. 安室知，《都市與農的民俗：關於農的文化資源化》，2020年

原書：安室知，2020，《都市と農の民俗──農の文化資源化をめぐって》，東京：慶友社。

小林宏至[9]

　　日本社會的「農」在1960年左右（昭和30年代）進入大變革時期。隨著化學肥料和農業機械的引入，日本的「農」面臨「農業」產業化的轉捩點──就是「農」的產業化。因此，原本非常接近的「農」，或與其相關的節日、儀式、生活方式、村落社會，乃至農村經濟，都發生顯著的變化，且逐漸遠離許多人的日常生活。不過，它並未從人們的日常生活中完全脫離；相反地，「農」作為一種新的形式，正在人們的生活中再次被喚起。針對日本社會中這種新型「農」的現狀，作者安室知（1959～），在《都市と農の民俗──農の文化資源化をめぐって》一書（以下簡稱此書）中列舉出各類豐富的實例，同時也對迄今為止的研究，提出富有見解的解釋。

　　第一部第一章〈都市居民的田園形象〉，描述都市居民對鄉村的仰慕。這種渴望不僅是今天（即二十一世紀之後）日本的故事，也是從過去延續下來的故事。日本民俗學的創始柳田國男（1875～1962）也在 1927年（當時 52 歲）從東京市中心的市谷，搬到農村的北多摩（現在的世田谷區），希望在那裡尋找所謂的田園。作者使用廣義的「農」概念，此概念不僅包括作為生計的「農」，還包括作為愛好的「農」和作為樂趣的「農」：換言之，作者廣泛討論「市民農園」和「前栽園」等「農」，以及園藝、花卉技術等「農」，來闡釋「農」在都市中的意義。

9　中文稿潤飾校對：山口大學人文科學研究科研究生于嘯、張倩。

　　第一部第二章〈都市中的另一個「農」〉，描述居住在都市中的人們如何透過使用「市民農園」來參與「農」。值得一提的是，「市民農園」是由公共管理的，而不是由私人管理的，因此用戶不能長期從事農耕，必須在春季恢復農地，用戶可種植各種各樣的農作物，但不能種植生長期是從冬季到初夏的「洋蔥」等農作物。他們種植的農作物是少量、多品種，如果自己收集種子的話，用於自採種子的花卉會比蔬菜多，這可能是因為受到「市民農園」的使用規定很大的影響。如是，作者闡明了這樣一個「市民農園」的「農」的實際狀態。

　　第一部第三章〈玩耍「市民農園」〉，根據作者的調查對象M先生的農園日誌，詳細地描述「市民農園」的使用實例。在這一章中，作者不僅從各個角度描述M先生與蔬菜種植有關的活動，並且也將「市民農園」的人際關係、M先生的生活方式，以及其與「農」的關係等這些不能歸結為經濟效益的關係，作出細緻入微的論述。

　　在第二部第一章〈都市「農」的去向（未來）〉中，作者展開以柳田國男的得意門生今和次郎等人為中心，進行關於連接都市和農村的「農」的討論。在這討論中，作者解釋需要從現代生活者的角度來描述日本社會的「農」，而不是著眼於過去農村的情況。他批評最近在水田研究中對民俗學的「被發明的傳統」理論（請見第III部導讀41）和「Folklorismus批評」是 「缺乏深入的討論」，並指出目前的情況是將它們與當地生活和生計綜合體的各個方面分開表述。

　　第二部第二章〈作為環境問題的「食」和「農」〉，展開關於農村水田捕撈的討論。並且，本章針對曾經用於營養（保證動物蛋白質）、收入、娛樂和灌溉而實行的各種習俗，現在是如何以環境教育和社區發展的名義「復興」的這個課題進行解釋；作者冷靜而批判地分析，「政治和商業策略」正對過往被作為「復興」農村地區的複雜生計背景產生干預。

　　第三部第一章〈「農」的轉變與農村生活〉，以山口縣防府市大道為例，詳細描述 1960 年左右日本農村社會發生的巨大變化。在那期間，「農」變成了一個被稱為「農業」的產業，生活方式、文化和生態系統都發生了翻天覆地的變化。然而，近年來，出現了「退休農民」「養老金農民」等新的「農民」類型。對此，作者描述此不僅出現在都市地區，而且

出現在農村地區，是與「農」有關的新方式。

在第三部第二章〈既有農法的文化資源化〉中，作者透過《拉姆薩公約》、「福智青年」等「外部評價」，來對多季水箱、傳統獵鴨等民俗技藝進行新的「延伸」。民俗技藝現在作為一種文化資源和區域發展，備受關注，但本章指出，這可能導致過度被重視或與當地環境脫節。

第三部第三章〈農耕儀式的文化資源化〉，以保留紅米傳統的種子島為例，討論「農」和農耕儀式的新方式。在日本，有紅米傳世的三個地方為種子島、總社市、對馬，這三個地方輪流舉行紅米峰會。由於這種聯繫，「備中神樂（總社市）」被引進到種子島的「寶滿神樂」的儀式中表演。從目前與「農」相關的民間娛樂的情況來看，關於「農」所進行的民間藝術的現狀是清晰可見的。如此一來，從與「農」相關的民俗娛樂「輸入」的現狀，本章釐清了當前與「農」相關的民間娛樂的發展形式。

以上就是此書的主要內容。這三年在COVID-19疫情肆虐的當下，遠距工作、從都市地區向農村地區遷移，以及園藝興盛等「農」生活，近年來再次受到關注。此書打開了大門，幫助讀者瞭解現代日本社會中的「農」是什麼樣貌、又面臨著或認識到什麼問題、又有什麼樣的前景。

28. 瀝青會，《今和次郎「日本的民家」再訪》，2012年

原書：瀝青會，2012，《今和次郎「日本の民家」再訪》，東京：平凡社。

菊地曉／蔡忠佑　譯

　　要說到關於日本民家的研究，第一個肯定會談到今和次郎（1888～1973）的《日本の民家—田園生活者の住家》（1922）。當初今和次郎從日本的東北到九州，沿途到訪農村、漁村、山村、城鎮等等，其足跡遍及全日本41處的民家，並巧妙地運用素描及文字筆記，清楚地記錄了深根於各地的風土、生活，以及具有獨特性的建築風格。而時至百年後的今日，日本庶民的生活空間，是否經歷了什麼改變呢？

　　爲了回應此課題，瀝青會提出「今和次郎『日本的民家』再訪」的計畫案，帶著《日本の民家—田園生活者の住家》一書，以及還被妥善保存的今和次郎當初所留下來的田野筆記（工學院大學所藏），再訪今和次郎所探訪過的41處民家，確認其過去與現在的異同，藉此實證性地補充說明生活空間的變化。《今和次郎「日本の民家」再訪》一書（以下簡稱此書）即是以該案的提案者中古禮仁（建築史）爲主，再加上建築師、攝影師、景觀設計師、民俗學者等各方專家，足足耗時五年所進行的共同調查的成果。另外，這些研究者爲了向今和次郎及其夥伴所組成的民家研究會——即「白茅會」（探訪茅草屋頂已經變白的老民家之會）——致敬，以「沿著舖有瀝青（asphalt，アスファルト）的道路探訪民家之會」的概念，將他們的團隊命名爲「瀝青會」。

　　瀝青會一行人在各地目睹各式各樣民家的「保留方式」。首先，有幾乎沒有什麼改變的民家；例如德島縣日和佐所記錄的漁夫之家，除了增設的外牆與廁所等外部設施之外，幾乎保留了原貌。另一方面，位於埼玉縣秩父的火耕農家，原本村落裡有六間民家，但如今只殘存一間，其他的全

部都已殘破不堪，幾乎沒有什麼東西保留下來。且殘存的那一間，其住戶也將生活據點轉移到山下的街道上，只有在掃墓等時候才會回來、適當地整修故居；其他的民家，已經沒人住了，皆在住戶離村後損壞，也沒人再管理維修。此在在凸顯出日本家屋的脆弱。

他們一行人也觀察到，土地型態會影響到家屋之後發展的類型。例如愛知縣蒲郡的曬鹽小屋，雖然在1953年伊勢灣颱風受災，該地的鹽田遭到掩埋，如今已經轉型為賽船場，但是周邊依然可見異常的細長型的公寓、停車場等特殊建築物。此原因是當初鹽田被分割為長條狀，每塊田的所有權在鹽田被掩埋後仍然持續存在，以致於現今的空間利用呈現鹽田的形狀。

其他，還有就算已經改建、依然保留既有物件（parts，パーツ）的類型。京都市八瀨，位於市鎮的東北部，自古以來以提供薪炭或山林物產給市內的歷史為傲，是京都市近郊的農村。在狹長的河谷之間，形成了典型田字型的民家，比鄰而居。戰後，該地開始興起在平房上增高兩層的改建工程，於是其外觀就有大幅度的改變；然而，就建築物的內部來看，原本的樑柱都依然被保留下來。由此可見，那個改建活用了既有物件，將民家改造成具有現代感的生活空間。其中，甚至有些家由於不忍破壞長年使用、並對它抱有情感的爐灶（オクドサン／かまど），於是爐灶就出現在鋪有木質地板的廚房裡。

甚者，也有原本的物件什麼都沒留下來，但其樣式被繼承下來的類型。

佐賀縣白石的築後川下流域，過去鍋島藩時代，因為當地農家被限制所使用的梁木的長度，於是他們將長度有諸多限制的梁木做成コ字型，當地就流行力求將建築物使用面積最大化的「曲突造」（日語：クド造り）之特殊風格。縱使當初的茅草屋頂，之後經過修補，鋪上鐵皮或改成瓦片，現今也還殘存比較多的「曲突造」：其中甚至有「框組式結構」（ツーバイフォー）的新式建築物，卻使用「曲突造」風的屋頂。也就是說，即便房屋本身已完全更新，但在地風土所培養出的風格，則是透過使用不同的材料被呈現出來，這一點十分有趣。

那麼，今和次郎如何發現這些民家並將其記錄下來？探索今和次郎足

跡的瀝青會，最終提出一個假說：這就是在調查時使用鐵道網的「終點」來採集線索。自從今和次郎發表〈都市改造の根本義〉這篇文章（《建築雜誌》，1917年）以來，「都市=近代」滲透到田園生活這一點，對現在而言，是極為重要的問題；位於終點站的民家，亦即，經營既有生產的田園=自給經濟，與鐵道帶來的都市=交換經濟的接觸地帶（contact zone），正是檢視現今這個問題意識的最佳田野。

　　最後，此書是以民家的住戶和所有者為首的各地人士共同作業所得到的成果，若沒有「對於問路的我們友善地回應、或時而提問式地回答我們問題的當地人士」（p.7）的協助，此書是難以完成的。這就彷彿如實地重現柳田國男（1875～1962）的民俗學構想，邀請熟知當地的「鄉土人」成為「研究協力者」，為共同調查=共同研究帶來回響，這也是此書的價值所在。

參考文獻

今和次郎，1922，《日本の民家—田園生活者の住家》，東京：鈴木書店。

29. 渡邊欣雄，《作為術的生活與宗教：漢民族的文化體系》，2017年

原書：渡邊欣雄，2017，《術としての生活と宗教── 漢民族の文化システ
ム》，東京：森話社。

蔡亦竹

　　讀到渡邊欣雄（1947～）的《術としての生活と宗教── 漢民族の
文化システム》（以下簡稱此書），有種無可名狀的親切感。除了內容
介紹的是各種與漢民族的生活相關事象之外，更因為渡邊和筆者（蔡亦
竹）師承的直江廣治（1917～1994）、古家信平（1952～）、松本浩一
（1953～）等人一樣，是研究臺灣、中國、香港等「華人世界」的民俗學
者。

　　此書值得一提的是，渡邊以「術」這個關鍵字作為研究主軸，延伸到
生活各種事象，這是日本民俗學特有的重視民俗語彙的研究方法。作為一
個華人民俗的日本研究者，渡邊不可避免地必須面對「比較民俗學」這個
重大課題。因為日本民俗學這種以單一民族「日本人」為對象的重出立證
法（廣泛收集事例，從中取出各地相似事例以分析出共同點），在面對兩
個地域、民族作「比較」時，如果不能同時對兩地域的文化基礎具有深厚
理解的話，就算使用重出立證法列舉出兩地相似的事例、事象，仍然可能
被表象所惑，因而做出完全失真的解析與結論。對學者而言，這就是比較
民俗學充滿危險、但同時也充滿魅力而幾近宿命的永遠課題。

　　渡邊在此書裡的論述由淺入深，就算是身處漢文化圈的我們讀來也引
人入勝且充滿新鮮感。就像久居於室內者對這個空間裡的氣味和氛圍習以
為常，當身在室外者對著我們說「裡面空氣很不好喔」的時候，我們才會
發覺原來這間房子通風不佳一樣，這種他者視角，會帶給我們對自身的重
新發現，也是比較民俗學的最大魅力。此書涉獵的主題，從臺灣客家文化

到香港的水上人家生活，乃至臺灣老人生活及祭祀習慣，還有中國的風水行業與經濟發展造成的民俗事象變化。在渡邊眼中，這些五花八門且乍看並無相關的事象，都以「術」這個關鍵字，也就是以生活中各種象徵性儀式及其周邊的各種生產活動，將之貫穿起來。而其背後共通的精神，就是華人視為人生理想狀態的「中和」——亦即自身與外界維持完美平衡的中庸思想。無論是俗世的商業倫理、家族關係，或是與靈界神明的祭祀交流儀式，都遵循著這個不變的最大原則。渡邊對於臺灣老人的社會福利和基於孝道而生的家庭倫理，以及儒教影響下衍生的葬送儀式及對「好兄弟」的祭祀救濟，都有詳實的描寫。對於香港水上人家，更是從其維生的漁業及周邊經濟，到其家庭組織及賴以為家的船隻，甚至到船隻內部隔間，都進行細密的調查。以一位日本學者的角度來看，其調查的成果實有可觀之處。

　　渡邊從日本、沖繩，再延伸到臺灣、香港以至中國的研究順序，正好也與筆者在日本求學時受教的日本學者們大致相同。受到柳田國男（1875～1962）民俗學裡稻作民族由南方北上、進入日本的立論影響，上述的田野調查順序似乎也是日本民俗學者追尋「日本民族」根源的必經過程。渡邊來到臺灣調查的時間是1980年代至1990年代初期，正好是戒嚴時代末期，民間資本與活力躁動的臺灣充滿各種光怪陸離現象、但也同時是充滿生命力的時代。而這也是臺灣作為「自由中國」、在中國尚未對外開放而讓臺灣某種程度上作為「中國代用」的田野調查地點的最後時代。在此書的開頭，渡邊便強調，自己並沒有這種「中國代用」的想法，而從日本、沖繩到臺灣、香港，的確也是柳田民俗學徒的正統派進行田野調查的順序。而渡邊在書中的確也沒有「從臺灣看中國人風俗」的立論，不若直江廣治等上一代學者在分析臺灣田野調查時的通病。日本研究者在臺灣的田野調查成果，是從「中國人」演變到「漢人」、以至到「臺灣人」，這是一種時代的演變，也算是日本的臺灣民俗研究的進化吧。

　　此書另一個值得留意的是，渡邊於1990年代得以進入中國調查之後，見證到中國經濟發展的過程；透過對於福建民俗及風水師的調查，渡邊在書中感嘆「漢族民俗的商業化」。不過，民俗本身就具有流動性，今日所謂的民俗習慣，其實也是過去商業及生產活動儀式化後的殘存累積。也就

是說，渡邊感概的「商業化民俗」，其實正是中國在進入經濟發展時代之後的全新民俗建構過程。同時，1990年代也是中國民俗學界重新建構、並且全力開始發展的時代。時至今日，中國的民俗學研究發展，已經凌駕於擁有日本統治時代民俗學發展基礎的臺灣。這個部分也是我們臺灣民俗學者需要借鏡和反省之處。

30. 岩本通彌編，《世界遺產時代的民俗學：日韓對於全球標準接受的比較》，2013年

原書：岩本通弥編，2013，《世界遺産時代の民俗学 ―― グローバル・スタンダードの受容をめぐる日韓比較》，東京：吉川弘文館。

菊地曉／蔡忠佑　譯

　　「世界遺產」，如今已然成爲全球性的現象。「世界遺產公約」[10]，於1972年UNESCO（聯合國教育、科學及文化組織）總會通過，並於1975年生效。其後，加盟國持續增加，至現今2021年8月，已經高達194國。特別是1980年代後期起，原本具有西歐中心主義色彩、所謂遺產的「眞實性」（authenticity）這一概念，變得具有多元文化的觀點。結果，非西歐國家的加盟數增加了（中國於1985年、日本於1992年、韓國於1998年分別加入）。如今的世界遺產，已經具備稱得上是世界遺產之名的規模，到2021年的現在，世界遺產的登錄數量已達到167國的1,154件。[11]

　　另一方面，被稱作世界遺產無形版的「UNESCO無形文化遺產」，是根據「保護無形文化遺產公約」[12]而來。該公約從「人類口述和無形遺產代表作」[13]發展而來，2006年生效。至2020年，已經登錄的無形文化遺產，有131國的584件。[14]另外，相對於世界遺產具有「顯著普世價值」

---

[10]　「保護世界文化和自然遺產公約」的簡稱，Convention Concerning the Protection of the World Cultural and Natural Heritage.

[11]　請見https://whc.unesco.org/en/list/。

[12]　Convention for the safeguarding of the intangible cultural heritage，2003年通過。

[13]　Masterpieces of the Oral and Intangible Heritage of Humanity，1998年通過。

[14]　請見https://ich.unesco.org/en/lists。

（Outstanding Universal Value）的傑出遺產，無形文化遺產則負有作爲一種「範例」、展示世界上多元文化之責。又，ICOMOS[15]（國際文化紀念物與歷史場所委員會），在世界遺產上所發揮的角色很大，但在無形文化遺產上就不是如此。兩者的處境，存在著明顯的落差。

　　話雖如此，世界遺產普及於全球一事，並不是沒有影響到各國的文化遺產政策。但因各國具民族性的文化政策的歷史，再加上在地的文化遺產的存在方式，各國的對應也有所不同，結果導致以世界遺產爲核心的文化遺產政策，在全球、民族、在地等各式各樣的層面上產生變化，也呈現多樣性的開展。而這個因「世界遺產」的登場而產生劇烈變化的世態，被稱爲「世界遺産時代」。《世界遺産時代の民俗学——グローバル・スタンダードの受容をめぐる日韓比較》一書（以下簡稱此書），則嘗試以實證的方式來釐清這種現象。在集結日韓的民俗學者，再加上歷史學、地理學、社會學等專家的參與之下，此書得以完成，其內容如下所示：

　　第一章　總論，以及世界遺產時代和日韓的民俗學：關於UNESCO的兩個公約的接受（岩本通彌）
　　第I部　日韓的文化財保護法
　　第二章　日本文化財保護法的展開（中村淳）
　　第三章　韓國文化財保護法的展開（丁秀珍）
　　第四章　日本美術史／朝鮮美術史的成立（高木博志）
　　專欄　韓國無形文化財保護系統中的「傳授教育制度」（金賢貞）
　　第II部　無形文化遺產：民俗藝能／民俗藝術、工藝技術及古武術
　　第五章　成爲UNESCO無形文化遺產：奧能登的饗之事的二十一世紀（菊地曉）
　　第六章　江陵端午祭的困境（南根祐）
　　第七章　那時你曾是〈無形文化財〉：作爲文化財的民俗藝能的昭和30 40年代（俵木悟）
　　第八章　無形文化財制度和工藝技術的「個人」問題（濱田琢司）

---

[15] International Council on Monuments and Sites，1965年成立。

　　如上，此書的論述涉及多個面向，實在很難一言以蔽之；即便日韓兩
國在文化財保護的法律上幾乎一致，但保護的實際狀況卻有很大的差異，
這是此書中值得關注的論點。例如，相較於日本的「民俗藝能」重視傳統
的「保存」，韓國的「民俗藝術」則重視展開新的「創作」；相對於日本
的「人間國寶」實際上是以「團體」爲保護對象，韓國的「人間國寶」則
是將作爲制度的「個人」納爲保護對象。日韓對於保護的行政存在如此重
大的差異，而此差異的淵源，來自於日韓在歷史、文化上的不同。「世界
遺產時代」，絕非是全球性、均質化的照單全收，這點是我們應當留意
的。

　　最後列舉與此書相關的書籍。此書編著者的著作之中，岩本通弥編
（2007）一書最早出版；之後，對此，郭海紅編譯（2018），將主要的
論文翻譯成華語。還有，此書的受邀撰文者將討論發展成書，如俵木悟
（2018），或是才津祐美子（2020）。其他，像是木村至聖、森久聡編
（2020），整理了主要相關的議題，作爲入門書是值得參考的。

參考文獻

木村至聖、森久聡編，2020，《社会学で読み解く文化遺産―― 新しい研究の
　　視点とフィールド》，東京：新曜社。

才津祐美子，2020，《世界遺産「白川郷」を生きる――リビングヘリテージ
　　と文化の資源化》，東京：新曜社。
岩本通弥編，2007，《ふるさと資源化と民俗学》，東京：吉川弘文館。
岩本通彌編，郭海紅編譯，2018，《民俗、文化的資源化：以21世紀日本為
　　例》，山東：山東大學出版社。
俵木悟，2018，《文化財／文化遺産としての民俗芸能――無形文化遺産時代
　　の研究と保護》，東京：勉誠出版。

歷史學

總論──現代日本史學的養分與成果

楊素霞

前言

　　日本史研究，作爲歷史學研究的一環，其研究手法即爲實證分析先行研究及史料，來闡釋和敍述過去的歷史。而第二次世界大戰後，在國民黨政權長期推動中國化政策之下，臺灣的日本史研究，受到中國「官方民族主義」（official nationalism）之枷鎖，多採反日、抗日或同文同種的觀點。換言之，這便是「作爲方法的日本」，即研究日本僅是認識中國的手段，不少的研究者並非眞的想要研究、理解與中國無關的日本史。再者，在臺灣，日本史常被當成日語教學的文本而已。且異於日本的社會科學出於反省戰前的立場並著眼於戰前至戰後的變化，因而重視歷史學研究（石田雄2013：183）；臺灣社會科學方面的日本研究，常以美國爲首的歐美理論爲導向，僅把日本史當成背景知識。這些因素，造成臺灣的日本史研究欠缺深度及多元性，臺灣對於交流頻繁的日本之過去，仍存在著許多的未知及誤解。

　　誠如英國歷史學者愛德華・卡爾（Edward Hallett Carr, 1892～1982）主張，歷史是「現在和過去之間永無終止的對話」（E・H・カー1961＝1994：40），歷史學研究無可避免地受到歷史學者個人及當時社會的價值觀等因素左右。因此，理解日本史學研究的歷程，將有助於我們釐清自身研究的意義與盲點，也可避免陷入見樹不見林的迷失。本文將說明十九世紀「近代歷史學」形成以來日本史學史的變遷，同時兼論選定16本經典著作的用意。然而，礙於篇幅限制，僅能粗略論述，在選書上也必有遺珠之憾。

1.作爲「國史」之「近代歷史學」的形成與反動

　　「近代歷史學」，是「民族國家」（nation state）建構過程中，爲了支撐民族國家而新創的不可或缺、且名爲「國史」（national history）之制度。日本的「近代歷史學」，可從1880年代實證主義史學從歐洲傳入明治日本談起。

　　實證主義史學，是十九世紀中期至二十世紀初期西方歷史學的主流思潮，亦是目前歷史學界普遍認定的「近代歷史學」。其排除特定立場，建立考察史料與強調辨析之上的研究方法，以德國馮・蘭克（Leopold von Ranke, 1795～1886）所創立的「蘭克史學」爲代表。而明治政府自1868年成立以來，延續中國皇朝時代官修正史、編寫統治者歷史的概念，由官方主導以政治史爲首的正史編修作業，強調明治維新的王政復古之意義（永原慶二2004：10～12）。但當1887年明治政府的修史事業轉移到東京帝國大學之際，承襲蘭克史學的德國路德維希・李司（Ludwig Riess, 1861～1928），以「御雇外國人」的身分任教於該大學，自此奠定了「近代歷史學」由學院派主導的方向，展開史料的考證及個別史實的證明工作（永原慶二2004：33）。然而，實證主義史學所調查與編纂的史料，多爲記載帝王將相等大人物之公文書，故研究也就側重中央政權推移的過程，以政治史爲主流。

　　至1900年代，日本歷經甲午戰爭、日俄戰爭的接連勝利，儼然成爲世界五大國，國內民族主義、國民自信心高漲。在此情況下，歷史學界深感探究日本在世界史的定位之必要性，尤其西洋史學者原勝郎（1871～1924）、經濟史學者內田銀藏（1872～1919）等明治青年世代，參照當時西歐史的「封建制」（feudalism）等概念，以及三個歷史分期（antiquity, middle age, modern age），主張日本從律令國家的古代，進步到始於武士所建立的鎌倉時代之中世（封建前期），乃至江戶時代的近世（封建後期）。而此古代、中世、近世之日本歷史分期，對於日後人們建構歷史認識，發揮了極大的影響力（今谷明2018：53～54）。

　　值得一提的是，歷史分期是歷史學者爲了方便統整性地理解歷史脈絡，將各歷史時期之質化差異加以區分所提出來的方法，但所有的分期都

具有人爲選擇性，因此當日後遭遇到新的研究或學理挑戰時，任何歷史時期的特徵，乃至其開始與結束的時間，都會被重新定義。至於日本何時才將modern一詞翻譯成近代一詞？至少到1930年代中期，日本史相關的著作才比較普遍使用近代一詞，用以表示明治時代以來的近代，與江戶時代＝近世的不同（坂本賞三2015：10）。

　　對於實證主義史學的反動，除了展現在上述歷史分期上，馬克思主義史學（唯物史學）的盛行亦不容忽視。馬克思主義史學參考了西歐史的研究成果，主張生產力是人類社會發展的決定性力量，衍生出「世界史的基本法則」——即「原始共同體→奴隸社會→封建社會→資本主義社會→共產主義社會」之單線式社會發展階段論。而1920年代中後期起，日本受到昭和金融恐慌與世界大恐慌的影響，國內勞資雙方的「階級」對立及社會矛盾激化。在此情況下，馬克思主義史學盛行。但因革命路線之爭，該史學又分裂爲「講座派」及「勞農派」，並引發「日本資本主義論爭」，乃至明治維新論爭。其中，後敘「戰後歷史學」主流的講座派主張，近代日本是地主和獨佔資本結合、深具軍事性格的半封建「絕對主義」天皇制國家，明治維新即爲絕對主義革命；故此，1890年代末期日本資本主義形成後立即轉化爲早熟、具軍事侵略特色的帝國主義。同時，講座派倡議「二階段革命」論，指出日本應先進行資產階級的民主主義革命，爾後再推動無產階級的共產主義革命（佐々木寬司2018：37～60）。

　　但是，1930年代起，軍國主義猖獗，不僅馬克思主義史學，連自由、不拘泥於特定意識形態的歷史學派別亦遭到國家機器的打壓，歷史學研究整體萎靡不振。取而代之的是，以平泉澄（1895～1984）爲代表的「皇國史觀」。皇國史觀不僅批評實證主義史學缺乏思想與氣力，也反對馬克思主義史學的當代或未來取向，而是主張將歷史加以「物語」化，視日本的建國神話——即記紀神話——爲史實，強調萬世一系的國體論與「日本民族」優越論，以催化作爲大日本帝國天皇的「臣民」之忠君愛國情操（永原慶二1983）。

2.冷戰下日本史學研究的潮流：「戰後歷史學」vs.「現代化理論」

　　二戰後，日本遵照盟軍的戰後處理原則，喪失所有的殖民地，並在GHQ（駐日盟軍總司令部）的主導下推動民主化改革。日本史學就在以「單一民族國家」的神話爲前提，但學術自由受到保障的情況下重新出發。而戰後歷史學，以馬克思主義史學及「現代主義」史學爲代表。兩者的「戰後」，並非僅表示二戰後的一段歷史時期，還表示其立場、價值觀與戰前不同。亦即，基於戰後民主主義、反省戰前的立場，批判戰前歷史學界墮落到順應軍國主義的時局，檢討帝國主義、天皇制、軍國主義等戰前被視爲禁忌的諸多課題；同時，受到馬克思主義史學的影響，皆預設日本未來的發展目標，分別爲共產主義社會與「近代」西歐市民社會（西川長夫2005：80）。

　　主流的講座派馬克思主義史學，繼續深化日本資本主義發展史研究，全面且批判性地探究上述諸多課題（佐々木寬司2018：60～74）。此外，最初，基於二階段革命論，馬克思主義史學認定，允許共產黨合法存在的GHQ所主導的民主化改革爲資產階級革命。但自1947年冷戰體制開展以來，GHQ出於美國反共的需求，改採保守反動路線，以取代之前的民主化改革路線，馬克思主義史學遂轉而批判當下日本追隨美帝的從屬性，強調民族（國民）的意義與重要性（石田雄2013：168～171）。

　　同時，當時日本國內勞工運動、反美軍基地運動等抗爭風起雲湧，馬克思主義史學亦主張，將勞工、農民等無產階級之「被支配者」視爲歷史變革主體的「人民」，因而人民及階級的鬥爭史研究呈現百花齊放的局面。相對地，日本經營史學者氏原正治郎（1920～1987），異於馬克思主義史學的公式導向，則採用在龐大數據的前提下實證分析的方式，檢討勞動市場與勞工問題（導讀31）。

　　不僅如此，馬克思主義史學亦延伸探究土地領有、權力結構與社會組成要素等課題。例如石母田正（1912～1986）承襲戰前日本中世史研究的成果，著重於中世封建制下武士的成長，主張異於一直停滯在古代專制體制的中國，中世的日本已從古代專制社會進步到中世封建社會（石母田

1946）。值得一筆的是，石母田等人所主張的中世武家政權論，在1960年代遭到歷史學者黑田俊雄（1926～1993）所提出的「權門體制論」嚴重的挑戰（導讀32）。

而石母田的中國停滯論，即是延續戰前日本社會對中國的認知；此認知是由啓蒙思想家福澤諭吉（1835～1901），以及經濟史學者田口卯吉（1855～1905）等人所主張的以西方文明爲依歸之「文明史觀」，再加上日本侵略中國的實際軍事行動等因素所產生。但是，戰後不久，石母田有鑑於1949年新成立的中華人民共和國正進行馬克思主義史學所認定的最終階段——共產革命，遂修正之前的中國停滯論，轉而從中國爲主的東亞史脈絡重新檢視日本古代史（導讀33）。

值得注意的是，二戰後臺灣長期的反共政策，導致近代史等敍事並非從馬克思主義史學的單線式社會發展階段論推演出來，而僅止於少數研究複製講座派所使用的絕對主義等專有名詞而已。再者，講座派對於戰前日本對外侵略行爲之批判性反思，恰好與國民黨的反日史觀吻合，因而常出現在臺灣出版的日本通史參考書或日本近代史研究著作裡（楊素霞2022：133）。

至於被馬克思主義史學者批評爲「現代主義者」的日本政治思想史學者丸山眞男（1914～1996）、西歐經濟史學者大塚久雄（1907～1996）等人，雖然深受馬克思主義史學的影響，但不滿該史學機械性的公式，反而融入德國社會學者馬克斯・韋伯（Max Weber, 1864～1920）等人的理論，重視作爲國民的個人主體性，主張戰前的日本並未發展出被學者理想化的「近代」西歐市民社會——即由自律、理性的個人（市民）自發性地參與政治之公眾空間，而是成爲後進、未成熟的「近代」，最後還墮落爲丸山眞男所定義的「超國家主義」（ultra-nationalism）（石田雄2013：189；森政稔2020：36～80）。而後世將兩人的學術成就，並稱爲「丸山政治學」及「大塚史學」。

在冷戰體制下，至1970年代爲止，與馬克思主義史學並列爲兩極對峙的西方發展理論，則屬「現代化理論」。現代化理論發端於美國，內含美國的世界戰略目的：將美國型資本主義社會視爲理想的現代化社會型態，並且爲了遏止後進國被赤化，主張後進國若接受美國先進文明的洗禮，

必能成爲先進國。而由美國歷史學者馬里烏斯・詹森（Marius Berthus Jansen, 1922～2000）與約翰・惠特尼・霍爾（John Whitney Hall, 1916～1997）創立的「近代日本研究會議」（Conference on Modern Japan），於1960年在箱根召開預備會議（「箱根會議」），日美兩國多位學者受邀參與，此後「現代化理論」備受日本史學界矚目。該理論主要是探計量經濟學的方法，將西方現代化模式套用在江戶時代、明治時代，乃至1950年代後期起的高度經濟成長期之分析上，高度評價江戶時代的封建社會與西歐相同，具有一定的官僚制及教育水準，成爲明治日本所推動的現代化的基礎，進一步宣揚日本現代化的「成功」是後進國的典範（金原左門1968）。

3.將「近代」加以相對化：地方史研究與社會史研究的興起

　　然而，1960年代中後期，日本的地方社會因高度經濟成長下的工業化與都市化，其面貌被改變不少，此促使日本社會的鄉土意識高漲。並且，現代化理論與戰後歷史學所展現的歷史認識差異甚大，衝擊當時人們既有的歷史觀。在此情況下，日本史學界不僅不滿上述兩種史學潮流過於傾向歐洲中心主義，也質疑馬克思主義史學的公式導向，進而展開將「近代」加以相對化的研究。

　　首先，地方史研究蔚爲風潮。地方史研究的歷史可追溯至江戶時代，當時地方史研究是從官廳調查舊慣或農事等方面的民政資料開始，此特色一直傳承至近代（芳賀登1974：20）。但大約1890年代後期起，明治政府主導的產業（工業）革命導致社會問題層出不窮，地方的習俗、生活文化、信仰等也紛紛被破壞。再者，日俄戰後，大正民主風潮萌芽，民眾爭取民主的思想與運動風起雲湧（太田雅夫1990：7～21）。這些要素都促使日本社會的鄉土意識抬頭，日本史學界從相對於中央的角度，著手進行民眾生活、農村，以及與其相對的都市之地方史研究，以重新檢視「日本」民族國家的本質。同時，不少地方政府與學界合作，紛紛編纂地方史料或方志，雖然此舉仍不脫上述官廳行政調查的色彩，但也發揮了催化地

方史研究的作用。

　　值得一筆的是，在同一時代背景下，柳田國男（1875～1962）為了探究「日本文化」的深層，開創以鄉土研究為根基，與歷史學密切相關的日本民俗學。但此民俗學不採用當時歷史學偏重文字史料的手法，主要是透過民間傳承的非文字資料，來進行更多不以文字為媒介、而是經由語言與行為來傳承的廣大民眾的日常生活文化（宮田登2019：39～40。請見第II部民俗學的〈總論〉）。此研究關懷及手法，日後更加活化歷史學等學科的研究。例如戰前伊波普猷（1876～1947）創立含歷史學、民俗學、語言學、文化人類學等跨學科的「沖繩學」（芳賀登1974：37～42），或者如後敘，1970年代起逐漸受人矚目，被後世稱為「網野史學」的網野善彥（1928～2004）一連串社會史研究。

　　戰後不久，地方史研究曾一度在「國民歷史運動」裡被大力提倡。該運動是1950年代，由石母田正等「民主主義科學者協會」（日語：民主主義科学者協会）歷史部會的成員，以「歷史學革命」與「將歷史學交給國民」為宣傳口號，根據馬克思主義史學的理論，結合民眾力量所開展的。但因路線之爭、成員與民眾之間的意見分歧，以及學術過於政治化等問題，而以失敗告終（小熊英二2005：307～353）。自此，地方史研究又再度被侷限在學術象牙塔裡。

　　但至1960年代中後期起，上述日本社會與學界的變化，再加上國立公文書館（1971年）、國立歷史民俗博物館（1983年），以及都道府縣層級的文書館紛紛成立，地方史研究的基礎條件大幅改善。這些要素都活化了日本的地方史研究，也喚起民眾建構自身歷史的主體性意識。例如1980年代日本舉辦三次「自由民權百年」的全國集會，參加的人數眾多，不僅有歷史學者，還包含一般市民、大學以下的教師、博物館研究員、自由民權運動者的後代，以及地方官員等非學院派人士（自由民権百年全国集会実行委員会編1982）。

　　此風潮也帶動了民眾史研究；其中，民眾思想史的研究成果特別引人矚目。例如：色川大吉（1925～2021）採田野調查的方式，分析豪農層的思想構造與自由民權運動的關聯（色川1964）；鹿野政直（1931～）從「秩序意識」面向，考察日本資本主義形成史（鹿野1969）；安丸

良夫（1934～2016）則深究幕末維新期民眾的「通俗道德論」（安丸1974）。然而，伴隨實證研究持續進行，再加上後敘的性別（gender，ジェンダー）及「非農民」等分析視角更加多樣化，地方或民眾並非只是一言以蔽之的固定主體，地方史研究或民眾史研究也在各地不同的政治史與經濟史的脈絡下被加以相對化了。

　　另外，1970年代社會史研究從歐洲被帶入日本史學界。社會史研究，最初是1929年由馬克・布洛克（Marc Bloch, 1886～1944）等人在法國開創的「年鑑學派」（The Annales School）所倡議的。該學派批評實證主義史學研究範疇的侷限性，引進跨學科的研究方法與理論，強調報紙、雜誌、日記等公文書以外的文字史料，以及實物、圖像或影像等非文字史料之重要性，進而研究群眾的集體心理與社會結構，開拓日常生活、家族、性別、身體、心態等之前不太被重視的視角與課題，亦試圖結合政治與經濟等層面來進行「總體史」的探究（導讀34）。

　　而1970年代初期，有留學西歐經驗的日本西歐史學者，將社會史研究引進日本，結果引發日本史學界產出不少相關研究（二宮宏之2000：123～147）。其中，最為人所知的可說是網野善彥了。1953年他揮別了國民歷史運動及該運動思想根據的馬克思主義後，曾封筆好一陣子（小熊英二2005：351）。但當1970年代起，他又有著作問世時，由於戰前已深受民俗學影響，故其關懷的對象為民眾，同時採用社會史的手法，從職人、藝能民、遊女、山民、海民等過往不被歷史學重視的非農民之視角，剖析日本列島歷史的多元性與流動性。其日本中世社會史的研究論述，被後人稱為網野史學（導讀35）。

　　社會史研究連帶地促使都市史研究的發展，以及歷史人口學的誕生。日本的都市史研究早在二十世紀初期就萌芽，其著重在史料的考證，也帶動市史的編纂。至1960年代為止，都市史研究同時採用與西歐都市對比的方式，探究歷史上日本有無「自治都市」之課題，並分析都市發展與江戶時代幕藩體制的結構性關聯（塚田孝2003：125～126）。但1970年代起，興起採用社會史的研究手法的相關研究。例如吉田伸之（1947～）闡明江戶時代都市內諸多群體的重層、複合的社會與空間構造，提出無法用士農工商之身分制解釋的「身分性周緣」概念（導讀36）。

　　至於歷史人口學，1960年代前期，歐洲的歷史學界結合女性史、環境史、都市史等研究，使用數量分析的方法，探究近代國勢調查以前的人口及家族等社會組成要素。當時正好在歐洲留學的速水融（1929～2019），率先引進歷史人口學至日本史學界，透過分析「宗門人別改帳」等居民資料帳本，釐清江戶時代至1920年進行國勢調查爲止日本的人口變化、區域性差異及家族型態（導讀37）。

4.跨境研究的抬頭

　　冷戰之下席捲全球歷史學界的馬克思主義史學與現代化理論，雖然看似有全球的視角，但實質上是採用與西歐比較的觀點，仍不脫民族國家的框架。相對地，1970年代前期起，美國歷史社會學者伊曼紐爾・華勒斯坦（Immanuel Wallerstein, 1930～2019），從經濟面提出超越一國史的「世界體系論」（World-Systems Theory），依循「核心－半邊陲－邊陲」之三種結構層次，用以分析十五、十六世紀起源於西歐的資本主義、爾後在18世紀以後擴張到全球的近代世界體系（導讀38）。該理論可說引領1980年代開始流行的全球化相關概念與浪潮。

　　雖然該理論常被批評爲歐洲中心主義，但受到該理論的影響，不同於過往馬克思主義史學僅將江戶時代視爲具有封建、負面形象的近代前史，當時日本史學界則強調，德川將軍完成統一「天下」（日本）的大業及幕藩體制的建構，是在十六世紀以來國際商業熱潮與新興國家形成之近代世界局勢中完成的（岸本美緒2004：81～84）。甚至陸續有日本近世史研究，聚焦於官僚制及教育水準等國家與社會層面江戶時代與近現代的連續性，此研究視角雖然與前述的現代化理論有不少相通之處，但少了美國的全球戰略考量，且直接主張江戶時代是「初期近代」（early modern）；相關的研究有尾藤正英（1992）、大石学（2014）等等。

　　另外，當1970年代後期至1980年代之間，臺灣、韓國、香港與新加坡之亞洲新興經濟體（NIEs）的經濟表現相當亮眼，再加上全球化浪潮、中國改採改革開放路線之際，日本的歷史學界試圖跳脫早在二十世紀初期就已形成的國史學、東洋史學、西洋史學之三學科分類，以及依此分

類逐漸固定下來具有侷限性之歷史認識，同時著手進行東亞的「地域」（regional）史研究，或重視東亞海域與周邊陸域的人、物、資訊往來之海洋史研究。那些研究強調，影響東亞歷史發展的因素不僅限西力東漸，還應重視東亞「地域」的社會與住民的主體性、內在性、自律性，同時應考量其內重層的構造、屬性，以及相互關係、交涉、網絡展開等橫向空間軸之要素。

其中，臺灣讀者熟悉的中國經濟史學者濱下武志（1943～）等人，研究明清以來以中國爲中心的東亞朝貢貿易體系。荒野泰典（1946～）則進一步著眼於江戶時代的「四口」（長崎、對馬、薩摩及松前），提出「海禁與華夷秩序」論，翻轉長期以來爲日本史學界定論、且被視爲江戶時代負面遺產之一的「鎖國」論（荒野1988）。由此觸發了不少關於日本與清朝、朝鮮、琉球、愛努族（Ainu）等之間的貿易、人流的研究產出。荒野泰典更與其它兩位學者合編的叢書，以跨時代及多元的角度，研究東亞史之中的日本史（荒野、石井正敏、村井章介編1992～1993）。

另外，日本經濟史學者探究十九世紀後期以來買辦、華僑、海賊、海外移民或沿岸居民等的跨境活動，尤其是日本商人在以華僑爲中心所形成的亞洲通商網之發展，以及東亞國際分業體制的形成；例如籠谷直人（2000）、杉原薰（1996）等等。

日本近代外交史學者則著重西力東漸造成東亞的國際秩序從以中國爲中心的前近代朝貢體制，轉變爲以近代民族國家爲單位的西方條約體制之過程。此類的研究不再僅限於一國外交史，而是採用東亞史，乃至世界史的角度，同時考量與日本國內的政治、財政、軍事，乃至思想文化等層面的相互關聯。例如：日裔美國學者入江昭（1934～），綜合性地探究十九世紀至二戰後的日本外交史（入江1966）；高橋秀直（1954～2006）則聚焦於甲午戰爭開戰爲止日本對清朝與朝鮮的政策，以及國內複雜的財政與軍事等方面的決策過程，成功地突破了日本的現代化最終必走向帝國主義侵略道路之馬克思主義史學的論述（導讀39）。

5.後冷戰時期的新趨勢：爲何爲「民族國家」？爲何爲「戰後」？

　　繼全球化浪潮，1980年代末期，接連發生天安門事件（1989年）、東歐的民主抗爭及蘇聯解體（1991年），冷戰體制崩解，意識形態的枷鎖鬆綁，連帶地區域紛爭與宗教衝突激化，民族國家的框架亦開始鬆動。再者，1991年起，日本陷入泡沫經濟崩潰所引爆的慢性不景氣之中。在此情況下，無論在政治、經濟、雇用或教育等方面，戰後日本所形成的體制都逐漸出現破綻，陷入機能不全的危機（吉見俊哉2019）。日本史學界與全球學界連動性地掀起一波批判性地解構民族國家的研究風潮，此研究風潮在日本被稱爲「國民國家論」研究（西川長夫2005：74、95～98）。

　　在此僅列舉影響日本史學界深遠的三個相關理論。東南亞研究者班納迪克・安德森（Benedict Anderson, 1936～2015）主張，民族是一種享有主權的「想像的共同體」，而印刷與出版的發展（「印刷資本主義」），是形成民族認同的最大要素（導讀40）。英國歷史學者艾瑞克・霍布斯邦（Eric Hobsbawm, 1917～2012）與多位學者共同指出，許多「傳統文化」是伴隨民族國家的成立而「被發明」的（導讀41）。另外，巴勒斯坦出身的文學研究者愛德華・薩依德（Edward Wadie Said, 1935～2003），受到論述知識與權力關係的法國學者米歇爾・傅柯（Michel Foucault, 1926～1984）影響，提出「東方主義」（Orientalism）是西方以歐洲中心主義爲前提的一種自我「想像的事實」，解析西方把東方視成野蠻、落後、無法自我改造的形塑過程，以及西方殖民與東方被殖民者之間不對等的權力關係（導讀42）。這三個理論之中，相較於前兩者聚焦於民族國家的建構及殖民帝國的統合，後者的東方主義則被視爲1970年代起受到矚目的「後殖民主義」（post-colonialism）的理論依據，用來反思與批判文化與知識領域內的殖民主義與歐洲中心主義、帝國意識。

　　而在日本史學界，以提出國民國家論的相關概念之西川長夫（1934～2013。西川1995：3～42）爲首，探究近代日本如何「發明」傳統，又如何透過「國語」（日語）、象徵行爲、儀禮、習俗、學校及天皇制等「裝置」來創出「想像的共同體」。同時，闡明被國民的我方視爲他者的「部

落民」與「在日」等族群（ethnic group）之歧視問題；或是帝國日本透過與西方眼光共謀所產生的日本式東方主義之殖民意識與帝國心態，又或是帝國日本的殖民地統治之諸多課題（導讀43）。

　　值得一提的是，目前歷史學研究有細分化、疏離宏大敘事的傾向。然而，日本近代政治外交史學者三谷太一郎（1936～），從政黨政治、資本主義、殖民地及天皇制之四個構成日本近代的核心要素，以提問的方式，來釐清仿效歐洲進行現代化的日本近代。而此「總論」性的研究，乃建立在他長年累積的微觀實證研究成果之上（導讀44）。

　　另外，戰後歷史學重視人類發展的普遍性，強調各歷史時期的斷裂面及特色；且如前述，對於戰後歷史學而言，戰後一詞內含反省戰前之意。結果，造成目前學界，乃至一般社會大眾普遍認定〈近代＝戰前 vs. 現代＝戰後〉，亦取代戰前部分知識分子認為共產主義為人類的未來，並視1917年俄國革命為現代起點的說法（森政稔2020：19～20）。但是，至後冷戰時期，日本史學界盛行討論並質疑具有特定價值觀的戰後一詞之有效性。同時，重新檢視對於殖民地統治與戰爭責任等戰前所遺留下來的課題，戰後日本社會的集體記憶的建構過程（導讀45）。

　　隨著戰後一詞遭到挑戰，日本史學界也開始探究戰前（含1931～1945年的亞洲太平洋戰爭時期）與戰後之間的連續面，尤其出現「1940年體制」論──戰後日本的經濟與社會體制乃源自於總力戰體制之主張（高岡裕之2004：43）。同樣地，在民意形成史上，也出現1940年體制論，而該論調又與「大眾社會論」有密切關聯。具體而言，早在1950年代後期日本開始進入高度經濟成長期，學界就已出現大眾社會的相關研究，該方面的研究在被視為國民運動的安保鬥爭（1959～1960）之後更加成熟。其指出，高度經濟成長所創造出來的大眾社會中的「大眾」，不同於作為歷史變革主體、重視生產面的階級或人民，而是仍保有市民的傳統，捍衛私領域的和平與自由，同時亦享受消費社會的成果，但不免有順應體制、政治冷感的一面（森政稔2020：120～123、141～142）。而從大眾社會論，衍生出大眾消費型態、媒體及公共圈等相關研究。其中，佐藤卓己（1960～）採宏觀的角度，闡明了近現代日本民意的形成與變遷，特別提出左右戰後民意的1940年體制論（導讀46）。

結語

　　上述諸多的學說或論點，皆有其發展脈絡與優缺點，隨著研究持續的深化，都可能不斷地被修正。對此，我們應截長補短，從中建構出自身對日本史的認識。同時，採用歷史學的研究方法，即先對過去提出假設，小心地透過史料的解析去認識、敘述過去，最後勾勒出回應自身假設的歷史形象。我們應可借鑒日本的日本史研究的經驗與成果，運用跨學科的方法與理論，以及文字與非文字之多元史料，以釐清趨向複雜化的國際社會、地域、國家等的過去。

　　此外，歷史學研究常離不開宏觀及微觀的問題。現今日本史研究有細分化的傾向，但不表示我們只能進行微觀研究，只不過宏觀研究通常須有深厚的微觀研究成果作為後盾。而微觀研究其實也可以兼具宏觀及微觀的面向；微觀研究若有總體史的關懷，具有反映歷史時期、影響歷史方向的問題意識，且注重研究對象與其它現象或區域之間的關聯性，就可以從微觀研究敘述大歷史。尤其在面對日本已累積豐富且細膩的日本史研究成果時，身為「外國人」的我們，確實不容易提出新的論點。然而，自從1987年臺灣解嚴以來，我們應可較自由地不受特定價值觀的約束，善用外國人的觀點及比較史的角度，不僅深化以往臺灣較多研究產出的中日關係史，亦開發制度史、社會史、都市史、文化史等範疇，從中創出立足臺灣、放眼世界，兼具有臺灣主體性的日本史研究。

參考文獻

入江昭，1966，《日本の外交―明治維新から現代まで》，東京：中央公論社。

二宮宏之，2005，〈戦後歴史学と社会学〉，歴史学研究会編，《戦後歴史学再考――「国民史」を超えて》，東京：青木書店。

大石学，2014，《新しい江戸時代が見えてくる――「平和」と「文明化」の265年》，東京：吉川弘文館。

小熊英二，2002→2005，《〈民主〉と〈愛国〉――戦後日本のナショナリズムと公共性》，東京：新曜社。

太田雅夫，1975→1990，《大正デモクラシー研究 —— 知識人の思想と運動》，東京：新泉社。

今谷明，2018，〈中世〉，中公新書編輯部編，《日本史の論点 —— 邪馬臺国から象徴天皇制まで》，東京：中央公論新社。（華語譯本：倉本一宏等著，任鈞華、龔婷譯，2019，《日本千年歷史之謎：從邪馬臺國到象徵天皇制，29個難解謎團探索》，新北：遠足文化。）

永原慶二，1983，《皇国史観》，東京：岩波書店。

──，2004，《20世紀日本の歴史学》，東京：吉川弘文館。

石田雄，1984→2013，《日本の社会科学》，東京：東京大学出版会。

石母田正，1946，《中世的世界の形成》，東京：岩波書店。

自由民権百年全国集会実行委員会編，1982，《自由民権百年全国集会報告集 —— 自由民権百年の記録》，東京：三省堂。

色川大吉，1964，《明治精神史》，東京：岩波書店。

西川長夫，1995，〈日本型国民国家の形成〉，西川長夫、松宮秀志編，《幕末・明治期の国民国家形成と文化変容》，東京：新曜社。

──，2005，〈戦後歴史学と国民国家論〉，歴史学研究会編，《戦後歴史学再考 ——「国民史」を超えて》，東京：青木書店。

安丸良夫，1974，《日本の近代化と民衆思想》，東京：平凡社。

吉見俊哉編，2019，《平成史講義》，東京：筑摩書房。

坂本賞三，2015，〈日本史「中世」の形成〉，《史人》第6號。

佐々木寬司，2018，〈明治維新論争とマルクス主義史学〉，明治維新史学会編，《明治維新史研究の諸潮流（講座　明治維新12）》，東京：有志舎。

杉原薫，1996，《アジア間貿易の形成と構造》，京都：ミネルヴァ書房。

尾藤正英，1992，《江戸時代とはなにか —— 日本史上の近世と近代》，東京：岩波書店。

金原左門，1968，《「日本近代化」論の歴史像 —— その批判的検討への視点》，東京：中央大学出版部。

岸本美緒，2004，〈総論 時代区分論の現在〉，歴史学研究会編，《歴史学における方法的転回（現代歴史学の成果と課題 1980〜2000年　I）》，東京：青木書店。

荒野泰典，1988，《近世日本と東アジア》，東京：東京大学出版会。

荒野泰典、石井正敏、村井章介編，1992～1993，《アジアのなかの日本史》
　　共六巻，東京：東京大学出版会。

高岡裕之，2004，〈「十五年戦争」・「総力戦」・「帝国」日本〉，歴史
　　学研究会編，《歴史学における方法的転回（現代歴史学の成果と課題
　　1980～2000年　I）》，東京：青木書店。

宮田登，2019，《民俗学》，東京：講談社。

鹿野政直，1969，《資本主義形成期の秩序意識》，東京：筑摩書房。

森政稔，2020，《戦後「社会科学」の思想——丸山眞男から新保守主義ま
　　で》，東京：NHK出版。

塚田孝，2003，〈都市における社会＝文化構造史のために〉，《都市文化研
　　究》第1號。

楊素霞，2022，〈戦後臺湾における「明治維新」の再構築——1970年代後
　　半～2000年〉，《日本文化研究》第81輯。

籠谷直人，2000，《アジア国際通商秩序と近代日本》，名古屋：名古屋大学
　　出版会。

E・H・カー（Edward Hallett Carr）著，清水幾太郎譯，1961＝1994，《歴史
　　とは何か》，東京：岩波書店（華語譯本：愛德華・卡耳著，江政寬譯，
　　2009，《何謂歷史》，臺北：五南圖書出版。）

31. 氏原正治郎，《日本的勞資關係》，1968年

原書：氏原正治郎，1968，《日本の労使関係》，東京：東京大学出版会。

藤村聰／楊素霞　譯

　　第二次世界大戰以前日本曾發生過「日本資本主義論爭」，這是信奉馬克思經濟學的研究者之間的意識形態鬥爭。他們在如何理解日本社會的歷史發展過程，以及使用何種手段來實現革命之問題上，展開了激烈的論爭。野呂榮太郎（1900～1934）是其中一名代表性的研究者。學生時代起，他就深入參與共產黨的活動，大學畢業後不久即被逮捕，入獄服刑近一年。特高（特別高等警察，取締思想犯罪份子）與憲兵的鎮壓變得更加嚴厲，野呂於1934年在警察署遭到拷問後辭世。[1]當時被鎮壓者不僅有左翼份子，連厭惡法西斯主義的自由主義者河合榮治郎（1891～1944），也被迫辭掉東京帝國大學教授一職。

　　帝國日本因第二次世界大戰的敗戰而解體，被解放的勞工運動蓬勃發展，研究者認爲應該揭示關於勞工問題與勞工運動的方針，遂從各個角度發表相關的分析。但是，隨著馬克思主義的退潮，那些研究者的記憶逐漸淡化，在二十一世紀的現今就風化成只是一段歷史罷了。

　　其中，至今仍相對受到矚目的，就是氏原正治郎（1920～1987）了。最大的原因是，氏原不偏重於理論，而如同他自詡爲「調查研究者」般，他堅持收集龐大數據，並採取嚴謹分析的實證主義之研究立場。此書《日本の労使関係》（以下簡稱此書），即是氏原的代表作之一。雖然於1968年出版，但所收錄的每篇論文都在敗戰不久之後的1950年代就已發表了。

---

[1]　順道一提，野呂妹妹的長男，即爲第二次世界大戰後歷任北海道知事、衆議院議員及衆議院議長的橫路孝弘（1941～）。

此書的架構，如下所示：

前言　日本的勞工問題思想
第I部　現代日本的勞工
勞工與貧困、戰後勞動市場的變化、職人與勞工
第II部　團體交涉與薪資
薪資用語的混亂、工會與薪資、工會政策的經濟理論、團結權與薪資
談判、日本的薪資協定
第III部　國家與薪資
國家對於薪資談判的介入、中小企業的薪資問題、最低薪資與法律、
最低薪資法的施行

　　此書的主題是勞工問題，但特別引人注目的是，第I部關於日本勞動
市場的歷史。在此，氏原對於日本企業社會的理解，至今仍是學術界的共
識。其重點如下所述：
　　首先，他簡潔地說明戰前企業從業員的組成。在鋼鐵業、造船業或紡
織業等製造業的公司裡，最高層級的從業員為負責機械設計的「技師」，
然後為監督工廠現場作業員團隊的「技手」（現在被稱為技術員），以及
作為工廠現場作業員的「職工」。而他們大概的人數：技師佔全體從業員
的一成以下，技術員約一至兩成左右，絕大多數則為職工。
　　至於「技師－技手－職工」之職等，氏原闡明這與他們的學歷相符。
亦即，技師都是大學畢業生，他們不僅負責技術部門，還被視為將來擔任
總經理、高階主管或工廠經理等經營幹部的候選人。在技師之下的技手，
則由中等教育（現在的高級中學）的畢業生擔任，職工則僅受初等教育。
　　同時，幾乎沒有只受初等教育的職工晉升為技手，甚至晉升為技師的
案例，且受中等教育的技手要晉升為技師也是件很困難的事。各職等被學
歷的高牆隔開，學歷阻礙了他們身分的提升。大學畢業生壟斷高階管理職
位的結構情形，在銀行或百貨公司等非製造業亦同。而此身分與學歷的對
應關係，氏原稱之為「經營身分階層」制度。

　　高等教育普及的現今，除了教育課程方面存在「學歷差距」，大學之間也存在「學校歷差距」，即在薪水、晉升乃至求職活動上，依學校等級而產生差距，公司對於非一流大學的學生進行歧視性的人才選拔，也備受關注。而氏原的偉大成就，在於他闡明了學歷社會的起源，以及其與教育經濟學、社會階層學等新研究領域的創出之關聯性。然而，高等教育的意義僅限於個人利益，還是也涉及社會利益？此課題仍有待檢討。

　　此書的第II與第III部，可以評價為針對1950年代勞資協商情況的寶貴實況報導；同時也不得不說，這兩部所陳述的馬克思主義的強烈主張，在二十一世紀的現今已缺乏影響力了。然而，若因此得出包括此書，戰前以來研究者的努力都是徒勞無功之結論的話，那將會犯一個非常膚淺的錯誤。在資料方面，那些論文包含現在已經遺失、大量關於農村的寶貴史料，因此我們可以從中再次分析農村的實際狀態。同樣地，此書也有收錄關於工廠工人的各種數據。毋庸置疑的是，正因為有像野呂榮太郎等真誠面對社會的研究員，人文社會科學才能取得長足的進步。如果研究者缺乏對社會的責任感，他們的研究意義必會大打折扣吧。

參考文獻

長岡新吉，1984，《日本資本主義論争の群像》，京都：ミネルヴァ書房。

32. 黑田俊雄，《王法與佛法：中世史的構圖》，1983年

原書：黑田俊雄，2001，《王法と仏法──中世史の構図》，法藏館文庫，京都：法藏館（初版＝法藏館，1983年）。

龜田俊和／張夢桓　譯

　　關於日本中世的國家體制，在現在的日本中世史學界有兩大學說分庭抗禮。一者爲東國獨立國家論。此學說係將鎌倉幕府視爲事實上的獨立國家，認爲在中世的日本曾有東國與西國兩個國家各自爲政。此學說主要受到以東京大學學派爲中心的研究者支持。網野善彥（1928～2004）亦爲東國獨立國家論者。

　　另一者，則係權門體制論。該學說主張，中世的日本是由公家（朝廷）、武家（幕府）與寺社（宗教勢力）之三者「權門」，各自職掌政治、軍事與宗教這三項國家機能，分工互補的同時，也將人民當成農奴來支配，在西日本有許多支持此論點的人。至於首位提倡此權門體制論的人，正係《王法と仏法──中世史の構図》一書（以下簡稱此書）的作者黑田俊雄（1926～1993）。

　　既然提到黑田的話，就無法不談他的另一個學說──顯密體制論。黑田之前的佛教史研究的通說認爲，鎌倉新佛教在興旺起來後，取代了先前已經腐敗、墮落的舊佛教──顯密佛教。這樣的歷史觀係以鎌倉新佛教爲中心，顯密佛教則備受輕視。

　　對於此通說，黑田提出的論證則是：即便在鎌倉時期，顯密佛教在宗教界依然居於中心地位，鎌倉新佛教只不過是異端邪說。黑田的研究大大地顛覆了既有的常識，此後便成爲讓中世佛教史研究得以大步發展、深化的契機。

　　以上就是黑田的權門體制論與顯密體制論。如同以上略述的，黑田俊

雄是與石母田正（1912～1986）、佐藤進一（1916～2017）、網野善彥並列爲建立起中世日本史的大架構的其中一位巨人。其學風就如同在此書的最後擔綱解說的平雅行（1951～）所述，一言以蔽之，就是「從武士中心史觀的窠臼中跳脫出來」。武士中心史觀在江戶時代形成後，也帶給近代歷史學極大的影響。然而，黑田的研究意義之所在，就是撼動了武士中心史觀的絕對性地位，並大幅深化對朝廷及寺社的實證性研究，這一點至今依然在研究史上散發出耀眼的光芒。

　　至於此書，則是彙整了黑田在各處公開發表的12篇論考。書名《王法と仏法》，正是來自於收錄在此書第二篇的同名論考，原先是於1976年刊登在《歷史公論》上。每篇論考皆非刊登在審查制的學術雜誌上的論文，有許多篇的內容都是以平易近人的文筆寫成的，十分容易理解，且前述的平雅行所撰的解說亦爲上乘之作。因此，對於想了解黑田史學的初學者而言，筆者（龜田俊和）認爲此書是一本相當合適的著作。

　　這12篇論考，在書中還被分成四部。第一部則包含〈顯密體制論的立場〉〈王法與佛法〉〈愚管抄中的政治及歷史認識〉〈日本宗教史上的「神道」〉之四篇。整體而言，第一部的內容將顯密體制論歸納整理後再加以解說。其中，成爲書名的〈王法與佛法〉這篇的內容，係對佛法在中世日本凌駕於王法之上一事進行論證。而〈日本宗教史上的「神道」〉這篇則是備受矚目，黑田透過實證研究發現，現在我們對神道抱持的印象——認爲「神道是一種既質樸又傳統的宗教，自日本開關以來即爲日本所獨有」之印象，其實是明治時代由政治權力創造出來的。

　　第二部則由〈「院政期」的表象〉〈軍記物語與武士團〉〈太平記的人物形象的形成〉之三篇所組成。〈「院政期」的表象〉這篇論考，基於權門體制論，主張應高度評價寺社勢力。而〈軍記物語與武士團〉這篇，則在探討軍記物語中描繪的武士像。至於〈太平記的人物形象的形成〉這篇，因涉及許多方面的議題，以筆者的一己之力，雖無法簡潔地進行介紹，但根據黑田自己所言，本篇係針對「中世民眾的期待，是追求什麼樣的文學表現形式」一課題進行了考察。

　　第三部則係由〈楠木正成之死〉〈歷史上惡黨的登場〉〈變革期的意識與思想〉〈中世的武勇與安穩〉之四篇所組成，皆爲關於南北朝時期

的論考。整體而言，高度評價惡黨對社會變革所發揮的作用。此外，最後〈中世的武勇與安穩〉這篇，批判視中世爲崇尚武勇的時代之通說，主張該時代追求的是安穩，也就是和平。此在克服武士中心史觀的同時，也時常展現黑田史學顛覆大家認爲理所當然的常識之特徵。

最後的第四部，則有〈「中世」的意思〉及〈思想史的方法〉兩篇，均爲對先行研究的整理。〈「中世」的意思〉這篇，重新探究「中世」在日本的意思；即介紹「中世」在戰前的概念，以及領主制理論、南北朝時期封建革命說與家父長型奴隸制論等戰後中世史相關的研究史，並且論述「中世」一詞所擁有的各式各樣的意思。而在〈思想史的方法〉這篇，則將思想史分爲四種類型，進行探討。

以上自始至終皆爲筆者粗略的描述。以現代的觀點來看，依然存在著馬克思主義式的階級鬥爭史觀的影響。此外，像是對「惡黨」的理解，以現代的研究水準而言，應該也是需要被修正的吧。然而，如同前述，在大大地顛覆既有的常識這一點上，黑田史學蘊含著與網野史學共通的革新性；再者，也進一步克服武士中心史觀，以西日本爲中心形成一大學派，促使宗教史研究大幅的發展與深化。這些成就作爲黑田俊雄不朽的功績，應該會在研究史上千載留名吧。

33. 石母田正，《日本的古代國家》，1971年

原書：石母田正，2017，《日本の古代国家》，岩波文庫，東京：岩波書店（初版＝岩波書店，1971年）。

龜田俊和／張夢桓　譯

　　石母田正（1912～1986）是引領戰後日本古代史與中世史研究的其中一位巨人。他的研究雖以馬克思主義爲基礎，但並非只以理論爲依歸，而是以豐富且堅實的史料解釋來印證理論，這一點正是其研究特徵之所在。換言之，我們可以這樣評價：藉由實證，賦予理論生命，並將其昇華爲活過來的理論。

　　他的代表作有石母田（1946、1950、1960）等著作。而從正面論述古代國家的成立過程者，爲1971年發行的《日本の古代国家》（以下簡稱此書），此書正是將其改裝、於2017年出版的文庫本。

　　根據大津透（1960～）在書尾的解說，此書爲戰後日本古代史研究的最高傑作，即使發表已經超過四十年以上，至今依然是古代史研究者必讀的文獻。此書的份量之宏大，本文、註釋與附錄加起來足足超過五百頁，無怪乎會得到如此佳評。

　　如同前述，此書是專門論述日本古代國家成立之巨作，涉及許多方面的議題。雖然對於非專研此領域的筆者（龜田俊和）而言，要進行適當的導讀是極爲困難的事，但筆者認爲以下所分別列舉的四大特點，正是此書的最大特色。

　　第一點，從國際關係的面向，以宏觀的觀點，來論述古代日本的政治史與政治變革。雖然古代日本的律令制度係效仿並引進隋唐的律令制度一事，已是眾所皆知的事實，但此書並不僅止於此，而是從國際性的觀點，針對推古天皇時期以後的歷史進行探討。關於古代的東亞，可以從隋唐的

建國，以及兩個王朝侵略高句麗開始談起，接著是高句麗及百濟雙雙滅國，繼而新羅統一整個朝鮮半島，就是這樣一個烽火連天、戰火頻仍的時代。日本國內的權力鬥爭、內戰及政治改革，也與前面諸國的動向息息相關。舉例而言，聖德太子（572～621）的體制爲新羅型的權力集中，蘇我入鹿（？～645）的專制爲高句麗型，中大兄皇子（626～672）則欲在日本實現新羅型的體制。雖然石母田之前的古代史研究有陷入一國中心主義的傾向，但此書開創了現代從東亞場域檢視古代之研究趨勢。這一點，應該會特別引起臺灣讀者的興趣吧。

　　第二點，亦與第一點息息相關，律令國家極爲重視軍事，其國家體制是能夠隨時發動對外戰爭的這一點，在此書中得到了論證。藤原仲麻呂（706～764）趁唐朝因安史之亂而陷入動盪時，積極策畫伺機侵略新羅，甚至到了即將出兵的地步。現在關於律令國家的學說中，比起國家的經濟規模如何，主流的學說則認爲應將之視爲軍事大國，在石母田的見解中就能看到該論點的萌芽。

　　第三點，此書並不採用將日本的律令制度視爲單純只效仿唐朝的制度之觀點，而是著眼並強調日本自彌生時代以來的獨特性。根據石母田的學說，日本的律令國家雖和唐朝一樣，同爲「東洋型專制國家」；但另一方面，貴族制要素與傳統的宗族制秩序也相當牢固。太政官正是傳統貴族們在制度上抗衡天皇專制權力的靠山，平安時代攝關政治誕生的基礎，也源於這一點。

　　第四點，對於古代國家的國政改革，此書不單將之視爲由天皇從上而下的制度性強制力，而是重視各地方以國造爲中心的在地首長層的動態。國造們才是真正肩負改革重任之人，正是他們的茁壯及階級分化，才型塑出古代國家的日本型特質。來自更上層的支配行爲，也必須仰賴在地首長層的權力才得以實現。石母田在中世史研究中也重視在地領主，也就是武士的存在。他的在地領主制論，在戰後初期還是中世史的通說。如今，在地領主制論雖然遭遇到許多批判，但重視各地方首長層之想法，可說是從古代到中世都通用的吧。

　　如同前述，此書是一本超過五百頁的巨作，尤其第二章對大化革新的詔書之史料批判等內容，相當艱深，對初學者而言可能不易理解。然而，

就如同本文不斷複述的，此書是古代史研究者必讀的文獻，可說是非常具有挑戰的價值。

順道一提，石母田在大化革新的議題上，對於通說將之視爲實現公地公民制的改革，採取否定的立場，而是將全面性的土地調查與對人民的調查登錄視爲大化革新的重點。從王民制轉變爲公民制；亦即，從各氏族的部民爲王權效勞的「垂直分層」體制，轉變爲依照人民的居住地不同、而以地區進行編排的領域型國家，石母田認爲此劃時代的變革才是大化革新的意義。

最後不好意思，想提一件私事，那就是筆者在大學三年級時因老師的推薦，拜讀過石母田正（1946）。此書是以平安末期的東大寺領地——伊賀國黑田莊——爲舞臺，描寫古代性要素（莊園領主東大寺）與中世性要素（黑田莊民）互剋的經典名著。作爲初學者的筆者，在讀了此書後深受感動，更加提升對日本史的興趣與關注。在這層意義上，石母田正是一位讓筆者留下了非常深刻印象的研究者。

參考文獻

石母田正，1946，《中世的世界の形成》，東京：岩波書店。
——，1950，《古代末期の政治過程および政治形態》，東京：日本評論社。
——，1960，〈鎌倉幕府一国地頭職の成立〉，石母田正、佐藤進一編，《中世の法と国家》，東京：東京大学出版会。

34. 馬克・布洛克（Marc Bloch），《史家的技藝》，1949年

原書：Marc Bloch, 1949, *Apologie pour l' histoire ou Métier d' historien*, Paris: Armand Colin, Cahier des Annales n°3.

華語譯本：馬克・布洛克著，周婉窈譯，2020，《史家的技藝》，臺北：遠流出版（初版＝遠流出版，1989年）。

日文譯本：マルク・ブロック著，松村剛譯，2004，《歷史のための弁明──歷史家の仕事》，東京：岩波書店（初版＝岩波書店，1956年）。

陳計堯

　　活躍於二十世紀上半的馬克・布洛克（Marc Bloch, 1886～1944），從1929年與呂西安・費爾夫（Lucien Febvre, 1878～1956）以及其他學者創立《經濟社會歷史年鑑》開始，推動社會經濟史研究，從方法論到研究的終極關懷，提供場域讓相關的學者透過研究而交流，因此過去被稱爲法國「年鑑學派」（The Annales School）第一代的重要代表人物（彼得・伯克2006：15～16）。他一生有多部著作，對於歐洲中古社會經濟歷史有深度的分析，但這部《史家的技藝》（以下簡稱此書），對於後世有志從事歷史研究與著作爲業的人來說，至爲重要。只是，《史家的技藝》是布洛克的最終著作，因爲它是布洛克在第二次世界大戰開打時著手撰寫，但當時法國對屬於猶太裔的布洛克來說絕非友善，也使得撰寫環境並不理想。其後，布洛克投入反抗軍行列，卻被納粹捕獲而處決，也使得此書成爲一件未完成的作品（Joseph R. Strayer 1953：vii～xii）。直到戰後，布洛克的師友，也是年鑑學派共同創辦人費爾夫，在基本上沒有更動布洛克原稿的情況下，於1949年在法國出版（Febvre 1953：xiii～xviii）。英文譯本與日文譯本也分別在1953年與1956年出版（Bloch 1953；マルク・ブロック1956→2004），尚有其他語言的譯本，華語譯本卻要晚至1989年

才在臺灣問世（馬克・布洛克1989）。

　　根據費爾夫的說法，布洛克對這本未完成的《史家的技藝》原訂計劃共有七章，可惜他在撰寫第五章的一部分之後遇難。而經過費爾夫整理後的章節安排，與布洛克稿本的大綱擬稿也稍有出入，現比較如表3-1：

表3-1

擬稿大綱	出版品大綱
1. 歷史知識：過去與現在	1. 歷史、人與時間
2. 歷史觀察	2. 歷史觀察
3. 歷史分析	3. 歷史批判
4. 時間與歷史	4. 歷史分析
5. 歷史經驗	5. 歷史因果關係（未完成）
6. 歷史解釋	
7. 先見之明的問題	

　　從出版品的四章多的論述可見，布洛克對於原先的大綱作了微幅的調整，但基本上把要素也全放進去了。在現有的四章多內容裡，布洛克一再提醒對歷史有興趣的讀者，對於歷史上的過去，必須謹慎觀察、檢驗、批判、分析，但必須避免對事物做過度的解讀，也需要利用不同的學科知識，幫助建立歷史的理解與分析。而且，言語之間布洛克多以一個有經驗的人在分享經驗的口吻，雖然仍然是對於歷史學者有「技術性」要求，但更重視的是史學者背後（或心裡）的核心問題：歷史有什麼用？當然，在他已經寫出有關歷史因果以及在擬稿大綱中，也表明他關心歷史的因果關係的「決定論」與利用歷史常規作「預定」（或者是先見之明）等問題，只是全部與他的生命一同終結。

　　如果想更進一步理解布洛克在《史家的技藝》中已經寫出與尚未寫出的概念，我們也可以從他過去重要的著作中探討。布洛克的著作甚豐，其中最為人所知的，就要舉《法國農村史》（*Les Caractères originaux de l'histoire rurale française*）、《封建社會》（*La société féodale*）、《國

王的魔法》（*Les rois thaumaturges*）等三此書。而這三此書所凸顯布洛克對史學的想法，也恰好可以在《史家的技藝》尋獲。首先，受到二十世紀上半結構主義的影響，布洛克對於政治事件，往往以更爲宏觀的結構加以分析與理解，這尤其是針對過去重視帝王史傳的中世紀歷史寫作至爲重要，也回應布洛克本人對於歷史意義的探索。其次，布洛克同時深受法國社會學（尤其是涂爾幹＝Émile Durkheim, 1858～1927）的影響，研究「社會史」之餘，甚至把所有的歷史面向，包括政治史、經濟史等方面，歸結到社會史裡面，認爲歷史就是社會史，認爲政治史、經濟史等如果不能理解當中所涉及到的社會史，答案必然是有限的理解。可以說，是一種以社會史爲中心的「總體史觀」。最後，布洛克也受到二十世紀初新興的心理學影響，並用以研究群眾的集體行爲，同時也體現他一向所提倡的，歷史學者需要利用其他學科（自然與社會科學）來協助研究（伊格斯爾1989：59～63；姚蒙1988：31～90；彼得·伯克2006：17～20）。以上的觀點，在布洛克的研究中得到充分的體現，也在《史家的技藝》中得到分享。

　　過去，日本的社會史研究，常被視爲大約發軔自1970年代（永原慶二2003：215～221、236～237），但自1910年代開始受社會主義思潮影響的日本史學界，對於布洛克與年鑑學派應該不會感到陌生。這可能因爲在很多方面，布洛克以及早期年鑑學派的學者，因爲重視社會結構、經濟關係等等，與1930年代社會學、經濟學當中屬於主流的馬克思政治經濟思潮之間，有非常多的相似之處，差別在於後者最終相信「歷史決定論」，所以本來就有相當交流的基礎。只是，戰前日本並沒有翻譯「年鑑學派」學者的作品，大概因爲日本的社會經濟史研究也是在1931年才創辦《社会経済史学》雜誌（永原慶二2003：330），探究資本主義與社會歷史等課題，日、法雙方的社會經濟史研究群體獨自發展，卻同樣被1930年代的極權主義與二戰所中斷。到戰後，布洛克的《史家的技藝》在1956年被翻譯成日文，到1979年已經達到21刷，顯示平均每年也有一定數量的印刷本數，也顯示年鑑學派在日本學界中社會經濟史學的另類發展，也可能使得1970年代後期日本學界轉型脫離歷史決定論框架，提供一個新的路徑。

參考文獻

永原慶二，2003，《20世紀日本の歷史學》，東京：吉川弘文館。

伊格斯爾著，趙世玲、趙世瑜譯，1989，《歐洲史學新方向》，北京：華夏出版社。

彼得・伯克著，劉永華譯，2006，《法國史學革命：年鑑學派，1929～1989》，北京：北京大學出版社。

姚蒙，1988，《法國當代史學主流：從年鑑派到新史學》，香港：三聯書店。

Bloch, Marc, trans. by Putnam, Peter, 1953, *The Historian's Craft.* New York: Vintage Books.

Febvre, Lucien, 1953, "A Note on the Manuscript of the Present Book", in Bloch, Marc, trans. by Peter Putnam, *The Historian's Craft*, pp. xiii～xviii. New York: Vintage Books.

Strayer, Joseph R., 1953, "Introduction", in Bloch, Marc, trans. by Peter Putnam, *The Historian's Craft*, pp. vii～xii. New York: Vintage Books.

35. 網野善彦，《「日本」為何》，2000年

原書：網野善彦，2008，《「日本」とは何か》，講談社学術文庫，東京：講談社（初版＝講談社，2000年）。

龜田俊和／張夢桓　譯

　　《「日本」とは何か》一書（以下簡稱此書），為講談社將2000年發行的《日本の歴史》通史叢書的第00冊，於2008年改裝出版的文庫本。此書十分適合放在該叢書首冊，對於「日本為何」之龐大的主題進行了挑戰性的論述，是一本充滿企圖心的著作。

　　作者網野善彦（1928～2004），在1950年自東京大學文學部國史學科畢業，1967年就任名古屋大學文學部助教授。1980年擔任神奈川大學短期大學部教授，自1995年起升任為該大學的經濟學部特聘教授，一直服務到1998年退休為止。

　　網野的研究主題，最初是日本中世的莊園公領制，網野（1978a）一書至今依然被高度評價為扎實的實證研究。但是，後來他逐漸關注中世的非農民等長期以來被忽略的對象，並展開相關的研究；網野（1978b）一書出版後獲得空前的暢銷，進而成為1980年代社會史熱潮的契機。此書的影響不僅止於學術界，甚至也擴及到一般社會。例如此書帶給宮崎駿（1941～）的動畫電影《神隱少女》（2001年）的世界觀極大影響的這件事亦為人所知。

　　此書為網野在人生末期的嘔心瀝血大作。網野在撰寫此書的過程中，得知自己罹患了肺癌，並在手術後將此書付梓。由於他也有大限之期不遠矣的體悟，故此書具有網野耗費畢生從事研究的集大成之意涵，行文間可以感受到他欲將自己的史學傳承給下一代的氣魄，充滿熱情與扣人心弦的渲染力。

　　書中內容顛覆了日本人先前不自覺且無意識地接受的常識，以及通說性質的理解，此正是網野史學的醍醐味與魅力之所在。筆者（龜田俊和）個人認為，「即便沒有英雄登場，而由庶民來擔綱主角的歷史，還能掀起一陣熱潮」的這一點，正是網野的過人之處。

　　第一章為序章，介紹此書所要論述的內容。對於1999年通過的《關於國歌及國旗的法律》進行執著且猛烈的批判，讓人感受到時代的氛圍，也令人留下印象。

　　第二章，否定「日本是一個與外界隔絕的孤立島國」之常識。日本自古就透過海洋與外面的世界活絡地交流，人員的往來移動也很活絡。那正是藉由從韓國的濟州島一路延續而來的海夫之道等諸多具體案例，而獲得佐證的。說起來，即便同為日本國內，東邊與西邊在文化及語言等方面皆有著強烈的地區性差異。就連對部落民的歧視，東日本在歷史上也沒有西日本那麼明顯。

　　第三章，批判「日本國與天皇係自開天闢地以來就連綿不斷地存續至今」之常識。「日本國」這個名稱，係由672年壬申之亂的勝者 —— 天武天皇 —— 所定下的國號，蘊含著高度政治性的意涵。而直到「日本國」出現的同時，才開始使用「天皇」這個稱號來取代「大王」。由於在那之前的日本列島被叫作「倭」，其支配者也被稱為「大王」，所以根本不該溯及既往使用日本與天皇之號。

　　更何況北東北及南九州，以及蝦夷地與琉球，當初並不包含在日本的疆域之中，是各個相異的民族所居住的地區。到了中世，鎌倉幕府的成立，實際上就是東西方各自形成了不同的國家。再者，到了戰國時代，關東、北陸、中部、中國、四國與九州等地，甚至存有多個小國家林立的可能性。日本人單一民族說，也只不過是個幻想。

　　第四章，顛覆「從彌生時代以來，日本一直都是稻作農業社會」之常識。自古以來，日本人除了務農之外，也從事各式各樣的產業，從事稻作的人口比例其實是偏少的。因此，「士農工商」是明治政府所創造出來的假象。「百姓」等同於農民之刻板印象，也是長久以來束縛著日本人的先入為主的觀念。該詞彙原本僅是民眾的意思，實際上就連富裕的商人也屬於「百姓」。對百姓一詞會有這樣的誤解，也是明治政府製造出來的幻

覺。再者，當時進行挖掘調查後，青森縣內眾所矚目的三內丸山遺跡開始為世人所認識，也顛覆了「貧窮的繩文時代」之印象。繩文時代實則為山野林木的文化欣欣向榮的時代，一直持續到了近年為止。

　　第五章，主張要克服「進步史觀」。奴隸制→封建制→資本主義之馬克思主義式的發展史觀，不僅與實情不符，而且遷徙與定居的生活方式之間也不存在著孰優孰劣。最後，也對日本列島的歷史分期之通說提出質疑，提倡要依據各地區的多樣性來重新研議。

　　以上自始至終皆為筆者粗略的摘要，雖然筆者會擔心是否有將網野史學的魅力充分傳達出來，但讀者們應該多少有感受到網野史學相較於先前的研究，更充滿著大膽且嶄新的見解吧。

　　網野善彥在將此書付梓後，於2004年與世長辭。此書從一開始發行以來經過約20年後的現在，被指出有許多實證上的不完善及錯誤，批判網野學說的聲浪也不斷襲來；即便如此，網野帶給日本中世史研究的劇烈衝擊，以及在研究史上描繪出豐富且充滿魅力的中世史像的功績，是永恆不朽的。此書是一部初學者必讀的文獻，筆者誠摯地推薦此書給各位讀者。

參考文獻

網野善彥，1978a，《中世東寺と東寺領莊園》，東京：東京大学出版会。
──，1978b，《無縁・公界・樂──日本中世の自由と和平──》，平凡社選書，東京：平凡社。

36. 吉田伸之，《近世巨大都市的社會結構》，1991年

原書：吉田伸之，1991，《近世巨大都市の社会構造》，東京：東京大学出版会。

藤村聰／梁媛淋　譯

　　江戶是幕末時期人口約達一百萬人的大都市，其消費的米糧主要依賴關東地區及東北地區的輸入。稻米收成不好，江戶的米價就會大漲，引發町人們的「打壞」（暴動）。尤其在享保年間和天明年間，大饑荒造成米價狂漲，因而發生大規模的「打壞」。以往的研究認爲，這樣的暴動是由富裕的上層町人主導，以貧困的下層町人爲暴動主體的「總町一揆」，但是，吉田伸之（1947～）卻在此書《近世巨大都市の社会構造》（以下簡稱此書）中，從細膩的史料分析提出了新的解釋。此書的架構大致可劃分如下：第一篇〈江戶町會所與都市社會〉、第二篇〈巨大都市與社會性權力〉、第三篇〈町制機構與役〉。

　　在此書中，吉田首先將焦點放在江戶的町會所。町會所制度簡單來說，是源於天明年間的大饑荒（1782～1788），嚴重的寒害[2]導致東北地區高達十幾萬人餓死。而在江戶，市區到處發生「打壞」，數以千計的米店和商家遭到襲擊，都市失去原有的秩序，幕府面臨完全無法掌控現狀的重大危機。經此教訓，幕府老中（相當於現代的首相）松平定信（1759～1829），於1792（寬政4）年創設「江戶町會所」，命令各個町儲備糧食（穀物）、借錢給下層居民、設置火災罹難者的收容設施等等。除了有幕府下賜的公費一萬兩之外，另有幕府命令各町每年提出約二萬兩的龐大獻金，以作爲町會所的營運之用。日常業務，則由地主等上層町人負責。

2　關於其原因，最有力的說法是由於冰島的火山噴發造成日照量低落所致。

　　此書第一篇〈江戶町會所與都市社會〉，闡明受救濟者（小工匠或商人等下層町人）與施行救濟者（地主等上層町人）之間的緊繃關係，以及在以往的研究中被忽視、且被稱爲「單日零工」之大量下層居民的存在。並且，指出下層居民住在特定地區，即是近代都市中可看到的貧民窟般的社區，在幕末的江戶就已經形成了。

　　在其後的第二篇〈巨大都市與社會性權力〉中，作者針對堪稱爲最上層特權町人的三井家[3]，以及其周邊的人們進行考察。在天保年間的大饑荒（1833～1839）中，三井家以自身的力量，積極地救濟近鄰居民及租居三井家房屋的人們——簡單來說，就是都市的中下層居民。據說正因爲富商們這樣的行爲，與江戶町會所的支援系統一起發揮了效果，因此天保大饑荒時雖然狀況並不安穩，但並未發生如天明年間那樣大規模的「打壞」。

　　至此，此書闡明了都市下層居民的詳細存在型態，並分析江戶的都市社會構造，指出在都市紛擾之時，完全沒有出現由上層町人領導的「總町一揆」等情事。

　　最後，作者在第三篇〈町制機構與役〉中，探討了町人這個身分的存在型態。此篇與以「打壞」爲主軸論述都市下層社會的第一篇及第二篇不同，作者提出獨具一格的身分制論——「役論」，此應可評價爲對近世史研究影響最大的章節。

　　身分是誰決定的？關於這個問題，以往都認爲國家建構了支配結構，因此身分最終由國家來決定。對此，有力的反對意見則主張，身分首要是根據居住地的地緣關係及職業的共同體來決定的。而吉田嘗試融合這兩種論點，並指出「職分——共同組織——役」這三點對町人身分的確立很重要，並以役——即國家施加的各種負擔，包括金錢和勞動力——爲主軸，論證出國家及共同體的功能所在。

　　然而，此書對役論的說明並不充分，作者在吉田（1999）一書中持續論述身分制。從結論來說，町人身分的確立必須經過以下過程：首先，由

3　即日後的三井財閥，他們在江戶時代除了以「越後屋」之名經營和服販賣及金融業之外，也兼營租屋業。

自己所隸屬的集團——工匠的職業工會或町——認定爲町人；接著，藉由負擔役——換言之，這是伴隨身分所產生的權利與義務——得到國家的公認，方得確立町人的身分。此解釋獲得學界的認同後，不只是町人，吉田又將視野擴展到虛無僧、藝人、遊女等賤民身分，將他們視爲「身分性周緣」，繼續構築近世社會的全貌。

　　不過，像這樣以身分制論述爲主軸，進行都市分析的論文逐漸減少，無可否認的，對此議題的關心已逐年下降。此令人感覺，分析愈是精緻，理論就愈是僵化，乃至失去了靈活和廣泛的應用性。近年取而代之受到矚目的是，以伊莉諾・歐斯壯（Elinor Ostrom, 1933～2012；2009年諾貝爾經濟學獎得主）爲代表的「Commons論」，也出現了承繼其問題意識，以視覺爲基礎，將都市的廣場及市場當作公共空間加以掌握，藉以理解都市的公共性的新研究。都市是國家系統的中樞，想必今後也會繼續受到各種角度的考察吧。

參考文獻

吉田伸之，1999，《近世都市社会の身分構造》，東京：東京大学出版会。

吉田伸之、塚田孝編，2013，《身分的周縁と地域社会》，東京：山川出版社。

37. 速水融，《歷史人口學的世界》，1997年

原書：速水融，2012，《歷史人口学の世界》，岩波現代文庫，東京：岩波書店（初版＝岩波書店，1997年）。

藤村聰／梁媛淋　譯

　　將歷史人口學正式引進日本的速水融（1929～2019），在其自傳中詳述了其研究經歷（2010）。在速水成爲研究者的當下，學界流行關於太閣檢地的議論，但這種以馬克思主義爲基礎的太閣檢地論，其結論是預先確定的，研究活動僅限於尋找史料來佐證這些結論。

　　年輕時的速水無法認同此風潮，但也「不知自己該做什麼才好」（2010：172），失去了前進的道路。而其研究的轉捩點是，1963年起爲期兩年的歐洲留學。在歐洲，尤其在法國，運用數量分析的社會史研究十分進步，其核心之一就是使用教會的史料所進行的歷史人口學。速水回憶自己是受到歷史人口學的問題意識及研究方法的啓發，因而決定從事人口史的研究。

　　速水回國後，立刻展開人口史料的分析。日本留有豐富的近世人口文獻，各地還保有「宗門人別改帳」等記錄居民資料的帳本，例如東北地區的二本松藩就流傳有1686年到1871年每年的都市及村莊的人別帳，幕府也間歇性地進行全國規模的人口調查。這樣的文獻數量十分龐大，深知歐洲情況的速水，評價日本的人口史料數量之多是全世界屈指可數的。

　　此書《歷史人口学の世界》（以下簡稱此書），是針對一般讀者，簡單整理出速水的歷史人口學研究成果的作品。此書的架構大致可分爲兩個部分。首先，序章〈歷史與人口〉及第一章〈歷史人口學的成立與展開〉揭示當今歷史人口學的意義，並表示，主張人口增加會導致社會的破滅之傳統托馬斯‧羅伯特‧馬爾薩斯（Thomas Robert Malthus, 1766～1834）

學說已衰退，同時介紹埃斯特・波瑟魯普（Ester Boserup, 1910～1999）所提出的、適當的人口增加為經濟發展原動力之學說。第二章的內容是關於歷史人口學的發展歷程。第二次世界大戰後，法國的路易斯・亨利（Louis Henry, 1911～1991）運用教會的信徒名冊，展現出可將實施國勢調查前的社會具體重現的可能性，此即是歷史人口學的起點。就宏觀的問題而言，速水說明歐洲有所謂的「都市墓場說」，其依據是都市的死亡率比出生率更高，而農村的出生率比死亡率更高，並指出這也符合「江戶之子不過三代」之近世日本的情況。

接著，同樣以〈以微觀數據考察近世日本的歷史人口學〉為題的第三章與第四章，則就信州諏訪地方（日本中央地帶的內陸區域）及美濃郡安八郡西條村（位於名古屋附近濃尾平原西側）加以分析。速水在此介紹具體的史料分析順序，解說如何整理出每個人的出生、結婚、子女、奉公、遷移、死亡、家庭規模的「行動調查票」的製作方法，並闡明了從農村到都市的人口遷移，以及因為經濟能力而出現的結婚年齡和家庭規模的差異。比如說，貧窮的農民晚婚、無子嗣而絕後的情況並不罕見；相對地，地主等上層農民的家族則不需要出外工作而留在村裡，年紀輕輕就結婚、生子。結果，因為貧窮的農民出外工作導致外流、絕後而減少的村落人口，則由從上層農民的分家向下流動加以遞補。

最終章〈歷史人口學與家族史〉，則提出今後的展望。若要與國際性的數據相比較，除了陽曆與陰曆之間的誤差外，比如歐洲各國常用的「受胎率」這個詞彙可指包含死產人數的數據，也可指不包含死產的結果，因此也需要確立國際共通的概念或用語。其次，作者也介紹伊曼紐爾・托德（Emmanuel Todd, 1951～）——曾從人口動態預測蘇維埃聯邦的解體——的英國家族史研究，並論及日本各地區的家族類型。最後，作者舉出一個課題：即是與相近研究領域的合作。到目前為止，雖然各地的數據都在穩定累積當中，但不可否認地，關於這些數據的解釋仍只停留在人口史的範疇內，很難說有充分地利用這些數據，這點至今也還是最重要的研究課題。

直接回顧下來，長久以來速水都是個孤高的研究者。如前述，當他開始從事人口史研究時，日本的歷史學主流是馬克思主義，因此其業績直到

1990年左右社會史的潮流正式到來時，才終於得到正當的評價（當然，不可不提的是，從戰前學界就已經積蓄許多宗門人別帳的研究）。然而，速水不隨波逐流，與龐大的史料苦戰、研究而提出的主張，至今也仍有許多值得傾聽之處。究竟以新古典派經濟學爲前提的人類合理性的經濟行動，是否能適用於前近代的社會？或者，前近代的史料究竟能承載承多少社會科學精緻且複雜的計量分析？這些指出理論與分析之間緊張關係的論點，今後也將是後進研究者必須不斷思考的課題吧。

參考文獻

速水融，1992，《近世濃尾地方の人口・経済・社会》，東京：創文社。

——，2002，《近世農村の歴史人口学的研究——信州諏訪地方の宗門改帳分析》，東京：東洋経済新報社。

——，2009，《歴史人口学研究——新しい近世日本像》，東京：藤原書店。

——，2010，《歴史学との出会い》，東京：慶應義塾大学出版会。

38. 伊曼紐爾・華勒斯坦（Immanuel Wallerstein），《近代世界體系》共三卷，1974、1980、1989年

原書：Immanuel Wallerstein, 1974, *The Modern World System, Capitalist Agriculture and the Origins of the European World-Economy in the Sixteenth Century*, New York: Academic Press & *The Modern World-System II: Mercantilism and the Consolidation of the European World-Economy, 1600~1750*, 1980, New York: Academic Press & *The Modern World-System III: The Second Era of Great Expansion of the Capitalist World-Economy, 1730~1840s*, 1989, New York: Academic Press.

華語譯本：伊曼紐爾・華勒斯坦著，郭方、劉新成、張文剛譯，1998，《近代世界體系　第一卷：十六世紀的資本主義農業和歐洲世界經濟的起源》，臺北：桂冠圖書&郭方、吳必康、鍾偉雲譯，1998，《近代世界體系　第二卷：重商主義與歐洲世界經濟體的鞏固（1600~1750）》，臺北：桂冠圖書&郭方、夏繼果、顧寧譯，1998，《近代世界體系　第三卷：資本主義世界經濟大擴張的第二時期（1730~1840年代）》，臺北：桂冠圖書。

日文譯本：I・ウォーラーステイン著，川北稔譯，2013，《近代世界システムI──農業資本主義と「ヨーロッパ世界経済」の成立》&《近代世界システムII──重商主義と「ヨーロッパ世界経済」の凝集1600~1750》&《近代世界システムIII──「資本主義的世界経済」の再拡大　1730s~1840s》，名古屋：名古屋大学出版会（初版＝東京：岩波書店，1981年）。

藍弘岳

　　《近代世界體系》（以下簡稱此書）是美國歷史社會學者伊曼紐爾・華勒斯坦（Immanuel Wallerstein, 1930~2019）的代表作。華勒斯坦在年

鑑學派代表學者布勞岱爾（Fernand Braudel, 1902～1985）等人的研究成果，以及依賴理論（dependency theory）的影響下，提出被稱之爲「世界體系論」（World-Systems Theory）的分析觀點，屬新馬克思主義的一種理論體系。

在此書中，華勒斯坦將資本主義發展的長期波動視爲世界體系的擴大和收縮。他主張，從1450到1640年是經濟成長的年代，1650到1730年則是經濟不振的年代，十八世紀以後世界體系擴張到全世界。華勒斯坦認爲，在人類歷史上有好幾個世界體系，但過去的世界體系都成爲「世界帝國」（即區域性帝國，如中國和羅馬帝國等等，是統合在統一的政治體制中具安定的結構），而沒有擴大到全球，只有十五、十六世紀在歐洲誕生的世界體系才擴大到全球規模。因爲資本主義的發展使得歐洲成爲一個經濟統一體，進而發展出資本主義世界經濟體系，從而也吸收了其他同時存在的帝國。

華勒斯坦認爲資本主義世界經濟建立在世界範圍的勞動分工，相較於依賴理論將世界區分爲核心和邊陲，並批評核心對邊陲的剝削，他則將資本主義世界經濟體系空間，劃分爲核心、半邊陲、邊陲三種不平等的結構層次，並強調邊陲可進昇爲半邊陲乃至核心，更具動態性（石川卓2005：10～46；川北稔2016）。按其論，核心地區是獲得大多數剩餘價值的區域，以工業生產等爲主；其次，邊陲地區則以鋼鐵業和農業等產業爲主，指以出口原物料爲主的未開發或開發中國家；半邊陲地區則是一方面支配某些邊陲國家，另一方面又被技術更先進的霸權支配的中小型國家。重要的是，核心國家之間彼此會競爭，會爲了資本蓄積而使用各種手段，其中也會出現在產業、金融、軍事力等方面具壓倒性力量的國家，甚至成爲霸權國家。

從其歷史認識來說，主要是歐洲國家因封建制危機開始向海外冒險，開啓大航海時代。先是葡萄牙、西班牙來到亞洲、美洲，但結果是荷蘭先成爲霸權國家；後則由英國開拓北美殖民地，輸入亞洲和美洲生產的商品，促進歐洲的生活革命，並展開黑人奴隸貿易。再接下來，英國發生工業革命，法國發生資產階級主導的政治革命，並由英國成爲霸權國家。再之後，德國、美國興起，英國、美國與德國這些國家之間的競爭，導致世

界大戰，而第二次世界大戰之後，則由美國成為霸權國家。

　　如上，華勒斯坦的世界體系論把世界理解為因政治和經濟的競爭而相
互聯結並依存的結構，並從歷史的觀點展開其論，因此該論不僅影響經濟
學、社會學、國際關係論，也對於全球史研究有所影響。同時也受到許多
批評，如有學者批判其論過於歐洲中心主義、經濟還元主義，以及太重視
體系而輕視各地差異等等（吉田雄介2019）。

　　另一方面，世界體系論也啟發了世界各地學者的研究。就日本的情況
來說，該論的一個重點是，不是民族國家集合形成世界體系，而是因資本
主義世界經濟體系的展開使得民族國家得以成立並維持，所以如西川長夫
（1995）就使用其論來思考民族國家如何形成的問題。另外，如玉木俊明
（2014）據之展開歐洲經濟史論，又或者如山下範久（2003）據之論述
日本的現代化等等。其他如柄谷行人（2015）也都看得到世界體系論的影
子。總之，世界體系論對日本的人文與社會科學影響深遠，此書已成為許
多學者理解、解釋近代世界的基本著作。

參考文獻

山下範久，2003，《世界システム論で読む日本》，東京：講談社。

川北稔，2016，《世界システム論講義——ヨーロッパと近代世界》，東京：
　　筑摩書房。

石川卓，2005，〈国際政治理論としての世界システム論〉，同氏編，《連鎖
　　する世界——世界システム論の変遷と展望》，東京：森話社。

玉木俊明，2014，《海洋帝国興隆史——ヨーロッパ・海・近代世界システ
　　ム》，東京：講談社。

西川長夫，1995，〈日本型国民国家の形成〉，西川長夫、松宮秀治編，《幕
　　末・明治期の国民国家形成と文化変容》，東京：新曜社。

吉田雄介，2019，〈世界を把握するための時間と空間のスケールについ
　　て——世界システム論，グローバル・ヒストリー，ワールド・ヒストリ
　　ーの展開から〉，《ジオグラフィカ千里》第1巻。

柄谷行人，2015，《世界史の構造》，東京：岩波書店。

39. 高橋秀直，《邁向日清戰爭之路》，1995年

原書：高橋秀直，1995，《日清戦争への道》，東京：創元社。

李啟彰

　　1894年日清戰爭（甲午戰爭）前，日清兩國關係主要集中於朝鮮、琉球，以及《日清修好條規》三大問題的交涉。經此一役，日本取代清國取得在朝鮮的主導地位，琉球交涉沉寂，重訂條約（《馬關條約》），不但一舉解決近代以來日清之間的交涉難題，並獲得殖民地臺灣，進一步推動資本主義發展。在此基礎下，十年後1904年日俄戰爭爆發，作為勝利果實，日本的勢力進入滿洲，此後將近40年間，日本在東亞大陸不斷擴張勢力，甚至不惜採取戰爭的侵略手段，直至1945年戰敗為止。因此，在東亞近代歷史發展中，日清戰爭實為一重要分水嶺。

　　日清戰爭期也是日本達成現代化、邁向東亞大陸的擴張期，因此戰爭的發生即涉及日本走向現代化是否非得大陸國家化問題。有關兩者之關聯，早期研究以日本如何避免淪為半殖民地及資本主義經濟發展等等，來說明其必然性。對此，作者在《日清戰争への道》一書（以下簡稱此書）中提出質疑並進行再檢討。

　　全書分I、II兩篇，各有三章，共計六章，五百多頁。第I篇〈現代化過程中之外交與財政—一八八二～一八九四—〉，分別探討1882年壬午事變期、1884～85年甲申事變與巨文島事件期，及1890年至1894年初期議會期等階段的日本國內政治、外交環境，以及軍備擴張與財政間的關係。第II篇〈日清戰爭之開戰過程—一八九四年夏—〉，探討1894年6月2日日本決定出兵朝鮮至8月2日對清發出宣戰通告為止的兩個月間之國內外情勢發展，分為開戰方針的決定、開戰外交，以及戰爭走向的預測與對朝鮮政策等三章。而戰爭過程及後續締約的交涉等課題，則未觸及。

　　1880年代中期為止，日本對東亞外交的最大難題為朝鮮問題。此時為明治政府內部長州派（伊藤博文1841～1909、井上馨1836～1915等）與薩摩派（高島鞆之助1844～1916、川上操六1848～1899等）兩大政治主流相抗衡時代，只是長州派長期佔有優勢，主導當時的日本外交。對於朝鮮問題，薩摩派認為日清終須一戰，對於在朝鮮的勢力擴張，態度積極；相形之下，儘管長州派也主張擴大在朝鮮勢力，但考量與清對決代價太高，維持對清避戰路線，巨文島事件後，為了阻止俄國勢力南下，採取對清協調路線，對朝政策進一步退縮。對朝鮮問題的態度差異也呈現在軍備擴張上，為了與清對抗，明治政府進行軍備擴張，對薩摩派而言，此舉是為了與清對決，長州派則是為了預防不虞事件之發生。在軍擴的前提下，出現以軍方勢力為中心的軍備擴張至上主義路線，與伊藤、井上、松方正義（1835～1924）等財政緊縮派的健全財政主義路線之間的對立。此後儘管發行海軍公債、增稅等等，但基本上仍維持財政緊縮路線，直到初期議會時期此一基調仍然不變。

　　1894年朝鮮東學黨之亂發生後，日本以保護公使館及居留民為名義，決定出兵朝鮮。外務大臣陸奧宗光（1844～1897）及軍方企圖以此與清對決，但掌握政策主導權的總理大臣伊藤則維持對清協調路線，希望藉此與清共同進行朝鮮內政改革。但隨著亂事的平定，駐軍問題成了一大難題，面對議會諸派及輿論高唱與清對決，考慮眾議院議員總選舉將近，若撤軍時，將演變成一大內政問題，伊藤遂轉換方針，採取與清對決態勢。之後因俄國介入、英國出面調停，日本一度放棄開戰方針，但在外部壓力解除後，又重回此一政策。儘管如此，伊藤與天皇等人仍對開戰有著不安與疑慮，最後將情勢推向戰爭者為陸奧。陸奧允許駐朝鮮公使大鳥圭介（1833～1911）自由行動權，大鳥包圍朝鮮王宮，開始行使武力；此外，因為電報不通，日本政府無法確實掌握現地狀況，情勢朝向現地開戰方向發展，最終日本政府作出全面開戰的決定。

　　換言之，此時明治政府的外交路線並非以大陸國家化為目標；財政路線也非軍備擴張主義，而是採取重視財政健全的「小政府」路線；至於日清戰爭的發生也非明治政府對外政策一貫性下的產物，而是受內政因素驅策所致，開戰當時明治政府對戰爭的展望抑或今後的朝鮮政策，也未抱持

定見（p.518）。

　　從以上可知，此書修正了歷來有關明治政府的大陸國家化路線、軍備擴張與財政發展的關係，及日清戰爭的必然性等說法。此外，此書的分析視角除了政治、外交外，也加入財政、軍事等角度，跳脫過去研究大多以政治、外交角度探討朝鮮問題的傳統窠臼，這也是此書的一大特徵。

　　就明治中期的東亞外交研究而言，此書提供新視角、新觀點，具有重要的研究價值與意義，乃是值得參考的佳作。

40. 班納迪克・安德森（Benedict Anderson），《想像的共同體：民族主義的起源與散布》，1983年

原書：Benedict Anderson, 1983, *Imagined Communities: Reflections on the Origin and Spread of Nationalism*, London: Verso.

華語譯本：班納迪克・安德森著，吳叡人譯，2010，《想像的共同體：民族主義的起源與散布》，臺北：時報文化（初版＝時報文化，1999年）；本尼迪克特・安德森著，吳叡人譯，2011，《想像的共同体：民族主义的起源与散布》，上海：上海世紀出版集團。

日文譯本：ベネディクト・アンダーソン著，白石隆、白石さや譯，2007，《想像の共同体──ナショナリズムの起源と流行》，東京：書籍工房早山（初版＝東京：リブロポート，1987年）。

藍弘岳

　　《想像的共同體》（*Imagined Communities: Reflections on the Origin and Spread of Nationalism*）（以下簡稱此書）是由著名東南亞研究者班納迪克・安德森（Benedict Anderson, 1936～2015）於1983年出版的名著。關於民族（nation）[4]與民族主義（Nationalism）的研究汗牛充棟，[5]有許多種區分方式。有學者區分爲現代主義和歷史主義兩種立場。前者將nation視爲近代構築之物，與工業化、資本主義等現代性的發展密不可分，強調nation的偶然性、非本質性；後者則強調nation與前近代族群等

---

[4] nation一詞一般被翻爲「民族」、「國族」或「國民」。然而，該詞究竟如何翻譯比較好，是個複雜的問題。由於篇幅有限，在此不涉入相關討論。爲避免讀者困擾，本文統一表記爲nation。順道一提，日文書常以片假名「ネーション」表記之。

[5] 大澤眞幸編（2002），是不錯的入門書。

人類共同體的關聯（吉野耕作1997：30～36）。再者，從其強調人爲建構的面向來說，現代主義又被理解爲建構論（建構主義）。無庸置疑，《想像的共同體》即被視爲現代主義、建構論的代表著作。

在安德森之前，已有許多從馬克思主義和自由主義等思想爲基礎的民族主義研究。例如歐內斯特・勒南（Joseph Ernest Renan, 1823～1892）從公民民族主義的角度——即從近代理性個人如何主體地選擇成個國民的角度——來詮釋民族主義；近代日本思想家丸山眞男（1914～1996）也是主要從這個角度來主張、詮釋民族主義。馬克思主義則強調民族自決的要求必須從屬於階級鬥爭的利益，強調被壓迫民族共同反抗帝國主義，形成國際主義思想。但在此書〈導論〉中，安德森就論及1970年代中國與越南、柬埔寨這三個本當團結的社會主義國家發生了戰爭一事，促使他去思索、探究民族主義的問題。

安德森在此書中主張nation是「想像的共同體」，然後從歐洲與其殖民擴張的歷史論起，討論共有拉丁語和基督教的舊有宗教共同體如何崩解，以及另一方面，立基於特定方言、世俗歷史時間（時鐘和日曆時間）的新共同體如何形成的過程。安德森強調，nation主要是通過小說、報紙等印刷出版物的閱讀想像出來的；因此，在十七世紀左右開始，資本主義和印刷技術的發展，以及多種特定方言成爲印刷語言等要素相互作用，形成民族主義發展的基礎。他指出，十八世紀後半比較語言學、字典編纂革命等等，使得出版物的語言更進一步成爲國民的語言，從而出版物的讀者形成國民意識，展開由下而上群眾主導的民族主義運動；後來，王朝政府在十九世紀開始強制使用由特定方言發展而來的「國語」，因而發展出由上而下的官方民族主義。

另外重要的是，安德森以歐裔海外移民的民族主義爲第一波民族主義；即他討論這些歐裔海外移民如何透過以殖民地爲範圍的朝聖之旅，及印刷技術的利用等等，把在美洲的殖民地想像爲祖國，並定義這段過程爲第一波的民族主義。他將之後在歐洲興起的群眾民族主義視爲是第二波，官方民族主義則是第三波，第二次世界大戰後亞非洲殖民地獨立的民族主義則是第四波。同時，他提出「模式化」（modular）這個概念，以說明上述幾種民族主義會在不同地域被重新組合、模仿、改進並傳播的過程。

　　此書因為主要從歐洲歷史經驗論起，雖被批評為歐洲中心主義，但
安德森所討論的方言形成國語的問題，以及出版資本主義、官吏的朝聖
和官方民族主義等論點，也被日本學者用來解釋日本，乃至過去日本的
殖民地臺灣等地的民族主義發展。例如1990年代在日本思想史研究、日
本近代史等研究領域中興起所謂的「國民國家論」，該論的代表西川長夫
（1995），修正並運用「模式化」之論來解釋「國民國家」（民族國家）
的形成。長志珠繪（1998）、イ・ヨンスク（1996→2012）等書，利用
安德森關於語言與民族主義之關係的討論；又如三谷博（1997）一書，就
採用出版資本主義論點討論日本的民族主義。若林正丈（1983→2001）則
使用「朝聖圈」的討論考察臺灣和中國的民族主義，駒込武（1996）也使
用其論，來討論帝國日本的官方民族主義與其帝國主義擴張、植民地統治
等問題。

參考文獻

三谷博，1997，《明治維新とナショナリズム ── 幕末の外交と政治変動》，
　　東京：山川出版社。

大澤真幸編，2002，《ナショナリズム論の名著50》，東京：平凡社。

西川長夫，1995，〈日本型国民国家の形成〉，西川長夫、松宮秀治編，《幕
　　末・明治期の国民国家形成と文化変容》，東京：新曜社。

吉野耕作，1997，《文化ナショナリズムの社会学 ── 現代日本のアイデンテ
　　ィティの行方》，名古屋：名古屋大学出版会。

長志珠繪，1998，《近代日本と国語ナショナリズム》，東京：吉川弘文館。

若林正丈，1983→2001，《臺湾抗日運動史研究》，東京：研文出版（華語譯
　　本：若林正丈著，何義麟等譯，2020，《臺灣抗日運動史研究》，新北：
　　遠足文化）。

駒込武，1996，《植民地帝国日本の文化統合》，東京：岩波書店（華語譯
　　本：駒込武著，吳密察、許佩賢、林詩庭譯，2017，《殖民地帝國日本的
　　文化統合》，臺北：國立臺灣大學出版中心）。

イ・ヨンスク（李妍淑），1996→2012，《「国語」という思想 ── 近代日本
　　の言語認識》，東京：岩波書店。

41. 艾瑞克‧霍布斯邦（Eric Hobsbawm）等，《被發明的傳統》，1983年

原書：Eric Hobsbawm(eds.), 1983, *The Invention of Tradition*, New York: Cambridge University Press.

華語譯本：艾瑞克‧霍布斯邦等著，陳思仁等譯，2002，《被發明的傳統》，臺北：貓頭鷹出版社。

日文譯本：E‧ホブズボウム等著，前川啓治、梶原景昭等譯，1992，《創られた伝統》，東京：紀伊国屋書店。

冨田哲

　　在開始撰稿本文之際，筆者（冨田哲）重新瀏覽自己任職的T大學日文系網站。在首頁出現兩張照片，即富士山（在其前方朦朧地映著櫻花）和金閣寺。不少人也許覺得，在日文系的官網有這種設計一點都不奇怪，因為富士山、櫻花、金閣寺等都被認為是日本固有的東西，也是代表日本的象徵。沒錯，「自古以來，這座山（指富士山）的名字就經常在日本的傳統詩歌『和歌』中出現」（T大學日文系網站），但明治近代國家成立前，居住在日本列島（含北海道及沖繩）的民眾之中，腦海能浮現出富士山這座山的樣貌或能賞析和歌的人到底有多少？知道金閣寺的人又有多少？一直以來有許多種的櫻花陪伴在日本列島民眾的身邊，但不同地區及不同社會階層的民眾對櫻花的情感是一致的嗎？甚至櫻花其實並不是日本列島獨有的植物。

　　有人會主張，長期延續下來的傳統在後世受到廣泛的接觸後，會成為該社會的民眾所認同的傳統，這是一件理所當然的事，但此過程應該充滿

著值得我們深入探討的「被發明的傳統」之契機。[6]

　　如華語譯本《被發明的傳統》（以下簡稱此書）之書名所表示，艾瑞克・霍布斯邦（Eric Hobsbawn, 1917～2012）等歷史學者及人類學者，將現今毫無疑義地被接受之大英帝國和歐洲各地的傳統，視為進入近代後才被發明、人為創作的產物，例如蘇格蘭傳統服裝、威爾斯歌謠、英國皇室典禮、在維多利亞時期印度創造的儀式，以及在非洲殖民地統治者和被統治者共有的歐洲傳統等等。

　　那麼，為何有人想要發明或創作傳統呢？那是因為他們渴望自己的國家或民族集團的偉大歷史記憶能夠永續。在此所說的「他們」，可能包含貴族、學者、音樂家、詩人、聖職者、大英帝國國王本身，以及被派到殖民地的官員和傳道士等等。如霍布斯邦在另一本書中所述，過去的歷史創造出國家及民族，亦劃出一個國家和另一個國家之間的界線（Hobsbawm 1992：255），他們需要創造獨一無二的歷史、來自祖先的不變傳統。

　　但霍布斯邦等人認為，所謂傳統，往往被捏造，或被視為野蠻的象徵，而後來卻很意外地變成了國家或民族精神的表象。當今一般認為蘇格蘭高地傳統的格子短褶裙，據作者之一的修・崔姆─路普（Hugh Trevor-Roper, 1914～2003）的說法，它是於十八世紀中期由一位貴格教派的英國工業家（其並非高地蘇格蘭人）開發的，直到十九世紀才變成代表蘇格蘭精神的服裝形象，在此過程中，聰明的服裝業者還創造了另一個傳統，即讓不同氏族有了不同的花格子圖案。其實，在現今地球上花格子圖案的服裝或裝飾品等無處不在，在世界各地皆有出現「疑似蘇格蘭人」，崔姆─路普說：「至今這些圖案，伴隨著對氏族的熱愛，仍為蘇格蘭人、及從美國德州到日本東京所謂的蘇格蘭人所穿著！」（華語譯本p.56）。這顯示，在商業全球化的大背景下，連非蘇格蘭人也成為發明以及複製蘇格蘭傳統的「愛國分子」。

　　又要回到日本研究的話題了。在建構近代民族國家的過程中被創造、發明的日本傳統不勝枚舉，其中最引人矚目的應該是天皇相關的事情吧。

---

[6] 華語譯本的審訂者周樑楷說，譯者們難以統一invention這個詞的翻譯，除了書名譯為「發明」以外，在本文中亦使用「創造」、「創發」等不同的翻譯（華語譯本，p.7）。

文化人類學者青木保（1938～）在出版於1992年的此書日文譯本《創られた伝統》中撰寫了一篇解題。他說，準備日文版的期間正逢1989年昭和時代在位的裕仁天皇逝世、平成時代在位的明仁天皇即位的時期，目擊種種在明治維新後才被創造出來的殯葬及即位相關儀式。另外，以神武天皇為祖的「萬世一系」天皇家族譜，或以伊勢神宮為首的國家神道體系，這些也都是在明治時代被創造、發明的傳統。值得思考的是，被創造的傳統並不因其虛構性而被忽視，反而繼續吸引民眾的認同，甚至熱情。而在此所說的民眾，包括所謂日本人和非日本人，兩者之間的相互作用更會強化且鞏固被創造的傳統。「日本為神權信仰國家，維持天皇制度，故繼續使用本土曆法」這種天真無邪的說法，[7] 在日本以外的國家也不乏其例。

參考文獻

Eric J.Hobsbawm, 1992, "Ethnicity and Nationalism in Europe Today", Gopal Balakrishnan(ed.), *Mapping the Nation*, London and New York: Verso.

7　〔臺灣〕「院總第57號，委員提案第27376號」（立法院議案關係文書，2021年11月10日印發）

42. 愛德華・薩依德（Edward W. Said），《東方主義》，1978年

原書：Edward W. Said, 1978, *Orientalism*, New York: Pantheon Books.

華語譯本：愛德華・薩依德著，王志弘等譯，1999，《東方主義》，新北：立緒文化。

日文譯本：エドワード・サイード著，今沢紀子譯，1986，《オリエンタリズム》，東京：平凡社（初版＝平凡社，1978年）。

冨田哲

　　當你第一次看到「東方主義」這個詞時，會想到什麼形象？「東方」到底在哪裡？誰從哪裡觀望東方？為什麼東方會成問題？對於東方主義的探求，始於對這些簡單問題的回應。而我們便會知道，東方主義不僅是一個在遙遠的時空發生的思想問題，也是我們現今日常生活中常會碰到的一個問題，甚至有時我們也淪為「共犯」。

　　作者愛德華・薩依德（Edward W. Said, 1935～2003）於1935年出生在耶路撒冷，當時耶路撒冷是國際聯盟委託英國統治的巴勒斯坦託管地之一部分。薩依德的家中信仰的是英國聖公會，接受英語教育，並以阿拉伯語為生活語言。他在青春期常聽BBC廣播，據他的回想，該廣播「是我們生活中很重要的一部分」（Said 1994＝2005：27）。之後他赴美，1963年後在哥倫比亞大學等大學任教，教授英語文學和比較文學。

　　在其著作*Orientalism*的華語譯本《東方主義》中，薩依德主要討論的東方是中東，而看向中東的是「西方」。他討論英國、法國，以及第二次世界大戰後的美國如何看待中東的阿拉伯和伊斯蘭世界，西方的「詩人、小說家、哲學家、政治理論家、經濟學家及帝國的行政官員」（p.3）等所描述的以東方為題材之作品、論文、報告等等，並不是每一個都單獨出現並消失在歷史的浪潮中；每一個都被提及、引用或批評，其所使用的詞彙

和修辭亦被複製或模仿，更多的東方論述就此陸續產生了。在此過程中，也將東方相關的知識加以系統化和制度化。

　　自古以來，西方對東方的興趣不斷，薩依德認爲近代東方主義的草創期爲十八世紀後期到十九世紀初期，接著到了十九世紀後期，在知識的規律化下，出現了研究東方者務必遵從的知識機制。而到了二十世紀，東方主義「完全被正式體制化，一再重複生產它自己」（p.283）。薩依德借用米歇爾・傅柯（Michel Foucault, 1926～1984）的「論述」（discourse）概念，嚴厲批評如此成形的、作爲一套論述之東方主義，他說：「東方主義便是爲了支配、再結構並施加權威於東方之上的一種西方形式（p.4）。」在東方日常接觸「西方形式」成長，然後在東方主義新興國家美國，薩依德重複指責西方對東方的支配。

　　據薩依德的說法，一種思考方式讓東方主義更加穩定：無疑地相信「『西方』與『東方』有著根本的不同」，以及「『西方』和『東方』分別具有各自的本質和同一性」這種思考方式。這個立場亦深信，只有西方才能正確地分析東方，而東方本身並不具備這種能力。正如薩依德引用卡爾・馬克思（Karl Marx, 1818～1883）的話：「他們不能代表自己，他們必須被別人再現與詮釋」（扉頁）。[8]出現在那裡的東方表象，常常讓西方感到陌生、神秘、肉慾、不合邏輯等等，亦在西方的眼光中彷彿從古至今都沒有改變。另一方面，這樣的東方並不威脅西方的優勢和進步：「當東方和西方對比時，東方總是一個對稱西方、但又全然遜色於西方的對手」（p.101）。東方的美麗也許會被稱讚，然而，其背後存在著只有西方才能夠正確地詮釋東方價值這種自信。

　　需要注意的是，西方和東方皆是個相當相對性的概念。西方並不總是在歐美，東方也不見得在中東。其實，西方和東方的關係可以成立在任何地方或時間，西方和東方甚至會存在於一個社會中。隨著大日本帝國的擴張，日本的作家、藝術家、學者、官僚及旅客等人不乏前往包括臺灣在內的殖民地，而在他們累積流傳下來的紀錄或學術、藝術成果中，今天的我

8　在這裡馬克思所指的「他們」，是在法蘭西第二共和國時期強力支持拿破崙三世的農民。

們不難找到東方主義的例證。[9]我們探討現今日本在民族、經濟、身體、性別（gender，ジェンダー）等方面的不平等關係時，東方主義的視角也很有用。

參考文獻

Edward W. Said, 1994, *Representation of the Intellectual: The 1993 Reith Lectures*, London: Vintage（華語譯本：艾德華‧薩依德著，單德興譯，2005→2011，《知識分子論》，臺北：麥田出版）。

Stefan, Tanaka, 1993, *Japan's Orient: Rendering Pasts into History*, Berkeley: University of California Press.

---

[9] 斯蒂芬‧田中（Stefan Tanaka, 1952～）認為，在日本，東洋史這個學術領域的建構中可以看到與歐洲的東方主義相似的組成（Tanaka 1993）。

43. 大江志乃夫、淺田喬二、三谷太一郎等編，《岩波講座 近代日本與殖民地》共八卷，1992～1993年

原書：大江志乃夫、浅田喬二、三谷太一郎等編，1992～1993，《岩波講座 近代日本と植民地》共八卷，東京：岩波書店。

楊素霞

　　此叢書有八卷，收錄的論文總數高達89篇，平均每卷有十篇論文。每卷的卷名分別爲：第一卷《植民地帝国日本》、第二卷《帝国統治の構造》、第三卷《植民地化と産業化》、第四卷《統合と支配の論理》、第五卷《膨張する帝国の人流》、第六卷《抵抗と屈従》、第七卷《文化のなかの植民地》，以及第八卷《アジアの冷戦と脱植民地化》。

　　第一卷相當於本叢書的總論，旨在比較歐美殖民帝國與中華帝國等舊帝國之間的差異，探究帝國主義理論的多樣性，同時釐清大日本帝國的帝國秩序與殖民地支配的特色。其中，特別強調帝國日本的殖民地領有與支配，異於歐美列強，是從鄰近的周邊區域同心圓式地向外延伸，最終形成「大東亞共榮圈」，並採行以「內國殖民地」的北海道與沖繩爲原型的同化政策。

　　值得留意的是，此叢書裡所探討的帝國日本的殖民地與內國殖民地之概念。如同第四卷中，分析戰後日本殖民地研究史及相關文獻的第十二篇論文所指陳的，此殖民地範圍涵蓋朝鮮、臺灣、滿洲、中國關內、東南亞、南洋群島，以及樺太與千島列島。這些區域之中，除了千島以外，都是帝國日本向海外擴張的殖民地或戰時佔領地。亦即，朝鮮、臺灣、南洋群島、樺太，以及滿洲國成立以前日本在遼東半島租借的關東州，皆屬於殖民地，而滿洲國、華北與華中之中國關內以及東南亞，則爲亞洲太平洋戰爭時期（1931～1945年）日本的佔領地；其中，殖民地不在《大日本帝

國憲法》適用與約束範圍內，屬於殖民地法體系的外地。相對於此，北海道與沖繩等地，雖屬於在該憲法適用與約束範圍內的內地，但該憲法所規定的諸多權利與義務之實施，落後內地一段時間，故被視爲內國殖民地。由此可知，本叢書不僅探究殖民地與戰時佔領地，且受到1970年代末期起北海道史研究者進行的內國殖民地研究影響，另關第一卷的第四篇、第五篇與第六篇之三篇，分別檢討被稱爲內國殖民地的北海道、沖繩，以及明治前期被編爲北海道一部分的千島，尤其聚焦於同化政策。

　　第二卷至第四卷，皆討論帝國日本的殖民主義特質；其中，第二卷與第四卷重視政治層面。第二卷旨從政治與軍事面，探究日本殖民主義的確立與展開的過程，同時著重與日本國內政治動向的關聯性。第四卷如其前言開門見山所指陳的，殖民地問題的核心是「民族」問題，乃因帝國的資本輸出（經濟上的榨取）與支配（政治上的壓制），以及對此殖民地的被支配異民族起而抵抗所致。因此，本卷從政治、思想、文化與教育等方面的政策，來闡明帝國日本的殖民地支配與統合原理。

　　這兩卷的編輯方向，與1900年代起依據帝國主義論而衍生出來的日本殖民地研究（以下簡稱爲「帝國主義研究」）有關。同年代起列寧（1870～1924）等人關於馬克思主義的帝國主義論之相關著作陸續出版，左右了當時日本的殖民政策學走向。著名的學者，如臺灣讀者熟悉，且在臺有其著作的華語譯本（《帝國主義下的臺灣》）之東京帝國大學教授矢內原忠雄（1893～1961），他們採用帝國主義論的觀點，著重在政治與經濟層面，聚焦於帝國的資本輸出、支配及民族的抵抗。

　　第二次世界大戰後日本接受GHQ（駐日盟軍總司令部）的間接統治，將各殖民地交由盟軍處理，且史料多未公開，因此殖民地研究經歷了一段低迷時期。但是，從1952年日本恢復主權獨立至1960年代末爲止，日本的殖民地研究一方面延續戰前的帝國主義研究，另一方面基於反省戰前的立場，探究「天皇制法西斯主義」，連帶地將研究對象從帝國日本的兩大殖民地，也是當地異民族爲數眾多的朝鮮與臺灣，延伸至戰時佔領地及滿洲國成立以前的滿洲。

　　至1970年代後期，長達十多年，臺灣、韓國、香港與新加坡之亞洲新興經濟體（NIEs），在資本主義體制下經濟高度成長，隨之共產主義體制

遭到挑戰。因此，全球的殖民地研究開始關注亞洲新興經濟體的發展，亦逐漸擺脫帝國主義論之帝國支配與民族抵抗的二元論模式。尤其是韓國學界，針對日本殖民地統治對戰後韓國的高度經濟成長到底有何貢獻，意見產生分歧，甚至演變成「殖民地掠奪論」與「殖民地現代化論」之論爭。而此研究轉型反映在第三卷上，本卷側重經濟、產業層面，聚焦於殖民地的經營與產業化（工業化）之狀況。

　　同時，1970年代以來出現的另一種新型研究成果，則展現在第五卷至第七卷。當時亞洲的「去殖民化」（decolonization）運動暫告一段落，如上述，帝國主義論的枷鎖也逐漸鬆綁，再加上受到愛德華・薩依德（Edward Wadie Said, 1935～2003）的「東方主義」（Orientalism）等理論（請見第III部導讀42）的影響，「後殖民主義」（post-colonialism）研究開始受到矚目。以美國為首的全球殖民地研究，其主題已不限於政治與經濟層面，還新起社會史、文化史、教育史、文學史等研究，同時檢討帝國與帝國主義的多義性，以及去殖民化後在社會上，乃至在文化、知識領域裡的帝國意識與殖民主義。

　　故此，第五卷至第七卷主要檢討殖民地被支配者的民族意識，以及該意識與帝國意識交錯所產生的諸多問題。第五卷研究當地一般民眾或社會底層的日本人，主要從日本人移民帶給當地社會的變化、戰時當地居民的勞務與軍事動員，以及過往移民史或女性史研究不甚重視的女性，尤其是從事娼妓與從軍慰安婦的當地婦女，來釐清「人流」的狀況。而第六卷則從抵抗運動、傀儡政權、雜誌或文學作品，檢討民族主義指導者與知識分子。同時強調被支配者的民族主義，除了卷名所示的「抵抗」與「屈從」之外，還應考慮「協力」之要素；且此非單一選擇題的問題，而應細膩地分析民族主義內含的多重複雜性。第七卷旨從藝能、電影、歌曲、教科書、文學、報紙與雜誌等對於大眾文化的形成深具影響力之媒介，多元性地分析殖民地文化的活動與表象。

　　至1990年代初期，冷戰體制崩解，特定意識型態的約束力大幅減弱，再加上1980年代起盛行的全球化浪潮，全球興起批判性地解構民族國家的研究風潮，戰後長期封存在盟軍主導的戰後處理，以及冷戰體制下日本長期迴避的舊殖民地的去殖民化問題，就成為日本必須面對的課題。因此，

第八卷即以冷戰結束後所探討的殖民地問題連結至當下的方式，來作爲本叢書的尾聲。本卷從去殖民化的觀點，檢討冷戰體制下舊帝國日本與舊殖民地雙方，一方面探究舊帝國的戰爭責任、殖民地支配責任等課題，另一方面則闡明舊殖民地的國家獨立、國民統合，以及經濟上自立與對外依存之間的矛盾。

　　綜言之，本叢書就是在1990年代初期爲止研究論述、概念、主題、方法多元化的情況下，重視各殖民地的歷史脈絡，融合了以往的帝國主義研究，以及1970年代去殖民化以來出現的新型研究潮流之產物。然而，本叢書既非殖民地研究的終點，亦非殖民地史的通史書，尚留下不少遺珠之憾。例如本叢書所收錄的論文之中，關於南洋群島的只有兩篇，關於樺太的更付之闕如。另外，如同駒込武（2000）所指陳的，不僅須持續超越依據帝國主義論已建構的帝國支配與民族抵抗之二元對立模式，且殖民地與日本內地之間的結構性關聯及相互影響，或者近代日本的民族國家形成、發展與殖民地統治的展開之關係等問題，都是今後殖民地研究有待深究的課題。縱使如此，對於讀者在理解日本殖民地研究的發展脈絡，或發展各自的研究主題，本叢書可說是深具研讀性的經典之作。

參考文獻

並木真人，2004，〈朝鮮的「殖民地近代性」、「殖民地公共性」和對日協力 —— 殖民地政治史、社會史研究之前置性考察〉，若林正丈、吳密察編，《跨界的臺灣史研究 —— 與東亞史的交錯》，臺北：播種者文化。

岡部牧夫，2008，〈帝国主義論と植民地研究〉，日本植民地研究会編，《日本植民地研究の現狀と課題》，東京：アテネ社。

姜尚中編，2001，《ポストコロニアリズム》，東京：作品社。

高岡裕之，2004，〈「十五年戦争」・「総力戦」・「帝国」日本〉，歴史学研究会編，《歴史学における方法的転回（現代歴史学の成果と課題 1980～2000年　I）》，東京：青木書店。

楊素霞，2019，《帝国日本の属領統治をめぐる実態と論理 —— 北海道と植民地臺湾・樺太との行財政的関係を軸として（1895～1914）》，臺北：國立政治大學出版社。

駒込武，2000，〈「帝国史」研究の射程〉，《日本史研究》第452號。

44. 三谷太一郎，《日本的近代是什麼：問題史的考察》，2017年

原書：三谷太一郎，2017，《日本の近代とは何であったか——問題史的考察》，岩波新書，東京：岩波書店。

華語譯本：三谷太一郎著，曹永潔譯，2019，《日本的「近代」是什麼：問題史的考察》，北京：社會科學文獻出版社。

清水唯一朗／馮家瑋　譯

　　如果想要理解現代日本，首先作爲參考的，就是明治維新以後的現代化歷史。爲什麼日本可以免受歐美列強的支配，維持獨立地位？爲什麼日本每十年一次反覆展開戰爭呢？爲什麼日本可以樹立政黨政治？爲什麼日本可以實現資本主義經濟？爲什麼日本挑起了太平洋戰爭，卻也在該戰爭中落敗呢？爾後又是爲什麼，日本像隻不死鳥似地復活了呢？近代日本作爲現代日本的雛形，有必要理解它的發展。

　　但到時候需要探討的對象可擁有近百年的歷史，而且涵蓋政治、外交、經濟與文化之廣泛領域，對一般人而言實在難以入門。不過，《日本の近代とは何であったか——問題史的考察》一書（以下簡稱此書），恰好提供了犀利且簡潔的方法，協助讀者面對這些難題。

　　作者三谷太一郎（1936～），是在東京大學法學部擔任日本政治課程的教授，除了專攻日本政治外交史，也採用國際經濟的視角進行研究，爲近代日本研究的泰斗，現在爲同學部的名譽教授。其主要著作有三谷（1967、1974、2001），俗稱爲「三谷三部曲」，經過反覆增補修訂，至今依然是後進人經常參閱的近代日本研究之基礎書籍。

　　此書實爲三谷在理解近代日本上花費近15年的光陰總結而成的總論。他在執筆寫作此書時已經累積龐大的研究成果，不過他藉由提出一個巨大的問題，讓整理出來的內容讀起來簡單易懂。此問題即爲，將近代日本視

為其中一個歐化的實驗性結果，並且提問是誰凝聚了建構民族國家的向心力，又是採用什麼方式進行。

為了回答這浩大的問題，此書揭示四個概念。第一，是作為中心概念的「議論為本之統治」。江戶時代所實行的「依循慣例之支配」崩解，特徵為議會制與政黨政治的近代民主誕生了，此讓日本在東亞例外地建立起多黨制。那麼，為什麼日本會出現政黨政治呢？又為什麼政黨政治未能扎根，最後崩解了呢？

三谷提出，近代日本政治的特徵為表面上是集權主義，但實際上說是分權也不為過，並論及政黨政治是作為整合權力的主體而誕生的。亦即，日本在推動歐洲型的現代化的過程中，引進了立憲政治與議會制。但是，薩摩、長州等藩閥勢力沒能掌控眾議院，政黨方面光憑眾議院的勢力也無法成為統合的主體，因此，兩者拉近彼此的距離，相互競合。此促成長州與同志會派，以及薩摩與政友會之兩大勢力的統合。換句話說，多黨制是因權力對立，而非基於意識形態所產生的。

第二，三谷提出「貿易」來作為支持「議論為本的統治」之論點。對日本而言，赫伯特・斯賓塞（Herbert Spencer, 1820～1903）主張之軍事社會進化到產業（工業）社會的社會達爾文主義公式，正是現代化的典範。因此，相較於資本主義的精神面向，日本更重視功能面向；相對於自由主義的面向，日本更著重於國家主義的面向。引進技術、確保稅收、普及教育、以及避免對外戰爭，則成了實踐的具體方法。三谷連同歷史的動態，論述從甲午戰爭、日俄戰爭、第一次世界大戰、國際金融的發展與挫折，至由此產生的國家資本抬頭之過程。

第三個概念，則是與臺灣密切相關的「殖民地化」。三谷指出，相對於歐美諸國的自由貿易帝國主義，日本選擇了因應經濟民族主義而生的自給自足的資本主義立場，因此走上依賴軍事力的殖民地帝國之路。與此同時，全球化的浪潮到來，區域主義抬頭，也催生出「東亞新秩序」的邏輯。

上述三點，為三谷參考英國憲政史家沃爾特・白芝浩（Walter Bagehot, 1826～77）所提示的概念。更進一步地，三谷提出的第四個概念為君主制，也就是天皇制的問題。具體而言，日本在達成歐化之目標時，

需要功能主義式的思考模式 —— 即個人在社會的功能決定其價值之觀點。在歐洲，基督教發揮將社會上諸多價值全部統合起來的角色，但是在實施廢佛毀釋的日本，宗教喪失了該項功能，而填補上去的「功能型的同等物」，正是天皇。

　　以上這四個概念相互作用、相互連動之下的結果，正是近代日本。但這也表示，萬一其中一項概念發生故障，就會對其他幾項造成重大影響。日本的近代，一方面擁有極高之目的型理性，另一方面卻也因極強之自我目的化的虛像而具有非理性（p.251）。連同「缺少強兵的富國」之觀點（p.254），三谷以上的分析，明確地描述出近代日本及現代日本的光與影。

參考文獻

三谷太一郎，1967，《日本政党政治の形成—原敬の政治指導の展開》，東京：東京大学出版会。

——，1974，《大正デモクラシー論—吉野作造の時代とその後》，東京：中央公論社。

——，2001，《政治制度としての陪審制—近代日本の司法権と政治》，東京：東京大学出版会。

——，2009，《ウォール・ストリートと極東》，東京：東京大学出版会。

倉本一宏等著，任鈞華、龔婷譯，2018=2019，《日本千年歷史之謎：從邪馬臺國到象徵天皇制，29個難解謎團探索》，新北：遠足文化。

清水唯一朗等，2020，《日本政治史》，東京：有斐閣。

45. 石田雄，《記憶與忘卻的政治學：同化政策、戰爭責任與集體記憶》，2000年

原書：石田雄，2000，《記憶と忘却の政治学——同化政策・戦争責任・集合的記憶》，東京：明石書店。

楊素霞

　　繼1980年代以來全球化浪潮席捲全球，1990年代冷戰體制崩解，導致民族國家的架構被質疑，原本被封存在冷戰體制裡的戰爭責任，以及殖民地與「去殖民化」（decolonization）等課題，在日本也開始較爲受到重視，連帶地，也出現保守勢力試圖建構側重榮光面或民族國家主體性的集體記憶之現象；例如《周邊事態法》及《國旗國歌法》的成立（1999年），歷史修正主義的興起。在此情況下，同化政策、戰爭責任及民族國家的集體記憶之三個主題，可說是後冷戰時期日本學界正面檢討的新研究動向。這三個主題涉及諸多面向，皆可成爲一大獨立主題，而專研日本政治思想史及政治學的石田雄（1923～2021），使用「記憶與忘卻的政治學」之概念，成功地將這三個主題串聯起來。

　　在導讀《記憶と忘却の政治学——同化政策・戦争責任・集合的記憶》一書（以下簡稱此書）之前，有必要介紹石田的學思歷程，以及他與丸山眞男（1914～1996）的關係。第二次世界大戰末期，石田因「學徒出陣」而入伍，雖然對於戰時的一些違反人權的現象不解，但受到忠君愛國教育的洗腦，並未懷疑戰爭的正當性。戰後不久即師承東京大學法學部教授丸山眞男，且1967年起長達三十多年與丸山共同舉辦「正統與異端」研究會，其治學精神深受丸山的影響。一開始他與丸山相同，站在民主主義的立場，著手進行創出「忠良臣民」的家族國家觀等思想史研究（石田

1954→1992、1976等）。

　　但自1953年起，石田成為該大學社會科學研究所的教員後，開始走出自己的研究道路。他從思想史轉向政治學，兼採時事分析及田野調查的方式，其足跡遍及日本國內外諸多地區。並且，異於丸山悲觀地認為戰後日本的大眾社會易被媒體操作，不易形成具有理性且自發性參與政治之市民社會；石田則主張，大眾社會有兩面性，一是能動的市民，另一是享受私生活、主張和平與自由之「被動的大眾」。此差異乃因1970年代末期起，石田親身調查關於水俣病或朝鮮人從軍慰安婦等議題的市民運動所致。同時，從日本社會發展的歷史，闡明了臣民、社會、民眾、階級、民族、人民及市民等社會科學裡重要概念的生成過程（石田1984→2013等）。

　　與此相關的，他雖然承襲丸山論道的「他者感覺」──即站在他者的立場去理解他者，但更進一步地將此概念化為具體的研究成果，從相對於「中央」之地理性與社會性的「周邊」、外面，以及由下而上的視角，檢視近現代日本具有支配性的政治文化，以解構民族國家的虛構性（石田1981等）。

　　此書即是此概念的衍生成果。1996年石田從大學之「被制度化的教育機關」退休、揮別源自於大學的「結構性暴力」以來，他以石田（1995）一書為基礎，站在「市民社會科學者」的立場寫成此書。而此書所使用的「記憶與忘卻的政治學」之概念，意指集體記憶是特定的社會群體基於某種社會心理，透過想起與忘卻之過程所形成的。「記憶的共同體」，與班納迪克・安德森（Benedict Anderson, 1936～2015）所主張的「想像的共同體」相同（請見第III部導讀40），是由國民意識支撐、被創造出來具有封閉性與排他性的產物。故此，有可能因外來相異的記憶，或內部記憶的多樣性，而被重新詮釋，甚至崩解。作者不僅從作為「記憶的共同體」的民族國家之中央與周邊關係，也從其內外的關係，檢討該共同體與權力型態的關聯性，進而釐清近現代日本的集體記憶之建構，重新解讀並克服作為民族國家的「日本」之思考架構。

　　此書分成三部。第一部闡明近現代日本的同化政策與觀念上的日本。石田指出，同化即日本化，是「被發明的傳統」（請見第III部導讀41），且會隨著現實的狀況不斷地被修正。再者，他強調同化政策具有包容及排

除之兩面性，並從中央的被確立，以及反對派的被周邊化，乃至愛努民族、沖繩，以及殖民地臺灣與朝鮮，來探究近現代史上的同化政策。

相對地，第二部與第三部則著重戰後。在第二部中，作者分成五個時期，綿密且冷靜地審視戰後至1990年代爲止日本的戰爭責任論之變遷；並明確指出，妨礙日本社會認識戰爭責任的要素，即爲發展主義與民族國家的思考架構。在第三部中，作者受到上述1990年代日本社會保守化的刺激，主張當時日本的「從屬性民族主義」包含兩種含意：一種是對外的從屬性；另一種則是藉由忘卻過去的對立，以及想起具有統合國民作用的「傳統」，來強化內部封閉的記憶共同體。

在臺灣，1990年代以來也興起集體記憶的研究，來建構以臺灣爲主體的民族想像或島內的族群意識，但有些研究與其說是追求歷史的眞相，不如說更傾向於去脈絡化的意識型態對立。而此書是石田雄在其深厚的思想史研究的功力下，結合政治學與歷史學的手法，以及自身參與市民運動的實踐經驗，從宏觀的視角，闡明了近現代日本民族國家之「記憶的共同體」的虛構性。因此，此書的概念、論點乃至研究手法，對於探究日本或臺灣的集體記憶之歷史研究，可說深具參考價值。

參考文獻

石田雄，1954→1992，《明治政治思想史研究》，東京：未來社。

——，1976，《日本近代思想史における法と政治》，東京：岩波書店。

——，1981，《「周辺」からの思考——多樣な文化との対話を求めて》，東京：田畑書店。

——，1984→2013，《日本の社会科学》，東京：東京大学出版会。

——，1995，《社会科学再考——敗戦から半世紀の同時代史》，東京：東京大学出版会。

——，2005，《丸山眞男との対話》，東京：みすず書房。

46. 佐藤卓己，《輿論與世論：日本式民意的系譜學》，2008年

原書：佐藤卓己，2008，《輿論と世論──日本的民意の系譜学》，新潮選書，東京：新潮社。

清水唯一朗／馮家瑋　譯

　　首先會吸引人目光的，或許是這副標題吧。日本的民意是如何傳承至今的呢？日本是民主主義國家，其國家的根本就是民意。但是，我們很難掌握日本的民意。而這也是任誰都想試圖釐清的主題。

　　作者佐藤卓己（1960～），是專攻傳媒理論的歷史社會學者。他從近代德國的大眾宣傳研究出發，爾後走上專攻傳媒史研究的道路。從大眾雜誌、言論管控、電視，乃至流言蜚語，他都視為傳播媒體，並以宏觀的視角引領日本的傳媒史研究。《輿論と世論──日本的民意の系譜学》一書（以下簡稱此書），即為作者活用廣闊的視角與高深的專業性，鳥瞰檢視戰前至今日本的民意。

　　為了要從長遠且寬闊的視角進行觀察，需要有個工具來協助看透整體。佐藤從細膩的歷史研究，提出「輿論」與「世論」之兩個著眼點。本來，前者的發音為Yoron，後者則為Seron；然而，在戰後的教育中，兩者的發音被混淆在一起，結果，不論哪個的發音都變成Yoron了。從這轉變之中，佐藤觀察到日本的民意的變化。

　　考量到近代以來的日本歷史，具有較大意義者為「輿論」。五條御誓文堪稱為近代日本的施政方針演說，其第一項規定「萬機決於公論」，此就宣示，日本依循公議輿論──即「經過公開討論的意見」──來打造近代國家。

　　另一方面，「世論」原本的發音是Seron，意味著「私底下的討論」。話說從頭，正如明治時代發行的和英辭典，將「輿論」譯作public opinion，「世論」則譯爲popular sentiments，兩者打從一開始就是兩極對立的概念。

　　然而，隨著近代社會的發展，大眾參與政治的程度變高，兩者逐漸被混淆在一起，佐藤將此現象命名爲「輿論的世論化」。滿洲事變（亦稱九一八事變）以後，理性的「輿論」被感性的「世論」吞沒。並且，隨著戰局的進展，輿論變成了政府主導的政治宣傳（propaganda，プロパガンダ）。太平洋戰爭期間，內閣情報局與受到召集的學者一同研究動員大眾的方法，並將其實踐、利用於引導輿論上。

　　內閣情報局用以引導輿論的手法，在戰敗後以「輿論調查」的形式被傳承下來。但是，受到當時引入常用漢字的影響，它就變成了「世論調查」。報紙從引導輿論，轉變成反映世論的媒介，「世論調查」也不再唸作seron chousa，而改唸爲yoron chousa。隨著大眾傳媒的普及，其內含的同質性與均質性就變得具有支配性的影響力，此正把戰時以來「輿論世論化」的濃烈色彩繼承下來了。

　　那麼，該如何才能將戰時受到動員的「世論」，恢復成有討論空間的「輿論」？此正是作者所提出的巨大命題。喪失「輿論」一詞的戰後日本中，世論調查至上原則正極端地膨大化。佐藤透過關於終戰紀念日的議論、憲法與安保鬥爭（1959～1960年）、1964年的東京奧林匹克運動會、學園紛爭、戰後政治、電視世論及天皇制，來具體探討此膨脹過程。

　　在政治層面，作爲戰後主權在民之下的立法程序之一，世論調查被視爲與國會審議並行的方法。單看這一點，可以認爲國會審議將「世論」引導成「輿論」，但實際上，世論調查被媒體當成商品，操作成「安心又值得信賴的數字根據」。政治上也經常利用世論調查，其中最具代表性的例子，即是被用來左右政權去留的內閣支持率。

　　此趨勢孕育出民粹主義，驅使政客爲了博取人氣四處奔走。這就是爲了爭取世論的支持、而輕視輿論所造成的結果。「世論」常被比喻成「空氣」，諸如「空氣不允許」或「讀不了空氣」等表示類似氛圍的慣用句，也被使用至今。如果政客或媒體都先讀「空氣」後才發表政策或進行評論的話，具有建設性的議論根本就不會誕生。

　　佐藤也指出，這同樣會讓國民對「世論」產生不信任感。「世論」表

面上是「安心又值得信賴的數字根據」，但實際上不就是經由操作而來的嗎？此書出版之後，日新月異的假新聞與政治性網路攻擊，讓這份國民的不安增添了不少現實感。

　　為了對抗此趨勢，使民主主義的基礎之「輿論」恢復原有的地位，佐藤表示應要努力將「感情語言化」。此後，網路投票解禁了，儘管對此還是有批判的聲音，然而已經見到在數據與理念之下的「輿論」，不受「世論」迷惑、以「輿論」為基礎的民意，正在逐漸茁壯成長。

參考文獻

山本七平，1977，《「空気」の研究》，東京：文芸春秋（華語譯本：山本七平著，陳美瑛譯，2021，《「空氣」之研究：解析隱藏在日本人心中的決策機制：「讀」空氣》，新北：遠足文化）。

佐藤卓己，2018，《ファシスト的公共性──総力戦体制のメディア学》，東京：岩波書店。

境家史郎，2017，《憲法と世論─戦後日本人は憲法とどう向き合ってきたのか》，東京：勁草書房。

第 IV 部
語言學

總論——日語語言學研究

陳志文[1]

前言

　　第IV部主要是介紹日語語言學方面的研究成果及研究現況。日語語言學的研究，一直以來，大致可以歸納為「音聲與音韻」、「文字與表記」、「語彙」、「文法」、「文章（文體）與談話」、「方言」、「言語行動」、「敬語」等幾項領域。在各領域當中，都已經可以看到相當豐富之研究成果。因此，第IV部語言學研究領域之介紹，原則上亦將先遵循傳統上之分類，針對各領域中最值得參考的研究專書進行介紹。惟此種分類方式和一般語言學的分類方式並非完全一致。語言學的研究，一般而言可以分成「音聲學」、「音韻論」、「文字論」、「形態論」、「統語論」、「語意論」、「語用論」、「社會語言學」、「認知語言學」、「計量語言學」。不過，有些是基於觀點及立場上的不同所衍生的分類差異，例如「語彙」、「文法」、「文章（文體）與言談」等方面之研究，大多可以納入「形態論」、「統語論」、「語意論」的研究領域當中。此外，有關語言學的研究方法，除了傳統的歸納法、演繹法、質性分析和量化分析之外，近年來承蒙日本國立國語研究所等單位建立了許多珍貴的語料庫，並提供研究者免費使用之故，「語料庫研究法」已經廣泛普遍地被運用在各領域的研究中。尤其，在現代日語研究上更成為研究者的必備工具之一。雖無法堪稱為一個研究領域，卻著實也有其單獨介紹之必要性。關於這項語言學重要的研究方法，請參見導讀53。同樣地，托上述所言及資料庫建立之福，研究者在蒐集研究用例句或考察樣本數之際，可不需要花費太多勞力即可大量取得。再加上現今社會上，由於受電腦和統計軟體

---

[1] 中文稿潤飾校正：〔臺灣〕南臺科技大學應用日語系講師駱昭吟。

普及化之影響，使得「計量」的研究方式，亦隨之廣泛地被運用在各領域的研究中，學界上將此研究法統稱為「計量語言學」（導讀64）。

　　綜上，再者考量臺灣研究者在各領域的耕耘現況，茲將第IV部語言學分成「音聲與音韻」、「文字與表記」、「語彙」（語彙論、語構成論、漢語研究）、「文法」（文法總論、Voice＝ヴォイス、Modality＝モダリティー、自他動詞）、「文章（文體）與談話（分析）」（AI文章分析）、「方言」、「語用論」、「社會語言學」、「認知語言學」、「計量語言學」、「語料庫研究法」等領域，共計選定18本經典級的專門書，並一一詳盡介紹書中內容。堅信在研讀過這18本專書介紹後，俾能讓研究者在自己的腦中構築出日語語言學之基本概念。也希冀藉由這些專書的介紹，入門的研究者可以初步了解自己的研究興趣所在，進而選定自己未來的研究領域。

一、音聲學及音韻論

　　人類的嘴巴和氣管原本主要是用來攝取食物的器官，之後漸漸地人們開始學會利用發聲來相互彼此溝通。語言學研究的第一步便是從分析人類所發出的聲音開始。研究如何控制唇或舌的位置才能發各式各樣的聲音，釐清人類發音之構造系統。此外，說明各種子音和母音區別基準及單字的重音等學問稱為音聲學。

　　另外，日常生活中，當我們發出「sakura（桜）」這個單字的三個單音時，每次的「sakura」聲音之大小或是聲音的高低，並非都完全一致。同樣自己發出的「sakura」，多數情況之下，和他人所發出的「sakura」，在聲音的大小或是高低上是有所差異的。儘管如此，彼此之間仍然可以明瞭對方想要表達「sakura（櫻花）」的意思。這是因為我們已經將聲音記號化或是說抽象化成「s-a-k-u-r-a」六個音素之故。如是探討音素的體系、節拍的學問就是音韻學（導讀43）。

二、「文字與表記」

　　一般來說，文字本身就分成「表音文字」和「表意文字」。顧名思義，「表音文字」主要用來表示語言的發音，例如最典型的例子，就是英

文的26個字母。「表意文字」主要就是用來表示語言意思的文字，漢字就算是最佳的代表。現代日語中所使用的文字構成，一般有漢字、假名以及羅馬字三種。古代日語最先是使用漢字來表記日語，其中借用漢字的形和義來表示日語讀音的就是訓讀，而源於華語的借用語，則保留原來的漢字不變，只是轉化成配合日語發音系統發音的就是音讀。借用語漸漸日語化後，也產生不少日製和語。此外，萬葉假名開始將漢語改爲表音文字使用後，日語也開始有了假名的產生。至於羅馬字，主要在中世末期由葡萄牙人傳入日本，雖因宗教等因素未能成爲日語系統中的主要部分。然而，近代歐美文化的輸入之下，目前在日語中也佔有了重要的地位。

至於所謂的「表記」，就是將語言利用文字或記號來記錄的方式。日語的表記方式基本上是使用「漢字假名混合體」。不過因爲文章中混用了漢字和假名（平假名、片假名），產生了許多因人而異所造成的差異現象。例如：「病気が治る（病治好了）」，有人寫成「病気が直る（病治好了）」時，恐怕也難以一口判定這是錯誤的。此外，像「曲がる、曲る（彎曲）」這個動詞，送假名的寫法也是因人而異，無法判定孰是孰非。當然日語也存在一些規範表記方式的規則，最爲人所知的就是「現代假名遣」（日語：現代仮名遣い）、「送假名的附加方式」（日語：送り仮名の付け方）。不過，諸如此類的規範仍欠缺強制性，很難推廣到可令所有日語使用者統一運用的境地。關於該領域的研究，請參見導讀58。

三、語彙

所謂的語彙，非指獨立存在的一個單字，而是相互間存有某種關聯性的單字之集合體。語彙的研究中，最基本的莫過於各種語彙的調查，例如調查生活中最常使用的語彙「基本語彙」。研究語意相關的語彙，就稱爲「類義語」研究。語彙的研究在現代日語中受到許多學者的青睞，從各種角度進行研究。如果將語彙研究比喻成日語語言學研究中的重中之重的話，恐怕一點也不爲過，即使是文法的研究，常常也是語彙研究的一部分（導讀51）。另外，由於漢語在日語中可以說是最重要的語彙體系，所以這方面的研究至目前爲止向來都是絡繹不絕，也有相當不錯之成果（導讀49）。此外，談到語彙研究，語構成的研究絕對是不容忽視的一環。所謂

語構成論，從字面上就可以知道亦即爲考究單字構成方式的理論，日語中的單字構成或是複合語構成的方式及其規則十分複雜，也和文法有相當之關係（導讀50）。

四、文法

　　所謂「文法」，簡單而言，就是指品詞的變化規則和句子構成的規則。人們想要傳達自己的感情或思想時，就會透過這些規則，使用合乎這些規範的句子。相對地，如果想要聽懂或是看懂別人的話甚或文章時，也需要透過這些規則才能了解。品詞變化規則和句子的構成規則（文法），本來就存在語言當中，學者所稱的文法通常不過是文法中的一部分面向，抑或只是從本身的立場來說明。所謂山田文法，充其量也只能說是從一位學者的立場來記述日語文法的部分規則，並非整體日語文法的全貌。文法研究在現代日語中受到眾多學者的重視，每年都有許多嶄新的研究成果展現（導讀52）。文法理論探討的範圍十分廣泛，例如助詞的用法、副詞的功能、連體修飾構造、名詞句的構造、日語的複句等等，也都是文法研究所關注的部分。不過，以臺灣學者的研究偏好而言，Voice（導讀63）、Modality（導讀62）、「自他動詞」的用法（導讀60），算是較爲受到矚目的議題。

五、文章論、文體論、談話分析

　　文章論在日語語言學體系中的定位，過去曾有不同的主張。也就是針對所謂的文章論或是文章研究，究竟應該歸爲文法論中的一部分，抑或是視爲獨自領域的範疇發展，有諸多不同的見解。以日本著名的文法學家而言，針對這項問題，不同時期可以發現時枝本身在觀念上也有所改變。時枝誠記（1950）書中，將文章論視爲文法論的一章節處理，和日語語言學的文章研究有所區別，然而，時枝誠記（1960）時卻又將文章論與文法論有所區隔，認爲這是兩項不同的研究領域。針對文章論之存在與否，過去學者間之所以會有這麼大的爭論，主要應該還是起因於大家對於文章論定義見解上的差異。過去學者認爲文章論比較像文法論的延伸，在從事文章的研究時，如同文法研究一樣，有必要有條理地記述文章中存在

的規則，並加以理論化或是類型化。目前大家所認同的文章論研究，已包含擴大解釋的涵義，舉凡文章的形態、文脈、文章表現的研究等等，只要觀察範圍以文章爲對象的研究，都可以納入文章論研究的範圍領域。時枝之後，大部分的學者也都慢慢認同這項主張，也開始有不少學者系統性地進行文章論及文體論的研究，比較著名的有：市川孝（1978）、永野賢（1986）、安達隆一（1987）、林四郎（1987）、金岡孝（1989）、長田久男（1995）等學者之研究。關於這方面的研究，請參見導讀55。另外，隨著電腦的普及，AI開始走進人類的社會生活中，以AI的角度進行文章分析的研究，正在加速發展當中（導讀56）。還有，以文章內容爲研究對象的既然稱爲文章論，反之，如果研究對象非文章，而是談話內容的研究則稱爲「言談分析」（導讀57）。

　　至於文體論的研究，大致可以分成研究「個人的文體」和「類型的文體」。文如其人，文章多半存在著個人獨特的特徵，例如森鷗外的文章、芥川龍之介的文章，都有著屬於他們個人文體上的特徵，被稱爲「森鷗外的文體」、「芥川龍之介的文體」。至於「類型的文體」，主要指的是「報紙的文體」、「雜誌的文體」等等。文體的研究方式，最常使用的就是計量方式或是統計方式，一般稱爲「計量文體學」。如果想要更進一步了解這方面的研究內容，可參考陳志文（2012）。

六、形態論、統語論

　　所謂的形態論，如同字面的意思，主要在於處理語形的問題。語彙項目處理的形態素問題，或是一般認爲是文法項目的問題，也都是形態論所關心的事項，例如：動詞變化的未然形、連用形、終止形、連體形、假定形、命令形六形態。其他文法項目中的時、態、人稱問題、格助詞等等，都是和形態有關的問題，這些都是屬於形態論研究的範疇。

　　至於統語論，主要就是在探討分析句子構造的問題。換句話說，統語論就是在處理句子中語彙的排列方式和相互關係的一門學問。統語的構造主要可以分成修飾構造關係、行爲者和行爲的構造關係、目標和行爲構造關係、格關係。文法論一般而言主要處理品詞論和構文論兩大系統的問題，統語論其實就是文法論中所探討的構文論。

七、語意論、認知語言學、語用論、社會語言學、方言學

　　語意論，從字面上也可以初步理解爲分析語彙或是句子意思的一門學問。也有部分學者認爲，語彙意思分析的學問就是狹義的語意論。狹義的語意論，主要在於探討個別單字固有語意素爲何，以及和其他單字之間意思上最大區別的獨自語意素爲何。至於廣義的語意論，除了探討上述的問題之外，也會研究整句話的語意、句子內部構造意義、類義語、對義語、上下關係、部分全體關係等種種的語彙和句子的語意。不僅如此，近來發話意圖、統語的意思、言外的意義、比喻等等，都是語意論研究的範圍。

　　認知語言學（Cognitive linguistics），其實就是從利用語意論所衍生的一種研究方法。認知語言學可以算是語言學當中頗爲新穎的分支，一般認爲認知語言學的產生是源自於認知心理學或認知科學，大約在1980年代後期至1990年代才慢慢發展成形，目前認知語言學在日語語言學研究中開始佔有一席重要的地位（導讀48）。認知語言學主要認爲所有的語言之創造、學習還有運用等等，基本上來說，全部都可以透過人類的認知而加以解釋。認知語言學主要可以分成兩個層面：第一個層面爲認知語意學，這部分主要探討有關構詞法以及語意分析；第二個層面爲認知文法，透過語言背景之環境、習慣、隱喻等認知的原則，歸納出文法上之規則。

　　至於語用論，主要研究使用者的語言表現與各個場面之間字面外所想表達的意思。研究字面上意思的學問是「語意論」所關心的事項，而「語用論」探討的議題則特別聚焦在字面上以外的意義。簡單來說，「語用論」可以定義爲研究說話人語言運用方式的研究領域，爲了理解人們語言運用方式，此領域最常用的研究方法就是透過實驗觀察來記錄並建立人類語言運用方式，語用論最常被提到的就是直示、含意、前提、發話行爲、發話的規約等方式（導讀61）。另外，敬語、禮貌性策略理論、稱呼語等問題，其實是社會語言學及語用論所共同關心的事項，所以社會語言學和語用論的研究，實際上有部分是互相重疊，無法完全劃清界線。這兩項研究領域的關係，可以參考高田博行、椎名美智、小野寺典子編（2011）的圖解說明。而關於社會語言學的研究，請參見導讀59。

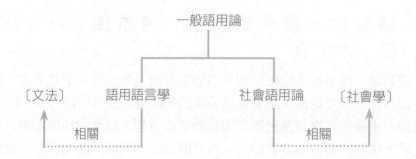

　　眾多學者也會將方言納入社會語言學研究領域範圍內，方言可以定義爲同一個國家當中，由於地理上的區隔，所產生的語言上之變異。例如日本的国立国語研究所（1966）便指出，東日本表示「鹹」的意思時，一般會使用「しょっぱい（shoppai）」，西日本卻習慣上會用「からい（karai）」。也就是全國每個地區使用的語言都被視爲方言，所以這時候首都東京使用的語言也叫方言，即東京方言，其他地區使用的語言也都一律平等地視爲方言，例如：大阪方言、東北方言、九州方言等等。另外一種定義的方式就是，首都東京的語言視爲標準語或是共通語，首都東京以外各區域所使用的語言才稱爲方言。方言領域的介紹，請參見（導讀54）。

　　以上是筆者（陳志文）總計納入18本專門書籍之思考過程，希望經由本部日語語言學的介紹，可以幫助讀者輕易地進入日語語言學之殿堂，能夠一窺究竟，這一點也是本部最大的目的。

參考文獻

市川孝，1978，《国語教育のための文章論概説》，東京：教育出版。
永野賢，1986，《文章論總説—文法論的考察》，東京：朝倉書店。
安達隆一，1987，《構文論的文章論》，大阪：和泉書院。
林四郎，1987，《漢字・語彙・文章の研究へ》，東京：明治書院。
金岡孝，1989，《文章についての国語学的研究》，東京：明治書院。
長田久男，1995，《国語文章論》，大阪：和泉書院。
時枝誠記，1950，《日本文法　口語篇》，東京：岩波書店。
──，1960，《文章研究序説》，東京：山田書院。

高田博行、椎名美智、小野寺典子編，2011，《歴史語用論入門―過去のコミュ
　　ニケーションを復元する》，東京：大修館。

陳志文，2012，《現代日本語の計量文体論》，東京：くろしお出版。

国立国語研究所，1966，《日本言語地図》，東京：大蔵省印刷局。

47. 窪薗晴夫，《現代語言學入門2 日語的語音》，1999年

原書：窪薗晴夫，1999，《現代言語学入門2 日本語の音声》，東京：岩波書店。

洪心怡

　　筆者（洪心怡）作爲日語語音領域的研究者、教學者，多年來接觸了不少語音學書籍，也見過不少無法理解書中「一般化」「有標性」等概念爲「相補分布」「異音變異」所苦的學生。面對這些令人望而生懼的字眼，《現代言語学入門2 日本語の音声》一書（以下簡稱此書）的作者窪薗晴夫（1957～），以大量的觀察舉證的方式，來闡明這些語音學概念。在引進語音學知識的同時，作者也提出「日語爲什麼沒有加濁點的な゜、ら゜？」「爲什麼金太郎和桃太郎的重音不同？」等思辨性的問題。在驗證的過程中，作者的生活化的比喻，科學化的舉證，令人讀起來每每有妙趣橫生、茅塞頓開之感。

　　此書共分七個章節，其章節內容概述如下：

　　第一章主要爲說明「一般化」與「有標性」兩個語言學概念。作者以數學的畢氏定理爲例，闡述語言學中「一般化」的意義，並以日語的連濁現象驗證「一般化」的過程。此外，作者將「有標性原理」代入單槓訓練的例子，來詮釋「基本的支撐、垂懸動作等如無標性，複雜的大迴環動作等如有標性」。這兩項貫穿語言學的基本概念在作者的解說下，變成在日常生活中俯拾皆是的邏輯理論。

　　在建立語言學的基本概念後，第二章從「有標性原理」的角度來探討日語的母音與子音。內容涵括發音器官的介紹、母音與子音的記述說明、母音的有標性現象、五十音表配置的原理、幼兒學語時的語音獲得順序等事項。例如，爲什麼慣用句是「あっと言う間に」、「あっと言わせ

る」，而沒有「うっと言う間に」、「いっと言わせる」？為什麼五十音表有「か」的濁音「が」，卻沒有「なﾞ」、「まﾞ」？諸如此類有關母音及子音在語音直覺上的疑問，在此章節都獲得充分的討論。

　　第三章為音素體系的架構。架構一個語言的音素體系，首先必須了解「最小對語」及「相補分布」的功能。說明此兩項概念時，作者以「超人」的故事來做比喻。在電影《超人》之中，主角在日常生活中的身分為記者。而一旦有危險發生，立刻就會變身為超人。記者與超人的身分不會同時出現在螢幕上。於是觀影者基於「當A存在時，B一定不存在。當B存在時，A一定不存在」的觀察，合理推論超人與記者實為同一人。此概念正好與音素體系的架構不謀而合。音素體系，正是建立在兩個不同的語音是否出現在相同的語音環境從而構成「最小對語」，或呈現「相補分布」的邏輯推論上。這麼有趣的比喻，讓讀者對語音學不再覺得那麼遙不可及。

　　第四章介紹「音聲素性」及「二項對立」，並利用「素性分析」探討連濁（「あお」+「そら」→「あおぞら」）、口誤（「ポケット」→「コペット」）、母音融合（「すごい」→「すげえ」）等語音現象。

　　第五章探討形態素對日語語音的影響。例如，「風（かぜ）」與「車（くるま）」結合後產生的複合語「風車」，其讀音為「かざぐるま」，而非「かぜくるま」。此即為形態音素交替現象。除了分析形態音素交替現象以外，作者透過豐富的實例，以嚴謹的分析手法來論述影響連濁發生的條件。

　　第六章及第七章分別介紹日語的「拍」及「音節」單位。作者藉由考察音樂、歌謠、口誤、重音規則等現象，證明日語語音的基本單位為「拍」。又指出「金太郎」與「桃太郎」的語構造雖然同樣為「X太郎」，但受到X的音節數影響，而有不同的重音型。這些舉證使讀者理解即使日語為拍單位語言，但音節的存在仍有其不可抹滅的功能，也是與其他語言做對照比較時至關重要的語音單位。

　　除了上述的主題內容以外，作者將所構思的演習問題貼心地附在各章節的最後，使讀者可運用該章節的內容知識，思考在英語或其他語言中是否也有相同的語音現象。作為知識理解的實踐，這些演習問題的思辨實為

不可或缺的最後一塊拼圖。而此書最後所列出的推薦書單更是不容錯過的
重要資訊。舉凡語音學入門書、學術研究專書、語音學字典、語音分析軟
體等均收錄其中。不論讀者研究語音學的目的爲何,皆能在這些推薦書中
找到奠定語音學基礎、啓發後續研究課題、指引研究方法的新知。如果您
曾經爲語音學所苦,這絕對是一本顛覆既往對語音學的刻板印象、帶領讀
者重新認識日語語音學的開眼書。

48. 喬治‧萊科夫（George Lakoff），《女人、火與危險事物：範疇所揭示之心智的奧秘》，1987年

原書：George Lakoff, 1987, *Women, fire, and dangerous things: what categories reveal about the mind*, Chicago: University of Chicago Press.

華語譯本：喬治‧萊科夫著，梁玉玲等譯，1994，《女人、火與危險事物：範疇所揭示之心智的奧秘》，臺北：桂冠圖書。

日文譯本：ジョージ‧レイコフ著，池上嘉彦、河上誓作等譯，1993，《認知意味論──言語から見た人間の心》，東京：紀伊国屋書店。

呂佳蓉

　　語言學的研究自古偏向文獻學或文字學，也曾被歸於人類學的一支。而從人類學獨立出來後，開花結果，因時代的演進而有許多理論的革新。最早，由1916年斐迪南‧德‧索緒爾（Ferdinand de Saussure, 1857～1913）的《普通語言學課程》（*Cours de linguistique générale*）開展了歐陸的結構語言學理論。也有1930年代倫納德‧布倫菲爾德（Leonard Bloomfield, 1887～1949）及愛德華‧薩皮爾（Edward Sapir, 1884～1939）為首的美國結構語言學派，著重由田野調查取得語料並進而歸納分析詞彙與文法。而1950年代，由諾姆‧杭士基（Noam Chomsky, 1928～）的《句法結構》（*Syntactic Structures*）開展了注重形式且抽象的生成文法，主張文法是天生的語言器官，並獨立於語用與認知、帶有自律性的系統。而1970年代，查理斯‧菲爾摩爾（Charles J. Fillmore, 1929～2014）注意到甚多慣用語的文法不僅不符合文法規則，並且詞彙與情境脫不了關係，遂提出框架語意學的理論。而1980年代開始，由羅納德‧朗那克（Ronald Langacker, 1942～）出版了《認知文法基礎》第

一卷（*Foundations of Cognitive Grammar, Volume I*），馬克・強生（Mark Johnson, 1949〜）出版了《心智裡的身體》（*The body in the mind*），以及喬治・萊科夫（George Lakoff, 1941〜）出版了《女人、火與危險事物：範疇所揭示之心智的奧秘》（*Women, fire, and dangerous things : what categories reveal about the mind*）（以下簡稱此書），正式爲認知語言學的理論奠基，至今仍影響甚鉅。由於篇幅有限，本文將介紹這三本經典著作中的《女人、火與危險事物：範疇所揭示之心智的奧秘》。

在澳洲原住民語Dyirbal裡，名詞前須接一個分類詞，其結構爲{bayi／balan／balam／bala}＋名詞，一共分爲四類。而女人、火、水及戰鬥被分爲同一類皆屬於balan類，這些似乎都是危險之物。附帶一提，其他另有bayi類（人類男性與動物）、balam類（非肉類食物）與bala類（其他類）。此書書名提示了分類的重要性與文化性。在此巨作中，於書中第一編標題爲The Mind beyond the Machine（超越機器的心智），萊科夫介紹範疇與認知模式的重要性（第一部）。接著由哲學思潮分析語言形式主義的侷限性（第一編第二部）。第二編則是透過三個案例佐證認知語言學理論的適切性，分別是考察憤怒的概念隱喻、英語介係詞OVER的多義性分析，以及THERE構式。

在第一編第一部中，萊科夫藉由簡介分類與原型理論的經典研究，如透過路德維希・維根斯坦（Ludwig Wittgenstein, 1889〜1951）對GAME的類別定義，思索家族類似性在分類上的重要。透過布倫特・柏林（Brent Berlin, 1936〜）與保羅・凱（Paul Kay, 1934〜）的人類學跨語言色彩分類研究，確認了跨語言色彩基礎詞彙及其數目的階層性。即若一個語言有表示紅色的詞，表示其應已有表示黑、白的顏色詞。而若一個語言有表示黃、綠、或藍的詞彙，則該語言應該已有黑、白、紅等顏色詞。若一個語言有四個顏色詞，則應該是黑或白、紅、黃或綠或藍、褐。這表示雖然色彩是來自外界的視覺刺激，理論上視覺健全的眾人接收的資訊應是一致的，卻可因不同的語言文化在語言上對顏色範圍分類有所不同，但普遍仍圍繞在幾個焦點色上。而愛蓮娜・羅許（Eleanor Rosch, 1938〜）更進一步以焦點色以及非焦點色的色塊測試跨語言受試者的反應，發現焦點色通常構詞較簡單、容易在早期習得，並且比非焦點色容易識別與記憶。

而且色彩的分類界線模糊，只有焦點色的定義比較明確。羅許後來將此研究方式應用在對其他物體的分類上，如讓受試者在鳥類中分類、在傢俱中分類、對衣物的分類、對蔬果的分類等等，發現都具有原型性效果（prototypicality effects）。其特徵有四：原型性分類成員間有中心成員與邊緣成員等程度差別；原型性分類成員間具有家族類似性；分類的邊緣通常是模糊的；原型性類別成員通常不能以必要與充分條件型的定義來分類，因爲很少有成員可以滿足所有的定義。經典的研究還有威廉‧拉波夫（William Labov, 1927～）對杯子的分類，確認了對分類的判斷可能因情境而有改變，分類通常不是固定不變的，而是具有動態性、彈性的系統。

　　基於人類學及心理學上對分類的原型理論的發現，萊科夫提出了詞彙語意裡的意項間也是具有原型理論效果，如有較核心、原型的定義，再依照隱喻、轉喻機制、語意泛化等機制發展出新的語意，成爲一個邊緣語意。核心與邊緣語意之間構成一個語意輻射網絡（radial network），可用來描述詞彙的多義性，而核心義通常是高頻或是早期習得的具象義。萊科夫透過對日語分類詞HON（本，華語爲「根、條」之意）的分析以及英語介係詞OVER的研究，展示了經典的語意輻射網絡分析。這裡需要特別提及萊科夫於第一編第四章提出的理想認知模型（Idealized Cognitive Model）。由於記憶的最小單位爲基模（schema），而語意是以基模的形式儲存與記憶之中，故認知模型中包含圖像基模結構、命題結構、隱喻與轉喻的結構。這些理論構造皆與菲爾摩爾的框架、朗那克的認知文法及萊科夫的隱喻理論相通。位於詞彙語意輻射網絡的核心義通常是一個來自具體義的基模，之後再衍生出較抽象的邊緣義。由具體到抽象的演變過程符合語言棲於身（embodiment）的原則，也是語意演變常有的路徑。若以日語HON爲例，「棒一本」（一根長棒）、「木一本」（一棵樹）、「ロープ一本」（一條繩子）、「野球ヒット一本」（一記安打）、「電話一本」（一通電話）、「手紙一本」（一封信）、「映画一本」（一部電影）等，由標記細長型具體物的基模透過隱喻（類似性特徵）衍生出標記抽象細長型軌跡，或是可用於標記抽象的語言溝通，這也可看成是一種基模變形機制。而英語的OVER也是由具體的橫跨於上方的基模（例如The plane flew over），逐步擴展至帶有終點義的OVER（例如Sam lives over the hill），還有覆蓋義（例如The city clouded over）、回歸義（例如Turn the paper over）、超過義（例如I overate）、反覆義（例如Do it over）等等，這些OVER的語意可用前述的語意輻射網絡來記述。OVER若當作介係詞，傳統上為功能詞，其語意結構通常不被重視。但是透過萊科夫所提的圖像基模與語意衍生機制則可仔細描述OVER的語意，為一大創舉。雖然有些學者指出萊科夫對OVER的分析過於細膩，恐流於另類傳統語意特徵的分析，但仍不失為當代的傑作。

在此書中除了上述的理想認知模型語意分析介紹外，還花了相當篇幅介紹認知語意學，包括介紹運動感覺的圖像基模、隱喻與轉喻的機制、基於身體經驗的相對論、基於自身經驗形成的精神主義，以及數學符號推論的認知基礎。在在提示了人類的語言系統並非是一個天生的語言器官，也不獨立於人的認知系統，是根據自身與社群集體的經驗而形成的概念符號系統。人的概念形成機制與認知帶有主觀性與可變性以及文化性。此書雖出版於1987年，其論述歷久彌新，今日讀來仍屬經典，也啟發了許多日本重要學者，如池上嘉彥（1934～）與山梨正明（1948～）投入比喻、理解與認知語言學的研究，開啟日本認知語言學研究的風潮。

參考文獻

山梨正明，1995，《認知文法論》，東京：ひつじ書房。
──，2000，《認知言語学原理》，東京：くろしお出版。
──，2012，《認知意味論研究》，東京：研究社。
──，2019，《日・英語の発想と論理─認知モードの対照分析》，東京：開拓社。
──，2021，《言語学と科学革命》，東京：ひつじ書房。
黃宣範編，2021，《語言學─結構、認知與文化的探索》，臺北：國立臺灣大學出版中心。

49. 池上禎造，《漢語研究的構想》，1984年

原書：池上禎造，1984，《漢語研究の構想》，東京：岩波書店。

田島優／胡必馨 譯

　　《漢語研究の構想》一書（以下簡稱此書），是日語語言學文字論的開拓者、領導「文字與表記」領域的池上禎造（1911～2005）唯一的個人著作：大學退休後回顧過去所有的研究，由他本人從中親自精選的內容。因此此書可視為池上文字論的精華。從1948年〈眞名本の背後〉，到1978年〈漢語研究の課題〉，共14篇論文所集結而成。

　　現代語的「文字與表記」，是依據（日本）國家施行的常用漢字表及現代假名遣等規則而成。因此若想詳細了解的話，請參考日語語言學的概論書籍或是三省堂編修所編（2001）等指南書即可。「文字與表記」研究的精髓在於文字史、表記史等歷史研究。在池上之前也有歷史研究在進行，但其研究方向是以「眞行草」等書寫體上的字型變遷為主。另一方面，關於假名，過去的研究主要從漢字到眞假名，再到平假名與片假名所產生的字形問題。其中，關於平假名，也有進行音韻的變化及相關假名遣的研究；至於單純只有漢字、假名的字形變遷，以及假名遣的探討，就如同在語言學概論書當中對於羅馬字的歷史簡略描述一樣，其內容單薄。

　　池上的文字論，對於日語當中漢字所扮演的功能，做了明確的解釋。池上的這本書書名就叫做「漢語研究」。從書名來看，也許很多人會覺得把此書當作「文字與表記」的研究書有些違和感。但是，漢字跟平假名、片假名不同，是表意文字，因此也不得不跟語有關聯。就如同田島優（1998）所說，「時計（とけい）」原本的表記是「土圭」，表示可憐的「不憫（ふびん）」原本的表記是「不便」。一般而言，日語當中的很多發音並沒有改變，但其表記卻會隨時代而轉變。因此，漢字跟語的表記有

很大的關聯。像是「時計」這一個表記，既不是依據漢字的音也不是訓，且光從表記來看，「不憫」甚至其意思跟語意完全相反。有音跟訓不相符的漢字表記，也有音跟意思不符合的漢字表記，現代日語已經很習以爲常地被這樣使用著，對於日本人來說，漢字所扮演的角色眞的非常不可思議。

在此書的「日本的漢字」當中，就這件事有概略性的說明，是適合一開始就來閱讀的部分。並且，在「眞名本的背後」，雖然已經有漢字、假名交替使用的書寫系統，但當時人們卻還是盡量想全部用漢字來書寫。此顯現出他們對於漢字的想法，以及設法將和語用熟字等文字來創造借字（日語：当て字）時所經歷的辛勞。

另外，雖然本文對於此書所收載的關於「漢語」的論文沒有著墨，但其每一篇都是當時發表時漢語研究的先驅，給了眾多研究者很大的影響，可說在漢語研究領域中這種想法已經根深蒂固了。

到了現代，幾乎已經沒有不會寫字的人了，但也是到了最近人們才開始普遍學習文字。池上說道，要做關於「文字與表記」的研究，隨時將識字層列入考量是非常重要的。這就是所謂的「識字層的問題」，在此書中池上有討論到近世以來識字層擴大的課題。當閱讀池上的論文時，一定會出現「語言生活」這一個詞語。他在此書〈識字層的問題 附論2 親筆書與錯字〉中談到，必須要理解當時的時代脈絡下語言使用的狀況再去處理；以個人筆記（藤原道長自筆本《御堂關白記》）的表記爲例，一般會被判斷爲錯字的字，有必要依照其文本的性格而有不同的處理及判斷方式。

池上的研究有一個特徵，就是他會長期且持續地關注自己感興趣的問題。例如「椿字的和用法」，就是他具有代表性的研究課題。「珍事」有時候會寫成「椿事」，而他就把「椿」這個字當作爲一個問題，於是他就大量搜集日本和中國的文獻，發現近代華語把「椿」字（「椿」右邊的日寫成臼的字）當作數量詞，且「椿」與「椿」這兩者有混用的情況。這項調查持續進行三十年以上。

此書最後談論到「漢字與日本的固有名詞」。池上擔心，人名用的漢字的音跟訓沒有一定的規則，恐會造成不好的結果；池上在意「萌野（もや）」只有取用「萌（も）ゆ」這個動詞的「も」這個部分的訓。最

近這樣的案例越來越普遍，當時他沒有想過「奇特的名字」（キラキラネーム）這種完全無視漢字音與訓的情況會出現吧。近來開始有要把戶籍名字的讀音假名加以法制化的動向，池上所擔心的事情是否能順利得到改善呢？

參考文獻

三省堂編修所編，2021，《新しい国語表記ハンドブック　第九版》，東京：三省堂。

田島優，1998，《近代漢字表記語の研究》，大阪：和泉書院。

50. 影山太郎，《文法與語形成》， 1993年

原書：影山太郎，1993，《文法と語形成》，東京：ひつじ書房。

齋藤倫明／胡必馨　譯

　　《文法と語形成》一書（以下簡稱此書），在日語的語構成論當中被視為是開創性的重要刊物。

　　在此書之前的「國語學與日語語言學」中的語構成論，基本上都屬於語彙論的範疇。這件事情，創造現在語構成論基礎的阪倉篤義（1917～1994）著作（阪倉1966：32）和国語学会編（1980）的「語構成」的項目（宮島達夫執筆）當中都有提到。當然，近代以後也存在不少作為文法論的一部分的語構成論。早期的會想到松下大三郎（1878～1935）的文法論（「原辭論」），較新的像是森岡健二（1994），都算是代表的例子。但是此書既然被定位為此一文法論底下的語構成論跟文法論，特別是統語論有很深的關聯性。這件事情從書名標題「語形成」就可以知道；此書在〈前言〉將之定義為「不僅限於語的型態，更放眼於形態論和各文法部門（統語論、音韻論、語意論、語用論）之間的關係，來綜合地研究語的各個特徵，因此稱之為語形成論（word formation）。」接著此書清楚地表明目的是，「將日語特有的語形成現象詳細的觀察、分析，來提出對一般語言理論也有效的理論」（p.322），所以此書的討論範圍會比以往的語構成論更加的寬廣。

　　此書架構如下所示：第一章〈語構成的基礎概念〉、第二章〈非對格性與動詞分類〉、第三章〈V-V型複合動詞〉、第四章〈N-V型複合名詞〉、第五章〈「VNする」構文〉、第六章〈模組（module）形態論〉。

　　在這之中，首先引人注目的是，第一章所提出的「動名詞」「形容

名詞」這類的新品詞（「語彙範疇」）。前者是以往的複合動名詞語幹，後者相當於形容動詞語幹。次之重要的是，第二章談論到的「非對格性的假說」；也就是自動詞二分爲「歩く、動く、座る、踊る、寝る」等「表示意圖的行爲的自動詞」（非能格自動詞），以及「崩れる、こぼれる、壊れる、流れる、燃える」等「表非示意圖的行爲的自動詞」（非對格自動詞）（p.42），這個分類方式是可以對照到統語構造的「外項」的有無（意思上就是有無「動作主」）。在驗證這一假說時使用到各式各樣的統與的檢驗，是此書的特色之一。然而，對此書而言，這些概念只不過算是一種道具。更重要的是，利用這些概念來具體的驗證，日語當中不只是語彙部門，還有統語部門也有在進行語形成的具體例證這一點，第三至第五章也就是此書的核心部分的敘述和分析，也就是此書最主要的目的所在。

　　特別是第三章提到日語的「V-V型複合動詞」，其中的「語彙的複合動詞」和「統語的複合動詞」的分類，是此書的重頭戲，筆者（齋藤倫明）認爲此書對之後的日語語構成論影響深遠。換句話說，日語當中存在語彙部門形成的「語彙的複合動詞」（例如：押し開く、受け継ぐ、飛び上がる、踏み荒らす、持ち去る），以及統語部門形成的「統語的複合動詞」（例如：動き出す、しゃべり続ける、食べかける、登り切る、払い終える），兩者依據一定的統語手續可以明確的區分開來。這點與以下兩者相呼應，也更加驗證了此書是日語統語部門領域中語形成項目存在的重要文獻。一者爲第四章當中的「S構造複合語」，亦即「S構造是統語部門的最終段階」（p.210）所形成的複合語，例如「返信用切手：同封」、「北京：滞在」的類別中的「：」表示「特有的音韻境界」；另一者爲第五章的「VNする」，例如「雑談する、審査する」等所謂的Sa變動詞，是由統語構造所形成。

　　基於以上的考察，此書在〈前言〉提倡，「語彙部門和統語部門兩者都適用語形成，且假定兩部門的語形成是獨立的型態部門」，叫做的「模組形態論」。此書的立場基本上是基於生成文法的理論，在現在的語言學當中是可以跟「分散形態論」和「構造形態論」並駕齊驅的有力觀點。此書成功地將日語的語形成中的語彙論面和統語論面明顯地做區分，此顯現了此書的價值。

參考文獻

阪倉篤義，1966，《語構成の研究》，東京：角川書店。

森岡健二，1994，《日本文法体系論》，東京：明治書院。

国語学会編，1980，《国語学大辞典》，東京：東京堂出版。

斎藤倫明，1994，〈書評　影山太郎著『文法と語形成』〉，《国語学》第179
　　號。

51. 田中章夫，《國語詞彙論》，1978年

原書：田中章夫，1978→1988，《国語語彙論》，東京：明治書院。

林立萍

　　「詞彙」或說「語彙」，從字面上來看，可順理成章解釋爲「由詞匯聚而成的集合，詞的集合」。「詞」是「詞彙」的元素、單位。

　　日本的詞彙研究成果，可透過日本的國立國語研究所公開的研究文獻資料庫（「日本語研究・日本語教育文献データベース」）獲得掌握。[2]以關鍵字「詞彙」檢索該資料庫可得知：1970年由明治書院出版的《講座正しい日本語〈第4卷〉語彙編》（森岡健二、永野賢、宮地裕編）是第一套書名中帶「詞彙」的研究叢書。隔年（1971年），東京的大修館書店也出版了《講座国語史》研究叢書，第三冊是由阪倉篤義（1917〜1994）編著的《講座国語史 3　語彙史》，書中提及戰後日本成立的國立國語研究所對近代日語詞彙方面的研究方法有諸多的嘗試及研究成果，但對於全面性、通盤面性的詞彙研究方法，還留有諸多討論的空間。其中，佐藤喜代治（1912〜2003）編的《講座日本語の語彙》（1983年，明治書院）一書內列有一萬七千多筆的研究文獻，[3]每一筆皆是以「詞」爲討論對象的研究成果，可視爲集「詞彙」研究之大成，特值一提。

　　此外，1964年日本的秀英出版社出版的《国立国語研究所資料集第6分類詞彙表》（《分類語彙表》），內收錄了約三萬六千的常用詞，是首部以語意分類編排的現代日語詞彙表，增補版於2004年問世，由日本的大日本圖書出版社出刊，收錄的詞彙量擴增至九萬六千條，可視爲現代日語詞彙的縮圖，廣爲日語詞彙研究者使用。

　　1988年明治書院出版的《国語語彙論》（以下簡稱此書），是再版

2　該資料庫收錄了1950年以後出版的圖書、論文，檢索免費，網址https://bibdb.ninjal.ac.jp/bunken/ja/。

3　詳情可參考國立國語研究所公開的「語彙研究文献語別目録」データ（https://www2.ninjal.ac.jp/gobetsumokuroku/）。

1978年田中章夫（1932～）的著作，可視爲日語詞彙研究的指南。此書的第一章便開宗明義地提及「詞彙」具有兩大面向：一是某一時代或某一作品所構成的「詞集合」；二是以某一「詞」爲中心，由與之相關的反義詞或類義詞等所構成的「詞集合」。「詞彙」視爲「詞集合」時，其前提是本身爲具有系統性、組織性、且相互依存而結成的整體，由每一個獨立的「詞」所組成。關於日語詞彙研究的發展，比起語言學中的音韻、文法研究等部門都來得遲緩，可說約開始於1950年代，屬日語語言學研究中最新的一個研究部門。

　　作者田中章夫也提及「詞彙論」的主要目的是要究明日語的「詞彙」性質，從「詞彙」的角度探討日語的性格，大致可從以下幾個面向切入：

1. 有關詞彙系統性方面的研究（詞彙體系論）
2. 有關詞彙總量的推定或統計性格方面的研究（計量詞彙論）
3. 有關基礎詞彙及其選定法方面的研究（基礎詞彙論）
4. 有關和語、漢語、外來語等的來源與詞彙方面的研究（詞種構成論）
5. 有關專門語、幼兒語等詞彙的位相差異方面的研究（位相詞彙論）
6. 有關各地方言、標準語，或是日語與外國語間的比較、對照方面的研究（對照詞彙論）
7. 有關詞彙的歷史變遷方面的研究（歷史詞彙論）

　　田中章夫也明白指出，不論哪一課題皆處於發展中的階段，尚未能有體系性的說明。詞彙研究也經常被運用於心理學、社會學、資訊檢索等鄰近學科方面的研究上，並順應研究目的而發展出了「應用詞彙論」；同時，也與辭書研究、語意研究部門關係密不可分。除此之外，「詞集合」中之每一「詞」的研究，例如詞義研究、詞的組成研究、詞源研究、命名研究等等，於詞彙研究部門中也扮有極重要、不可忽略的角色。

　　此書除了前言、後記、參考文獻、圖表一覽、索引及英文目次之外，本論分有12章，每章皆以上述爲主軸論及研究課題與研究方法，遣詞用字簡單，至今仍可視爲日語詞彙研究入門的最佳指南。

參考文獻

阪倉篤義編，1971，《講座国語史3　語彙史》，東京：大修館書店。
佐藤喜代治編，1983，《講座日本語の語彙　別巻》，東京：明治書院。

52. 山田孝雄，《日語文法論》，1908年

原書：山田孝雄，1908，《日本文法論》，東京：宝文館。

小針浩樹／劉泱伶　譯

　　山田孝雄（1873～1958）《日語文法論》（以下簡稱此書），乃是宣告現代日語文法學確立之書。山田文法對以助詞「は」（日語讀音：wa）爲代表的日語事實，進行了縝密的思量，亦吸收並評析了對西方心理學和哲學。可以說，這是透過完全解讀本居宣長（1730～1801）及富士谷成章（1738～1779）所代表的日本國學而成立的文法論。此書《日語文法論》是一本能感受到山田孝雄「熱忱」的著書，以此爲基底寫成的山田（1936）一書，可稱是山田文法的集大成。

　　僅先針對山田文法的架構進行說明，其內容如下。山田確立了文法學的兩大部門：語論以及句論，並再提出各自的研究方法：性質以及運用。如上，又再演化爲四個領域：語彙的性質論（與詞性相關之論）、語彙的運用論（與格相關之論）、句的性質論（與喚體、述體相關之論），以及句的運用論（區分單句與複句）等項目。上述理論的體系性，以及被提出的問題點之影響力與喚起性可見一般。而且最重要之處乃是透過山田孝雄追根究底的態勢，獲得古典文法中的一席之地。然而，古語絕非僅是單純爲了回顧而存在之物，亦非該被死記的知識項目。再者，絕非被視如金科玉律，僅供奉於神龕上之物。所謂古語，應視爲由現代語的觀點出發，進行批判性的思量，並承繼至未來之物。綜上所述，本項目不僅介紹代表山田文法的「古語基礎文獻」，亦帶領各位認識數篇「能引導至古語的文獻」。

　　其中一項目爲北原保雄監修、尾上圭介編（2018），此書雖爲講座式系列出版之書，但絕非可以輕易閱讀之物。如編輯者尾上圭介（1947～）於「啓言」（p.iv）所論，此書所攬及之內容乃「緊密度濃厚之論文，且內容頗具深度。對此種講座而言，實爲難解之物。」此般深度可見，此書

中所呈現的追根究底的研究態度，意即來自於「不僅是考量文法現象，更是摸索並尋求『爲何』之問題意識，這般的文法論態度。此書亦與山田文法相同，不單是討論其內容，更是學取那樣的姿態。

　　日語文法的研究者並非只追求文法本身之意涵，與之同時也該要具備得以俯瞰文法研究的形成原委及各研究間的相關性。換言之，絕不可僅追求建立「文法論」，考察「文法論與論」也非常重要。斉木美知世、鷲尾龍一（2012）亦爲提供同樣觀點之書籍。其中討論了迄今爲止日語文法是如何被研究過來的，並且展示了未來的發展可能性。

　　《日本學指南》的讀者中想必會有多數的非日語母語者，以及非受過日語教育之對象。對於眾賢讀者，在此希望留意，近數十年，在日語文法的研究中，有不重視基礎與本質論，以及太過偏靠方法論與其目的化，還有過度靠攏實用及教育層面等諸傾向。換言之，即爲不思量語其中的『爲何』之問題意識就進行考據。伴隨之，在文法研究中常使用的各概念產生太過隨意理解和簡單使用的傾向。然而，文法論的適當性，絕非可藉由理解的容易性、實用性、方便性得以衡量。

　　探求「爲何」而進行文法研究的眾賢，還請您務必將此事放諸心中。

　　本項目展示了「古語之文獻」以及「引導至古語之文獻」之兩項目，無論從何處開始讀起，皆能嚐到研究的困難點以及耐人尋味之處。又，想必得以從中得到致力於研究課題的契機。

參考文獻

大野晋一、柴田武編，1976，《岩波講座　日本語6　文法I》，東京：岩波書店

山田孝雄，1936，《日本文法学概論》，東京：宝文館。

北原保雄監修、尾上圭介編，2018，《朝倉日本語講座6　文法II（新裝版）》，東京：朝倉書店。

尾上圭介，2001，《文法と意味I》，東京：くろしお出版。

斉木美知世、鷲尾龍一，2012，《日本文法の系譜学—国語学史と言語学史の接点》，東京：開拓社。

斎藤倫明、大木一夫編，2010，《山田文法の現代的意義》，東京：ひつじ書房。

53. 前川喜久雄監修，傳康晴、荻野綱男編，《語料庫與辭典》〈講座日語語料庫7〉，2019年

原書：前川喜久雄監修，伝康晴、荻野綱男編，2019，《コーパスと辞書》〈講座日本語コーパス 7〉，東京：朝倉書店。

賴錦雀

　　現代語料庫的定義是「可以用電子處理的電子語言資料庫」，其基本條件為：(1)實際語料、(2)具有代表性、(3)大量收集、(4)附有研究用資訊、(5)可以用電腦檢索。現代語料庫的建置始於1964年公布的Brown Corpus（The Brown University Standard Corpus of Present-Day Edited American English）。雖然只是包含1961年美國出版的散文類別──報導、論說與評論、文學、宗教等──15個領域的五百則、各兩千語的文書，共一百萬個語詞的語料庫，不過對於其他語料庫的建置影響頗大。日本「大學共同利用機關法人」的國立國語研究所，於2011年公布「現代書寫日語平衡語料庫」（The Balanced Corpus of Contemporary Written Japanese。簡稱BCCWJ），也是其中之一。目前，由於語料庫建置及研究的進展，已經發展為語言學的新領域「語料庫語言學」。不過，對於人文學領域的多數研究者而言，包含工學技術的語料庫之內涵及其運用，尚有諸多待精進、鑽研的空間。因此，閱讀與語料庫、語詞的語意，以及用法的相關書籍，有其重要的意涵。

　　《講座日本語コーパス》，是由日本國立國語研究所語料庫開發中心長前川喜久雄（1956～）所監修而成的。自2013年起，該語料庫由朝倉書店出版了八冊日語語料庫系列叢書，包括日語語料庫入門、書寫語料庫、言談語料庫，以及語料庫與國語教育、日語教育、日語研究、自然語

言處理、辭典等相關的內容。本文的介紹重點是2019年出版的叢書系列第七冊《コーパスと辞書》（以下簡稱此書）。此書由千葉大學大學院人文科學研究院教授傳康晴（1964～）、日本大學文理學部教授荻野綱男（1952～）共同編撰而成，詳細解說自然語言處理以及日語語料庫和辭典之相關事項，對於日語語言學研究及日語教育學研究有莫大的助益。茲簡介各章內容於下。

　　第一章〈語言研究用電子化辭典〉和第二章〈利用詞素大小之語詞解析〉，說明與語言研究用計算機和電子化辭典相關的形態素解析、語詞認定之長單位及短單位的定義、品詞體系、日語語形變異等事項，對於日語語料庫結構之認識有所幫助。第三章〈機能表現的計算機處理〉、第四章〈由語言資料庫所抽出的複合詞〉，則以複合詞為例，描述日本國立國語研究所之「現代書寫日語平衡語料庫」建置日語機能辭典的利用方針、句末複合詞的形式、複合接續詞生成的文法化路徑、複合接續詞的多義性、複合詞的文法機能、《BCCWJ複合詞辭典》的評價，以及日語教科書之複合詞指導狀況。讀者可藉此了解語料庫自動導出日語複合詞的方式，以及利用語料庫檢索複合詞的留意點。日語複合詞可由形態論、品詞論、句法論、語意學等觀點加以考察研究，經由本章節的解說可以知曉利用語料庫進行日語複合詞研究之手法及留意點，對於日語語詞的認定方式也能夠有更深層的認識。

　　第五章〈搭配詞之辭典語義解說〉的內容，包含搭配詞的定義、搭配詞辭典的樣貌、搭配詞辭典條目來源之語料庫、搭配詞辭典之編輯步驟方案、搭配詞之選取、搭配詞之認定、辭典解說描述之功夫累積、人工確認之必要性、辭典解說之困難度等等。讀者除了可以了解搭配詞辭典的建置經緯之外，對於日語搭配詞的研究方法及步驟也能更加瞭解。第六章〈由語料庫檢視辭典之語義解說〉，首先以「連語」為例，敘述理想的日語辭典檢索方式和多義詞的解說與檢證，以及辭典的日語自動詞與他動詞之認定，說明日語辭典之理想解說內容與巨量語料庫BCCWJ的關聯，同時也可以知道巨量語料庫BCCWJ對於日語辭典編撰及日語研究的功效。第七章〈利用語料庫進行辭典語義解說之試作〉，首先介紹日語研究專家水谷靜夫（1926～2004）對於辭典編撰的看法，並說明辭典語詞解釋、用例

選取和註釋的理想內容；其次以動詞為例，說明日語動詞格的資訊，與動詞共現的複數格助詞，不同語料庫之同一動詞的共現名詞資訊。接著以象態詞為例，說明其定義及用法，並提出語意描述的建議案。附錄〈關聯式資料庫〉（Relational Database），說明日語資料庫藉助於集合代數等數學概念和方法來處理資料庫中資料的情況，利用關聯模型來表示語言資料的各種資訊。例如：作者或發話者、與談人之性別、年齡，語言資料的性質、使用場域、文體等等，是了解及運用語料庫的重要資訊。

　　現代日語教學與日語研究非常重視語言運用的層次，因此，以實際語言資料為基礎的語料庫之重要性不可言喻。期待對於語料庫的認識，可以促進臺灣日語研究及日語教學的發展。

54. 小林隆編，《系列方言學》共四卷，2006～2008年

原書：小林隆編，2006～2008，《シリーズ方言学》共四卷，東京：岩波書店。

小林隆／胡必馨　譯

　　日本列島因爲地形東西向狹長，因此語言的各地差異，也就是所謂的方言種類非常豐富。所以在日本關於方言的研究非常盛行，在日語語言學當中甚至被定位爲「方言學」。

　　方言學雖然已經是一門有很長歷史的學問，但是進入二十一世紀之後，因爲接收到共通語研究的刺激和資訊處理技術的進步，又或者是方言本身所產生出社會性格的變異等因素，方言學正不斷展開新的面貌。本叢書將聚焦在方言學的最前線，並用簡單明瞭的方式解說最新的研究成果。

　　本叢書由以下四卷組成：第一卷《方言の形成》、第二卷《方言の文法》、第三卷《方言の機能》、第四卷《方言学の技法》。以下簡潔地介紹這些內容、

第一卷　方言的形成

　　這一卷探討方言如何誕生。探究方言成立的過程，雖然是研究方言的終極目標，但自從柳田國男（1875～1962）的「方言周圈論」以來並未有充分的理論發展。不過由於資料面上全國性的紀錄作業充足，再加上研究者們嘗試將資料作爲基礎的方言形成加以模組化、從文化論觀點探討，以及擴大對於亞洲地理的視野等因素，使得方言形成論又再度開始活化起來。這一卷專注於那些既古老又新穎的方言研究的基本課題。具體來說，其探討的主題，如下：「方言形成時中央語的再生」、「因爲內部變化而誕生的方言」、「以接觸變化的視角來看方言的形成」、「亞洲當中的日

語方言」、「作爲方言形成研究方法的模擬」。

第二卷　方言的文法

　　這一卷以尋找作爲語言的方言的構成爲目標。長年以來，方言被視爲是跟共通語完全不同世界的研究對象。然而，方言被廣泛地認爲是語言研究的對象，目前學界也開始有共識，認爲將方言納入日語研究是很重要的。特別是在文法的領域中，「時與態」、Modality等等，因爲有在第一線的現代語研究者將方言解構，給予學界很大的刺激。這一卷收集像這樣新穎的方言文法論的主題。具體來說，有以下幾種內容：「格」、「自發與可能」、「時與態」、Modality、「文法化」。

第三卷　方言的機能

　　這一卷探討在現代社會當中方言所扮演的角色。方言在現代社會當中的特性正在大幅的變動。方言跟共通語的使用區分所產生的「風格化」，又或是在共通語中有意識的混雜方言所產生的「裝飾化」，這一卷都會將這些現象加以探討。方言常被利用在地方活化和商品上，在教育現場上會被提出來討論，也跟其有關聯。這一卷聚焦在屬性論上被社會語言學忽略掉的方言機能面，並找尋現代方言在社會中所扮演的角色。具體來說，這一卷提及了以下幾個主題：「發話風格與方言」、「年輕世代的方言使用」、「方言的經濟價值」、「福祉社會與方言的角色」、「方言與學校教育」。

第四卷　方言學的技法

　　這一卷提及研究方言學的新領域時不可或缺的道具論。方言的研究在技術面上也正迎來新的時代；由於電腦及網路的發展，從調查到分析的各個階段都不斷地加入最新的技術。這樣的技術不只帶給方言研究的便利性及客觀性，也爲後世準備好方言的紀錄，讓每個人都能輕易加入方言研究行列的環境。這一卷會介紹像這樣最前線的技術論。具體來說，有以下幾個主題：「新時代的方言調查法」、「方言資料庫的生成及利用」、「用

電腦製作方言地圖」、「地理情報系統與方言研究」、「方言的測量方法」。

　　以上就是《シリーズ方言学》的介紹，但是在那之後方言學一直在持續發展著。特別是關於機能面，方言現在已經從「裝飾」進展為類似cosplay的樣貌；關於這一點，可以參考田中ゆかり（2011）一書。再者，近年來方言學的研究對象溝通的領域擴張；關於這點，可以參考小林隆、澤村美幸（2014）。最後，最近方言學領語有以對社會有幫助的方言學為目標的研究風氣，因而產生「實踐方言學」這樣新穎的領域出現；想了解這方面的話，小林隆、新井小枝子、今村かほる、大野眞男、杉本妙子、半沢康編（2020）之叢書，將會有幫助。讀完以上的書籍後，筆者（小林隆）認為就能得到日語的方言學最新知識了。

參考文獻

小林隆、澤村美幸，2014，《ものの言いかた西東》，東京：岩波書店。
小林隆、新井小枝子、今村かほる、大野眞男、杉本妙子、半沢康編，2020，
　　《実践方言学講座》共三卷，東京：くろしお出版。
田中ゆかり，2011，《「方言コスプレ」の時代 ── ニセ関西弁から龍馬語ま
　　で》，東京：岩波書店。

55. 佐久間眞由美（佐久間まゆみ）、杉戸清樹、半澤幹一編，《文章與談話的結構》，1997年

原書：佐久間まゆみ、杉戸清樹、半沢幹一編，1997，《文章・談話のしくみ》，東京：おうふう。

王世和

　　研究語言的各種學問領域中，部分領域以聲音、單字、句子爲分析對象，如音聲學、音韻論、形態論、語構成、統語論、構文論等等。另有部分領域的對象則超過一個句子以上的範圍，如文章論、談話研究、會話分析、語用論等等，相較於前述各項領域，其理論基礎、研究觀點、手法、成果較爲複雜，要掌握全貌並非易事。但另一方面，日本學界也持續嘗試統整相關研究，比如糸井通浩（2003）以「文章與談話」一詞彙統整了日本國內1950年代起的研究史，而「日本語學會」的學術雜誌《日本語の研究》，每兩年定期刊載「展望」特輯，以「文章與文體」爲題回顧兩年內的重要研究成果，近年成果詳閱庵功雄（2020）。兩者皆以俯視觀點彙整相關研究的整體情形，透過此類論文可以理解學界最新動向。此處另介紹《文章・談話のしくみ》一書（以下簡稱此書），書中的說明以實際例句爲例，內容簡顯易懂，透過閱讀此書就能一定程度地掌握文章談話各項重要議題，提供給對此領域感興趣的初學者參考。

　　在此書《文章・談話のしくみ》出版前，另有一本寺村秀夫、佐久間まゆみ、杉戸清樹、半沢幹一編（1990），亦以實際文章及談話資料介紹論述文章談話的各種議題，對推廣研究理念與觀點有重大貢獻，而《文章・談話のしくみ》則爲其入門書籍。書中提到其編輯目的爲「以同等態度看待文章與談話」、「解析文章與談話之結構」，以及「主要檢討文章

與談話之共通性，但絕非忽視其差異」（pp.2～3）等方針，說明將文章與談話視爲同等對象，除探討文章談話的結構外，同時檢討兩者間的共通點與相異之處。

此書分成三章16節。第一章說明文章談話在溝通中的定位問題，是進入主要研究議題前的學問前提。第二章是此書的主要內容，以此爲基礎，第三章進而論述「文章與談話的區塊」，說明段落的概念及相關議題。以下，介紹論及主要內容的第二章。

書中提到「不依據文章、談話研究之特定立場，目的在說明其基本想法」（p.3），爲避免研究的特定立場，章節標題皆以和語動詞標示。首先，第一節至第四節爲「くりかえす」、「はぶく」、「さししめす」、「ひく」，分別介紹「反復」、「省略」、「指示」、「引用」，是文章談話的典型議題。其次，第五節「むすびつける」、第六節「きりかえる」是關於「接続」與「転換」的課題，說明「句子與發話」及「文段與話段」的連接、連鎖關係，以及話題的轉換。接著，第七節「とりあげる」、第八節「とりまとめる」是所謂的「提題」與「叙述」的相對概念，分別說明主題、話題的提示，以及說話者、書寫者針對該主題、話題的判斷與意圖。最後，第九節「ととのえる」是關於溝通場面的表達方式，說明如何調整內容、順序、形式、類型、手法、手段。第十節「かかわりあう」的內容則涉及與溝通對象的關係，提到談話時的發話機能、客氣說法、合作模式、展開方式等面向的問題。

以上爲書籍概略內容，雖非近年出版之書籍，但可窺知相關領域的主要研究課題，對了解文章談話的整體概況有一定助益。

最後，補充說明近年學界的一股新潮流。部分學者特別重視語言學研究必須因應教學現場的需求，「文章與文體」及「文章與談話」相關學者亦是如此，研究內容在過往成果基礎上探討與日語教學的連結課題。舉數例說明，比如野田尚史（2019）、石黒圭（2020）聚焦日語學習者的文章理解過程，前者著手開發「日語非母語話者之讀解資料庫」，成果公開於國立國語研究所的官網上；後者則針對多義語、接續詞、指示詞、連體修飾節實施調查，論述日語學習者的「閱讀所需之語彙能力」和「閱讀所需之文法能力」。此外，阿部二郎、庵功雄、佐藤琢三（2015）收錄結

合「文法」、「談話」與「日語教育」之相關論文，再次確認「日語語言學」建學以來之一貫課題。這股結合文章談話與日語教學的研究潮流，其今後的發展方向及研究成果值得關注。

參考文獻

石黒圭，2020，《文脈情報を用いた文章理解過程の実証的研究》，東京：ひつじ書房。

糸井通浩，2003，〈文章・談話研究の歴史と展望〉，佐久間まゆみ編，《朝倉日本語講座7》，東京：朝倉書店。

寺村秀夫、佐久間まゆみ、杉戸清樹、半澤幹一編，1990，《ケーススタディ日本語の文章・談話》，東京：おうふう。

阿部二郎、庵功雄、佐藤琢三編，2015，《文法・談話研究と日本語教育の接点》，東京：くろしお出版。

野田尚史，2019，〈読んで理解する過程の解明──「読解コーパス」の開発〉，野田尚史、迫田久美子編，《学習者コーパスと日本語教育研究》，東京：くろしお出版。

庵功雄，2020，〈文章・文体（理論・現代）〉，《日本語の研究》第16巻2号。

56. 樋口耕一，《專為社會調查之計量文脈分析：以內容分析之繼承與發展為目標〈第2版〉》，2020年

原書：樋口耕一，2020，《社会調査のための計量テキスト分析——内容分析の継承と発展をめざして〈第2版〉》，京都：ナカニシヤ出版（初版＝ナカニシヤ出版，2014年）。

落合由治／胡必馨　譯

　　在日語研究上使用電腦的歷史，是從1950年代開始，與其他領域比較起來，在很早期就開始活用計量語言學的手法。而文體研究、語彙研究等領語研究，掌握量化研究對象共通的一般特徵來進行研究。雖然至今量化語言學的研究已經充分地被活用在很多研究上，但是，從二十世紀早期開始，以語言資料爲對象的歐美社會科學領域就普遍認爲，要從語言的一般性特徵去理解現象的特徵、固有性、規則性是有問題的。關於這一點，德國哲學家埃德蒙德・胡塞爾（Edmund Gustav Albrecht Husserl, 1859～1938）在他的現象學以及現象心理學當中提及到，美國學者喬治・賀伯特・米德（George Herbert Mead, 1863～1931）也在社會心理學領域上進行了考察。特別是社會學領域中所處理的媒體表現當中之內容分析研究，從早期的十九世紀後半開始，針對每一筆資料內容的意思上的特徵，採取了歸納及抽出的研究方法。在社會學領域當中，研究對象是報章雜誌、談話等語言資料的時候，存在著兩種不一樣的研究方法：使用計量語言學的統計手法爲主的量化研究，以及以分析者爲基準的資料特徵抽出的質性研究。從1980年代開始迄今，這兩種研究方法在社會科學領域中仍持續不斷地被廣泛討論探究著。

　　《社会調査のための計量テキスト分析——内容分析の継承と発展

をめざして》一書（以下簡稱此書），是樋口耕一的研究，嘗試繼承内容分析的批判，並且試圖提出由資料的計量特徵、將客觀證據形成質性分析的方法論。作爲資料計量的特徵之取出手法，樋口活用從二十一世紀開始發展起來的資料探勘技術，這項技術主要是將語言資料化爲形態素，進行多變量的統計分系。此外，爲了更方便使用資料探勘技術，開發了KH Coder這套應用程式。樋口將活用資料探勘技術的内容分析稱作爲「計量資料分析」，而針對量化和質化方法的綜合化，他認爲應該從急速進化的第二世代，朝第三世代的自然語言處理的特徵抽取技術，並將之運用在社會科學領域。

此書第一章概觀十九世紀後半開始的内容分析的研究史，藉此定義内容分析，接著作爲量化分析的引進方法，他積極地活用電腦去開拓量化分析方法。第二章則活用KH Coder，從根據量化研究的資料計量分析結果，到質化分析如何活用量化結果，並進行特徵取出的步驟，並將其定型化。第三章以夏目漱石的長篇小說《心》作爲資料，介紹使用KH Coder的資料探勘的各種手法及特徵，並顯示從《心》抽取出來的實例。第四章到第六章介紹一些使用新聞報導、社會意識、網路資料的量化分析、並活用到質化分析所得到的研究實例，也介紹活用資料探勘的方法。第七章是此書内容的概要。第八章介紹此書初版發行以後才發表的研究實例，並提出針對網路資料、會議資料等各種資料的資料探勘的活用方式。在此書的最後的附錄A中實際操作KH Coder，並且附有分析時各選單的說明及功能手册，因此讀者能夠了解使用KH Coder的資料生成方法、調整深入細部的分析結果等具體的操作方法。附錄B介紹補助KH Coder的付費公開的外掛程式「文錦」的功能介紹；附錄C則說明有關KH Coder的開發及公開發表，還有附參考文獻、用語檢索。總體而言，此書是一個能夠實際運用在語言資料研究的方法手册，其展現了一個方法：用KH Coder來活用資料探勘的計量資料分析，去進行具體的資料研究，再依據量化研究和質化研究的綜合化來進行特徵抽取，並整理研究論文。

此書提出的研究手法可以應用在與量化研究和質性研究都有關的人文科學、社會科學等廣泛領域，並期望未來關於人類主體所表現的非語言資料的研究能蓬勃發展，特別是應用在人文科學的研究還非常少，期待今後

的發展。

參考文獻

大谷尚，2019，《質的研究の考え方──研究方法論からSCATによる分析ま
　　で》，名古屋：名古屋大学出版会。
計量国語学会編／荻野綱男、伊藤雅光、丸山直子、長谷川守寿、荻野紫穂編，
　　2017，《データで学ぶ日本語学入門》，東京：朝倉書店。
クラウス・クリッペンドルフ著，三上俊治、橋元良明、椎野信雄譯，1989，
　　《メッセージ分析の技法─「内容分析」への招待》，東京：勁草書房。

57. 高梨克也，《從基礎開始瞭解會話溝通分析方法》，2016年

原書：高梨克也，2016，《基礎から分かる会話コミュニケーションの分析法》，京都：ナカニシヤ出版。

郭碧蘭

　　近年來「溝通研究」非常受到重視，在日語研究領域亦持續累積著豐碩的研究成果。而《基礎から分かる会話コミュニケーションの分析法》一書（以下簡稱此書），在溝通研究的重要理論及基本立場方面，除了具有非常簡潔明瞭又精闢的解說內容之外，在文章架構及篇章構成、編輯上面，亦相當用心，適合所有對溝通分析有興趣或關心的廣大讀者。此書特別適合在各種不同研究領域當中，希望藉由溝通的分析手法進行研究考察的初學者，或者是對於自身日常生活中溝通事項產生興趣，欲透過溝通手法加以操作的實踐者。相較於僅針對單一學術研究或一般大眾讀者之通論書籍而言，此書兩者兼容，可說是適合各種不同讀者學習會話溝通的入門書籍。

　　所謂溝通研究，並不是以參與溝通者的個別事項、個人要素等為出發點，而是以會話參與者間相互依存關係為主要考察對象。亦即聚焦於溝通雙方，以說話者與聽話者之間的相互依存關係為基本，進行探討論述。而作者很感慨地提到此雖然為相當重要的概念，卻往往被許多強調溝通的教科書所屏除在外。

　　既然欲建構說話者與聽話者之間的相互依存關係，那麼，分析溝通過程乃是不可或缺的作業。作者提到，溝通這一件事，既然是說話者與聽話者視雙方反應而進行互動的一種行為，那麼就不可能在缺乏時間軸上「一瞬間」就成立。因此，作者在此書裡主要以分析處理溝通過程的模式作為探討對象，其中包含一般被社會稱作規則與非規則的現象。另外，作

者論及「分析法」是手段而非目的，透過「分析法」可以理解什麼、發現什麼，才是重要的。藉由會話溝通的分析，闡明溝通在社會裡所肩負的任務，或是於認知環境中被制約的事項等等，以提供分析者闡明其關心的語言事項。作者在此書裡基於這樣的立場，透過具體論述溝通研究的理論，並採用實際的操作手法，詳述分析步驟。

　　此書由三部共七章所構成。作者將溝通的七大主題鋪陳於各章當中，並透過〈理論篇〉和〈分析篇〉，予以解說論述。首先，在第一部裡先介紹會話溝通分析基礎，接著在第二部、第三部裡提出現實生活中溝通的複雜性及應對方法後，再將該主題加以擴充運用說明於後。

　　具體來說，在第一部第一章至第三章，作者說明關於會話溝通的分析中，甚為重要的基本分析概念及想法。接下來在第二部第四章和第五章裡，則針對非語文溝通之多模式及多人數參與時之特徵進行擴充，從中理解、考察相關的基本概念。另外，也配合不同研究目的所需，將所收集的會話資料進行實驗性分析。在第三部第六章和第七章裡，則朝多模式和多人數組成時所具備對應的社會環境及認知環境等等，再次進行闡述。在此階段，社會和認知環境在會話溝通分析上，自然成為不可或缺的分析對象。

　　第三部並非如同第二部般地針對會話實驗所得到的語料進行分析，而是以日常生活中的自然會話為探討對象，進行考察。再者，在第二部之後，讀者更可以連結自身有興趣的研究主題，加以綜合學習。例如，對於多人數會話所呈現出的社會性結構因素有興趣的話，可整合第五章和第六章；若對於多模式交互作用所呈現的認知方面因素有興趣時，可整合第四章和第七章，藉此將之對應連結來綜合學習。

　　另外，此書的各個章節皆由前半部〈理論篇〉及後半部〈分析篇〉所組成。〈分析篇〉為作者自身到目前為止所從事的研究。透過會話資料進行具體分析，並將其主要論述與〈理論篇〉論點對應說明。各位讀者可以就目前所從事的研究主題或手邊既有的資料，參考〈分析篇〉中的分析手法及注意事項，進行分析考察。惟，必須注意的是，並非所有的分析手法與〈理論篇〉所陳述的內容在對應上具有絕對的一致性，還包含某些尚未被一般廣泛認知的論點或反駁的主張。故此，〈理論篇〉和〈分析篇〉各

自具有「基礎篇」及「應用篇」的性質。筆者（郭碧蘭）建議，除非有立即想要深入了解的篇章，不然可以先跳過〈分析篇〉，直接從〈理論篇〉開始閱讀。等到研讀至自己有興趣的篇章所論述的主題時，再回到〈分析篇〉進行相關統合學習即可。

　　此書中所介紹的各種關於會話溝通分析概念的參考書籍，作者考量到此書是一本入門基礎書，故不論是基本理論、理論依據、說明，尤其以日語著作出版等相關解說書籍，皆於書內有列舉介紹。另外，在此書最後的相關參考書籍學習導覽中，分別列有會話分析、語用論、社會語言學、會話與文法、人類民族學、會話分析延伸擴張等重要的入門書及專書，以供有志從事此領域研究的讀者參考。

58. 今野眞二，《沒有正寫法的日語（原來如此！日語）》，2013年

原著：今野眞二，2013，《正書法のない日本語（そうだったんだ!日本語）》，東京：岩波書店。

神作晉一／胡必馨　譯

　　「文字與表記」其實仍可以再進行細分。簡單來看目前的研究史，在「語史性的研究」中，比較多的是與文學作品中對於本文批判有關的假名遣（例如定家假名遣、歷史假名遣），或是假名文字遣（異體假名的差異）；而在「現代語研究」中，比較多是關於國語政策（國語國字問題）的研究。兩個領域各有許多傑出的研究，但若是考量到以華語為母語的日語學習者的話，因為日語不只有漢字，還有平假名、片假名等多種的文字體系，使用上也沒有嚴謹的規則，因此筆者（神作晉一）認為應該讓日語學習者認識到日語是會容許各式各樣的表記並加以運用的語言，所以選擇了《正書法のない日本語（そうだったんだ!日本語）》一書（以下簡稱此書）作為參考。

　　序章〈日語沒有正寫法〉針對「正寫法」（orthography）做說明。正寫法也就是「語言正確的文字表達方法」。日語之所以沒有正寫法，是因為將日語文字化時有複數個文字種類；有表音文字的假名（平假名和片假名），以及表意文字的漢字兩種，可以選擇將這兩種文字組合使用來表記。當可以「選擇」時，人們往往會去「判斷」選擇多數人「讀得懂」的表記是什麼，而這個判斷往往是某個時代、某個文字社會的判斷。此書加入了「沒有正寫法」的觀點來思考日語的歷史，作者（今野眞二）也在書中闡述「表記是語言的反射（reflection）」。

　　第一章〈用漢字寫日語〉說明，漢字是書寫日語時唯一的文字種類時代的樣貌。雖然《萬葉集》全部是以漢字來書寫，卻跟現在的日語是完全

一模一樣的寫法。也就是說，包含有使用漢字字義的漢語、和語，以及捨棄漢字字義的借音假名、借訓假名之四種文字種類。因此可以判斷當時就已經有自立語、附屬語的概念，也已經具備斷句的表記法，以及表音的表記、表意的表記等概念。

第二章〈用假名寫日語〉說明開始使用平假名、片假名之後日語表記的樣貌。日語表記（文字種類的使用規則），已經從依據「語種」（漢字＝漢語、平假名＝和語、片假名＝外來語），轉變為依據「自立語與附屬語」（漢字＝自立語、假名＝附屬語），也漸漸發展成兩者折衷的形式。接著，以古筆止為例，說明「企圖把字書寫得優美」和「文字書寫優美的古文」的差異、誤寫時的訂正方法、表記單位的行意識，甚至是關於語單位的假名文字遣（異體假名的語頭、語中語尾、發音的使用區分），以及假名遣（只使用假名的表記規則）。

第三章〈用假名及漢字寫日語〉敘述從中世到明治初期使用漢字及假名的表記型態；從「和文／假名文」轉變為「漢字平假名交替使用文」，從「漢文訓讀文」轉變為「漢字片假平文」，也出現了把兩者的語彙及文法混用的和混淆文這樣的文體。並且，在用和語表記漢語的過程中，在日語的語彙體系內出現了以訓作為媒介的「日本式漢字使用」，以及作為借用語的漢語（華語）產生的「中國式漢字使用」之兩者並存的現象，使得語彙體系越來越複雜。在這之中的「注假名」（日語：振仮名）所扮演的角色非常重要。注假名不止是在單側，有時候也會有右邊標示語形，甚至左邊標示語義的左右兩注假名。近世以來的文字社會急速擴展，被認為是能反應文字閱讀者演變成不特定多數人的理由之一。

第四章〈明治期的日語表記多樣性〉描述從明治時代以來的表記多樣性，以及如何演變成現代的文字樣貌。這個時期，來自中國以外的外來語用片假名表記，也開始出現了引號及旁線的使用。對此，本章也說明，根據1900（明治33）年訂定的《小學校令施行規則》，假名的字體統一之後，會依變形假名的使用實態、單詞種類、雅俗，而使用不同的文字種類和字型；並且以北原白秋的詩為例，解釋作為注假名的效用。

第五章〈現代日語的表記〉中，一邊舉例新「常用漢字表」和「送假名的標示方法」，一邊闡述現代有「同一單字完全用同一型態書寫」這一

個「唯一表記的傾向」，因為這是一個重視眼睛看得到的形狀，而忽略背後的「原理」的時代。然而，日語當中沒有所謂正寫法，書寫方式有很多種選擇，因此本章得出可以不被拘束自由地使用日語這個結論。

　　貫徹此書的概念是，不能以現代的基準和認識去判斷過去各個時代的表記現象。這是在這一個領域不可或缺的態度。

參考文獻

今野眞二，2009，《振仮名の歷史》，集英社新書，東京：集英社（此書由岩波書店於2020年出版同名的文庫本）。

──，2012，《百年前の日本語─書きことばが揺れた時代》，岩波新書，東京：岩波書店。

──，2017，《漢字とカタカナとひらがな─日本語表記の歷史》，平凡社新書，東京：平凡社。

59. 眞田信治編，《社會語言學展望》，2006年

原書：眞田信治編，2006，《社会言語学の展望》，東京：くろしお出版。

華語譯本：簡月眞、黃意雯、蔡佩菁譯，2015，《社會語言學展望》，臺北：
　　　　　五南圖書出版。

簡月眞

　　社會語言學（Sociolinguistics）乃語言學的分支，主要探討語言與社會的關係。社會語言學的成立背景源自以下兩大動機（參閱此書序章）：

　　(a)整理歸納語言的多樣性（語言學上的理由）

　　(b)解決與語言相關的社會問題（社會現實面的理由）

　　一個語言社群，並非所有成員都使用相同語言變種的等質社會，而是交錯使用各種不同語言變種並呈現混質狀態的社會。發掘多樣性中的規則性並解析其原因，此爲(a)的研究議題。(b)則包含探討社會弱勢者的語言、國家的語言政策等宏觀層次問題，以至維持人際關係的日常會話等微觀層面的各類問題。

　　《社会言語学の展望》一書（以下簡稱此書），基於上述的問題意識，將社會語言學所探討的現象分爲八章進行解說。各章由「1.研究對象、2.問題意識、3.研究現況、4.未來展望、5.練習與討論」等五小節構成，有系統地介紹目前爲止的研究史以及今後的研究展望。研究實例以日語爲主，但亦積極地介紹歐美的文獻。

　　各章內容重點可簡述如下：

第一章　語言變種（language variety）

　　一個語言內部含有各式變種。究竟有哪些種類、爲何存在那樣的變種？本章以「語言使用者的屬性」及「使用場合」兩觀點切入探討並進行

概述。

第二章　語言行動（language behavior）

　　針對說話者與聽話者雙方所構成的微觀社會裡，語言實際的使用狀況，本章從「語言策略」及「語碼轉換」兩個面向進行論述。

第三章　語言生活（language life）

　　「語言生活」是日本獨特的概念。本章介紹以調查研究國民的語言生活為宗旨而於1948年成立的國立國語研究所實施的「24小時調查」、打招呼行為以及非語言行動等研究。另外，也介紹透過生活詞彙中的民俗詞彙、性格詞彙、親屬詞彙以及待人詞語等調查，以解析民俗社會具特徵的生活習慣、社會結構及社會規範的研究事例。

第四章　語言接觸（language contact）

　　論述日本國內的方言接觸相關議題，如第二方言習得、Neo方言、共同語。並介紹日語與其他語言的語言接觸現象，如旅日韓國人、旅日華人、旅日巴西人所使用的語言。

第五章　語言變化（language change）

　　傳統的歷史語言學主張，語言變化只能在演變完了時才得以察覺。然而，社會語言學探究語言變異與語言內部變數、語言外在變數的關聯，解析出「有秩序的異質性（orderly heterogeneity）」，並成功地從共時的語言變異推演出歷時的變化過程。本章介紹Labov於紐約市進行的一系列調查研究、日本國內的「省略ra之詞（ら抜きことば）」等研究事例。

第六章　語言意識（language consciousness）

　　我們對自己或他人的語言（方言）所抱持的印象及意識，構成語言使用者認同的一部分，並成為左右其語言行為方式之主要因素。本章介紹日本國內的地區方言及社會方言的印象、認同與語言行為、移民的承繼語與

認同等相關研究。

第七章　語言習得（language acquisition）

學習目標語言的過程中存在於學習者腦中的語言系統，若爲母語習得，我們稱之爲幼兒語言，第二語言習得則稱之爲中介語。本章介紹日本國內外研究事例，探討幼兒語言發展過程、中介語發展過程以及中介語喪失過程。

第八章　語言規劃（language planning）

以人爲方式解決語言相關問題的「語言規劃」是社會語言學中具應用性質的領域。語言規劃包含地位規劃、本體規劃以及普及規劃。本章針對日本國內的「國語政策」、日本國內外以非日語母語使用者爲對象的「日語政策」，介紹社會語言學須探討的社會中的語言問題。

此書華語譯本已於2015年出版。若欲深入了解日本的社會語言學研究，除了此書，同時可參閱以下兩本教科書：眞田信治、渋谷勝己、陣内正敬、杉戸清樹（1992），以及眞田信治、朝日祥之、簡月眞、李舜炯編（2021）。前者爲日本社會語言學研究之基本入門書，後者則是以圖表爲主，搭配日語、英語、華語、韓語等多語解說之教科書。

參考文獻

眞田信治、渋谷勝己、陣内正敬、杉戸清樹，1992，《社会言語学》，東京：おうふう。

眞田信治、朝日祥之、簡月眞、李舜炯編，2021，《新版社会言語学図集》，東京：ひつじ書房。

60. 須賀一好、早津惠美子，《動詞的自他》，1995年

原書：須賀一好、早津惠美子，1995，《動詞の自他》，東京：ひつじ書房。

王淑琴

　　《動詞の自他》一書（以下簡稱此書）收錄了1995年以前發表的自他動詞相關論文12篇，內含編者解說和自他動詞的研究文獻一覽。這12篇論文探討自他動詞在形態、句構、意思上的特徵，或是和其他語態表現的關聯性，所探討的都是關於自他動詞的重要研究主題。編者解說的部分，簡單扼要地解說自他動詞研究的各個面向，僅閱讀此部分便可掌握自他動詞研究的整體概況。此外，卷末收錄了1998年以前發表的自他動詞研究文獻一覽，是掌握先前研究不可或缺的文獻清單。以下介紹收錄於此書中的早津惠美子及衛斯理・雅各布森（Wesley Jacobsen）的論文。

　　早津的論文，探討「有對他動詞」與「無對他動詞」在意思上的差異。「有對他動詞」是指有相對應的自動詞的他動詞，例如「倒す」、「曲げる」有相對應的自動詞「倒れる」與「曲がる」，「無對他動詞」是指無相對應的自動詞的他動詞，例如「たたく」、「読む」。早津由數個觀點分析兩者差異，得到了以下結論：「有對他動詞」多聚焦於動作的結果，而「無對他動詞」多聚焦於動作的過程。例如，相較「洗濯物を乾かす」與「洗濯物を干す」兩者，前者的動作敘述重點在於衣物水分消失的結果，用何種方式達成此結果並非敘述的重點，因此該句不管是用日曬或是烘衣機來達到衣物乾燥的目的都能使用。相對於此，後者的動作聚焦在動作的過程，亦即將衣物曬在竹竿上的動作，而衣物的水分有無消失並非敘述的重點。

　　雅各布森的論文以他動性（transitivity）的概念整合自他動詞，認為自他動詞形成無法明確區分的連續分布。典型的他動詞具有以下特徵：

1.參與的事物有兩者―動作主（agent）及對象（object）；2.動作主具有意圖性；3.對象有變化；4.變化產生於實際的時間。具有上述所有特徵者可視爲他動詞的原型（prototype，プロトタイプ），而欠缺上述某些特徵者（包含自動詞），則分布於自他動詞句形成的連續尺度上。藉由典型的他動詞分離出的上述特徵，雅各布森重新分類了日語的自他動詞句，解決了無法明確定義自他動詞的問題。

　　除了上述兩篇論文之外，青木伶子及井上和子的論文，探討自他動詞句與使役句、被動句、能力句的關係。須賀一好的論文探討有相對應的他動詞的自動詞，例如「あく」、「かわる」，爲何具有如「口をあく」「座席をかわる」等他動詞用法。西尾寅彌的論文由歷時研究的觀點探討自他動詞之間的衍生關係，主張〈-aru〉自動詞是由〈-eru〉他動詞衍生而來，且現代日語中〈-aru〉（自動詞）-〈-eru〉（他動詞）對應關係的自他動詞組最多，是因爲藉由類推（analogy）的作用產生了許多〈-aru〉自動詞。

　　除了此書之外，也有不少研究探討自他動詞在意思上的對應關係，例如佐藤琢三（2005）的第IV部分，探討自他動詞在意思上的對應原理，認爲有無指定動作的方法是區別自他動詞的重要關鍵。沼田善子（1989）則是以主語有無生命、動詞有無意志性的觀點，來探討自他動詞用法之間的對應與不對應關係，影山太郎（1996）探討現代日語中的自他動詞之間的衍生關係，由語言理論的觀點說明自他動詞用法之間的不對應關係，例如爲何「ポスター/オリンピック記録を破った」能成立，但所對應的自動詞用法「ポスターが破れた」能成立，「オリンピック記録が破れた」卻不能成立。較新的自他動詞研究則聚焦於自他動詞在教育上的應用，例如江田すみれ、堀惠子（2020）所編的論文集收錄了八篇自他動詞相關論文，有助於掌握自他動詞的應用研究。

參考文獻

江田すみれ、堀惠子編，2020，《自動詞と他動詞の教え方を考える》，東京：くろしお出版。

佐藤琢三，2005，《自動詞文と他動詞文の意味論》，東京：笠間書院。

沼田善子，1989，〈日本語動詞　自・他の意味的対応(1)——多義語における
　　対応の欠落から〉，《研究報告集》第10巻。

影山太郎，1996，《動詞意味論》，東京：くろしお出版。

61. 小泉保編，《入門 語用論研究：理論與應用》，2001年

原書：小泉保編，2001，《入門 語用論研究 —— 理論と応用》，東京：研究社。

陳麗君

　　Saussure（1916）提出「語言」（langue）和「言語」（parole）的區別，相對於個體的言語表現，語言學應研究本質的、制度化的語言體系。承接上述概念，杭斯基（Avram Noam Chomsky, 1928～）爲首的生成文法學者也主張說話者的語言表現依不同社會語境有無限表現的可能性，因而追求純粹句法研究。但是所有的語言表現都是各個說話者的產出，人類的語言行爲無法脫離情境（situation）獨立，沒有語境（context）的語言產出無法成爲有意義的話語，1970年代社會語言學和語用學就是在這樣的背景中產生的。

　　社會語言學究明社會階層、性別（gender，ジェンダー）、區域之語言體系，語言社群、語境、語域（register）中的話語。語用學探討人類的語言行動中，文字表層表意以外的發話意圖、言談溝通、認知傳達、語用功能的原理，重視語境之於溝通傳達的作用。會話之所以能成立，需要說話者和聽話者共同合作，相對於語意學研究言內之意，語用論探討話語中言外之意。

　　本文簡介的小泉保（1926～2009）《入門 語用論研究 —— 理論と応用》（以下簡稱此書），是最早也最易入門的學習研究書，幾乎囊括相關重要理論，以經典英、日語的文例說明，兼顧跨領域應用。此書共九章探討語用學研究方法，序章後第二章至第四章介紹語用基礎重要概念：「指示」（deixis）、「隱涵」（implicature）與「前提」（presupposition）。

　　語言體系之中，說話者是話語宇宙的座標原點，從說話者的立場指稱某對象在時間、空間、抽象距離等序列的方法稱之為指示。說話者進行語言傳達的當下即「いま（現在）」，過去與未來都朝向現在進行時間的流動。以說話者為中心，相對的指示位置為「ソ、ア」，所以「こんなこと」是指發生在說話者身上的事物，「そんな」用於相對於說話者以外的聽話者。日語的抽象空間指示詞可延伸至已知／未知（ア／ソ）的語用，反映出說話者與聽話者之間社會階層差異的如敬語表現。

　　語言傳達時，一般傾向於以較少的量表達內容。會話參與者在共有目的、知識以及語境的條件下，相互協調推測話中的「隱涵」使會話成立。以某母子對話為例，「我可以找同學來玩嗎？」、「功課寫完了嗎？」，雙方認知的言外之意是功課寫完了才能和同學玩。Grice（1975）提出合作原則與會話協調的四大公理：量（quantity）、質（quality）、關係（relation）、方式（manner）的公理。即便說話者違背上述公理，會話參與者仍能根據語境推測隱涵的語義。Sperber&Wilson（1986）以此為基礎發展出「關聯性理論」（relevance theory），認為人類認知與溝通時，說話者和聽話者基本上都會調整出最大的關聯性。

　　第五章探討「前提」和「隱涵」之差異，也釐清相對於語意學的「前提」是作為邏輯學命題內真理值的必要條件；語用學的「前提」是會話參與者間共通理解會話的重要條件。第五章連結語言哲學家奧斯丁（John Langshaw Asutin, 1819～1859）的名著《如何以言行事》（*How to do things with Words*）與其學生瑟爾（John Searle, 1932～）發展建構的語言行為論。第六章轉而論述會話分析的語料建構與分析法，篇章分析的功能文法（Halliday & Hasan 1976），闡明溝通行為中話語的形式和功能。

　　第七章禮貌理論（politeness）是人際互動的語言行為中普遍存在再現東、西文化差異的重要議題。最初Leech（1983）的禮貌原則（politeness principle）補全了會話協調的第四項——方式的公理，故意含糊地說話是為了顧及禮貌。當說話者行使潛在性威脅面子的發話行為時（face-threatening act），採用積極或消極禮貌策略以降低如請求、建議、反對、抱怨、批評等可能危害對方面子的發話行為所造成的傷害（Brown & Levinson 1987）。將該理論運用於敬語表現研究，可參閱宇佐美まゆ

み（2002）、Fukuda & Asato（2004）等研究。

第八章、第九章與國外理論進行對話的同時，示範語用論理論如何運用於日語幽默、川柳文本、小說分析以及修辭的研究手法。結合認知語言學以整體性、系統性的視角，闡明上揭語言現象的原理作為認知語用論的機制。最後探討語用能力的習得與發展階段，相對於冒頭的天賦說，建構出語用論的研究位置。

此書雖兼具理論與應用，但紙短情長，若想進一步了解，可另選ディアドリ・ウィルスン、ティム・ウォートン（2009）或籾山洋介（2014）。

參考文獻

宇佐美まゆみ，2002，〈ポライトネス理論の展開〉，《月刊言語》第31卷
　　（第1號-5號，第7號-13號，每號6頁，總頁數66頁）。

奧斯汀著，楊玉成、趙京超，趙京超譯，1962＝2016，《如何以言行事》，北
　　京：商務印書館。

籾山洋介，2014，《日本語研究のための認知言語学》，東京：研究社。

ディアドリ・ウィルスン、ティム・ウォートン著，今井邦彦編，井門亮譯，
　　2009，《最新語用論入門12章》，東京：大修館書店。

Brown, Penelope, & Levinson, Stephen, 1987, *Politeness: Some universals in language usage*, Cambridge: Cambridge University Press.

Fukuda, Atsushi, & Asato, Noriko, 2004, "Universal Politeness Theory: Application to the Use of Japanese Honorifics", *Journal of Pragmatics*, 36.

Grice, Herbert Paul, 1975, *Logic and Conversation*, New York: Academic Press.

Halliday, Michael Alexander Kirkwood, & Hasan, Ruqaiya, 1976, *Cohesion in English*, London: Longman.

Saussure, Ferdinand de, 1916, "Nature of the Linguistics Sign", *Charles Bally & Albert Sechehaye* (Ed.), New York: McGraw Hill Education.

Sperber, Dan, & Wilson, Deirdre, 1986, *Relevance: Communication and Cognition*, Oxford: Blackwell.

62. 仁田義雄，《日語的Modality與人稱》，1991年

原書：仁田義雄，1991，《日本語のモダリティと人称》，東京：ひつじ書房。

野林靖彥／胡必馨　譯

　　《聖經》提到「太初有道，道與神同在，道就是神。」或是「文如其人」。在過去，語言被視爲人，又或是那一個人的精神來被研究。然而，到了二十一世紀，語言研究開始專注於構造面（langue），而漸漸變成一種「科學」（Science）研究，也就是語言學（linguistics）的成立。但是很諷刺的是，語言作爲科學的體制發展得越完善，人性的要素就越看不清楚，展現出「沒有人性的語言學」的姿態。關於這方面的科學史，芳賀綏（1972）等論文有詳細介紹，希望讀者能去參考。而在此要介紹的是仁田義雄（1946～）的著作《日本語のモダリティと人称》（以下簡稱此書）。此書無庸置疑地承襲了在日語文法研究中，致力於從文本找出人性（主觀性）的脈絡——具體來說，就是時枝誠記（1900～1967）所提出的語言過程說，或是其後的陳述論研究之一系列研究（芳賀綏1954等）。

　　以下簡單介紹此書內容。仁田認爲文本是由〈言表事態〉和〈言表態度〉的兩種性質差異甚大的層面形成的（p.17）。當中的〈言表事態〉是指「說話者對於現實所描繪的一片世界」（p.17），也是「文本內容當中客觀表現事實的部分」（p.18）。另一方面，〈言表態度〉是指「對於對象世界、客體世界（＝〈言表事態〉）的想法，或是說話、傳達的態度」（p.18）。文本的整體就如右圖所示，是由〈言表事態〉和〈言表態度〉組成。

　　這個概念是繼承日語文法的傳統階層構文觀，也就是以客觀（客體的）命題要素爲中

| 言表事度 | 言表態度 |

心，用主觀的（主體的）要素層層包覆。

接著，此書所說的Modality（モダリティ），是指在〈言表事態〉當中「關於現實以說話者的立場所表現出的①對言表事態的掌握方式，以及②針對其說話者的發話、傳達的態度相關的文法表現（p.18。底線由筆者所附的）。[4] 而①是「言表事態的Modality」，其下的支分類還有「情意系」的〈待望〉及「認識系」的〈判斷〉這兩種分類；②是「說話與傳達的Modality」，其下的支分類還有〈功能作用〉、〈表出〉、〈陳述〉、〈提問〉這四種類型。這些就是所謂Modality的兩種類型的分類。

這兩種Modality，在文本當中都是不可或缺的要素。但是，就文本成立的觀點來看，仁田認為相對於①，②則具有優越性（p.19）。其理由有以下兩點：第一點，②是文本存在的樣式，是文類型最終決定的要素；第二點，①會根據②來被規範。

此書所提出的仁田Modality理論的特色，在於他將Modality視為是句子類型中的決定性關鍵。也就是說，將表示句子中的人性面的Modality，視為擁有決定句子的形式、構造機能的句子類型之決定性機能。這一點也顯示他十分重視句子中所呈現的人性。關於仁田的想法，請參照pp.13～14。

爾後，這個理論的內容被大幅度的修正及變更，其最大的特色，即「Modality有決定句子類型的機能」這一特別的觀點也隨之消失（竹林一志2010、2015）。但是到了1990年代，在日本首先帶起研究Modality熱潮的著作，毋庸置疑的就是仁田的這一本著作。筆者（野林靖彥）就是因為當時此書發行的時候，在大學有參加過仁田教授的集中講義課程，那時他活力充沛的上課內容，正反映出當時Modality研究熱潮。

現在在日語學會有很多仁田的後繼者們繼續活躍於文法研究領域。因此，仁田教授的Modality研究想必今後也會一直傳承下去。

---

[4]　此書當中的〈言表態度〉中除了Modality外也有提到〈丁寧程度〉這一觀點再後來被修正，〈丁寧程度〉被併到Modality裡，變成言表事態＝Modality。詳細請參照竹林一志（2010、2015）。

參考文獻

竹林一志，2010，〈仁田義雄氏のモダリティ論の変遷〉，《総合文化研究》
　　第16巻第2號。

──，2015，〈仁田モダリティ論の変遷とゆくえ〉，《総合文化研究》第21
　　巻第2號。

芳賀綏，1954，〈「陳述」とは何もの？〉，《国語国文》第23巻第4號。

──，1972，〈言語学における「人間」〉，服部四郎先生定年退官記念論
　　文集編集委員会編，《現代言語学》，東京：三省堂（後收錄於同氏著，
　　1979，《言語・人間・社会》，東京：人間の科学社）。

63. 仁田義雄編，《日語的Voice及他動性》，1991年

原書：仁田義雄編，1991，《日本語のヴォイスと他動性》，東京：くろしお出版。

林青樺

在我們的生活當中，每天發生許多大大小小的事，我們用各種語言模式來描述及傳達這些事情。如圖1及圖2所示，可以用來表達的句子如下：

(1) a. 猫がネズミを追いかける。
　　　（貓追老鼠。）

　　 b. ネズミが猫に追いかけられる。
　　　（老鼠被貓追。）

(2) a. 花子がパソコンを壊した。
　　　（花子把電腦弄壞了。）

　　 b. パソコンが花子に壊された。
　　　（電腦被花子弄壞了。）

　　 c. パソコンが壊れた。
　　　（電腦壞了。）

圖1
（資料來源：ネズミを追いかけるのイラスト https://www.irasutoya.com/2017/06/blog-post_16.html?m=1）

圖2
（資料來源：パソコンを した人のイラスト（女性）https://www.irasutoya.com/2018/06/blog-post_696.html?m=1）

由(1)和(2)的句子我們可以得知，在描述一件事情時，所使用的句子並不僅只一種，例如圖1的貓追老鼠，如果我們從貓的觀點來描述，會使

用以動作主體「貓」爲主語的「猫がネズミを追いかける」，在文法中稱之爲主動句（日語：能動文），如果是從老鼠的觀點描述的話，就會使用以動作對象「老鼠」爲主語的「ネズミが猫に追いかけられる」，在文法中稱之爲被動句（日語：受動文／受身文）。此外，如圖2所示，當我們要描述電腦故障這件事時，如果是從動作主體的觀點「誰把電腦弄壞的？」來描述的話，會用(2)a的他動詞句，若是將描述的焦點放在電腦上單純描述其狀況，通常會使用(2)c的自動詞句，而(2)b的被動句則使用在特別提及電腦故障是因誰而發生時。

　　從上述的內容及不同的句型呈現方式可以得知，在描述一件事時，會因焦點放在哪個參與者而有不同的表達方式，句子的述語部分也呈現出形態上的對比，在文法中與此現象有關的範疇稱爲Voice（日語：ヴォイス／態）。

　　Voice是源自古希臘古典文法的概念，主要表示句子的主語在動詞所表達的事情中扮演怎樣的角色關係。由仁田義雄（1946～）編輯的《日本語のヴォイスと他動性》，是一本從多元的觀點探討日語Voice諸問題的論文集，共收錄了10篇論文，論文標題及作者整理如下：

(3)《日本語のヴォイスと他動性》的目次及作者
①Voice的範疇及句型結構的層次（村木新次郎）
②Voice式的表達及自我控制性（仁田義雄）
③被動句、主動句、不可分割的所有句和「－teiru」的解釋（竹澤幸一）
④日語的被動句和相互句（外池滋生）
⑤被動表達及主觀性（益岡隆志）
⑥SASE及間接性（定延利之）
⑦可能句型的多層次分析（井島正博）
⑧經驗性的間接參與表達：句型之間在句義上接近度的差異（天野綠＝天野みどり）
⑨文法性Voice和語彙性Voice之間的關係（野田尚史）
⑩使用格助詞ni的自動詞：準他動詞和被動動詞（杉本武）

此論文集的作者皆爲當時日語文法學、語言學的新銳學者，論文內

容主要論及Voice的研究課題、分析觀點及所涵蓋的範圍。例如，村木新次郎將各種與Voice現象相關的述語形態與名詞的意義角色做了完整的分析整理。村木在論文中指出，Voice是句子的意義結構與句子的組成元素之間的相互關係；換句話說，Voice是綜合了「句子的意義結構」、「名詞的句法形式」、「動詞的形態」的文法範疇，而「受動文」、「使役文」、「自動詞與他動詞文」、「相互文」、「再歸文」、「可能文」、「希望文」、「自發文」、「授受文」、「『てある』文」因具備了Voice的特性，所以村木將這些句型定位在Voice之中。此外，野田尚史將Voice分爲以下三種類型：

(4)①文法性Voice：將(R) ARE、(S) ASE加在動詞上而產生Voice的對立關係，例如「作る－作られる」、「満足する－満足させる」等等。

②中間性Voice：有相同的詞根，以僅出現在少部分動詞上的AS、S、AR、R等形式來形成Voice的對立關係，例如「壊す－壊れる」、「預ける－預かる」等。

③詞彙性Voice：形態上無共同點，不過在詞義及句法上呈現出Voice的對立關係，例如「殺す－死ぬ」、「勝つ－負ける」等等。

　　基本上詞彙性Voice最優先被使用，如果沒有適當的詞彙表達時，才會使用中間性Voice，或進一步使用文法性Voice，野田稱之爲「詞彙性Voice優先原則」。

　　《日本語のヴォイスと他動性》論及範圍從詞彙等級到句子等級，藉由分析典型的句子主格角色轉換現象，到缺乏主格角色轉換、但形態上或句意上有共同現象的句子，來深入探討Voice的本質及其存在意義，是非常值得一讀的經典。Voice是多數語言都存在的文法範疇，相信無論是日語文法研究或是中日文法對照研究，都能從此書得到靈感與啓發。

64. 石川愼一郎、前田忠彥、山崎誠編，《語言研究中的統計分析入門》，2010年

原書：石川愼一郎、前田忠彥、山崎誠編，2010，《言語研究のための統計入門》，東京：くろしお出版。

李廣微

　　《言語研究のための統計入門》一書（以下簡稱此書）的讀者設定爲接觸計量語言分析的初學者，由目前活躍於日本語言及統計研究領域的八位學者共同編著而成。全書由準備篇、基礎篇、發展篇三部分組成。準備篇針對語言統計的相關語料庫、使用數據的特點、語言數據分佈特徵的描述、推測統計的基礎等進行了概述。基礎篇介紹了數據差異分析和相關性分析的基本手法。發展篇進一步介紹了多變量分析方法，同時回顧了近數十年來語料庫分析的變遷，並展望了語言統計研究的發展趨勢。

　　爲了幫助讀者直觀地理解統計分析手法背後的邏輯及其應用方法，此書在解說中避免使用複雜的數學公式，著重結合豐富的語言研究實例進行介紹。例如，在關於如何運用假設檢驗來分析數據差異的第三章中，以日本文學家夏目漱石（1867～1916）的作品爲例進行了解說：針對先行研究所提出的「夏目漱石的作品文風從輕快灑脫型逐漸轉變爲肅穆沉思型」一說，通過考察動詞「思う」（意爲「認爲」「覺得」等等，主要表示主觀看法），以及動詞「考える」（意爲「考慮」「思考」等等，主要表示客觀思考、推斷）的使用頻度變化，並對兩者進行顯著性檢驗，從而論證先行研究的觀點。通過這樣具體的研究事例，不僅向讀者展示了假設檢驗的概念和分析過程，也爲讀者列舉了實際研究的相關注意事項。另外，書中各章列舉了大量的發展課題，這對本科生在尋找畢業研究題目時或有啓

發。

此書所涉及的統計方法及其在語言分析和研究中的應用，簡述如下。

假設檢驗：一種驗證數據之間是否存在顯著性差異的方法。例如，某個特定的單詞，句式在不同的文本中使用頻度存在差異，這種差異究竟是偶然的還是必然的？針對此類問題，可以使用假設檢驗來進行考察。

相關分析：一種測量數據之間關聯程度的方法。例如，可以利用相關分析來調查文章中代詞I和you之間的使用頻度是否存在關聯性。

迴歸分析：一種利用因果模型來表示數據之間相關關係的分析方法。例如，可將不同年級學生的日語作文中的漢字使用率和句長等數據，作為解釋變量建立迴歸模型，預測寫作者所屬的年級。

判別分析：一種用於判別數據個體類別歸屬的方法。例如，可利用文章中的語言特徵要素進行判別分析，從而推定作者的身份、年齡、性別等。

聚類分析：基於數據對象的距離和相似性等等，將其分組為若干由高相似度對象組成的若干集合的分析過程。例如，使用莎士比亞作品中出現的高頻詞進行聚類分析，進而可以考察這些作品是按時代還是按內容聚類。

主成分分析：一種從原始變量中導出少數幾個主成分來揭示變量間的內部結構的分析方法，是常用的線性降維方法之一。例如，從多名作家的作品中抽取副詞的使用頻度進行主成分分析，根據副詞使用訊息的處理集約，觀察作品的類別以及不同作家間的關係。

因子分析：假定觀測數據背後存在隱形的共同因素，並以變量之間的相關性為基礎抽取共性因子的方法。例如，統計社會、語言、文學、藝術等不同體裁文章的接續詞的使用頻度，進行因子分析，在提取隱藏的共同因子的同時，也能夠觀察與各種因子關聯程度高的體裁。

對應分析：一種與主成分分析和因子分析相似的多變量分析方法，通過分析由定性變量構成的交互彙總表來揭示變量間的聯繫。例如，對日本歷任首相的施政信念演說中出現的名詞進行統計，實施對應分析，根據結果觀察文本如何被歸類，進而探討施政信念演說所反映的歷任首相之間的關係。

　　此書附帶的CD-ROM中收錄了用於分析的語料庫數據，以及基於
Excel的統計分析工具。讀者可以通過實際操作體驗統計處理的樂趣，在
實踐中掌握分析方法。此外，各章設有〈圖書指南〉一欄，讀者可將此作
爲今後深入學習的指引。

第 V 部
日語教育與第二語言習得研究

總論——日語教育學研究之過去、現在、未來

羅曉勤

一、前言

　　因應全球化暨國際化的趨勢，外語能力的培育一直是臺灣教育政策中的重要議題。擁有良好的外語能力，才能掌握國際知識；理解不同文化，方能開拓全球視野。九一一恐怖攻擊事件（2001年）之後，美國教育部長佩吉（Rod Paige[1]：1933～）曾指出，「今天我們面對的是二十四小時的即時新聞、全球化的市場和高速網路的世界。每天早上，只要打開報紙就可以明白，我們的未來和下一代的未來，都和全球社會所面臨的複雜挑戰息息相關。為了讓我們的孩子做好充分準備，未來能在這樣的世界占有一席之地，並且能迎接這些複雜的挑戰，首先必須讓他們了解這個世界。」因此，學習外語成為了解世界的重要管道之一。而本文中所論及之外語並不侷限於英語，這一點從臺灣的108課綱語文領域[2]分為國語文、本土語文／新住民語文、英語文，以及被歸在英語文領域的第二外國語文等課程來看，可以得知臺灣對於語文人才培育的重視。

　　依據臺灣的「高級中等學校第二外語教育推動計劃」官方網站上所公開的開課現況資料[3]中，我們可以得知，高中的第二外語課程中選擇日語

---

[1]　Michelle R. Davis（2002.11.27）Paige Urges New Focus on International Education, Education Week（http://www.azbilingualed.org/AABE%20Site/AABE-Bilingual%20Education%20News/paige_urges_new_focus_on__intern.htm）。

[2]　108課綱資訊網（https://12basic.edu.tw/12about-3-2.php，最終檢索日：2021年12月20日）。

[3]　「高級中等學校第二外語教育推動計劃」的網頁資料開課現況（https://www.2ndflcenter.tw/web/class/class.jsp，最終檢索日：2022年12月20日）。

的人數是最多的。另外，在「大專校院校務資訊公開平臺」上有關「正式學籍在學學生人數－以系（所）統計」[4]，也公開了大學語文相關科系除卻中文系所、英文系所，就以日語相關系所爲最大宗。其主要的原因可以歸於臺日歷史交流悠久及擁有強大的經貿連結。從上述內容，我們可以確知日語教育在臺灣的高需求及重要性。爲此，如何在臺灣（海外）學習日語跟指導日語便成了一個重要的課題。

　　而在日本國內，自前首相的中曾根康弘（1918～2019）於1983年提倡「2000年留學生10萬人計劃」後，日本國內外的日語教育獲得各類資源得以蓬勃發展（丸山敬介1995）。伴隨著日語教育的興盛，日語教育相關的研究領域也日趨成熟，相對地，這也致使對該領域的有興趣的研究人員在剛接觸的階段如墮煙霧，「爲什麼會有日語教育學？」「日語教育學是如何形成的呢?」「其相關的領域及能探究的方向又爲何?」想必是許多初接觸日語教育學領域時會產生的疑惑。爲此，如下的章節將透過整理臺灣及日本的日語教育相關的學術期刊的論文研究方向，進而介紹日語教育學的研究動向。

二、日語教育學研究的動向

1.從「日本國語學」出發的日語教育學研究

　　日本的《日本語教育》學報編集委員於2012年，針對1962年創刊到2012年的五十年間的學報整理一文中提到，自創刊到1972年以前的論文來看，日語教育這門學問的歷史尚淺，和其它學門相比，其研究內容及方法尚未確立。其論文大多偏重於難以教授的內容之指導法，日語語言學的相關研究也多倚重日本的國語學架構。而打破此情況的是1972年的一場座談會。座談會中，森田良行（1930～）提醒從事日語教學的學者，「要自己去發現問題，不要等別人提示後才去研究；應該要自己一邊教一邊去找出問題在哪，應該有一種只有從事日語教學的人才會理解的日語問題才

---

[4]　「大專校院校務資訊公開平臺」的「正式學籍在學學生人數－以系（所）統計」（https://udb.moe.edu.tw/DetailReportList/%E5%AD%B8%E7%94%9F%E9%A1%9E，最終檢索日：2022年12月20日）。

對。」這一番話使從事日語教學的相關人員開始意識到「從日語教學的觀點切入的研究」。同時，在英語教育中，Coder,S.P.（1967） 針對英語學習者的產出（output）中的誤用（errors）部分，刊登了誤用特徵分析的論文。這開啓學習者的誤用特徵及誤用背後機制分析的新研究方向；誤用分析的研究也如Rod Ellis（2003）所述，爲1980年代之後崛起的第二語言習得（Second Language Acquisition）研究奠定了基礎。

如前所述，日本以日語教育爲主題的最早刊行物爲1962年的《日本語教育》，而同以日語教育爲主題的臺灣學報則爲1976年《東吳日語教育學報》（前身：《東吳日語教育》）（賴錦雀2011），與日本相比晚了足有十多年之久。另外，其他由學會出版日語教育相關刊物的，還有1989年首刊的《台灣日本語文學報》及1994年的《台灣日語教育學報》。以上由臺灣發行的日語教育相關刊物中包含臺灣的日語語言學、日語教學和日本文學等研究論文或報告。單就臺灣的日語教學方面，又可分爲大學日語課程規劃、五技能——聽、說、讀、寫及翻譯——相關的教學實踐報告，以及臺灣日語學習者等數個大主題。簡而言之，臺灣日語教育研究與日本1972年後的日語教育研究方向有一定程度的類似性。

2.從第二語言習得出發的日語教育學研究

(1)從第二語言學習者的產出（output）出發

所謂第二語言習得（Second Language Acquisition）研究，可依照學習環境的地點，分成狹義及廣義。對此，Rod Ellis（2003：20）明確地定義：「『第二語言習得』是指無論教室課堂內外，習得母語以外的語言過程，而『第二語言習得』研究，則是針對上述情況中語言習得機制的相關研究。」也就是說，只要是學習母語以外的語言都可以被定義成是第二語言習得，而第二語言習得研究指的就是釐清第二語言習得機制的相關研究，這也開啓了所有的第二言語習得之相關研究，當然也包括日語教育學研究。

如前所述，針對學習者產出的語料進行的誤用分析，爲第二言語習得研究奠下基礎。Rod Ellis（2003：40）提到誤用分析研究的意義如下：

①釐清「學習者爲何犯錯」，以協助學習者產出正確的目標語言。

②理解學習者犯錯的種類，藉此教師可掌握教學現場。

③誤用分析研究也幫助學習者在學習時的自我修正。

而在分析學習者誤用的同時，研究人員也發現學習者的誤用中，不論其母語爲何，似乎都共通存在著一個共通的體系。對此，Rod Ellis（2003：40）指出，第二語言習得研究的基本前提是收集學習者語言的樣本，用以進行下列的主題研究：

①分析整理學習者的誤用的種類，並且觀察這些誤用隨著學習時間的增長其產出的變化。

②分析考察文法要素的習得階段。

③觀察學習者語言的變化過程。

在收集並分析、考察學習者語言的正用及誤用的樣本當中，我們可以發現學習者的「文法項目的習得順序」有其一定規則可循；另外也發現學習者可以運用既有的文法知識，再搭配所處的狀況或條件，自行創造出新的語言運用的知識，並且也有一定的正誤用的順序可循，這被學者稱爲「構造運用上的發達順序」。再加上當時認知主義崛起，賴瑞・塞林格（Larry Selinker, 1937～）將第二語言習得的知識建構過程稱爲中介語（Interlanguage），當作分析、考察學習者學習第二語言時的另一個理論架構。

過往分析學習者第二語言的誤用時，主要以強調「刺激—反應」的「行動主義」爲主要學習理論，因此大家深信，理解學習者的誤用種類後，便可透過課堂活動不斷地給予學習者「正刺激」，就可以強化學習者的「正反應」，獲得正面學習成效。但第二語言習得研究發現，「刺激—反應」的學習方法似乎無法解釋說明學習者的學習過程，因爲研究結果顯示，即使給予學習者再多的正確語料的輸入（input）——即刺激，但學習者產出的語料結果並非只是單純地反應出被輸入的東西。同時，從學習者產出的語料來看，我們還可以觀察到學習者其積極地在建構自身的語言規則。

而認知主義的出現，使研究人員在分析「學習」時，開始從外在的因素轉到從人類天生習得的特性來進行解釋及分析。對此，研究人員假設

人類與生俱來擁有「語言學習機制」（language Acquisition Device），透過此機制人類會自行處理被輸入的語料，之後於腦中產生學習，再轉化成自行的語言知識運用系統後再輸出。研究「中間語言」的學者，將此過程——即學習者經歷「中間語言」的過程——比喻成具有「輸入－CPU處理器－產出」電腦的處理系統。研究人員認為，只要釐清學習者的「中間語言」在人腦中如何運作，就能解開學習的機制。

　　為此，研究人員開始探討下列問題：如「對於語言的學習輸入何時會發生效用？何時是無效的？」「學習者何時會使用借用第一語言的策略？」「讓學習者的語言發生變化的要素為何？」「讓學習者去重新建構中間語言的要素為何？」「什麼機制讓學習者的第二語言的誤用產生化石化現象」等等。換言之，研究人員透過分析考察「中間語言」的存在，勾勒出「語言學習機制」的概念，使我們對「語言學習」的研究上又多了新的觀點。

　　此後，研究人員也發現到學習者的產出，亦即探討第二語言的使用時，必須考量學習者所處的情境、與他者的互動關聯以及社會文化的影響，藉此衍生出會話分析或談話分析的研究，並加入社會學或心理語言學的觀點進行分析。

(2)從第二語言學習者的個人特性出發

　　考察分析學習者第二語言的產出語料時，除了部分共通的規則之外，研究人員也觀察到，語料的產出會因學習者個人特性而有所不同。不僅學習環境以及與學習環境相關的社會文化的要因，研究人員認為，年齡、個性、學習方法（learning style）、學習策略（learning strategy）、語言學習的適性、動機、對學習的不安等要素，都會影響到第二語言的學習。

　　這些與學習者個人特性的相關研究，在過往強調「刺激－反應」理論，研究人員認為只要找出「優秀的」「好的」學習者（good learner）後，要求其他學習者模仿「好的」學習者的個人特性，就能提高學習成效。但在一連串的研究成果的實證研究後發現，「好的」學習者的個人特性的運用效度有限，加之實證方法多以實驗對照的方式執行，於是在研究倫理的層面上難免有所爭議。

　　且當下的研究氛圍步入社會構成主義。對能力的定義不再是歸因於

個人，每個人的能力是受到生活環境、與他者互動以及社會文化等多重因素影響而成。因此，一個人的能力「高低好壞」是無法依賴某組織的單次量化測驗得知的。我們應該關注的是，成長環境以及和他人的互動連結是如何造就、影響個人的能力特性。在反思過往研究方法不足的浪潮中，第二語言的習得研究也逐漸從量化統計轉向質性研究，重視學習者的學習歷程。

　　有關以上的相關研究動向的詳細發展，本書第V部的日語教育研究學中將透過遠藤織枝、岩田一成《新・日語教育：爲何教？教什麼？如何教？》（導讀65）、西口光一編《文化歷史中的學習與學習者：從社會文化看日語教育》（導讀66）、神吉宇一編《日語教育學之設計：編繪出具路徑與指標》（導讀74）、館岡洋子《日語教育之質性研究入門：如何描述學習、教師、教室》（導讀67）等書籍的導讀，帶領大家一起學習日語教育學研究在此部分的研究動向。

3. 學習過程中最重要的「他者」：師資培訓暨成長過程之研究動向

　　在學習的過程中，教師扮演著不可或缺的角色，因此教師研究也是日語教育學研究中重要的課題之一。早期的師資研究和學習者研究相同，也採「刺激－反應」的「行動主義」論點。以問卷統計的方式來分析「好的」教師或者是「熟手」教師的特徵後，便將其運用到師資培育系統，以期待能培育出更多更「好的」教師。但如同學習者個人特性的研究一樣，在實證研究中皆陸續發現這些特性的運用成效不符合預期。

　　如2.2.2所述，當我們從「社會構成主義」的角度看待學習時，必須考量學習者身處的社會文化環境，以及其環境中與重要他人的互動過程，而教師便是學習者的重要他人——即所謂的「他者」。相關面向的研究課題有「這樣的他者是如何跟學習者互動」，以及「教師這個重要的他者又是如何面對其所處的環境並與如何在與重要的他者的互動中，成長爲一位教師的」等等。也因此發展出以田野觀察、訪談等質性方式理解教師成長的歷程的重要研究，在第V部將分別以唐納德・舍恩（Donald A. Schön）

《專家的智慧：同步行爲與反思的反省實踐家》一書來引導讀者一同理解
教師成長歷程（導讀69），另外一本則是館岡洋子《日語教育之質性研究
入門：如何描述學習、教師、教室》，來看質性研究於課堂中的應用（導
讀67）。以上二本書都可以幫助讀者理解作爲「他者」的教師之研究課
題，以及今後的研究可能性。

　　最後，與教學行爲息息相關的一個重要研究課題，就是「評價」。
「評價」除了可以當作學生學習成效的測量工具外，也是教師省視自身教
學活動和教學目標是否一致的重要指標。第V部推薦近藤布朗妃美（近藤
ブラウン妃美）《給日語教師的評價概論》一書，有助於讀者思考評價相
關的研究課題（導讀70）。

4.因社會變遷而引起的典範轉變來看日語教育研究之動向

　　現行的學校教育起源於工業革命後，爲了普及教育人口而設立的。因
此，學校常被比擬成爲工廠，希望從學校這個工廠出產的商品——即學生
們——都具備有相同的知識能力，也因此產生統一的教材、統一的測驗基
準、標準答案等等。再加上強調「刺激－反應」的「行動主義」的主導，
讓教學主要是單方面的知識講解來強化輸入，再搭配模仿、一起複誦的反
覆練習方式來強化學生的學習成效。早期，由於知識流通不普及，且取得
知識或經驗的管道較封閉，因此只能透過單方向的傳授，才能快速地複製
知識人才。但隨著全球化、科技化的進步，知識可以透過網路媒介快速傳
播、檢索，學習工具也變得多樣化，長久以來教育現場單方向的知識傳播
或模仿、練習的教學模式，將面臨嚴峻的挑戰。於是我們必須思考如何引
起學習者的學習動機、如何將學習的主權歸還給學習者等無法避免的難
題。

　　另外，以往人類在面臨一些天災或人爲災變的挑戰時，大多可以從
過去相關的歷史經驗找到一些面對挑戰的應變方式；但是進入二十一世紀
後，隨著科技化及全球化的快速成長，我們所面臨的挑戰，開始出現過去
經驗不足以應對的情況。因此，學校教育開始被要求如何培育出能應對多
變世界的未來人材。也就是說，學校教育在需要以創新的教學方法來教導

基本知識能力之上，如何運用創新教學來培育或增長學習者的素養能力，以及在未來世界所須的生存能力，此成爲教學現場的一大課題。這樣的課題，也帶動教學實踐教育研究的活絡。首先面臨到的就是伴隨科技進步，教學的場域除了面對面的教學之外，也多了線上教學的選擇，更遑論2019年起因COVIN-19疫情的關係多數教學現場被迫使用線上教學的情況，如何將科技引進教學也成爲值得關注的研究課題。在本書中我們將透過當作靖彥監修、李在鎬編《ICT×日語教育：活用資訊通信技術之日語教育理論與實踐》一書，來理解將科技引進日語教育的相關研究課題（導讀71）

在日語教育領域也面臨相同的課題，因此第V部中我們將透過教育學的大島純、千代西尾祐司《引導進入主體性、對話性深度學習　學習科學指引手冊》一書，先理解整體教育在此方向的研究動向（導讀68）；再閱讀橫溝紳一郎、山田智久《寫給日語教師的主動學習》一書，進而理解上述議題於日語教育研究中的發展動向（導讀72）。

伴隨著全球化發展，跨國境的移動與接觸成爲人們的日常，爲此各領域開始發展評價人材能力的標準，教育現場是如此，語言教學當然也不例外。美國及歐洲的教育相關政策中便訂立出語言教育的能力分級標準，並對各級能力有著詳盡的定義及描述。臺灣108課綱中等教育一般高中第二外語的課程綱要，也導入歐洲共通參照的概念以進行編製。因此第V部中我們將介紹奧村三菜子、櫻井直子、鈴木裕子《寫給日語教師的CEFR》，爲讀者解說何謂能力分級標準，該書中也提及如何運用能力分級標準去製作教材及設計課程等內容（導讀73）。

語言的學習除了說、讀、寫、聽、譯等基本技能的培養，以及記憶各種語言形式在場合中扮演的委託、拒絕、許可等機能外，我們認爲必須加入目標語言，以及使用者所處的歷史、社會、文化、政治。因爲唯有引進和脈絡情境息息相關的人類學、社會學等角度，我們才有可能更加理解處於「當下」的學習者的行爲。因此第V部中我們也將介紹神吉宇一編《日語教育學之設計：編繪出其路徑與指標》（導讀74）及佐藤愼司、村田晶子《從人類學、社會學的視點看過去、現在、未來的語言教學：語言與語言教育的意識形態》（導讀75），希冀對日語教育學有興趣的讀者，可以從不同的層面來看待日本教育學，並共同反思臺灣日語教育研究今後發展

的可能性。

三、小結

　　日語教育學研究，單從字義探討，其研究動向有兩大方向。第一為「日語」，這一部分可以從語言學出發來進行探究，不論是日本早期的日本國語學，或是引進社會學、心理學的理論，探討語言的構造語言學或認知語言學等等。而隨著典範轉移，日語教育學也開始以不同的視點來探究學習者的產出（output）狀況，這些研究都和「日語」有著密切的相關連結。

　　第二是「教育」。「教育」和心理學有著不可分的關係，早期教育的觀點是從個人特性出發。將學習成效的「好壞」與年齡、動機、策略、情意劃上等號，再藉由「刺激－反應」的行動心理學，將構成「好」的要素複製轉移到更多學習者身上，以求教導出更多「好的」學習者，然而這樣的「教育」模式成效不彰。隨後，社會構成主義出現，開始強調人與環境、他者的互動，關注每一個要素的社會歷史脈絡背景和學習的互動關係，我們看待「學習」也多了更多探討的視野。

　　最後，我們希冀今後「日語教育」研究藉由結合「日語」和「教育」的脈絡，能發展成「日語教育學研究」，讓日語教育學研究也擁有其獨自研究背景的社會文化脈絡之動向。同時，我們也期待今後臺灣日語教育學研究在日語教育學研究整體脈絡研究中佔有一席之地，也能更進一步發展出屬於「臺灣日語教育學研究」的脈絡。

參考文獻

学会誌委員会編集担当委員，2012，〈学会誌50年の記録〉，《日本語教育》第153號。

丸山敬介，1995，〈「留学生10万人計画」以後の日本語教育〉，《同志社女子大学日本語日本文学》第7期。

賴錦雀，2011，〈從學報看臺灣日語教育學研究的現況與展望—以『東吳日語教育學報』與『台灣日語教育學報』為主〉，《東吳日語教育學報》第37期。

Coder,S.P., 1967, *The Significance of Learners' Errors: International Review of*

Applied Linguistics in Language Teaching, Sydney: University of New South Wales Australia.

Rod Eills：ロッドエリス著，牧野高吉譯，1997＝2003，《第二言語習得のメカニズム》，ちくま学芸文庫。東京：筑摩書房。

65. 遠藤織枝、岩田一成，《新‧日語教育指南：為何教？教什麼？如何教？》，2020年

原書：遠藤織枝、岩田一成，2020，《新‧日本語教育を学ぶ—なぜ、なにを、どう教えるか》，東京：三修社。

陳毓敏

　　《新‧日本語教育を学ぶ—なぜ、なにを、どう教えるか》一書（以下簡稱此書），由三大篇、十小章組成：第一篇闡述日語教育之目的，共三章；第二篇介紹日語教育的範圍，共四章；第三篇則談論日語教學指導，共三章。

　　第一篇「闡述日語教育之目的」的第一章以述說日語教育的歷史與背景為主，介紹十九世紀末迄今的日語教育史，其中對比臺灣、朝鮮兩個殖民地的日語教育施行成效及成因。對日語教育歷史研究有興趣的人，可以參照此章。第二章則分析日本國內外的日語學習者現狀。國外的部分，採取「推廣海外日語」、「各國教育政策」以及「學習日語的目的」之三個角度進行分析；日本國內的部分，則由高度人才、非高度人才、在日本生活的外國人之三種類型的日語學習者進行探討。而無論國內外，日本少子化、高齡化所產生的勞動力不足的急迫現況，則貫穿了所有議題。1990年代日本開始引進「技術研修生」、「技能研修生」，2000年以後則是外籍護士及醫療長照人員。對此，如菲律賓、越南等國的東南亞地區，其日語學習者急遽增加。第三章則探究日語教師的現狀與問題，介紹日本國內外培訓日語教師的流程，以及日語教師應該具備的資質與能力。

　　第二篇介紹日語教育的範圍，分四章。按順序，本篇第一章（即此書第四章）介紹第二語言習得的基礎知識，如影響日語習得的因素及指

第 V 部 65. 遠藤織枝、岩田一成，《新‧日語教育指南：為何教？教什麼？如何教？》，2020年

253

導技巧等等。第五、六章介紹日語教學的文法、文字與語彙。日語教育的漢字、語彙與文法按難易度區分，通常與日本語能力試驗的級數連動，近年則開始嘗試導入新標準-歐洲語言共同參考架構（CEFR，Common European Framework of Reference for Languages: Learning, Teaching, Assessment）。第七章則彙整社會文化等多元角度的日語教育相關用語，如歧視語、新語（流行語）等等，另有高齡化社會中迫切所需的醫療福祉及長照相關用語。

第三篇以日語教學指導法為主題，共三章。本篇第一章（即此書第八章）著重於日語評量方法。目前最為人所熟知的日語評量測驗是「日本語能力試驗」（JLPT），該測驗從2010年起從N1～N4的四級制改為N1～N5的五級新制，其評量的參考理論也有所調整，與舊制略異。教室內所使用的評量方式，則以學習者為中心的評量法居多，如學習者自我評價、同儕評價，以及透過記錄學習者的學習過程之檔案（portfolio）分析等方法。第九、十章聚焦於教學大綱（Syllabus design）及課程大綱（Curriculum design），在安排這些課程規劃前必須先了解學習者的背景、需求及狀態。教學大綱的設計，可按其目的分成文法、機能、場景、任務及主題等幾類；課程大綱的設計則包含教授法、教室活動，教科書等等。而上課內容的設計則包括學習目標的設定、學習項目的分析，教案的製作到實際執行等等。

筆者（陳毓敏）同為日語教師，十分贊同此書作者對日語教師所提倡之「持續學習」概念。「持續學習」的態度極為重要，因為日語教師會遇到各種的問題，當碰到問題時不是被動地等待別人的幫助，而是應該選擇自主學習的道路，與同伴齊心協力，主動地尋找解決方法。

66. 西口光一編，《文化歷史中的學習與學習者：從社會文化看日語教育》，2005年

原書：西口光一編，2005，《文化と歴史の中の学習と学習者―日本語教育における社会文化的パースペクティブ》，東京：凡人社。

簡靖倫

　　《文化と歴史の中の学習と学習者―日本語教育における社会文化的パースペクティブ》一書（以下簡稱此書），其內容架構由三大部分組成：第一是〈重新審視〉；二是〈深入理解〉；最後第三部分的〈實踐報告〉則是紀錄了數篇發生在第二語言的學習與指導場域中的實際案例。每一部分都包含三到四篇論文或教學實踐紀錄，每篇論文之間不具有前後連貫性，但其共通點是，將語言學習者的學習過程、學習成效或教學法視爲不停變動的有機體，並在具有歷時、互動等特質的社會文化脈絡中觀察外語教學法或學習的變化。

　　第一部分〈重新審視〉由〈學習〉（第一章）、〈理解學習者的過程〉（第二章）、〈溝通能力〉（第三章）三篇論文組成。〈學習〉一文認爲，過往的語言教育只將學習定義爲個人行爲，但本章節認定「與教師、同儕的互動」都應視爲學習的一部分。〈理解學習者的過程〉一文考察了母語者和語言學習者建構共識的過程。在母語者和語言學習者接觸的過程中，母語者會站在學習者的立場，理解其語言使用的意圖，並達到雙方認同的「內容」結果。〈溝通能力〉一文則是將語言學習者的溝通能力的成長視爲學習過程。亦即，就算語言學習者乍看之下無法順利和母語者溝通，也不應據此評斷學生欠缺語言能力，或不夠努力。過往以「達到與目標語言的母語者相同能力」爲標準的評斷，對學習者的語言能力肆意評斷優劣，不免有所偏頗；對此，本文建議評價學習者的標準修改爲「目標語言的溝通效度」。

　　第二部分〈深入理解〉則有〈「協作學習〉（第四章）、〈學習者的母語使用〉（第五章）、〈教室互動〉（第六章）、〈社會文化下的外語學習者〉（第七章）等。〈協作學習〉（Collaborative Learning）意味著，學生運用已具備之能力和他人一起進行活動。〈學習者的母語使用〉一文描述母語對學習者理解社會認知具有重大影響，可謂是學習者習得第二語言的基礎。甚至有些學習者在學習第二外語時過度意識母語，進而對第二外語的詞彙、文法等賦予其他詮釋，致使本應作爲學習對象的目標語言的內部使用發生變化。第六章〈教室互動〉指出教室中的互動形式多樣且複雜，學習者是否能夠積極接觸環境資源，是影響學習成效的重要成因之一。〈社會文化下的外語學習者〉一文談論到，過往教學現場要求學習者按照日本人的對話模式進行日語學習這樣的做法，是剝奪學習者使用母語思考的權利（disempower），同時也限制了學習者在教室外接納多語言環境的能力發展。

　　第三部分〈實踐報告〉則以個案考察爲主，共有〈外語學習與人格形成〉（第八章）、〈學習動機〉（第九章）、〈教室中的語言使用〉（第十章）、〈學習者敘說（narrative）能力〉（第十一章）等四篇。第八章〈外語學習與人格形成〉將「人格」定義爲「後天的、成長過程中與社會文化接觸的結果」。以本章論及的俄語學習者爲例，文中觀察者學習者在接觸新的俄語單字時，會與自身生活經驗結合，並擴大新詞彙的象徵意涵。〈學習動機〉一文則爲個案訪談，指出學習動機並非一成不變。學習者自我意識的改變，或與外部環境、他人的互動，都可能導致學習者的學習動機發生變化。〈教室中的語言使用〉一文是以某教室課程進行個案考察，透過課堂頻繁使用的「慣用句」（favorite phrase）營造課堂的氛圍、強化學習者的記憶點，進而鼓勵學習者參與課堂。最後一篇〈學習者敘說能力〉則觀察不同母語者如何透過互動溝通進而達到互相理解的過程。

67. 館岡洋子，《日語教育之質性研究入門：如何描述學習、教師、教室》，2015年

原書：舘岡洋子編，2015，《日本語教育のための質的研究入門―学習・教師・教室をいかに描くか》，東京：ココ出版。

施信余

　　隨著全球化發展與個體移動，在地球的各個區域皆逐漸轉變成多語言、多文化共存的社會。在面臨和不同語言文化背景的個體共生的情況下，與人溝通、合作的必要性大為增加，也因此各國的語言教育的對象和教育現場也益趨多元，教育領域面臨到重新詮釋學習觀、教育觀以及研究方法論的必要性，日語教育領域亦是如此。《日本語教育のための質的研究入門―学習・教師・教室をいかに描くか》一書（以下簡稱此書），是日語教育界第一本質性研究入門書，共分成三部來進行闡述。

　　第一部說明日語教育為何須使用質性研究的角度切入。在此，將日語教育研究中混雜三種類型的研究整理如下表5-1：

表5-1　日語研究的三種類型[5]

	類型1	類型2	類型3
研究對象	日語（音聲、語彙、文法、談話與文章等）	具有普遍性、共通性的人類	多樣化的個人與場域
學術領域	日語語言學	第二語言習得研究、實驗心理學	社會學、人類學、質性心理學等多種領域
研究方法	量化研究	量化研究	質性研究

---

[5]　表5-1為筆者依據此書內文自行製成。

　　類型1是1980年代之前進行的研究,旨在「將從語言學中獲得的知識(理論)應用於日語教育」。類型2是從1980年代後半以從人類是具有普遍性、共通性的觀點(主要是日語學習者)出發來進行研究,旨在「將在第二語言習得研究和心理學中獲得的理論加以應用與實踐在教學場域」。類型3則是自2000年以後學習者的多樣化,學習者與其所生活的社會場域的互動來理解語言學習。因此研究大多針對各種個人(日語教師、黑戶孩童、醫療看護的外國人材等)和其所生活場域(學校教室、社區的志工教室等)所進行的調查研究居多。類型1和類型2多爲量化研究,因其研究目的是建立具共通性及普遍性的理論,因此研究分析上較不會從語種或人種去進行分析。相較之下,類型3爲質性研究,因爲類型3的研究目的是描述從特定的日語教育領域產生的局部理論。

　　質性研究主要的考察對象是,置身於與複雜的他人關係之中的「個體」,因此必須竭盡所能詳細描述其「現實」(reality)狀態,這是在「定量研究」中容易被淹沒、被忽視的。爲此,此書第一部中還提及質性研究的產生背景和各種質性研究方法,並說明質性研究的七項共同特點:①重視日常的、自然的情境;②對實證主義認識論的懷疑;③強調過程和關聯性;④歸納式的;⑤關注意義和敘述;⑥強調觀察者與被觀察者之間的相互作用和社會互動;⑦以實踐和改變教育現場爲志。

　　在日語教育學中「理論應用」的相關研究數量不少,但「理論源於實踐」,而分析實踐得仰賴質性研究,可見質性研究的必要性。另此書還更進一步說明質性研究本身的典範轉變,並帶領讀者一同理解質性研究的信度及效度。最後,從當事者的視點闡述身爲教學實踐者及研究者該如何切換身份、是否有可能將教學實踐場域的學生當成「共(きょう)生(せい)者(しゃ)」(生活在共有場域的人)藉由「生命故事」(life story)的質性研究手法提醒研究者資料中所展現的「多聲性」,唯有透過研究者自身不斷地自我提問,方能讓實踐研究成果具有更多面向。

　　接著第二部的〈掌握個體的質性研究〉中彙整了六篇教學實踐研究,聚焦於多樣化的學習者及教師。第三部的主題則爲〈掌握場域的質性研究〉,收錄了分別在教室活動、大學、地區性日語教室等不同場域所執行的五篇實踐研究。各篇作者回顧自身的實踐,反思迄今爲止所執行的課程

活動，並提出新的發現與論點。所有的論文皆循著反覆切換於實踐和研究之間的過程，積極地思考下一階段的任務。

　　據以上所述，此書無庸置疑地就是一本貫徹「理論源自於實踐」的著作。最後，作者們也強調自身論文的目的並非指導「該如何進行」質性研究，而是透過每位作者（＝日語教師）描述並公開自身研究領域的真實事件，供讀者（＝研究者、今後的日語教師）思考身為教學實踐者及教學實踐研究者，該如何執行和闡述自己的教學活動以及研究成果。

68. 大島純、千代西尾裕司編，《引導進入主體性、對話性深度學習 學習科學指引手冊》，2019年

原書：大島純、千代西尾裕司編，2019，《主体的・対話的で深い学びに導く学習科学ガイドブック》，京都：北大路書房。

張瑜珊

　　日語教學領域中包含了兩大元素，即教師的「教育」（teaching）與學習者的「學習」（learning）。爲了因應急速變化的年代，日本及臺灣的教學現場近年來較多關注於促進學習者主體的主動學習（active learning）。因此現今教師的「教」（教學理念、教學設計、學習評量等）極大部分需於理解學習者的「學」之後而有所對應。當學習被當成一研究對象，可說是囊括認知科學、教育心理學、計算機科學、人類文化學、社會學、情報科學、神經科學、教育學、課堂研究等基礎理論及方法論，爲一跨領域跨學門的研究範疇。

　　《主体的・対話的で深い学びに導く学習科学ガイドブック》一書（以下簡稱此書）的作者們，冀望介紹劍橋大學出版社出版的《学習科学ハンドブック〔第二版〕》一書（R.K.ソーヤー編2018、2016、2017）[6]。該譯書共三卷，每卷冊近250頁，內容對活躍於教育現場的現役教師、對教學有興趣的大學生與研究所學生、研究學者，以及規劃、執行、督導教育政策的相關部門、教育產業相關人員等都具有重要參考價值。爲此，此書的作者們自行於日文版三卷冊監譯及編譯後，另外募集日本的專家學者編寫了入門導讀的《主体的・対話的で深い学びに導く学習

---

[6]　華語譯本爲《劍橋學習科學手冊第2版（R. 基恩・索耶主編2006，2014 = 2021）》。

科学ガイドブック》一書。並將此書籍的內容限定於主動學習相關的學理
概念、課程設計及教師持續改善方法等三部分。

　　課堂中若要提高學習者主體的主動學習，首先就需要理解學習個體
的學習機制，以及學習者的學習環境如何影響學習品質。此書的第一部分
便是從學習的學理概念開始鋪陳，利用〈深度學習〉、〈對話式學習〉、
〈具主體性學習〉三大章節來說明主動學習的科學概念。如〈對話式學
習〉的章節中就利用「（知識）外化」、「自我說明」、「構成主義與社
會構築主義」、「協作」、「學習共同體」等關鍵詞彙來解釋；〈具主
體性學習〉則使用「動機」、「後設認知」、「自我調整學習」、「調節
學習的調整」、「學習相關的基礎理論」、「協同問題解決」等概念來說
明。

　　第二部分的課程設計，則有〈深化主體學習的課程設計〉、〈為強
化深度學習導入對話的課程設計〉、〈重視學習者主體性的課程設計〉、
〈新的評量方式及想法〉等章節，使用關鍵詞彙解釋如何達到此章節的目
的。有時是科學概念的解釋；有時是教學方法的提示。本文就〈導入對話
的課程設計〉的章節內容來一探究竟。對話式學習之所以重要，是因為我
們有一部分的知識建立是立基於分工合作後互補出的「分散認知」，其方
法可由課堂內比閒聊更有意義的「議論」、「自我說明」等學習行為來達
成。課程設計也能從較大框架的「探究學習」、「（STEAM教育的）模
擬實驗」著手。

　　書籍中的最後一個部分則將焦點擺放在教師的學習層面，探討教
師如何讓自己能夠持續地改善自我的課堂。設立的章節為〈Teacher as
Researcher Approach〉（教師即為研究者方法）、〈增大型設計研究〉。
利用行動研究法、公開課堂等方式，檢視自己的教學成效。在設計課堂前
即引用相關教學或學習理論，於一連串的教學實踐後，評量並反思檢討其
成效等的設計研究（Design-Based Research）也是被推崇的。作者們期待
教師的教學改革能夠增大至學習組織，讓設計研究能成為教育的「改善科
學」。並提出「活動理論」來補足說明共同體共同成長的原理。

　　此書可視為理解主體性、對話性深度學習等科學概念的入門書。但又
因其目錄由關鍵詞彙建構而成，故此書亦可作工具書使用。配合上述所言

及的《学習科学ハンドブック〔第二版〕》（日文版）、《劍橋學習科學手冊第2版》（華語譯本），讀者亦可透過任一學習領域之專有名詞，深化其相關知識，讓自己的日語教育研究能更立基於科學論述之上。

參考文獻

R・基思・索耶主編，徐曉東等譯，2006, 2014=2021，《劍橋學習科學手冊第2版》上、下冊，北京：教育科學出版社（華語譯本）。

R.K.ソーヤー編，森敏昭、秋田喜代美、大島純、白水始監譯，望月俊男、增川弘如編譯，2018，《学習科学ハンドブック〔第二版〕 基礎／方法論 第1卷》，京都：北大路書房。

R.K.ソーヤー編，大島純、森敏昭、秋田喜代美、白水始監譯，望月俊男、增川弘如編譯，2016，《学習科学ハンドブック〔第二版〕 効果的な学びを促進する実践／共に学ぶ 第2卷》，京都：北大路書房。

R.K.ソーヤー編，秋田喜代美、森敏昭、大島純、白水始監譯，望月俊男、增川弘如編譯，2017，《学習科学ハンドブック〔第二版〕 領域専門知識を学ぶ／学習科学研究を教室に持ち込む 第3卷》，京都：北大路書房。

69. 唐納德・舍恩（Donald Schön），《專家的智慧：同步行為與反思的反省實踐家》，1984年

原書：Donald Schön ,1984, *The Reflective Practitioner: How Professionals Think in Action Basic Books*, Basic Books.

日文譯本：ドナルド・ショーン著，佐藤学、秋田喜代美譯，2001，《專門家の知恵——反省的実践家は行為しながら考える》，東京：ゆるみ出版。

工藤節子

　　《專門家の知恵——反省的実践家は行爲しながら考える》一書（以下簡稱此書），其原著爲唐納德・舍恩（Donald Schön, 1930～1997）的 *The Reflective Practitioner: How Professionals Think in Action*（Basic Books, 1983），全書分爲三部、十章，由教育學者佐藤學（1951～）及秋田喜代美（1957～）翻譯。

　　此書中所謂「專家」，係指在近代之以基礎科學及應用科學爲根基之「技術合理性」的領域（醫學、法律、工學等）中，具有高度專門化且技術熟練的「知性體系者」。「知性體系者」具有知性的權威，並被要求應檢驗研究課題與研究結果之有效性，此在培育教師的領域中亦然。然而，1960年代進入後現代時期，社會所面臨的各種問題開始變得複雜，且有複雜性、不確定性及不安定性等要素。對此，無論是一般人或專家都察覺到，嚴密細分化之專門知識及技術已經難以因應如此劇烈變化。雖然「技術合理性」之專家的實踐仍聚焦於解決問題的過程，但在現實世界中所面對的問題顯然已不是既存的明確課題，而是源自各種不確定的狀況。換言之，我們應重視的是察覺並注意到問題，同時探求其原因、並賦予其一定

框架的過程。

在上述的脈絡下，舍恩提出了「專家」的新定義；亦即，專家並非僅為既存的科學知識與技術解答問題，而應該是「反省實踐家」，具有能力透過實踐發現複雜脈絡並解決問題。按譯者秋田喜代美（1975～）的解說，「專家的專門性，在於其活動過程中之知性與省察本身，以及其克服思考與行動、理論與實踐之對立性」（p.215）。因此，此書的譯本中提到的「反省實踐家」所具備的專門性，包含了邁克‧波拉尼（Michael Polaynyi, 1891～1976）所述的「隱性知識」（Tacit Knowledge）之「行為中的知」（Knowing in Action），亦包含思考言後行為過程中之事（「行為中之省察」＝Reflection in Action），其過程多伴隨著不可測的意外性與不確定性，所以可視為一種持續解決問題，以及觀察狀況並進、實驗與評估並行的探求過程。舍恩將此行為稱為「與狀況之對話」（Conversation with Situation），並將行為後暫停之回顧的反思稱為「關於行為之省察」（Reflection on Action）。

針對「反省實踐家」應如何提升「行為中之省察」之能力，此書提供「省察性研究」的四種方法：

1. 框架分析（Frame Analysis）之研究：透過反省實踐家給予問題及角色，察覺自身之框架，進而批判性地檢討及改進自身之經驗及方法，其有得延續至重組框架（reframing）的可能性。

2. 架構專業技能範圍之研究：累積並記錄遂行「行為中之省察」中的有效事例及典型範例，其內容依職業別而異。透過事例研究之累積，得以導向建構專業技能的範圍。

3. 基礎科學方法的研究：反省實踐家在各教學場面中發展而成之各種研究手法與各種現象的理論。

4. 「行為中之省察」過程之研究：反省實踐家藉由「行為中之省察」過程本身的研究而受到啟發。

綜上所述，在教學行為中持續省察，便可稱為反省實踐家。反省實踐家不依賴既有的理論或技術，而是分析實際事例以架構新理論；教學場域中的反省實踐即為一種實驗行為，乃為「行為中之省察」過程的一環。

同時，舍恩在反省實踐中亦提及，專家及接受其提供之服務的「客

戶」（client）（例如醫師與患者、教師與學生）間的關係。在傳統觀念
下，專家應該具備有絕對的權威與正當性，爲了避免自身權威遭到挑戰或
自我防衛意識使然，專家易陷於拒絕理解不可測的狀況，不願接納意外性
與不確定性，致使錯誤發生，導致問題無法解決。相較之下，反省實踐家
以開放的態度面對錯誤及問題，並理解「客戶」，同時啓發「客戶」解決
問題的自律能力，提升與專家進行反省式的對話能力。換言之，反省實踐
家對於「客戶」錯綜複雜的問題，一方面能以「與狀況之對話」爲基礎，
進行「行爲中之省察」，另一方面則與「客戶」共同面對錯綜複雜的問題
核心。

參考文獻

ドナルド・A・ショーン著，柳沢昌一、三輪健二監譯，1983=2007，《省察的
　　実践とは何か――プロフェッショナルの行為と思考》，東京：鳳書房。

70. 近藤布朗妃美（近藤ブラウン妃美），《給日語教師的評價概論》，2012年

原書：近藤ブラウン妃美，2012，《日本語教師のための評価入門》，東京：くろしお出版。

陳文瑤

　　《日本語教師のための評価入門》一書（以下簡稱此書），適用任何一位想成爲日語教師，或已在日語教育場域上教授日語的教師們思考規劃評量時閱讀，是一本涵蓋基礎理論與實踐案例的入門書。

　　全書共分六章。第一章敘述評量的定義和目的，再依照基礎的評量理論和語言測驗理論，介紹語言測驗的製作與使用基本事項。針對日語課堂中教師製作的達成度測驗的適切性、信賴性及有用性，做出特別解說，藉以思考何謂使用測驗的優質評量。在測驗的適切性的基礎上，同時探討了相關度極其高的「溝通能力」的掌握法。更進一步地從課程規劃及成績判定的角度提出具體範例，用以說明日語課堂中所進行的絕對性評量。

　　第二章以第一章中以其所敘述的基礎評量理論及語言測驗理論爲基礎，與日語教育場域中的教學實踐做連結。採適切性和信賴性等觀點，以探討達成度測驗的出題方法、解答形式及評分法，並舉出實例。接著，針對達成度測驗的評分基準一致性的推定方法、項目品質分析法等，一邊提示具體的數據，一邊進行說明。另外，也介紹近年日語教育界開始關注的學習者主導型評量。

　　對比第一章和第二章的班級內評量，第三章則是從學習成果的角度探討日語教學場域上的評量設計。本章節所提及的「場域」一詞，是指學校或大學內所提供的所有種類的教育課程。現今第二外語教育界中經常分

析的內容也是以這類「場域」中的學習成果作為評量對象。因此，在第三章中也對以校內課程為對象的學習成果評量的目的、功能、方法等進行解說。此外，文中也提及如何收集學習成果評量的資料，例如能呈現學習成效的產出，像作文或是問題論述，也提及有關課程修畢後的問卷調查的實施方式及利用方法。

第四章探討針對不特定多數的受測者所實施的團體基準測量的評量。首先，在眾多的日語能力測驗中，介紹了現今在美國最具影響力的外語能力測驗之一，「ACTFL OPI」。為此本章探討了ACTFL OPI在日語口說能力測驗中的適切性和信賴性，並提示如何將ACTFL OPI導入日語課程作為評量。此外，第四章還介紹了日語分級測驗，以文獻研究和報告書為基礎，說明日語課程中如何應用相關理論以進行日語分級測驗，並列舉實例分析。

第五章介紹了以少年為對象的日語課程的評量。實例是夏威夷檀香山郊外的公立小學的日語課程中的評量活動，探討針對少年的學習成果評量方法。作者先以少年的口說能力評量為分析對象，並針對其達成度所製作的測量方法、實施方法、計分及分析方法進行解說。最後，將口說測驗的結果與聽力測驗、自我評量的結果進行比較，探討過往多將「口說能力」視為評量道具的聽力測驗及自我評量的適切性。

第六章則以如何評量日語教育實習生的教學歷程為例，於文中說明其目的、內容及進行順序，同時也示範了如何針對日語教育實習活動進行評量。本章中所提供的評量方式，有同儕互評或是授課評量等等。進而強調對實習生回饋的重要性，也帶領著讀者一起思考該如何對實習生進行回饋會。

此書不僅介紹了評量相關的理論，作者更將日語教育實踐場域上與評量相關的活動與研究內容，藉由具體數據及相關資料為讀者解說。在每個章節的開頭皆撰寫前文，釐清目標，以期讀者們（即未來和現在的日語教師們）能於閱讀中時時回顧評量的最終目的。每個章節後文更備有「討論課題」及「課程點子」，提供日語教師自我檢視各章的目標是否達成。

參考文獻

Glisan,E.W., & Foltz,D.A., 1998, "Assessing students' oral proficiency in an outcome-based curriculum: Student performance and teacher intuitions", *The Modern Language Journal*, 82(1).

Kondo-Brown,K., & Brown,J. D, 2000, *The Japanese placement tests at the University of Hawai'I: Applying item response theory* (NFLRC NetWork #20), Honolulu,HI: Second Language Teaching & Curriculum Center, University of Hawai'I. Retrieved from: http://scholarspace.manoa.hawaii.edu/ bitstream / 10125/ 1/ NW20.pdf.

Kondo-Brown,K., 2003, "Heritage language instruction for post-secondary students from immigrant backgrounds", *Hreitage Language Journal*,1. Available: http:// www.heritagelanguages.org/

Kondo-Brown,K., 2004a, "Assessing the language component of the Manoa General Education Requirements.Inveted talk for the UH workshop on Hawaiian/second language articulation at Kapiolani Community College." Available: http://www. hawaii.edu/gened/ HSL/assessment_presentation_ 05-07-04.pdf.

Kondo-Brown,K., 2004b, "Investigating interviewer-candidate interactions during oral interviews for child L2 learners", *Foreign Language Annals*, 37(4).

Ricardo-Osorio,J., 2008, "A study of foreign language learning outcomes assessment in U.S. undergraduate education", *Foreign Language Annals*, 41(4).

71. 當作靖彥監修、李在鎬編，《ICT×日語教育：活用資訊通信技術之日語教育理論與實踐》，2019年

原書：當作靖彥監修、李在鎬編，2019，《ICT×日本語教育─情報通信技術を利用した日本語教育の理論と実践》，東京：ひつじ書房。

陳姿菁

　　由於科學技術和網路飛躍的進步，二十一世紀的日常生活隨處可見科學技術和網路的結合，教育領域裡也可看見科技被使用在各種層面。簡單如查閱生詞，已經很少看到學習者翻閱紙本字典了。無論是數位學習，或是利用科學技術完善學習環境，或是因為疫情而加速的線上學習，科技可說是無所不在。面對這樣的環境，無論是教師或是學習者，都有必要了解並思考資訊科技能如何輔助教學，才能創造更多元的學習模式。

　　《ICT×日本語教育─情報通信技術を利用した日本語教育の理論と実践》一書（以下簡稱此書）便介紹了各種運用科技的日語教育系統或是教材的開發，對於今後的日語教學或是研究能提供多元的觀點。此書共收錄了19篇論文，除了第一章和第三章外，其餘都是CASTEL／J（Computer Assisted Systems For Teaching & Learning Japanese）2017年國際會議中被評為優秀的研究內容。

　　此書共分三大部分，分別為〈研究篇〉、〈實踐篇〉和〈工具與內容篇〉。第一部分〈研究篇〉收錄了具有新發現、挑戰性和實用性的六篇論文，分別是〈語言教育的科技使用概觀及今後的發展〉、〈日語文法認知診斷線上測驗及回饋系統的開發〉、〈作文習得程度判斷系統的開發〉、〈符合CEFR讀解指標的日語例句分類法的開發〉、〈Skype遠距教學的實踐〉、〈開發自動修改作文的『AI tutor』（AIチュータ）時所需的誤用

句和修正句語料庫的建置及文法分析〉。

第二部分〈實踐篇〉共有四篇論文，討論現有工具教材、或可以分享給其他教師的教學實踐。內容包括了可用於翻轉教育CALL（Computer Assisted Language Learning）的日語教材研發、透過網路培養跨文化溝通能力的教學實踐、三個數位說故事的教學實踐、擴增實境（Augmented Reality，簡稱AR）的教學實踐。

第三部分〈工具與內容篇〉，收錄了有助於日語教育的系統開發和教材開發的論文九篇。其內容涵蓋了歐洲開發的日文線上測驗、漢字能力診斷線上測驗的開發、信件書寫支援系統的開發、口語線上測驗及評量系統的開發、以漢越語語料庫為基礎的漢語學習APP的開發、日語學習網站的開發、日語線上課程的開發與運用、副語言（パラ言語、paralanguage）線上教材的介紹、口語流暢度評量系統的開發。

科技固然很重要，但是也不能為了使用科技而忽略了教育的需求與目的，技術的使用應該由教育需求來決定、設計和實施。作者希望透過此書的觀點及實踐能提供研究者及教學者在研究或教學上的參考。

72. 橫溝紳一郎、山田智久，《寫給日語教師的主動學習》，2019年

原書：橫溝紳一郎、山田智久，2019，《日本語教師のためのアクティブ・ラーニング》，東京：くろしお出版。

荒井智子／吳沛珊　譯

　　《日本語教師のためのアクティブ・ラーニング》一書（以下簡稱此書），內容主要爲介紹「主動學習」（Active learning），並提供引進主動學習的課堂該如何持續改善的觀點與方法。書中指引教師提升自我成長的具體方法：爲了引導出學習者「自主的、互動的深度學習」，該如何設計課程；如何重新審視現行課堂中的線索與ICT（Information and Communication Technology，資訊與通訊科技）的運用等等。作者橫溝紳一郎與山田智久敘述：「此書有許多即刻應用的技巧，於此層面上容易被歸爲教學指南或教學指導書。然而，貫徹此書的哲學爲，協助教師覺察己身促進自我成長所需的契機與手法。」（P.296）換言之，此書透過介紹具體引導主動學習的方法，同時呼籲教師運用各種方法挑戰並改善課堂，以促使教師成長。此書的宗旨立場爲若教師持續成長的話，教室便會發生變化，並闡明透過減輕教師負擔來提升教育成效。

　　此書第一章、第二章爲再次考察何謂主動學習，第三章起將從兩大方向爲想導入「主動學習」的教師提供具體的建議。第一個觀點是第四章的「改變現行課堂」；另一個觀點則爲第五章的「ICT轉變課堂」。最後於第六章論述「日語教育導入主動學習的可能性」。以下針對各章簡單說明。

　　首先，第一章〈何謂主動學習〉介紹「主動學習」之定義，並統整其概念形成之原委及社會背景，並闡述爲何日語教育需要主動學習，而主動學習之「習得型」至「活用型」乃至「探求型」的發展階段，又如何於日語能力、學習動機與自律學習力三個面相上發揮正面作用。

　　第二章〈主動學習的特徵〉中，展現了「主動學習」之「自主的・互動的深度學習」中的「學習」是，包含因爲覺察而改變自我的概念，這既非某人給予的東西，也非既有的所學內容。另外本章亦列舉「互動的深度學習」的特徵，透過與他人交流而實現「自主的學習」，以及透過「互動」加深對對事物的理解。此書將「雖然看不太到身體上的行動，但是腦內運作很活躍」的狀態也視爲主動地學習，而且認爲往返「內化」與「外化」之間有助於深入學習。

　　第三章〈實踐主動學習之觀點〉中，羅列了約翰・杜威（John Dewey, 1859～1952）的「專題式學習」（Project-Based Learning, PBL）與李夫・維高斯基（Lev S. Vygotsky, 1896～1934）的「近側發展區」（Zone of Proximal Development, ZPD）、「鷹架」（Scaffolding）等主動學習的基礎學說（原理），並提出了九個促使教師成長的課堂改善觀點。

　　第四章〈主動學習的課堂改善——改變現行課堂〉中，從實踐層面思考如何導入主動學習，教室活動必須使學習者腦中產生主動學習的方法，而教師想要使學生理解的心態導致說明冗長，所以必須簡短說明，並讓學生嘗試錯誤。

　　第五章〈主動學習的課堂改善——ICT轉變課堂〉中介紹了導入ICT的課堂與操作的實踐範例。作者山田智久表示，希望即使是對科技反感的教師，也能夠感受到「原來世上有如此方便的東西啊』或者『學習者的反應變了啊』（P.295）」等，用以傳達教師本身爲了改善課堂而挑戰的重要性。

　　最後，第六章〈日語教育導入主動學習之可能性〉中，列舉「身爲日語教師能行之事、應行之事以及不可爲之事」。作者橫溝紳一郎敘述：「基於中嶋洋一（1955～）的《教師的SOS》，教師設問是否有想說、想教、想主導這三種傾向，於應對學習者的多樣化具有莫大意義。」透過主動學習，不僅學習者，就連教師也會跟著改變。

　　此書另外也刊載了十個專欄，各以饒富興味的主題論述，如：如導入限時活動的課堂設計、團體學習與協同學習、AI是否剝奪教師工作等。皆爲「主動學習」中較被關心的議題，同時也是研究的方向的提示。

73. 奧村三菜子、櫻井直子、鈴木裕子，《寫給日語教師的CEFR》，2016年

原書：奧村三菜子、桜井直子、鈴木裕子，2016，《日本語教師のための CEFR》，東京：くろしお出版。

黃鈺涵

　　CEFR爲歐洲語言共同參考架構：學習、教學、評量（Common European Framework of Reference for Languages: Learning, Teaching, Assessment）之簡稱，近年來全球已有許多外語參考此架構進行教學設計及能力評量，期能與世界共通的語言能力指標接軌。

　　《日本語教師のためのCEFR》一書（以下簡稱此書）從日語教育的立場詳細介紹了CEFR之相關知識，內容可分爲兩部：第一部〈理念篇〉採用Q&A的問答模式，針對CEFR的基本概念、發展背景、教育目標、語言能力等進行詳細說明；第二部〈實踐篇〉則以既有的日語教材及輸入（input）－輸出（output）等課題爲例，具體提示了引進CEFR理念之學習目標、教學活動、評量方式等課程設計。

　　CEFR誕生於融合了異語言及異文化的歐洲地區，是由歐洲評議會（Council of Europe）的語言政策部門（Language Policy Unit）所制定的。CEFR的理念是基於「複語言主義」（plurilingualism）的語言觀。所謂「複語言主義」是相對於「多語言主義」之概念，在以往的「多語言主義」中，複數的語言是各自獨立存在的，然而在「複語言主義」的理念中，複數的語言之間具有相互關聯的互補關係。因此，若將個人所具備的母語、外語、方言等語言能力視爲獨立存在，不具有相互作用的話，此種能力稱爲「多語言能力」；若認定各語言之間存在著相互補全、優勢互補

的關係，此種能力則稱爲「複語言能力」。

　　「複文化主義」（pluriculturalism）、「複文化能力」（pluricultural competence）與上述「複語言主義」、「複語言能力」類似，強調異文化之間的相互理解與融合，能夠彼此尊重，並認同存在於自己與他人中的多樣文化。學習者藉由接觸不同語言及異文化並將它內化的過程，能進而確立自身的語言、文化認同。CEFR的教育目標在於提升複語言、複文化能力，亦即意味著培養學習者對於語言及文化多樣性之尊重。

　　在上述背景之下，CEFR採用的教學方式爲「行動導向教學法」（action-oriented approach），此教學法的學習目的並非獲得語言知識及開口發言，而是以「能夠使用語言達成課題（tasks）」爲主，因此教學上以學習者欲達成的語言行動爲主軸，因應學習者的需求，適時提供此行動所需的知識及資訊。從行動導向的觀點來看，語言教育的目的在於培育「能夠完成課題的能力」，日文稱爲「課題遂行能力」。此外，CEFR重視的語言學習並不侷限於教室環境內，而是能夠連結生涯教育的自律學習。

　　有關語言能力之定義，CEFR將語言能力區分爲「一般性能力」（general competence）及「語言溝通能力」（communicative language competences），前者包含「敘述知識」、「技能」、「實存論能力」、「學習能力」，後者包含「語言構造能力」、「社會語言能力」、「語言運用能力」。此外，CEFR將語言溝通活動（communicative language activities）區分爲「輸出（output）」、「輸入（input）活動」、「相互行爲活動」、「仲介活動」四大類，產出活動包含口說、書寫，受容活動包含聽力、閱讀，相互行爲活動包含雙向的對話及文字往來，仲介活動包含翻譯及口譯。

　　有關語言能力之等級界定，CEFR明確提示了六個等級；同時，以「能夠～（Can do）」的表現，具體提示了各等級所對應的表達能力，將CEFR的理念運用到教學實踐的具體化過程稱爲「文脈化」（contextualization），此可分爲「Buttom-Up」及「Top-Down」兩個方向進行，兩者重點皆在於正確理解複語言主義及行動導向教學法等理念。透過「文脈化」語言教育的教學目標從「句型習得」轉變爲「課題達

成」，教學活動會從「由句型所組合的教室活動」轉變為「依據課題所設計的教室活動」，而評量項目、評量基準、及評量方法也因此大幅轉變。教師所扮演的角色亦跳脫以往教師主導的模式，而是站在學習者的立場，給予學習支援並協助能力提升，同時引導每位學習者如何解決問題並達成課題。

　　此書的第二部提供實際的教學設計範例給教師們參考。臺灣於108學年起引進的新課網中，第二外語的課程綱要就是以CEFR的理論架構進行設計。因此，對於中等教育日語教學的現況及發展有興趣的讀者，建議可參考此書的理論及實踐。

74. 神吉宇一編，《日語教育學之設計：編繪出其路徑與指標》，2015年

原書：神吉宇一編，2015，《日本語教育学のデザイン—その地と図を描く》，東京：凡人社。

中村香苗

　　作爲研究者，首先必須釐清的是，自身研究領域的「體系架構」，以及特定學術領域的理論和研究手法，在歷史裡如何發展？此與其他相關的理論和研究方法又有何不同之處？當我們能夠認知到前述的兩個問題所概括的意義，就能自然而然地在「某某學、某某研究」的領域裡，以及各種研究法和知識之相互影響或對立中，找到該研究領域的一套系統。這個過程的確像是在腦海中畫出這個研究領域的地圖一樣，廣泛涉略各樣的先行研究，並整理出自己研究領域的地圖，才能夠確立自己身爲研究者的定位。例如，自己的研究該參考哪種研究法的脈絡？針對選定的研究方法，自己是否能提供新的見解或反論？

　　《日本語教育学のデザイン—その地と図を描く》一書（以下簡稱此書），以日語教育學的體系化爲目標，整理出當今主要的研究課題、討論及成果，再結合社會的現況，進而思考日語教育學的未來。此書可分爲三大部分。第一部（第一、二章）概述「爲什麼現在必須將日語教育學體系化」。第一章探究了1980年代以後，人文學科在教育與學習觀所發生的典範轉移，以及過去三十年來有關日語教育研究討論的變遷，並論述在多文化意識的發展下，對現今的日本社會，日語教育學該如何做出貢獻。第二章，作者以三一一大地震（東日本大震災）受災者的親身經驗爲例，在經歷過社會中潛藏的歧視或偏見後，開始對自己身爲語言研究者的身分認同

產生動搖，因而提出日語教育相關者所應扮演的社會角色。

　　第二部（第三至第七章）聚焦在2000年左右由東京凡人社相繼出版的「日語教師的知識書」系列（共五冊，日語：日本語教師のための知識本シリーズ），通過爬梳這些知識書的貢獻及課題，並介紹該系列出版後十年間的相關研究動向，討論日語教育的未來展望與課題。第三章以「學習分析與設計」作爲主題，統整日語教育中教育實踐研究的發展，以及現在所面臨的課題。第四章則以「語言教育與文化」爲主題，概述溝通式教學法的意識抬頭，以及後現代潮流所影響的日語教育中「文化觀」的變遷。本章同時提出多文化共生、身分認同、公民意識等眾多的新觀念，並反思商用日語中關於處理文化衝突的方式。第五章以「多文化社會的建構與語言教育扮演的角色」爲主題，將難民及中國歸國孤兒的收容問題、日籍移民和國際婚姻的增加作爲背景，整合「地區日語教育」發展的過程，以及其相關研究的動向。第六章主要論及在第二語言學習的研究領域中發生的「學習觀」典範轉移，以及伴隨學習觀的改變、由社會文化角度切入的研究方法之動向。本章並追溯以1950年代的「結構主義」、「行爲主義」的研究法爲首，諾姆・喬姆斯基（Avram Noam Chomsky, 1928～）的認知主義，以及後來1990年代興起的社會構成主義之變遷，詳述現在協同學習與社會實踐的情境中相互行爲研究的發展脈絡。第七章的主題爲「教師的角色與專業性」，以教授法的變遷和學習者多樣化爲背景，記述了以教師自我成長爲目標的「行動研究」，以及運用敘事分析法的信念研究之發展與動向。

　　透過閱讀此書的第一、二部，可以清楚認識到，日語教育學是一門與社會息息相關的學問，對於日後動盪的社會變遷如何對應及做出貢獻，將會是日語教育學界面臨到的核心問題。此書雖然主要以日本社會觀點的議論爲中心，但建議可以同時思索臺灣日語教育研究的議題，以及臺灣社會特有的研究課題，來閱讀此書。

　　此書第三部，則集結25名直接或間接從事日語教育的有識之士和實踐者對日語教育的想法，統整收錄而成的短文集。主題較爲分散，可能與讀者自身感興趣的研究課題未必有直接的關聯，然而，透過閱讀這個章節，將有助新進研究者理解，日語教育是一個如何廣泛地與其他領域緊密相關

的研究領域，在當中極可能因此產生新的發想，或開啓之前未涉及的研究課題。

參考文獻

岡崎眸、岡崎敏雄，2001，《日本語教育における学習の分析とデザイン―言語習得過程の視点から見た日本語教育（日本語教師のための知識本シリーズ1）》，東京：凡人社。

細川英雄編，2002，《ことばと文化を結ぶ日本語教育（日本語教師のための知識本シリーズ2）》，東京：凡人社。

岡崎洋三、西口光一、山田泉編，2003，《人間主義の日本語教育（日本語教師のための知識本シリーズ3）》，東京：凡人社。

西口光一編，2005，《文化と歴史の中の学習と学習者―日本語教育における社会文化的パースペクティブ（日本語教師のための知識本シリーズ4）》，東京：凡人社。

春原憲一郎、横溝紳一郎編，2006，《日本語教師の成長と自己研修―新たな教師研修ストラテジーの可能性をめざして（日本語教師のための知識本シリーズ5）》，東京：凡人社。

75. 佐藤慎司、村田晶子，《從人類學、社會學的視點看過去、現在、未來的語言教學：語言與語言教育的意識形態》，2018年

原書：佐藤慎司、村田晶子，2018，《人類学・社会学的視点からみた過去、現在、未来のことばの教育―言語と言語教育イデオロギー》，東京：三元社。

佐藤良子（內田良子）／林玉英　譯

　　《人類学・社会学的視点からみた過去、現在、未来のことばの教育―言語と言語教育イデオロギー》一書（以下簡稱此書），從人類學、社會學的新觀點，來重新審視語言教育，對從事語言教育及研究的人員在社會上能夠扮演何種功能角色，就其可能性加以探討。

　　隨著全球各地的仇恨言論、恐怖攻擊、移民和難民問題的擴增，原本應該要解決問題的矛頭，卻逐漸轉而朝向排斥特定群體，此書就是在此社會趨勢的影響下所寫的。此書透過書寫的機會，希望從事多元族群的溝通、尊重多樣性，跨越歧視的研究，或是進行相關教育活動的人員，能自我檢視並對自己提問：是否真的有對社會起到積極的作用。

　　此書由三部分所構成：第一部分探討語言在人類學、社會學策略理論的意義；第二部分則是從語言教育裡所存在的社會、文化、制度，不是影響個人的一個變數的觀點、而是從個人是社會行為者的觀點，來介紹其相關內容；第三部分是從人類學、社會學的觀點來論述語言溝通教育的實踐方式。

　　此書認為，語言的說、讀、寫、聽等技能的培養和委託、拒絕、許可

等的功能分析雖然很重要，但若只有著重這些語言行為，這樣一來就無法看得到歷史、社會、文化、政治上所發生過的真實面貌。因此，若能採用融合語言、文化、學習概念不脫離脈絡情境的人類學、社會學觀點，並思考和當下大環境息息相關的人們、學習相關的歷史脈絡，即可逐漸把目光聚焦轉向於他們現在所在的「當下」、「地點」的狀況了。

此書是以人類學、社會學方法，來介紹重要的理論或專業術語。比方說，日語教科書或指導手冊裡刊載了道歉時要低頭45度才是適當方式的內容，此規範也在社會上慢慢的定型普及化了。這種現象就被稱為語言意識形態、語言教育意識形態形成，深深地影響了語言教育。如上所述，若能用人類學、社會學觀點重新審視語言教育，腦海之中也許就能浮現出自身角色能為社會帶來的影響力。

此書也列舉了其他與語言教育相關的理論和術語的研究，比方有：說話者和傾聽者的相互關係認同（Erikson 1959；Hall 1996）、學習和認同之關係所探討的狀況學習論（Lave & Wenger 1991）。同時也探討將語言問題納入社會問題論述的社會語言學。

此外，也關注教育社會學，探討學校教育是如何加重了社會的不公平。書中也介紹了，不平等的再生產和教育之間關係的證實「文化再生產論」（Bourdieu 1984）或是「語言編碼論」（Bernstein 1971）等研究理論。

另一方面，此書不僅是介紹人類學、社會學的理論，也有納入方法論的說明。近年，據說在語言教育、研究範疇裡，採用民族誌、個案研究、生活史等所謂的質性研究方法，也日益趨多。其中，特別是從事田野工作及民族誌的研究眾多。田野工作是一種質性的調查方法，調查者會親赴現場，在盡量不破壞考察內容的原則下，進行實地勘查。並將所觀察到的當地人行為、生活世界、人與社會、人類所製作的人工物之相互關係，對研究物件進行分析。並且將統整田野工作的調查論述稱為民族誌。田野工作是調查者進入現場和調查對象保持一定距離，所進行的單方面調查，過去是以實證主義態度為主流的研究方式。然而，從1980年代以後，其語言教育、研究方法則有了變化，轉而採取了下述的兩種方法論：一個是站在田野工作當地受訪員的觀點來看，去理解受訪員相關內容的解釋性方法；另

一個是以解決現場問題爲觀點的批判性方法。隨著上述的田野工作研究方法的轉變，以及其所衍生的新思路手法，正爲語言教育、研究上帶來了很深遠的影響。

　　近年以來，從事語言教育、研究之際，和調查受訪人員的互動合作、調查時所建立相互對話模式的可能性，都有助於深入了解現場所存在的課題，最終並能協助解決當地的問題，這些做法也被認爲是相當重要的。特別是在批判性手法的研究方面，更與思考解決問題所需的策略「福祉語言學」（德川宗賢1999）、調查訪員與受訪者共同致力社會改革的「公民教育」（細川英雄、尾辻惠美、Mariotti2016）的兩個研究有著高度的關聯性。同時也冀望語言教育、研究能回饋社會，貢獻一己心力。對於進行語言教育、研究的人員來說，希望藉由此書的閱讀，可以有機會思考：自己到目前爲止對文化、社會、制度上參與的程度；今後又應該如何扮演自己的角色；而爲了達成此目標，現在的自己還需要做些什麼？藉由站在自我檢視立場的重新發現，或許能有一些體會與認識。

參考文獻

細川英雄、尾辻惠美、マルチェッラ・マリオッティ編，2016，《市民性形成とことばの教育―母語・第二言語・外国語を超えて》，東京：くろしお出版。

ジーン・レイヴ、エティエンヌ・ウェンガー著，佐伯胖譯，1991=1993，《状況に埋め込まれた学習―正統的周辺参加》，東京：産業図書。

德川宗賢，1999，〈ウェルフェア・リングイスティックスの出発〉，《社会言語科学》第2卷第1號。

Bernstein, B., 1971, *Class, codes and control: Theoretical studies towards a sociology of language*, London: Routledge & Kegan Paul.

Bourdieu, P., 1984, *Distinction.* Mass: Harvard University Press.

Erikson, E. H., 1959, *Identity and the Life Cycle: Selected papers*, New York: International Universities Press. （日文譯本：エリック・H.エリクソン著，小此木啓吾譯，1959=1973，《自我同一性》，東京：誠心書房。）

Hall, S., & Du, G. P., 1996, *Questions of cultural identity*, London: Sage.

第 VI 部
文學研究

總論──學習文學的理由？

山藤夏郎／葉宇軒　譯

序

　　在高教領域向實用主義傾斜的世界性潮流中，「文學」這樣被認爲不具實用價值的學問，越發受到懷疑地打量。當然，所謂「文學」不盡然是在大學等機構裡正襟危坐的學問，也有單純娛人耳目的功能。可假若時至今日，對我們而言，所謂「文學」的存在價值僅止於消閒，那麼，「學習」文學究竟意義何在？說起來，文學又到底是爲了什麼存在於社會上，並在至今爲止的教育制度中被賦予了特殊地位呢？此刻，正是我們重審令「文學」這一「現象」得以可能的「制度」性歷史過程之時。

　　本書第VI部，介紹了15本可作爲學習「日本文學」基礎的著作。當然，根據專攻領域和方法論取向的差異，在日本文學研究上，存在各式可作爲入門參考的書籍，但相較於個別作品與作家的分析，本書優先推介有助重省「文學」這一「制度」的著作。

　　進入各書簡介前，本〈總論〉的目的，在於耙梳日本文學研究的重要先備知識及研究簡史，並指出我們的文學之「眼」，實爲特定傾向所形塑，進而就「學習文學之意義」，試申筆者的一己之見。

一、被自明化的制度：「日本」「文學」

　　「日本文學」這一學術領域或曰認識框架，向來被單純視爲客觀的存在。大型書店中有著「日本文學」專區，大學裡則開設「日本文學」相關課程。參考日本各家出版社發行的，稱爲《國語便覽》的教材，可以頗方便地概觀此一「日本文學」的全貌。作爲輔助教材，這類書籍在日本的高中被廣爲使用，對於理解日本文學（史）的大致面貌非常有幫助。但值得注意的是，其中舉出的作品、作者每每大同小異，書中呈現的「日本文

學」，沿著各個斷代（上代→中古→中世→近世→近代→現代），將作品、作者等專有名詞加以配置與系統化，並以文類或流派組織相互關係，同時，將日本文學看作一個整體，勾勒其單線發展的歷史。

當然，倘若逡巡歷史的皺褶，在廣爲人知的名作、名家之外，尚能發掘出極大量的文學遺產，可除了專家或文學迷，一般人實際上不太有機會接觸那些沒沒無聞的作品。此時，便有必要選出特定的作品、作家編入文學史之中，而當我們寫定應被記憶的「有價值之人」清單，也就同時棄置了沒有被選上的「缺乏價值之人」，至於那些無法收納進作家或作品等單位的「某物」，則在更早之前，就已經被排除於我們的視線之外了。這就是所謂文學史的編纂。儘管文學史的內容多大同小異，彷彿一張眞實存在的客觀地圖，但事實上，那是從無數可能的文學史景觀中任意擇取出來，並由政治力量賦予特權的結果，緊接著，其價值通過教育制度成爲普遍認知，於是更加被強化且自然化，持續受到信仰。

因此，在閱讀那些各安其位、座次井然的經典文本之前，研究日本文學，首先必須重審我們的觀看角度——也就是那個被自明化的制度。然而，這絕非單純改換收錄作品或者重新配置階序而已，即便將沒沒無聞的作品、文類編入文學史，若未反省「以作品或作者爲單位的文學認識」這一「被創造」的制度，仍不會帶來任何根本性的改變。首要的問題是，將「作者」甚或「人類」視爲意義和價值之源（source），這樣的目光是透過怎樣的歷史過程而被創造出來的？

另外，有關「日本文學」的「日本」是什麼、「文學」又是什麼的問題，也必須嚴肅考慮。儘管長期以來，兩者都被理所當然地接受，但它們並非自明的實體，說到底，「文學」概念本無永恆不變的所指。這不是意味著存在一種稱爲「文學」的、超歷史的且普遍的容器，其內容物隨著時代與地域有所變化，而是「文學」這個容器本身，即爲「近代／現代」（modern）此特定歷史時期的產物（「日本」亦然，詳後述）。關於「文學」概念的近代生成，鈴木貞美（1998）做過詳細的研究，而本書收錄的河野貴美子、魏樸和（Wiebke DENECKE）等編《日本「文」學史》第1～3冊（導讀79），同樣與近代的「文學」概念拉開距離，聚焦於前現代的「文」概念，以期描繪出全新的「文」學史面貌，是值得關注的論文

集。該書指出，前現代知識人社會中的「文」，是將（在近代社會中被割裂的）「哲學、史學、文學等」給「包括在內的多層次知識體系」，「儘管在當代被逐漸遺忘，此概念卻曾始終如一地覆蓋東亞漢字漢文文化圈」（河野貴美子、Wiebke DENECKE等編2017：書腰）。

二、經由現代主義（modernism）的主體化

何謂「近代/現代」（modern）[1]？

日本文學大致區分為前現代（pre-modern）的「古典文學」與明治以降的「近代/現代文學」。首先要注意的是，此處所謂「近代/現代」，不單是時代區分的概念，更廣泛地指稱現代化（modernization）的思考方法和視野。換言之，所謂近代文學並不只是書寫於近代的文學，同時是為現代性（modernity）所驅動、生成的文學。一般而言，「近代/現代」指的是西化、民族國家這一統合原則的引入、法律支配性地位的確立、民主制的引進、資本主義體系的建立、從宗教與迷信中解放、以科學為基礎的西方學問之輸入、進步史觀的確立、家父長制的否定、空間與社會移動的自由化（階級流動）、透過（學校）教育建立理性主體等等，「近代/現代」有著多樣的側面。在與「文學」相關者中，下文以兩項社會變化：「1.民族國家的自然化」與「2.人類中心主義的標準化」為現代性的指標，把握其意義。

1.民族國家與文學

理想的近代國家，是以一個民族、一個語言、一個文化所構成的不可分割的社會集團，換言之即「民族國家」（nation state）的形式。儘管我們或許會直觀地以為，日本列島古來便居住著使用日語的日本人，連綿不斷地將文化傳承至今，但這有違事實的看法，僅是近代國家的發明。為了

---

[1] 譯注：modern一詞，日語和華語的表現有所不同，根據本書〈總序〉提出的原則，用以指涉時代區分之際，本書皆譯為「近代」；指稱modernity、modernism等等，以及狀況、性質時，則譯為「現代」。當然，兩項用法時有重疊，不易明確區分。

將日本列島上多樣且散居各地的眾人，重鑄爲「國民」這一統合體，近代社會創造了此前從不存在的統一語言（透明的回路）「國語」，並藉由學校及大眾媒體，深深嵌入每個人的軀體之中。並非古來便存在著作爲實體的「日本人——日語」，在進入近代之後被加以整合，而是先有了民族國家「日本」這個容器，才創造出其間應有的內容物，同時與「過去」加以整併，而文學正是在民族國家的形塑過程中，被動員起來的裝置之一。舉例而言，品田悅一指出，被稱爲日本最古和歌集的《萬葉集》「並非因爲廣受閱讀而成了『日本人心靈的故鄉』，相反的，正是由於被預先給定了國民和歌集的地位，因此得到較多讀者。」（品田悅一2001：15）其作者群「上至天皇下至庶民」的廣泛性被看做事實，論者進而能夠從中發掘被整合爲一的「民族」的「原型」。

　　日本文學最初以「國文學」之名制度化。國文學的誕生，一般認爲，是東京帝國大學教授芳賀矢一（1867～1927）結合了江戶時代以來的國學與德國文獻學（德語：Philologie）的成果。「國文學」和「國語學」、「國史學」一起，成爲爲了創造「日本」民族而誕生的文化裝置。基於前述歷史過程，笹沼俊曉《「國文學」的思想：其繁榮與終結》（導讀85）梳理了「國文學」這一學問如何成立及終結，白根治夫（Haruo Shirane）、鈴木登美編的《被創造的古典：正典形成、民族國家、日本文學》（導讀78）則以多樣、具體的文本爲例，討論古典這一制度的生成與形變，特別值得注目。我們往往認爲自己不過是單方面地繼承過去的遺產，可實際上卻是呼應於自身的存在結構，充滿能動性地持續重編過去，被安置於現代性典範中的古典文學，因此也早已「近代文學」化了。

　　此外，儘管日本古典通常被（誤）認爲以和文爲中心，我們必須牢記這也是近代的發明之一。對於周邊文明來說，中華帝國的古典佔據指導性地位，歷史上，日本的識字階層對此有著自發的服從，因而在前現代的知識人社會中，漢文無論如何都是上位語言，和文則不過被補充性地使用。漢文／和文的書面語序列，形成雙言（diglossia）的結構（社會中並用著上位語言和下位語言的情況），持續存在到步入近代、雙方關係逆轉爲止。根本上來說，完全獨立於「漢文」世界的、純粹的「和文」世界並不存在，本書收錄的渡邊秀夫《和歌的詩學：平安朝文學與漢文世界》（導

讀82），透過細膩的筆調，勾畫出被視爲日本所有的和歌世界，如何以無法切離的形式，將漢文世界織入內裡。

2.人類中心主義與文學

1990年代以降，對於民族國家與文學此一問題，累積了相當數量的批判反省，和「在文學中發現民族榮耀」的論調保持一定的距離，此後成了學界共識。與之相對，可說尙未被充分檢討的問題，則是「視（理性化了的）人類爲具特權的主體，將之置於世界中心」的人類中心主義視角。

在前現代的古典言說中，人類並非完全自由且自律的主體，而總是必須生存於某個體系之內，被理解爲他律的存在。因此，人類的一言一行基本上都被看作特定體系的效果，對於這樣驅動人類的體系，古典言說賦予「天」、「道」、「佛」、「神」等種種名號。然而，近代社會將之斥爲虛構幻設，並逐出公共知識領域，進而宗奉以「人人皆擁有能夠自我管理的『理性』」爲前提的「人類＝主體」認知模型，將人類理解爲「能夠從前現代的封建體制中解放自我」的、自由自律的「自足主體＝個人（individual：不可再行分割的基本單位）」，強化、標準化重新錨定人類的觀點。「人類＝能夠完全掌控自身行動及慾望，且是自律的、自我控制的主體」，於是成了自明的「事實」；另一方面，自然或者物質、技術、語言、動物等非人類存在，以及僅僅遵從慾望行動的、動物性的「不完全的人類」，便成了（理應）從屬於理性人類的客體，（理應）受到管理、矯正的對象。

由於在認知結構中逐漸自然化，我們大半忘卻了人類中心主義的歷史建構性及問題性。需注意的是，人類自超越者（神）獨立一事，並非透過「否定」超越者，而是透過「篡奪」超越者的地位而變得可能。換言之，以自身塡補由於完全信任「理性」而空缺出來的「宇宙中心」位置：並非否定「超越」，而是將（世界支配者此一）超越結構收納進人類的內在。所謂現代化，一方面可以理解爲世俗化＝去宗教化的過程（人類從神的束縛中解放、獨立的過程）；另一方面，則如弗里德里希・尼采（Friedrich Nietzsche, 1844～1900）所暗示的，乃弑神並自封爲神的行動（尼采1882

＝1999：第125 章）。

　　根據佐伯啓思（2014）的研究，型塑「自我規範、管理」之近代個人的體系性力量（下稱「系統」），原即蹈襲了以上帝爲中心的宗教世界之構造。換句話說，失去了神的近代社會，在「中心」眞空化的同時，卻也成立於新教式的世界構造之上——該世界構造以個人與上帝的直接性爲前提，由於日常生活的每個角落都有上帝的監察，「能夠自我節制慾望的主體」於是變得可能。

　　此外，柄谷行人的《日本近代文學的起源》（導讀84）第三章〈所謂告白的制度〉，強調日本近代文學的成立和基督宗教密不可分，其所謂「告白」制度，未必是出自悔恨之情的行爲，毋寧說正是告白這一形式，創造了應該被告白的「內面」和「眞實的自己」。換言之，透過完全的坦白，以完全服從於內在的眞實（神），透過「放棄作爲主人」而「獲得『主體』」，這正是這樣一個悖論性的制度，這樣一種「權力意志」——其源於絕無可能當家作主的舊士族出身者。根據柄谷行人（1941～）的論述，告白並非「文學的形式之一」等，而正是文學制度本身。

　　近代文學家一直受到「我是什麼」這樣存在論問題的召喚，例如我無從得知自身的「開端」，我究竟從何而來？對此，部分近代文學家發現了作爲「從內在刺激、動搖自身之物」的「戀愛」，並讓自己遭遇作爲自身界限標誌的他者（＝自身的「開端」），藉此突破內在的空虛，也是超越自我的嘗試（宮野眞生子2014）。正如「戀愛乃神聖之物也」（巖本善治1892→1973：40）、「戀愛之極境必爲宗教」（倉田百三1921→1963：93）等說法，對近代文學家而言，戀愛亦是宗教。

　　也就是說，無論文學家是持續注目自身的罪愆與汙穢，或者持續耽求戀愛，他們眞正的目的都不在於此，而是察覺到通過前述兩者，「文學」這個制度可以產生「確立主體」的效果。

　　但是，藉由放棄主體（＝從屬於超越性存在）進而悖論地獲致主體性——也就是將超越者的視角內在化＝將超越的結構內在化——該圖示並非基督宗教所獨有，亦非近代的產物，這樣的圖示，也被認爲存在於東亞的古典（正典）之中：儒教與佛教的經典，便直接或間接地保存了超越者＝聖人（區別於常民的「神聖化＝特異之人」）的聲音，其時經典不可任

意解讀，若非精通典籍者，不具憑己意解經的主體性。在此實踐的是放棄自我主體性，全心全意「誦讀」正典的禮儀性行為，將超越者的無聲之聲（訊息）「（依據特定詮釋）正確地」身體化＝內面化。如是反覆實踐「放棄自我主體性，同時將主權委讓於超越者」的實踐，被認為能夠令實踐者同化於可以自由、自律地生產陳述的主體（＝意義泉源）。當身處該制度中的人們自發地服從正典，並將其正確地身體化時，他們相信，這正是通過那個「神聖化＝特異之人」的身體，建構出下一個正典。

也就是說，不委讓於外在的正典，而（看似）在自身「內面」獲得了「意義泉源」（source）的近代文學家，實際上也彷彿接續著「聖人」系譜的一名「神聖化＝特異之人」，這正是文學制度長期堅持「正確地」解讀「作者意圖」（＝正典、超越者的訊息）的原因。可以說文學是被隱蔽的宗教制度，文學在當代被賦予的特殊性正由此而來。

不過，上述現代化事業帶來了深刻的副作用，也是必須一併正視的歷史事實。如上所言，成了世界的壓制者與支配者的理性「人類」，自我定義為擁有並能夠掌控「非人類」（＝自然與動物、道具和語言）的存在，進而賦予自身「啓蒙」身旁未成熟之人的使命，人類內部因此必然產生這樣的優劣劃界：完全的人類與不完全的人類。作為社會制度，其基本形式乃成人與兒童的區別，又擴張至男性與女性的性差異。接著，前者啓蒙、教育、保護、支配後者的社會機能分化被本質化，並制度化為學校教育及性別體系。更進一步地說，近代主體根據自身膨脹的主體性，將世界切分為文明國家與落後國家，正當化氾濫的帝國主義，同時形成了殖民主義思想，而宣傳民族優越性的本族中心主義（ethnocentrism），則形成了優生學思想，並孕育出種種言論，正當化對於其他民族的歧視與支配。但無論何者，皆仍以各式各樣的形變，持續殘存於今日的世界。

在將人類存在階層化的「啓蒙的主體與被啓蒙的客體」之思想根源，潛存著神與人、造物主與被造物、高次元存在與低次元存在的隱喻。因此，不只是「人類掌控非人類」的圖式，人類中心主義同時產出並正當化＝自然化的，是「有價值的人類掌控無價值的人類」的結構。

三、經由後現代主義（post-modernism）的去主體化

　　對前述現代性投以銳利的批判目光，並企圖相對化人類中心主義的，是1960年代後半興起於法國的結構主義（和後結構主義），以及作為思想運動的後現代主義。它們否定了人類能夠自由地，又或者具有主體性地選擇個人人生，提出並共享「人類為非人格性、無意識的結構所驅動」的觀點。克勞德・李維史陀（Claude Levi-Strauss, 1908～2009）、羅蘭・巴特（Roland Barthes, 1915～1980）、米歇爾・傅柯（Michel Foucault, 1926～1984）、雅克・拉岡（Jacques Lacan, 1901～1981）、雅克・德希達（Jacques Derrida, 1930～2004）等西洋思想家，質疑「將『自己』（self）或『主體』（subject）當作先驗、自足實在的前提」，對於「作為掌控之意識的主體、作為意義之究竟起源的主體此一觀念」提出根本性的質疑（鈴木登美2000：5～6）。這個源自法國的板塊變動波及全球思想界，在1970年代到1990年代前半的日本，在日語中被稱為「現代思想」（涵義約同於中文的學術圈的「批判理論」）[2]或「新學院派」（New Academism，ニューアカデミズム）的龐大思潮，一直深具影響力，山口昌男（1931～2013）、淺田彰（1957～）、中澤新一（1950～）留下了先驅性成果，此外，市川浩（1931～2002）、坂部惠（1936～2009）、木村敏（1931～2021）、丸山圭三郎（1933～1993）也響應了時代的要求；至於在（日本）文學研究者中，則由龜井秀雄（1937～2016）、前田愛（1932～1987）、小森陽一（1953～）、吉本隆明（1924～2012）、蓮實重彥（1936～）、柄谷行人等引領潮流。這一系列的過程，詳見柄谷行人編（1990～1992→1997），亦可參考踵武其後的東浩紀監修（2017～2018），或仲正昌樹（2006）對於戰後日本「現代思想」接受史的整理等等。

---

[2]　有關日語的「現代思想」所指，請見第I部導讀15的譯注1。

1.語言打造現實

　　所謂結構主義（structuralism，日語：構造主義），簡言之即認爲人類並非自由自律的主體，而處在結構的支配下。雖稱爲結構，但它並無實在的形體，而是記號之關係性無限連綿的非實體存在，儘管無以提取其形貌，同時卻也無處不在。就其隱密性與遍在性（omnipresence）而言，與上帝固有近似之處，然而它（至少在表面上）並未回歸（假定存在著上帝般的超越者之）宗教體系。若問結構究竟是什麼，重要的看法之一，即語言和文本。

　　斐迪南・德・索緒爾（Ferdinand de Saussure, 1857～1913）被稱爲現代語言學之父，其對語言的討論，爲廣大的思想界帶來了所謂「語言學轉向」（linguistic turn）的劇變──他提示我們，語言是差異的體系，世界並非形成於語言之前，僅僅是按語言的分化結構而後起之物。這與我們平素所抱持的認識──現實形成於語言之前，語言不過如同標籤般張貼其上──有根本性的差異（丸山圭三郎1981）。

　　世上一切事物的意義（屬性），並非源於自我決定，而僅是基於和其他存在之關係暫時形成的。「惡」的定義依存於其對立物「善」，「善」的定義同樣依存於「惡」，或「善」或「惡」，都不過是藉語言結構創出的關係性產物，在這樣相互依存的關係性中，各個存在皆根本地失去了實在性。同樣重要的是，這樣的反射關係並非封閉於對立的雙方之間，而適用於所有詞條，形成網狀結構：A詞條的意義不取決於A自身，而是取決於A和B、A和C、A和D、A和……的關係性，A詞條的意義在與所有詞條的關係中被決定，其後的B、C等也同樣如此，與一切詞條有著相互依存的關係。能夠決定各詞條意義的終極裁判所，概念上是不存在的。一切存在並不以其內在的認同爲根據，而是相應於給定的文脈，無止境地被改寫、被開啓豐富的多義性。

　　細察索緒爾的語言觀＝世界觀，不得不令人聯想到佛教的緣起說（丸山圭三郎1989、竹村牧男2006、山藤夏郎2015）。其實，前述網狀構造，於《大般若波羅蜜多經》的「一字中攝一切字，一切字中攝於一字」（《大正藏》六，大正新脩大藏經刊行会編1988：969）之說可見一斑：

在一個字（＝存在物）裡頭，含藏著其他一切字（＝存在物）。一旦想起這樣的佛教世界觀，或許就無法將「現實乃由語言所造」的後現代見解，單純視為「新」的東西。倘若後現代看起來全然嶄新，其實只是「現代化＝古典的遺忘」這一認識論的效果罷了，以近代為中點，古典與後現代恰如兩面相對之鏡，彼此照映。

2.何謂文本？

此外，古典與後現代的思想聯繫，亦可見於後現代主義問世以降普遍化的「文本」（text，テクスト）概念。儘管此概念隨著使用者不同有所搖擺，涵義未必固定，但語源上可以溯及拉丁語指稱「織品」的「textus」一字。

稍將焦點移至東亞古典文獻中的「文」字用法，除了紋樣、文飾之外，「文」也有「多色絲線編成的彩色織品」之意，如《釋名・卷四・釋言語第一》：「文者，會集眾綵以成錦繡，會集眾字以成辭義，如文繡然也。」（王雲五主編1979：16）等等。此外，「文」的定義中也使用了「錯綜」「交錯」等詞（《周易・繫辭上》、《周易正義・卷七》；李學勤主編2002：334，等），還有文獻以「織機」比喻（《朱子語類・卷七五》；朱杰人等主編2010：2555），認為「文」並非固定的構造物，而是藉著接續／散逸的作用，可自由重編的、可變的系統，且「文」不限於寫下來的文字，如「經緯天地曰文」（《春秋左氏傳・昭公二十八年》；李學勤主編2001：1723）的表述，以及「天文」、「地文」、「人文」的儒學宇宙論所示，世界（天地）也被理解為以「經」（直線）、「緯」（橫線）編成、延展之物。附帶一提，佛典中的「經」字，為梵語「sūtra」的漢譯，本義同為「絲線」和「繩子」（中村元編1998→2018：257）。

如今，我們有必要再次努力回憶起「織品」這文本＝「文」的語源學意義。文本是「織物」，也就是說，它並非一篇獨立的「作品」，而是從其他複數文本重構而來的，非實體的關係性結構體，這同時也意味著，該文本擁有從自身之中編成複數文本的生產性、主體性作用。其意義並非由

分化的個體所產生，而是從關係性的網絡中誕生。在這個意義上，文學實不能看做以「作者」這一「個人」為起點的封閉構造物。收錄於羅蘭・巴特（Roland Barthes）《敘事結構分析》（導讀76）的〈作者之死〉、〈從作品到文本〉這些論文，在全世界廣為流傳，斥退了一直以來被奉為信條的「作者乃作品設計者」之說，至今為止拘束著我們的那種作為接近「上帝意志＝作者意圖」之運動的「閱讀」漸次解體，「所謂文本乃一多次元空間，各種各樣的書寫（écriture）在其中連結、相互提出異議，誰也不是誰的起源。所謂文本，是來自無數文化中心的引用所造就的織品。」（ロラン・バルト1968＝1979：85～86）織造某個作品的絲線，連接著過去的作品，同時也連接著此後將織成的未來的作品，不存在與他者完全切離、澈底孤絕的作品。在這種文本的網狀構造中，既無開始亦無終結，既無中心亦無邊緣，僅充斥著一種運動：無止境地將自身去中心化。其中連時間的流動亦不復存在，文學研究上將之稱為「文本間性／互文性」（intertextuality，日語：間テクスト性、インターテクスチャリティ）。

　　另外，古典詩歌的詩語中，蘊含著前輩詩人層疊積累的多樣象徵意義，但這並不意味著詩歌作者通曉所有先行作品，而是語詞內藏的集體記憶，超越了言者的意圖被牽引出來。又就文本間性的理論，文本結構並非前文本對後來者的單向影響，後出文本也會重讀前文本。舉例而言，以當代的價值觀審視半世紀前的作品，便有了歧視女性的意味。呼應著與讀者的關係結構，文本自身可以生產出作者意料之外的、或好或壞的效果。

　　文本構造，是由非人格性表述（不屬於任何人的聲音、語言）織就的複調（polyphonic）抽象場域，其間無從探詢「起源」（source），在文本的無中心＝多中心網絡構造中，正典的特權性被消解，作者的聖性也被否認。如前所述，由於文學實為宗教制度，故而被賦予了特權，正因如此，隨著文學去宗教化＝去人類中心主義的進展，文學的特權性也將一併消解。在此意義上，若欲重振文學的價值，有必要聚焦於文學中的宗教結構（超越的結構，或不可認識、不可言語化者）。然而，我們已不可能返回單純的人類中心主義（實為上帝中心主義的變奏），真正有待尋求的，是如何以不同於人類中心主義的形式，來確立人類的主體性。

3.橫越文學的諸體系

　　由於以「文學的書寫對象是『人類』」為自明的起點，將人類視為主體於是成為普遍共識，閱讀故事時，我們因此每每聚焦於「有著怎樣個性的角色，採取了怎樣的行動」。然而，我們如今業已無法輕易擁抱「自由自律的主體」這一現代神話，文學作品中所描寫的人類，同樣得視之為「被驅動的存在」，一旦人類完全退居背景，聚焦於驅動人類的系統，我們便不得不直面人類的被創造性與不自由性。所謂系統，舉例而言，如歷史、記憶、思考、理性、妄想、感情、戀愛、無意識、精神疾病、夢、真實／謊言、資本主義、慾望、經濟構造、貧困、階級、倫理、道德、法律、民族、族裔、共同體、家族、家父長制、性別（gender，ジェンダー）、身體、障礙、自我中心性、歧視、戰爭、暴力、殖民地、移民、過去／現在／未來、空間、都市、環境、自然災害、疫病、公害、中心／邊緣、邊界、隔閡、異界、我側／彼側、日常／非日常、越境、宗教、神聖之物、神靈、死亡、疾病、語言、文字、聲音、規律、禮儀、公司、學校、學習、運動、網路、名為「自己」的牢獄、不可理解的他者、無法表述的存在等等，各式各樣不同的系統且對立且衝突、且分離且融合、且協作且從屬，複合性地驅動著人類與人類集團。當然，遍布關係性網絡中的諸系統，未必皆以明確的形式展現在我們眼前，反過來說，也正因如此，將之作為文本的留白，或者作為空缺與匱乏，加以象徵性地意會，便成了必要的功夫。要聚焦於文本結構中的哪個系統，取決於「閱讀」的技術。暫置人類於背景，辨明故事世界究竟由怎樣的系統（複合體）所驅動，這不只限於文學描寫的「對象」之中，而正與讀者（我們）的系統、頻道同步，又或者正由於雙方並未同步，閱讀因此能成為一個「使讀者意識到驅動自身之系統」的運動，「為系統所驅動的人類」此一圖像，由是反照我們自身，我們既通過文本看見自身，也通過文本為自身所見。否定內部／外部的區分，是「文本」概念的成立前提，作者也好，歷史語脈也好，甚至包含我等讀者在內，皆不過是文本結構的一部分。操縱我們之「閱讀」的，也許是無意識，也許是歷史和記憶，也許是深入人心的倫理和道德意識，又或許是本應退位的作者意圖。無論如何，只要它們結構為文本，我

們便永遠不可能自「文本」的作用中解放。

4.作爲文本的人類

　　所謂文本，不限於文字寫成者，一切能夠被認識的存在，皆是被編成的文本（也即織品）。現代性形成了將人類視爲自由自律主體的有力觀點，並重新定義自身爲「使役語言和文本的主體」。然而，事實上人類也同樣是被編成的文本，人類的身體與認識作用、思考與內面，也全都如此。而所謂人類作爲文本，意味著人類是雙重性的存在，既是能夠進行結構活動的主體，同時是被結構的客體；易言之，人類除了是文本性的構成物以外，基於其作爲能夠生產文本的主體性（能產的主體性）構造，「文」學也就必然與人類的「主體」化過程相關。我們並非本即人類（言說主體），而是佔據了作爲動物的「人屬」（Homo）之身體的文本（語言），方才「成爲」人類（這樣說來，「人類」只是「人屬」與「文本」的混合物），經由文本被創生的「我」，必無法脫離文本（即「我」自身）、得到自由。人類擁有思考的能力，然而思考本身並非「我」的創造；人類擁有慾望的能力，然而慾望本身並非「我」的發明。語言和文本這兩個關係性結構體，總是先行於「我」之前，不間斷地驅動著「我」。因此，我們的任務是持續注視自身的不自由，藉此聚焦於文本系統，通過內化該文本之能產的主體性，去開拓自由的可能。也即是說，自由的展開，只能始於直視自身的不自由，反之，當我們察覺己身的不自由，「現代」（＝主體化的程序）便將於此重新開始。

四、文學研究的方法論

　　那麼，究竟何謂文學研究？又該如何著手？若只是漫不經心地閱讀作品，恐將一無所獲，未經鍛鍊的眼光，只能看見表面的現象，因此我們需要一雙眼睛，它能夠捕捉埋藏文學深處的結構——亦即學習方法論＝理論。所謂理論，指各殊現象內部共通的潛在結構、系統、法則（的語言化）。以理論置換習於日常的眼光，便能超越各種邊界、橫越文本的連鎖關係，辨別深埋其間的結構。理論性的閱讀將潛入自我深處（驅動己身的

系統），也是悅納他者於自身內部的實踐。為掌握上述閱讀方法，自有必要參考各種文學理論或明確表述其方法論意識的著作。

1.跨學科的文化研究

　　後現代主義解消了現代性強力打造出的各種中心性，將一切重新定位為關係性的產物。人文學諸學科的語言學轉向，帶來了從實體論到關係論的基本認識轉換，也解體了此前的文學研究架構，學界廣泛地展開跨領域、跨學科的研究，研究對象不限於文學這一制度性的自足、封閉空間，陸續擴及評論、報紙、雜誌、信件、日記、法律條文、演說、日常對話、繪畫、照片、電影、漫畫、動畫、音樂、空間、身體，一切邊界開始流動游移，為文學研究帶來了多樣的方法論；大抵而言，可以說文學研究「表象文化論」化[3]，或者說「文化研究」化了。舉例而言，前田愛《都市空間中的日本文學》（導讀87）便使用了都市空間論、文化符號學等文化研究手法，令人印象深刻地提示了藉此重讀文學的可能收穫，足以作為方法論學習上的參考文本之一。

　　另外，正典的解體造成文學研究架構的流動，令此前從未被看做研究對象的大眾文化，被賦予了學術分析的價值，推理小說和輕小說的相關研究也方興未艾。身為近代文學研究者及輕小說作家的大橋崇行，其《從輕小說論少年／少女小說史：現代日本物語文化再考》（導讀90）一書，從文學研究的視角，探討輕小說與明治以降之少女小說／少年小說的關係。此外，電影研究早已是學術世界的一份子，從事漫畫與動畫研究的文學研究者也不斷湧現。以上種種，都表明了文學研究疆界的持續流動。

---

[3]　譯注：此處所謂「表象文化論」，意指探討作為「再現」（representation）的各種文化現象之跨學科知識領域。其研究對象廣泛，包含繪畫、攝影、雕刻、建築、電影、音樂、文學、哲學、政治、大眾文化、媒體、網路文化等。詳參日本「表象文化論學會」官方網站（https://www.repre.org/conventions/）。

2.後殖民研究

　　所謂後殖民主義，旨在思考殖民結束「後」，於可見或不可見的次元，依然持續的（舊）宗主國與（舊）殖民地間的非對稱政治、經濟、文化關係，愛德華・薩伊德（Edward W. Said, 1935〜2003）、霍米・巴巴（Homi K. Bhabha, 1949〜）、加亞特里・史碧娃克（Gayatri C. Spivak, 1942〜）的著作，廣爲學者閱讀。

　　此外，諸如書寫於殖民地臺灣與朝鮮半島等「外地」的日語小說，以及在日外國人創作的文學等等，透過蒐羅這些溢出「日本人──日本語──日本文學」制度化框架的文學現象，構成了「日本語文學」的視野。本書推介的阮斐娜（Faye Yuan Kleeman）《帝國的太陽下：日本的臺灣及南方殖民地文學》（導讀88），以詳盡細緻的筆觸，指出了在殖民地臺灣誕生的「日本語文學」，無法完全收攝於「支配者──被支配者」的單純二元論，而帶有複雜的克里奧爾性[4]與多樣性。

3.「東亞」、「全球」的觀點

　　我們有必要深刻警覺到，不應將日本文學、日本文化、日本思想強行塞入近代建構的民族「日本」，對於「日本有著世上獨一無二的獨特性格（個性＝不可分割性）」這一「日本自畫像」及其持續再生產的歷史，亦不能毫無批判地繼承。因此，將視野擴大至「東亞」或者「全球」，同時意識到日本內部業已嵌合異質存在（在某些情況下，正是這些異質的存在持續打造日本）的著作，具有相當的重要性。若欲釐清上述古典世界中漢文脈的礦藏，和漢比較文學是具代表性的觀點，除此之外，本書收錄的田中優子《江戶的想像力：18世紀的媒體與表徵》（導讀83），聚焦於各種事例，指出常被賦予封閉性「鎖國」印象的「近世」「江戶」，實際上被建構爲全球網絡的一部分，形形色色的文化交錯以及異質存在的相遇，因

---

[4]　譯注：因相異語言集團的接觸而自然形成的共通語，稱爲皮欽語（pidgin）。而在次一世代母語化了的皮欽語，則稱作克里奧爾語（Creole Language，日語：クレオール語）。是故，說明廣泛文化領域中的混合交融現象時，經常比喻性地借用「克里奧爾」（Creole）一詞，也做爲表示「異質的存在不斷混融，形成與原本任何一方都不完全相同的、嶄新的存在樣態」之概念。

此發生其間。

4. 敘事學（narratology）

　　一般而言，「敘事學」可以略分爲兩類。其一的目標在於釐清、精煉支撐著傳說故事的構造、類型、模式，指出所有俄羅斯魔法傳說皆可歸結爲同一構造的弗拉基米爾・普羅普（Vladimir Propp, 1895～1970）（ウラジミール・プロップ1928＝1987），是該類型的早期代表。日本的古典文學也有類似的現象，研究表明，其中可見年幼的神靈或高貴人物流浪異鄉，克服各種各樣的試煉，最終登上高位的神話、傳說模式，並將之稱爲「貴種流離譚」。此外，大塚英志（2008）指出傳說故事的基本構造爲「行而復返」，喬瑟夫・坎伯（Joseph Campbell, 1904～1987）（ジョーゼフ・キャンベル1949＝2015）提倡「英雄旅程（Hero's journey）理論」，這些學者同樣廣爲人知。上述框架皆有助於分析作品的構造。

　　另一類型則以傑哈・簡奈特（Gérard Genette）《敘事的論述：關於方法的討論》（導讀77）爲代表，聚焦於故事的「言說」（並非「說了什麼」，而是「怎麼說」）。以語言學家埃米爾・本維尼斯特（Émile Benveniste, 1902～1976）的語言學理論爲參照框架之一，他認爲言說主體是在言說過程中不斷形成之物，而非先於言說存在的穩固起點，若欲釐清小說及故事分析上必須的「言者：敘述者」（日語：語り手）概念之基礎，本書乃重要的參考文獻。簡奈特的論述特點，是以「敘事」（récit，日語：物語、物語言説）、「故事」（histoire，日語：物語內容）、「敘述」（narration，日語：語り、物語行爲）、「聚焦」（focalisation，日語：焦点化）等框架分析敘事結構，[5]橋本陽介（2014，2017）、菅原克也（2017）等人撰寫的入門書籍對此進行了詳細解說，還望讀者參考。此

---

[5]　譯注：「récit」、「histoire」及「narration」這三個理論用語，本文據廖素珊、楊恩祖的譯本〔簡奈特（1972＝2003）〕加以翻譯。然而，目前學者們使用的譯語仍有所出入，尚未定於一尊，還請讀者留心。舉例而言，申丹（2014：27）譯之爲「敘述話語」（récit）、「故事」（histoire）和「敘述行爲」（narration）。請見傑哈・簡奈特著，廖素珊、楊恩祖譯，1972＝2003，《辭格III》，臺北：時報文化（導讀77）；申丹，2014，《敘事學理論探賾》，臺北：秀威資訊。

外，小森陽一《構造上的敘事〈增補版〉》（導讀86）從文本論的視野分析近代小說的「言說」結構，同必讀之作。

　　古典文學研究領域亦然。1980年代以降，重新探究何謂古典「物語」（＝故事）的論著接連問世，如高度關心理論的藤井貞和（1942～）、高橋亨（1947～）、三谷邦明（1941～2007）等學者，即拓展了物語閱讀的多樣可能，本書收錄了藤井貞和《物語的起源：フルコト論》（導讀81），該著作廣泛參考日本古代文獻，檢視「物語」所指。

　　至於和物語同樣被看作古典文學主流的和歌，也有學者提出該如何定位詠歌主體的問題，若暫且懸置「和歌即作者自我表現之結果」的直覺認識，亦不妨將之與「言者；敘述者」論相繫。尼ヶ崎彬（1983：81）將詠歌主體理解為超歷史的、共同體式的「詩的主觀」；而川平ひとし（2003：324～325）則定位其為「本質上無法命名」的「詩的主體」等，皆可供我們參考。收入本書的渡部泰明《何謂和歌》（導讀80），則運用「禮儀」、「演技」概念解釋詠歌行為的意義與功能，值得讀者關注。正如書名所示，《何謂和歌》也對和歌形形色色修辭的功能性意義加以解說，作為入門書籍，再合適不過。

　　經由以上諸多討論，至此一路談及文本這個非人類的系統。若能如此思考，我們或也將深刻感受到自己原先的素樸看法——「人類」自由地訴說／歌詠心聲，不過是這個世界的其中一面而已。

5. 性別（gender，ジェンダー）論

　　無庸贅言，「性」乃人體固有。可與此同時，人體也被男性氣質／女性氣質這般深埋於諸現象的、文化層面的差異所穿透，解讀上述現象的思想視野，即所謂性別（論）。我們首先必須警戒的是，將文化性的性別差異當作人類社會的「創造物」，卻將生物學上的性別差異看成「自然」的觀點。舉例而言，這種區分忽略了懷孕中的身體早已嵌入文化性的意義與價值，且恐過於輕忽該區分和其他種種性別規範相連，以至於可能將社會性的不平等也看作「自然現象」。此外，還應注意到「男」、「女」的自我認同抑或性別範疇之複數性，而非將之均質化，並關照跨越性別的多樣

差異。再者，更須留意文學這一制度本身，即與性別系統有著莫大關連，飯田祐子《他們的故事：日本近代文學與性別》（導讀89）指出了建構近代文學主體之際，中介其間的「男性化」性別作用。

6.其餘的方法論

當然，在前述之外，尚存其他的文學研究方法論。如目的在於自文本內部解體、攪擾、流動化既定文化符碼＝二元對立結構的「解構」（déconstruction）批評，又或者將文學視爲（以「夢」爲代表的）受文本之無意識結構所驅動的精神分析批評，以及重探人類與環境之關係的生態批評（ecocriticism）等等，關於這些文學理論，至今也出版了各式各樣入門書籍，還望讀者加以參考。

結語——「反學習」

文學之爲物，絕非自然而然，亦非超歷史的唯一「透視圖」[6]。然而，本文在此想強調的是，學習《國語便覽》那樣的標準、正統知識，絕非毫無意義，此外，要從民族國家史觀和人類中心主義的咒縛中徹底解放，怕也是不可能的。事實上，人類中心主義的解讀方式不僅無法完全否定，即便眞能夠做到，它也不會就此從文學享受的場域中消失。另一方面，對於受後現代主義啓發，彷彿當前世界已然是去中心、去階層的看法，以及相對主義思想引起、擴大的（比如將假新聞也視爲眞實之一的）後眞相（post-truth）情境，也有著負面的評價。我們所應做的，不是奉何者爲永恆絕對的透視圖，或者恬然安居特權性的知識界域，而是對其進行「反學習」（unlearn），以確立自身內在的複數視點。

「反學習」的概念，由於加亞特里‧史碧娃克（Gayatri C. Spivak, 1942～）的使用而廣爲人知，史碧娃克著作的日文譯者之一，本橋哲也（1955～）如此說明：「承認自己關於一切事物的所知所學，乃受惠於自己的特權，且那些知識本身即爲特權。與此同時，理解到這也是自身的

6　譯注：原文爲パースペクティブ（perspective），意指透過遠近法構成的單點空間透視圖。在此隱喻理解知識、現象的特定（「單點」透視＝〔研究者的〕特定觀看位置）方法論視野。

損失。由於意識到自己同樣因這份特權失去甚多，故而自行解消知識的特權。」（本橋哲也2005：157，強調標記爲筆者所加）若欲聚焦、辨析存在日常生活中卻難以掌握的系統，首先須將自身從日常的眼光中抽離，然而，人類畢竟是有限的存在，無論在時間或空間上，皆無法同時置身於複數地點，故難以獲致絕對不變的正確透視圖。將受到特權化而逐漸僵固的透視圖，藉著批判思考加以超越、形變的工作——亦即研究——因而永無止境。這並非企圖鄉愿地泯除一切價值區別，而是要同時關照複數的價值體系，藉由反覆進行「反學習」，爲複數視線所分裂、多重化的自身，也將自然而然地與世界的複雜性產生共鳴。

　　所謂學習，並非知識和資訊的獲得，而是習得多樣的思考方法、多樣地理解世界，常態性地不斷「變身」爲不同於自身的存在。文學同樣如此。並非將身爲讀者的自己放在安全、穩定的位置上遠眺文本，而是以文本爲鏡像，重讀、時而「解體」自我的構成。換言之，文學乃自我解體＝創造的系統。透過回到驅動自身的「文＝文本」這一故鄉＝母體（matrix），人們於是可能將編成世界與自身的系統，移植進自我構造的內部。既爲此舉之基礎亦爲其媒介的「文本」，從來都敞開大門，唯待我們造訪——通過「學習文學」這一門徑。

參考文獻

丸山圭三郎，1981，《ソシュールの思想》，東京：岩波書店。

——，1989，《欲動》，東京：弘文堂。

川平ひとし，2003，《中世和歌論》，東京：笠間書院。

大正新脩大蔵経刊行会，1988，《大正新脩大蔵経〔普及版〕・六》，東京：大正新脩大蔵経刊行会。

大塚英志，2008，《ストーリーメーカー——創作のための物語論》，東京：アスキー・メディアワークス。

山藤夏郎，2015，《〈他者〉としての古典——中世禅林詩学論攷》，大阪：和泉書院。

中村元編，1998→2018，《仏教語源散策》，角川ソフィア文庫，東京：KADOKAWA。

王雲五主編，1979，《四部叢刊正編・三》，臺北：臺灣商務印書館。

尼ヶ崎彬，1983，《花鳥の使——歌の道の詩学I》，東京：勁草書房。

弗里德里希・尼采著，黃明嘉譯，1882＝1991，《快樂的知識》，北京：中央
　　編譯出版社。

本橋哲也，2005，《ポストコロニアリズム》，岩波新書，東京：岩波書店。

仲正昌樹，2006，《集中講義！日本の現代思想—ポストモダンとは何だった
　　のか》，東京：日本放送出版協会。

竹村牧男，2006，《禅と唯識——悟りの構造》，東京：大法輪閣。

朱杰人等編，2010，《朱子全書修訂本・十六》，上海：華東師範大學出版
　　社。

佐伯啓思，2014），《西欧近代を問い直す——人間は進歩してきたのか》，
　　PHP文庫，東京：PHP研究所。

李學勤主編，2001，《十三經注疏整理本 春秋左傳正義》，臺北：臺灣古籍出
　　版社。

李學勤主編，2002，《十三經注疏整理本 周易正義 下經》，臺北：臺灣古籍出
　　版社。

東浩紀監修，2017～2018，《現代日本の批評》（1975～2001、2001～
　　2016），東京：講談社。

河野貴美子、Wiebke DENECKE等編，2017，《日本「文」学史 第二冊「文」
　　と人びと——継承と断絶》，東京：勉誠出版。

品田悦一，2001，《万葉集の発明——国民国家と文化装置としての古典》，
　　東京：新曜社。

柄谷行人編，1990～1992→1997，《近代日本の批評》（I～III），講談社文芸
　　文庫，東京：講談社。

倉田百三，1921→1963，《愛と認識との出発》，東京：雪華社。

宮野真生子，2014，《なぜ、私たちは恋をして生きるのか——「出会い」と
　　「恋愛」の近代日本精神史》，京都：ナカニシヤ出版。

菅原克也，2017，《小説のしくみ——近代文学の「語り」と物語分析》，東
　　京：東京大学出版会。

鈴木貞美，1998，《日本の「文学」概念》，東京：作品社。

鈴木登美著，大内和子、雲和子譯，2000，《語られた自己——日本近代の私

小説言説》，東京：岩波書店。

橋本陽介，2014，《ナラトロジー入門──プロップからジュネットまでの物語論》，東京：水声社。

──，2017，《物語論 基礎と応用》，東京：講談社。

巖本善治，1892，〈非恋愛を非とす〉，笹淵友一編，1973，《女学雑誌・文学界集 明治文学全集32》，東京：筑摩書房。

ロラン・バルト（Roland Barthes）著，花輪光譯，1968＝1979，〈作者の死〉，《物語の構造分析》，東京：みすず書房。

ウラジミール・プロップ（Vladimir Propp）著，北岡誠司、福田美智代譯，1928＝1987，《昔話の形態学》，東京：白馬書房。

ジョーゼフ・キャンベル（Joseph Campbell）著，倉田真木、斎藤静代、関根光宏譯，1949＝2015，《千の顔をもつ英雄〔新訳版〕》（上・下），ハヤカワ文庫，東京：早川書房。

76. 羅蘭・巴特（Roland Barthes），《敘事結構分析》，1979年

原書：ロラン・バルト著，花輪光譯，1979，《物語の構造分析》，東京：みすず書房。

西田谷洋／阮文雅　譯

首先，綜觀《物語の構造分析》的各章內容。[7]

在〈敘事結構分析導論〉一章中[8]，作者羅蘭・巴特（Roland Barthes, 1915～1980）採取演繹法，將敘事作品視為長句，以語言學理論為基礎推衍進行分析。並將敘事作品的分析基準分為功能層（fonction，日語：機能）、行動層（action，日語：行為）、及敘述層（narration，日語：語り）。功能層是指故事（內容）中所發生的事以及各個行動的連鎖效應，並形成一個個的功能單位。功能又能細分為狹義的功能及標誌（indice，日語：指標）。在功能之中，基本功能（fonction cardinale，日語：枢軸機能体），是形成故事中心的連繫功能，往往「在故事的展開上，啟動因果性的二者擇一」（p.17）；並且以非中心的填空式功能當作催化（catalyse，日語：触媒）。而顯示存在的標誌又能細分為二：一是顯示〔人物的〕性格與感情的標誌；二是顯示時間與空間的信息（information，日語：情報）。行動層是以人物的行動類型來區分；敘述層則是依信息提供的方式將敘述者（日語：語り手）分類。

在〈與天使的格鬥：《創世紀》32章23～33節的文本分析〉一章中，

---

[7] 譯注：此書由日本東京的みすず書房出版，集結了1961至1971年間巴特分別發表的八篇法語論文，並將這些論文翻譯成日文。

[8] 譯注：〈敘事作品結構分析導論〉中所採用的巴特用語之華語譯文，譯者（阮文雅）參考了羅蘭・巴特著，董學文、王葵譯《符號學美學》（臺北：商鼎文化出版，1992年）一書中所收錄之同篇論文。本文中的粗體字由譯者所加。

作者運用「行動素模型（Actantial Model）分析」及「功能分析」[9]，並將《創世紀》中與天使展開格鬥的場面視爲民間故事。

在〈作者之死〉一章中，作者認爲，作品不能由作者來給予終極意義，若請作者對己身作品做出說明，就會扼殺多義性文本的可能性。文本是多次元的空間，不允許作者的信息出現。在〈從作品到文本〉一章中，作者論述：讀書行爲中生產的所有文本，皆成爲經驗，具有「不可化約的複數性」（p.97）；同時也提出與馬克思主義式唯物論相連結的可能性，文本（text）一詞暗喻著編織物的網狀格目，也表示文本就是一個相互交流織成的循環空間。文中表示，不同於享受作品的愉悅是一種消費式的快樂，享受文本閱讀的愉悅，會帶給人們一種不存在距離的快樂。[10]

在〈現代食品攝取的社會心理學〉一章中，作者把食品視爲一個有機的符號體系，同時也注意到在現代社會中，食品已經轉換成一種使用狀況——稱之爲現代式生活樣式的一種符號。舉例來說，咖啡向來被視爲神經興奮劑，但現代反而附加上「休憩」「放鬆」的相反意象。另外，此章舉出實例來說明西歐食品廣告的意指作用，因應其主題不同，區分爲以下幾類：具有由食品遙想民族往昔歲月的回顧式功能的食品廣告類、附加了價值判斷或具性別取向的人類學相關食品廣告類、還有透過讓身體「健壯」「休息」的大量神話式表徵反覆刺激印象的附加「養生」概念的食品廣告類等。在〈寫作的教導〉一章中，作者闡述：西歐戲劇的寫作（écriture）總是試圖表現出二元對立爲底的整體性；但日本的文樂，也就是人形淨琉璃戲劇，卻有著三種寫作形式——即魁儡人偶、操縱師、配音旁白者，用以解構二元對立的構造。

在〈岔題〉一章中，作者肯定「形式主義」（formalism）推翻內容

9　譯注：正如巴特在本論文中所述，所謂行動素模型分析，是法國的語言學者阿爾吉爾達斯・朱利安・格雷馬斯（Algirdas Julien Greimas, 1917~1992）所提出的理論；而功能分析，則是以俄國的文學研究學者弗拉基米爾・普羅普（Vladimir Propp, 1895~1970）的理論為根據。

10　譯注：關於此處的「不存在距離」，補充說明如下。對讀者來說，「作品」本來只是單方面的消費（閱讀），此與生產（書寫）有隔閡，但「文本」則會消弭此距離。也就是說，在文本空間中，生產（書寫）和消費（閱讀）之間沒有隔閡，形成兩者循環不息，意指作用永續的構造。也因此，文本成為遊戲且令人愉悅的場域。

至上概念的貢獻，也主張以隱喻來稀釋「所指」（signifié，日語：記号内容／シニフィエ）[11]的固有性，或者混亂意旨，並企圖趁機潛入物質或文本之中。同樣地，在〈改變標的物本身〉一章中，作者指出，神話破壞與「能指」（signifiant，日語：記号表現／シニフィアン）的科學這兩種分析的差異，在於神話般意識形態的破壞容易回歸於某種定型；而能指科學則是意圖將符號模糊或產生偏差，在無限反覆引用的循環下永無終止。

　　這樣看來，〈敘事作品結構分析導論〉及〈與天使的格鬥〉這兩章，著眼於故事內容中行動主體的功能進行序列[12]分析，也等於是前田愛（1988）的「最小故事理論」（minimal story論）的先驅。〈敘事作品結構分析導論〉一章，也關注敘述行為中的敘述者與聽眾（或讀者）之間的交互作用。再者，〈作者之死〉及〈從作品到文本〉這兩章，是先宣告作者之死而後進行文本解釋的宣言，且〈岔題〉、〈改變標的物本身〉等章節也觸及符號的多義性以及不可決定性（undecidability）的稱頌之意。所以可以說，《物語の構造分析》此書在日本文學研究中，為文本論的理論模式，提供了基本的準備工具。因為此書的理論模式，也促成了其後日本的文本論研究之萌芽，開展了以敘事學（日語：物語論）為基礎的文本分析研究。其中，如小森陽一（1988），將巴特未曾充分探討的問題——對敘述者已實體化及人物化的文本如何進行敘事分析——進一步探討並進行扎實的研究，又利用敘述的反轉構造，將解構的方法帶入文本分析研究。

　　當然，以現今看來，《物語の構造分析》也存在著許多可提出批判的部分；例如〈敘事作品結構分析導論〉是以句子結構和敘事結構擁有相同性為前提，但這是不同基準的一種混淆。此外，〈作者之死〉否定作者的萬能性，但我們不能否認，作者實際上具有某些作用。〈從作品到文本〉呼籲讀者將概念從作品轉換成文本，並強調文本帶來的快樂；而這兩種主

11　譯注：此為文學研究的基礎概念，依據斐迪南·德·索緒爾（Ferdinand de Saussure, 1857~1913）的語言學理論所產生。符號（signe）由「能指」（signifiant）和「所指」（signifié）在任意的結合關係下成立；能指為其表現本身（例如聲音及文字等記號的再現〔＝表象＝represent〕作用），所指則為其涵義（例如某種印象或概念）。

12　譯注：巴特所謂之「序列」（séquence，シークエンス）之意：「一個序列是一連串合乎邏輯的、由連帶關係結合起來的核心」（上記〈敘事作品結構分析導論〉華語譯本pp.125~126）。

張都屬於一種理論上的主張／宣言，並非合乎邏輯的必然結果。此宣言將讀者標榜爲取代作者的存在，這將使得讀者在消費（閱讀）時容易產生錯覺，將早已問世的作品錯認爲簡直就像是自己所創造的一般。再者，所指的複數性——如變得稀薄等等——所產生的意思，並非全部對等，也有優劣之分。我們必須注意的是，在文本論的範疇中，即使意圖重新解構敘事作品提出新的解釋，仍然會存在著某種強而有力的主張／推論。人文科學中所謂的理論，其實也是帶有主觀性的思想，因此對於其理論的有效涉及範圍及底線，必須時常加以檢討。

參考文獻

小森陽一，1988，《構造としての語り》，東京：新曜社。
前田愛，1988，《文学テクスト入門》，東京：筑摩書房。

77. 傑哈・簡奈特（Gérard Genette），《敘事的論述：關於方法的討論》，1972年

原書：Gérard Genette, 1972, *Discours du récit, essai de méthode* in *Figures III*, Paris: Éditions du Seuil.

華語譯本：傑哈・簡奈特著，廖素珊、楊恩祖譯，2003，《辭格III》，臺北：時報文化；熱拉爾・熱奈特著，王文融譯，1990，《敘事話語 新敘事話語》，北京：中國社會科學出版社。

日文譯本：ジェラール・ジュネット著，花輪光、和泉涼一譯，1985，《物語のディスクール――方法論の試み》，東京：水声社。

西田谷洋／廖秀娟　譯

　　《敘事的論述：關於方法的討論》[13]將羅蘭・巴特（Roland Barthes, 1915～1980）《敘事結構分析》（導讀76）一書中不足的敘事結構模型加以精緻化，為日本的文本分析理論，提供利用敘事結構來進行敘事解釋的分析手法。[14]

---

[13] 譯注：日文譯本《物語のディスクール―方法論の試み》的內容，乃是將*Figures III*中*Discours du récit, essai de méthode*一篇獨立出版、單獨日譯。

[14] 譯注：本譯文所使用的「敘事」、「故事」、「敘述」之用語，在簡奈特的原著中分別為「récit」、「histoire」、「narration」。華語的譯文中會因論者的不同而有所差異，本譯文是以廖素珊、楊祖恩兩位譯者在《辭格III》中的翻譯為本。粗體字，是由本文譯者廖秀娟所加。另外，簡奈特是自己獨自來定義這些用語：「此書將為敘述現實的這三層面分別指定其屬義術語。我建議將所指或敘述內容（即使該內容恰好戲劇性薄弱或事件稀少）稱為**故事（histoire）**，將能指，陳述，論述，或敘述本文稱為**敘事（récit）**，而產生敘述行為，引而伸之，此行為所處的真實或虛構之整體情境稱之為**敘述（narration）**，而我選擇這些術語的明顯理語實無須多作贅解。」（華語譯本p.77；日文譯本p.17）關於這點，有留意的必要性。至於能指（signifiant）／所指（signifié）的部分，請參照第VI部導讀76譯注6。另外，簡奈特認為，上述意義中，狹義敘事（récit）才是廣義敘事

　　《敘事的論述：關於方法的討論》的概要，整理如下：

　　作者傑哈・簡奈特（1930～2018）區分誰在看和誰在敘述，避開視點的視覺性，導入掌控訊息量的聚焦概念。亦即，由零聚焦敘事（全知全能觀點）、內聚焦敘事（內部觀點）、外聚焦敘事（外在觀點）所構成的敘述焦點，在整個文本中給予的訊息量並不是固定的，而是會暫時轉變，其類型有透漏的訊息比基本敘事語式少的省敘，以及給予更多訊息的贅敘。

　　敘述的層次可以區分爲，敘述者在所敘述的故事世界外的外記事、敘述者是敘事中的人物在故事世界裡的內記事，以及敘事中的人物的話語所描述出的戲中戲的後設記事。而在後設小說中發生的敘述者侵擾界線的現象稱爲轉喻。

　　在人稱上，因爲敘述者總是能夠以敘述者的身份進入敘事中，所以無論是怎麼樣的敘述，在定義上，潛在地會以第一人稱來進行，當敘述者與敘事中的人物一致時，稱做同記事（相當於過往的第一人稱小說即自記事）；敘述者與敘事中的人物不一致的情況，則稱做異記事。

　　另外，從敘事是以多少的時間篇幅來描述故事這個觀點來看，可以依敘事（論述）的速度，區分成幾個類型：第一，像是描寫似的，只有敘事（論述）的時間延續的停頓；第二，敘事中的人物的臺詞等故事的進行速度，與敘事（論述）的進行速度同一的場景；第三，故事時間比敘事（論述）時間長久的情況，是基本敘事的概要；第四，像是飛快跳過去般地只有故事時間進行的省略。這區分明白地顯示出描寫與敘述在敘述語式（mode）的不同。之後，在ジェラール・ジュネット（1985）中追加的靜述，會發生在補足場景的臺詞，或是在停頓的描述中加入視線的動作時。而古典敘事的基本速度，是採用概要和場景交替的方法。另一方面，近代小說的特徵，在於會交替地使用講述一次發生過N次的事的反覆敘事，和講述一次發生過一次的事情的單次敘事，而反覆敘事中也有詳細正確描述細節的類型；然而實際上難以想像在場景沒有變化、卻數次發生的

　　（récit）的核心，因此將此稱作「論述」（discours）：「敘事的第一層含義──目前一般使用中最明顯且最主要──意味的是敘述陳述（l'énoncé narratif），即負責講述一個或一系列事件的口語或書寫論述（discours）。」（華語譯本p.76；日文譯本p.15）

情況，這時，做爲描述現場雰圍的敘事方法，稱爲僞反覆。

　　另外，敘述者可以將故事時間的順序和敘事時間的順序一致，也能夠將其錯開；前面兩者一致時是順時次序，後面是時間錯置。時間錯置中又有倒敘和預敘兩種說法；倒敘有回顧、閃回，預敘則有預報、前瞻、願望。另外，原則上，時間錯置是安排事件發生在故事世界的時間軸上，但是小說中也有一種稱做無時性，就是不確定要將其放置在哪個時間軸上的片斷。

　　在如何重現對話與思考的部分，簡奈特將其分類爲三：轉述論述（直接引語）、引述論述（間接引語）、敘述化論述（直接敘述）。這是將話法的直接／間接的階段性與話法的創造性重疊的見解。

　　從這些框架來進行文本分析時，可以透過敘事中的人物與敘述者之間的資訊落差，以及敘述者利用這個落差所呈現的主體化表現，進而分析作品。但是，若加以區分知覺主體與敘述主體的話，知覺主體就不一定存在。如西田谷洋（2006）所提示一般，敘述者像是實際感受到似地在敘事。另一方面，在石原千秋（1997）等書中可以看到，在文本分析中造成敘事翻轉的敘述的現在，以及被敘述的過去之間的關係；若是根據橋本陽介（2014）的見解，它們並不在同一個時間軸上。當然，也可以視爲敘述者在敘述自己的過往時，會自律性地以文章體來表現，但是或許仍然有再次檢討文本分析解釋模型的必要性。

參考文獻

石原千秋，1997，《反転する漱石》，東京：青土社。
西田谷洋，2006，《認知物語論とは何か？》，東京：ひつじ書房。
橋本陽介，2014，《物語における時間と話法の比較詩学―日本語と中国語からのナラトロジー》，東京：水声社。
ジェラール・ジュネット（Gérard Genette）著，和泉涼一、神郡悦子譯，1985，《物語の詩学 物語のディスクール 続》，東京：水声社。

編者補注

　　以下所示的圖表6-1，爲本文中提到有關簡奈特用語的法語―華語―

日語的對應關係圖。

表6-1

法語	華語	日語
récit	敘事	物語
récit / discours	敘事／論述	物語言説
histoire	故事	物語内容
narration	敘述	語り／物語行為
narrateur	敘述者	語り手
focalisation	聚焦	焦点化
focalisation zéro	零聚焦	焦点化ゼロ
focalisation interne	内聚焦	内的焦点化
facalisation externe	外聚焦	外的焦点化
paralipse	省敘	黙説法
paralepse	贅敘	冗説法
extradiégétique	外記事	物語世界外的
intradiégétique	内記事	物語世界内的
métadiégétique	後設記事	メタ物語世界的
métalepse	轉喻	転説法
homodiégétique	同記事	等質物語世界的
autodiégétique	自記事	自己物語世界的
hétérodiégétique	異記事	異質物語世界的
pause	停頓	休止法
scène	場景	情景法
sommaire	概要	要約法
ellipse	省略	省略法
digression réflexive	靜述	省察的余談
itératif	反覆	括復法

法語	華語	日語
singulatif	單次	単起法
pseudo-itératif	偽反覆	疑似括復法
anachronie	時間錯置	錯時法
analepse	倒敘	後説法
prolepse	預敘	先説法
achronie	無時性	空時法
discours rapporté	轉述論述	再現された言説
discours transposé	引述論述	転記された言説
discours narrativisé	敘述化論述	物語化された言説

78. 白根治夫（Haruo Shirane）、鈴木登美編，《被創造的古典：正典形成、民族國家、日本文學》，1999年

原書：ハルオ・シラネ、鈴木登美編，1999，《創造された古典――カノン形成・国民国家・日本文学》，東京：新曜社。

山藤夏郎／葉宇軒　譯

　　對我們而言，何謂「傳統」？在一般的印象中，傳統指的是那些從古代繼承而來的習慣、形式、思想、規範，可若說「傳統」之為物，或許遠比我們所以為的更「新」，各位又將做何感想呢？舉例來說，日本「傳統的」正月活動之一：「初詣」，其實源於明治時代鐵路公司的攬客促銷（平山昇2015），人們素樸地認為具有長久歷史的傳統，實乃近代的產物――艾瑞克・霍布斯邦（Eric Hobsbawm, 1917～2012）等人之「被發明的傳統」論首揭此說（請見第III部導讀41），《創造された古典――カノン形成・国民国家・日本文学》一書（以下簡稱此書）亦加以承繼，透過多樣的事例，論證一直以來被認為確有悠遠「傳統」的日本「古典」，實為近代以後的全新「創造」。

　　包括〈總說〉在內，此書收錄了11篇日本、美國、加拿大一流學者頗為挑釁的論文，探討各式古典作品、文類、概念及知識制度，以下順次列舉：首先是被稱作「民族歌集」的《萬葉集》（品田悅一）；其次是《和泉式部日記》等「女流日記文學」（鈴木登美）；再來是被定位以「民族敘事詩」的《平家物語》（大衛・比亞洛克＝David Bialock）、「日本神話」《古事記》與《日此書紀》（神野志隆光）、漢學（黑住眞）、日本民俗學與短歌（村井紀）、美術（柄谷行人）、《伊勢物語》及「雅」

（みやび）的概念（喬舒亞・莫斯托夫＝Joshua Mostow）、「俳聖」松尾芭蕉（堀切實）、教育制度（白根治夫＝Haruo Shirane）等等，涉及許多不同領域。

在〈總說〉中，編者白根治夫（1951～）指出，在西方的經典（Canon）[15] 理論中，有著基礎主義（foundationalism）與反基礎主義兩種進路。前者主張經典中存在某些普遍、不變、絕對的價值，後者則認為經典之為經典的根據不在文本自身，以為「被當作經典的文本，不過反映了特定時代中特定團體乃至社會集團的利益與關注」。對此，此書雖稱採取折衷的態度，但論述重心在於後者，面對取得特權地位的古典文本及其作者，此書企圖「檢視他們被打造為日本『傳統』文化圖像的複雜社會、文化、政治過程，特別是其中有關民族主義之發生的部分」（p.14）。且經典的形成，是一方面排除「非經典」，一方面持續進行自我再定義的「無止境的過程」，此書焦點，在於經典的形成和文類、性別、民族國家整編的關聯。

舉例而言，在第I章中，品田悅一（1959～）指出，《萬葉集》正是為了構築近代「民族國家」而被動員起來的，作者將《萬葉集》描述為「面對民族詩歌的闕如，知識菁英們將其幻夢與情結投射於古籍的光學成像」（p.55）。在第II章中，鈴木登美（1959～）也指出，「女流日記文學」此一自我表白之古典文類被發現的1920年代，亦是「私小說」（看起來彷彿如實描寫作者經驗和心理的小說類型）大行其道的時期。

我們往往認為自己僅僅是單方面地繼承「傳統」，實際上卻是立足於近代中心主義，一面將「過去」、「傳統」併入自身的價值體系，一面不斷將其重編、再造。除了我們會基於自身的期待重新閱讀過去，將之代換為自我的投影，還應該特別注意的是，該投影更將再次與當下鏡射，作為改造現實的根據或借鑒被利用。如村井紀（1945～2022）在第VI章所述，日本民俗學創造出「山人」、「常民」的類別，強調該如何想像曾經那個毫無差異的、統一的原始日本，這樣的觀點進一步被大日本帝國應

---

[15] 譯注：Canon亦可翻作「正典」，如哈洛・卜倫（Harold Bloom, 1930~2019）的 *The Western Canon : The Books and School of The Ages* 即譯為《西方正典》。

用，成爲統治殖民地的範本（pp.274～275）。

　　如前所述，古典絕不單是「過去」的遺物、一動不動的骨董，而往往以現實問題爲媒介，持續生動地活躍於「當下」，那麼，閱讀所謂──不僅限於「日本」的──古典，我們又如何能無視「被創造的古典」這一洞見呢？

參考文獻

平山昇，2015，《初詣の社会史─鉄道と娯楽が生んだナショナリズム》，東京：東京大学出版会。

E・ホブズボウム（Eric Hobsbawm）等著，前川啓治、梶原景昭等譯，1992，《創られた伝統》，東京：紀伊国屋書店（華語譯本：艾瑞克・霍布斯邦等著，陳思仁等譯，2002，《被發明的傳統》，臺北：貓頭鷹出版社）。

79. 河野貴美子、魏樸和（Wiebke DENECKE）等編，《日本「文」學史》第1～3冊，2015、2017、2019年

原書：河野貴美子、Wiebke DENECKE、新川登亀男、陣野英則編，2015，《日本「文」学史 第一冊「文」の環境──「文学」以前》，東京：勉誠出版；河野貴美子、Wiebke DENECKE、新川登亀男、陣野英則、谷口眞子、宗像和重編，2017，《日本「文」学史 第二冊「文」と人びと──継承と断絶》，東京：勉誠出版；河野貴美子、Wiebke DENECKE、新川登亀男、陣野英則編，2019，《日本「文」学史 第三冊「文」から「文学」へ──東アジアの文学を見直す》，東京：勉誠出版。

魏樸和（Wiebke DENECKE）、河野貴美子／黃如萍　譯

近代「文學史」的問題

　　仿效歐式的民族國家所編撰的文學史，在東亞漢字漢文文化圈中，最早創出本國文學史的是日本。三上參次（1865～1936）、高津鍬三郎（1864～1921）受到弗朗索瓦·基佐（François Guizot, 1787～1874）或伊波利特·泰納（Hippolyte Taine, 1828～1893）的影響，撰寫了《日本文學史》（東京：金港堂，1890年）一書。而以此書爲首的近代「日本文學史」，隨著民族國家之形成，輕視並排除所謂的「漢」文學，只偏重視「和」文學之「國文學」。正因如此，長久以來，以「和漢文」世界爲特色之日本文學的全體群像，逐漸無法活躍於舞臺上，此狀況仍持續至今。

「文」的概念史的嘗試

　　本叢書是以如下的問題意識為出發點所構思之產物。首先，在全球化的現今，以全球化觀點重新詮釋日本文學史，描繪在東亞漢字漢文化圈下所孕育之真實樣貌。再者，本叢書主要探討在「literature」一詞被翻譯為「文學」概念之前，日本及東亞所展開的文字文化，重新聚焦於所謂的「文」的樣貌，以及人文意義之根本。此外，本叢書的英文題目*A New History of Japanese "Letterature"*中所使用的Letterature一詞，是本叢書將十八世紀歐洲主流廣義的「文」（letters）的概念，與之後十九世紀所出現的狹義的「文學」（literature）概念結合下的表現，故為本叢書所產生的新詞，亦是本叢書嘗試敘述「文」的概念史之象徵性詞彙。

《日本「文」學史》共三冊的組成

　　首先，第一冊《「文」の環境──「文学」以前》一書，特別著重於「和漢／漢和」這一點，來論述「文學」（literature）概念從西歐被引進日本之前，古代到中世日本的「文」是在何種環境下形塑出何種世界。第二冊《「文」と人びと──継承と断絶》，從作為實踐、演練的「文」之觀點，探究「文」與人們的關係，且通史性地觀察到近代開始為止「繼承」與「斷裂」的各種形態。具體來說，分設「文的發信者」、「社會上文的機能與文人的作用」、「文的受信者」、「文的人與媒體」之四個主軸，來展現作為知的交流機制之文的樣貌。在第三冊《「文」から「文学」へ──東アジアの文学を見直す》一書中，將「近世」（江戶時代、明清時代、朝鮮時代）以後，隨著「現代化」（modernization）的發展，概念或價值觀急遽地從「文」轉換至「文學」之日本的歷程定位為東亞全體的問題，並重新審視至今「文學」的意義。第三冊的特徵為，目錄由國家、社會、戰爭、學問、語言、文體、媒體等每個主題構成，同時在各章或專欄中羅列日本、中國、韓國的立場或觀點之評論。期許此為將來東亞比較文學史之構想向前邁出一大步。

日本「文」學史所描繪出的新的「文」的世界

　　透過上述的組成，本叢書嘗試描述日本的「文」的概念史，其主要
特色分成以下三點。第一點，總體性地掌握在「和」與「漢」交錯處所形
成的日本的語言與文的樣貌。第二點，跳脫近代以來以哲學、史學、文學
爲軸所形成的學術框架，探索全面性敘述日本「文」學史的新範例。第三
點，從與東亞全體的關係來觀察並考察日本「文」的概念之形塑與變遷。
另外，如以下的事例所示，對於過去爲人熟知的日本的文學史的各種形
態，本叢書以提出一個新問題或考察的切入點，作爲本叢書的觀點。

　　例如，《源氏物語》是站在女性的立場，採用和文之手段所書寫而
成的長「文」，與中國相較，可謂是創造出非常特殊現象與狀況的作品。
然而，實際上，《源氏物語》始終是對漢詩及漢文的「文」表示敬意，也
將主人翁光源氏形塑爲擅長（漢）文的英雄。即《源氏物語》與（漢）
文的世界，以及與（漢）文交錯的人們的世界息息相關、密不可分。但
是，《源氏物語》的讀者們卻不被賦予鑑賞光源氏的「漢詩文」的機會。
《源氏物語》可說是藉由「隱藏了『文』的『文學』」之特殊風格來呈現
「文」。關於《源氏物語》，學界已經累積大量的研究成果，但是，從
「漢」或「和漢」的觀點來探究《源氏物語》所具有的獨自性，或在文學
史上的諸多問題，至今仍有尚待討論之處。

　　此外，在日本的平安時代至中世之間，出現了超越人類、被神格化
的「文」之人。在中國所謂「文」，就是「人文」，亦即是「人的文」，
是偏限於人類範疇（如李白雖被稱爲詩仙，但非仙人）。反觀日本，有所
謂神格化的人，或是神的「文」，此點展現出與中國迥異的「文」的樣
貌。舉個具代表性的例子，就是遠近馳名的漢詩文達人菅原道眞（845～
903），以及在日本文學史上不可或缺的傳說性歌人柿本人麻呂（約660～
710）。但根據與和歌相關的靈驗故事（日語：靈驗譚）[16]，菅原道眞
過世後變成天神，透過和歌降下神諭。另一方面，祭祀柿本人麻呂的儀
式——稱爲「人麻呂影供」——有展現人麻呂生前在圖畫空白處所寫的詩

---

[16] 「靈驗故事」爲現實中無法想像的不可思議之事物，與神、佛有關之不可思議的現象。

文，此是用漢文所書寫的，當日也有吟詠歌詞的活動，此時所附上的序文也是用漢文書寫的。從這些例子可觀察到，在和漢文交織下日本的「文」的樣貌。因此，我們可以在以中國爲代表的漢字漢文文化圈裡定位日本的「文」的樣貌，藉此多元地深入探討「文」與人、「文」與社會、「文」與思想或宗教等關於「文」的意義與作用。

《日本「文」學史》的影響

　　《日本「文」學史》共三冊，在總計一百名作者的協助下，於2015年到2019年之間出版。作者的專業領域有文學、歷史、思想、宗教、語言學等，非常多元，也獲得許多來自中國、韓國及歐美的海外研究者的稿件。以此多元的觀點所撰寫而成的《日本「文」學史》叢書，獲得廣大的迴響。例如，國內外的期刊有刊載了本叢書的介紹文章，如Wiebke DENECKE、河野貴美子（2016）、魏樸和（Wiebke DENECKE）、河野貴美子（2017）；並且編著者之一的魏樸和及河野貴美子，獲得參加國際日本文化研究中心共同研究之機會（ヴィーブケ・デーネーケ、河野貴美子2020）。《韓國日報》（2019年7月18日）也報導，東亞學者合作以促進友好外交的進展，並正面評價此爲民間交流的實踐行動。另外，我們也正積極籌劃本叢書的華語譯本與韓文譯本。以編輯的立場而言，本叢書提出了建構新典範的呼籲，希望此呼籲能與東亞漢字漢文文化圈產生共鳴，並開展今後更進一步對話的可能性。

參考文獻

魏樸和（Wiebke DENECKE）、河野貴美子著，孫世偉譯，2017，〈『日本「文」学史 A New History of Japanese Letterature』与「域外漢学」〉，《熱風学術（網刊）》第7期。

ヴィーブケ・デーネーケ（Wiebke DENECKE）、河野貴美子，2020，〈「日本文学史」の今後一〇〇年——『日本「文」学史』から見通す〉，荒木浩編，《古典の未来学——Projecting Classicism》，東京：文学通信。

Wiebke DENECKE、河野貴美子，2016，〈『日本「文」学史』A New History of Japanese "Letterature" の試み——全三冊刊行に向けて〉，《リポート笠間》第61號。

80. 渡部泰明，《何謂和歌》，2009年

原書：渡部泰明，2009，《和歌とは何か》，東京：岩波書店。

渡部泰明／陳文瑤　譯

　　「爲何以五音／七音／五音／七音／七音，總計共31音之定型爲基本的日本傳統詩歌『和歌』，可以持續一千三百年以上？」《和歌とは何か》一書（以下簡稱此書）欲針對此一疑問予以釋疑。書中認爲和歌之所以能延續至今，正是因爲和歌的形式所擁有的力量。讓和歌怎麼看就是像和歌的表現形式，正是創作和歌、玩味和歌的行爲，也就是讓和歌可以持續的原動力。

　　此書概分爲兩部分，從兩個方面來探討和歌形式的力量。第I部著眼於和歌形式性最顯著的「枕詞」、「序詞」、「掛詞」、「緣語」、「本歌取」這些和歌修辭學，探討其意義。「枕詞」——五音，無實質意思，常帶有導出特定詞彙的功能——是宛如咒文般的詞彙，此書定義枕詞是喚起以特別的存在即將出現的期待感來滿足其儀式空間的詞彙。「序詞」——七音以上，喚起和歌中的詞彙的語句；可以看做是枕詞的加長版，但作爲喚起對象的詞彙並不固定——是喚起使用偶然性音調的一致性來合聲的感覺，藉此與玩味和歌的人們的心成爲一體，製作出共同記憶的表達方法。「掛詞」——讓一個詞彙具有雙重的意思，銜接各自擁有兩個文意的詞彙——是一種演出合聲，將聲音的偶然性一致轉換成意義上的必然性的修辭法。「緣語」——將與文意有著不同關係的複數詞彙鑲入一首和歌中的技法——是讓作者現在的想法與狀況有宿命感，讓讀者產生共鳴的修辭法。「本歌取」——明示是取自特定的古和歌，但同時令人覺得有新意的和歌創作技法——是緣語技法的進一步發展。在共同擁有古和歌的和歌作者場域中帶來文學性趣味，重新聚焦在古和歌的魅力，也就是一種讓古和歌再生的創作行爲。

　　在此書中間〈何謂和歌的修辭學？〉這個短短的章節裡，統整了以上

所述和歌修辭上的意義。除了規定其核心在於詞彙的雙重性之外，更讓詞彙的雙重性發揮功用，讓文意和文意外的關係共存，宛如合聲一般，藉此喚起儀式空間的表達。所謂儀式空間，就是重新連結人與人之間的關係、充滿著非日常的角色意識之演技性空間。

在第II部中，作者指出，和歌的形式性不只在於31音的詞句世界，更是生發於現實空間之物。作者從這樣的觀點，以「贈答歌」、「歌合」、「屏風歌、障子歌」、「柿本人麻呂影供」、「古今傳授」為例，探討在第I部提到的儀式空間中，伴隨儀式行為所進行的和歌創作。

「贈答歌」的特徵，在於贈答歌是兩人間的和歌應對，利用對方使用的詞彙，見縫插針般地反擊。回應並不是拒絕，倒不如說是藉由演出看似拒絕的演技來產生兩人的關聯。

「歌合」是兩組各自選出一首和歌，爭奪比較兩首和歌的優劣勝負，是一種既有文學性又有遊戲性的活動。常見於平安時代至鎌倉時代初期。所謂「歌合」，是提取在極盡奢侈的空間中產生的兩首和歌之合聲的機制。對於主辦者而言，「歌合」帶有政治意味，藉由以認真追求勝負的向心力為起點，增加自己的權威。

「屏風歌、障子歌」是與繪畫同時書寫在屏風、障子[17]上的和歌。此類和歌創作，多會留意其與和繪畫一起品味時，須能發揮其魅力。創作的方法上有兩個特色：①讓畫面立體化，給予動感；②站在畫中人物的立場來創作。

「柿本人麻呂影供」始於十二世紀，是掛上柿本人麻呂（約660～710）——《萬葉集》首席和歌作者，後代奉為「歌聖」——的畫像後，進行儀式並創作和歌的例行性活動，是繼承「歌道家」[18]的證明，因此參與者須具備成為人麻呂的演技。

包含《古今和歌集》在內，古典文本的最高規格教育課程，即「古今傳授」。在一對一的緊張氣氛中師弟相傳。江戶時代，本居宣長（1730～

17　譯注：日式橫拉門。
18　譯注：探究和歌創作、和歌理論等的學問，稱為「歌道」，以「歌道」為專業的家族稱為「歌道家」。

1801）全盤否定「古今傳授」爲權威主義，但是，「古今傳授」其實含有在中世這樣一個動亂的時代中，賦予古典新生命的智慧。

　　終章論述了和歌的「作者」問題。和歌的作者，包含①現實的作者、②作品中的作者、③作歌的作者之三個面向；此書認爲，③作歌的作者正是由①轉換成②的轉捩點，在思考和歌的問題上，是極其重要的觀點。

81. 藤井貞和，《物語的起源：フルコト論》[19]，1997年

原書：藤井貞和，1997，《物語の起源——フルコト論》，東京：筑摩書房。

齋藤正志／陳文瑤、葉宇軒　譯

　　《物語の起源——フルコト論》一書（以下簡稱此書），改寫自作者藤井貞和（1942～）在1987年由東京大學出版會出版的《物語文學成立史》，此書共854頁，份量十足，作者從〈導言〉、〈第一部・フルコト〉、〈第二部・カタリ[20]〉及〈代結語〉等超過730頁、可稱做「本篇」的部分中，刪略有關文法及文體的討論，並大幅削減《萬葉集》相關內容，改寫爲此書的十個章節（以下章名從略）。然而，此書並不完全是前者的簡化版。舉例而言，第八章中，作者在討論「語部」（カタリベ）[21]之「管理、傳承口傳故事」的「述說」（カタル）任務時，引用了徳田淨（1969），指出「語部」應讀爲「カタリ」而非「カタリベ」；對此，作者表示「在我先前的《物語文學成立史》的最後部分，左思右想仍未見解決，故不了了之。」由於「語部」讀做「カタリ」，所謂「カタリ

---

[19] 譯注：「フルコト」的日語發音為「furu-koto」，該語音有多種意義相關的漢字表記，如「古言」、「古事」、「故事」、「舊辭」等等，原書正是以該讀音為線索，梳理一系列相關概念的語意和歷史淵源。因此，作者往往刻意使用表現「聲音」的片假名，而非紀錄特定「意義」的漢字，來呈現數種「同音（日語語音）異文（漢文表記）」的フルコト之交涉、重疊與延伸。有鑑於此，文中凡寫作「フルコト」處，譯文一律保留片假名表記，必要時加以注解，而不另行翻譯。

[20] 譯注：「カタリ」讀為「katari」，一般多表記為「語り」，意指「述說」。然而，如後文將指出的，「語部」同樣讀為「katari」；換言之，「カタリ」（katari）這一語音在此書中實有多重指涉，譯文因而保留原書「カタリ」的寫法。

[21] 譯注：「カタリベ」讀為「katari-be」，多指古代口耳相傳久遠傳說，並在官方儀式中將之上奏的職官。另所謂「部」（べ；be）者，即各司其職，效命大和政權的諸集團之謂。

ゴト」，即爲語部之「言」（こと）[22]，這一結論即未見於《物語文學成
立史》。

　　接著進入此書內容。序章中寫道，《古事記》的「古事」和《古語
拾遺》的「古語」同樣讀做「フルコト」，而以不同的漢字表記，在此之
上，作者探問「作爲日語的『モノガタリ』（＝物語）」[23]之意義，並且
視「フルコト」爲支撐「モノガタリ」的他種敘述形式。第一章以中古[24]
文獻爲憑，確定了直到近世爲止，都只有「フルコト：furu-koto」而無
「フルゴト：furu-goto」的發音，指出「在古代日語中，古語和古事（譯
按：的發音）尚未分化，皆讀做フルコト。」（p.30）並認爲「フルコト
的起源」乃是可見於《魏志・倭人傳》的「古傳承」。（p.35）

　　在第二章，作者表示載錄「フルコト」的書籍不僅止於《古事記》
及《先代舊事本紀》，《古語拾遺》同爲「補遺『古傳承、古敘事』」之
書，《古事記》序文中的「舊辭」亦爲「フルコト」[25]。所謂「舊辭」，
即先於《古事記》、《日此書紀》之前已經存在的日本古代傳承、紀錄，
雖然它們也被認爲和〈帝紀〉一樣，是編纂記紀[26]時的原始資料，但由於
現已失傳，實際狀況並不清楚。根據前論，針對《日此書紀》天武紀十
年三月條中，同〈帝紀〉併載的「上古諸事」一語，作者將「上古」看作
「フル」、「諸事」看作「コト」，[27]以爲「上古諸事」＝「フルコト」
＝「舊辭」，並認爲設若「舊辭」在七世紀左右落墨成書，彼時其內容當
已被視爲「フルコト」，即已成爲古傳承、古敘事了。若然，問題便在於

---

[22] 譯注：言（こと）的片假名寫作「コト」，和「カタリ」結合後，「コ」濁音化為「ゴ」。

[23] 譯注：「モノガタリ；mono-gatari」一般以漢字表記為「物語」，指日本列島的傳說、故事或文學
　　類別（物語文學），這裡作者之所以特意使用片假名（＝和語的語音），乃是強調自己所欲探究的
　　對象，既非作為如今西文「narrative」之日文對譯語的「物語」，也非受到漢文影響、漢字化了的
　　「物語」，而是和文語脈中的「モノガタリ」之意義與歷史。

[24] 譯注：「中古」一般指稱以「平安時代」（794-1185）為中心的時期。

[25] 譯注：此句文義稍複雜，涉及日語的同音異文現象。作者一方面要指出「舊辭」和「古語、古事」
　　語意相通；另一方面，三者的讀音同為「フルコト」。

[26] 譯注：指《古事記》及《日此書紀》。

[27] 譯注：「フル；furu」，古、舊之意，漢字可表記為「古」；「コト；koto」，一般指言語或事
　　件，漢字可表記為「言」或「事」。

該「フルコト」所指,究竟爲何時的傳承?由於至五世紀爲止,《古事記》敘事詳盡,且錄有大量歌謠,相對地,自始至終,六世紀卻都僅止於系譜式的簡略記錄,作者因此推論,被時人看作「フルコト」者,或許是持續進行到「五世紀間」爲止的口頭古傳承。

　　此書第三章主張,在《日此書紀》神武元年中提及的「古語」,乃是「表現權威的文辭」(p.60),這樣的文辭亦可見於成詞俗諺、古老語彙、祭禱祝文(原文:祝詞)中,在《高橋氏文》[28]裡則被以「故事」呈現。第四章則指出《歌經標式》[29]「將和歌視爲『古事』與『新意』的結合」。第五章以「舊辭」爲「フルコト」,並認爲《古事記》使用了舊辭。第六章論證從上代到中古時期,受到漢籍影響,「コト」等同於「説話」[30];此外,「緣」之一字,包含其作爲意指「起源」的成詞時,皆讀做「コトノモト」(koto-no-moto)。[31]第七章申論敘事行爲有著非臨場性的「告知」、「說服」、「交涉」、「指使」等意義,是「自過去向現在,並從現在向未來」(p.150)的傳達行爲。第八章斷定「語部(カタリベ)」在大嘗祭[32]上使用的「古詞」也是「フルコト」,乃用以「誦讀」(ヨム;yomu)之物,是「固定的詞章」[33],而《古事記》也是用以「誦讀」之物,爲「寫定的文獻」。此所謂「誦讀」,即是將「固定」下來的「表現」轉爲「一音一音」、「一字一字」的聲響之行爲。作者在第九章中指出,不能斷言「モノガタリ」(物語)的「モノ;mono」(物)爲「靈」、「鬼」等[34],「フルコト乃正統的言語傳承」,而所謂

28　譯注:奈良時代的文獻。

29　譯注:奈良時代末期的歌學書。

30　譯注:「説話」有「口傳故事」及「轉記爲文字的口傳故事」二義,此處指後者。

31　譯注:コトノモト可直譯做「言說/事件之本」,在古代說話文學中,存在「起源說話/起源譚」這一類型,作者指出,在《日本靈異記》、《日本感靈錄》裡,這類故事皆題爲「~緣」,而「緣」無論意指「起源」或用以表示起源故事,都讀做「コトノモト」。

32　譯注:「大嘗祭」爲天皇即位後首次舉行之大規模的「新嘗祭」,而新嘗祭即以新穀祭祀皇祖及天神地祇,天皇自身亦取以食用的儀式。

33　譯注:此處作者強調相對於口頭傳唱、講述的自由性,「誦讀」的特點,在於以某個文本爲據,逐字唸誦,故稱之爲「固定的詞章」。

34　譯注:此前,民俗學者折口信夫(1887~1953)討論「物語」此和語之義時,曾表示「所謂**物**,即

「モノガタリ」，應是包含了「閒談」、「家長裡短」、「民間傳說故事」在內的「多人談話」，「諧擬正統的言語傳承」。第十章列舉「物語文學之成立」的條件：①「古敘事的深厚傳承」；②「古老傳說及前人故事等，在モノガタリ（譯按：即前述外於正統的多人交談）的場域，廣為傳承」；③「以和歌為素材的說話文藝持續發生」；④「包含家長裡短、經驗談在內的虛構故事之盛行」；⑤「透過漢文著述」；⑥「與假名文字的相遇」；⑦「由文人、僧侶、知識分子等存在，催熟產出物語文學的精神」。附錄指出，中古時期的作品，如「物語」和「日記」般，本身有著複數名稱的情況相當常見，[35]這並非意味「日記文學」有著「物語性」，而是由於「書寫日記的行為，正是將自己的故事化為モノガタリ。」（p.223）

　　此書內容概括如上，當然，讀者也可以提出疑義，特別是作者以「フルコト」一詞總攝大量漢字詞語，此說頗為簡易直截，但與其認為是先有了「フルコト」一詞，才以漢字詞語相對應，假定後者較早存在，或許更為恰當。

　　《物語の起源—フルコト論》是近乎十年前刊行之大部頭論著的簡化版，相對於後者容易通讀，但約自第八章起，論述趨於武斷，存在強行誘導讀者的傾向。無論面對怎樣的前行研究，展開書頁之際，對於作者的「カタリ」（敘事），讀者或都應懷有抵抗的意志。

參考文獻

德田淨，1969，《古事記研究》，東京：桜楓社。

靈（モノ）（譯按：靈本無「モノ」的讀音，此處「寫作靈讀為物（モノ）」，乃日文表達同義字的特殊方式）之義。靈界存在托諸人之口舌以言說（譯按：言說，日文即「語る」，呼應「物語」之「語」），故曰**物語**。」（折口，1933，〈大和時代の文学〉，《岩波講座 日本文学》，東京：岩波書店；該文章收入《折口信夫全集》第5卷，東京：中央公論社，1995年，p.26。下線為原文本有。）此後折口學說廣為學界接受。但藤井貞和認為，在上代以至於中世的文獻中，皆不見該說之確例，因而提出異議。

35　譯注：如《和泉式部日記》亦名《和泉式部物語》。

82. 渡邊秀夫，《和歌的詩學：平安朝文學與漢文世界》，2014年

原書：渡辺秀夫，2014，《和歌の詩学──平安朝文学と漢文世界》，東京：勉誠出版。

陳斐寧

信州大學名譽教授渡邊秀夫（1948～），出身於文藝學風鼎盛的早稻田大學國語國文教室，專攻研究日本平安時代「和漢文學」，是學界非常著名的「國文學」（日本文學）者。作者博學精深的著述，在日本古典文學界享有盛名，凡欲鑽研日本古典文學「和漢比較」領域者，必先鑽研其書籍。

此書《和歌の詩学──平安朝文学と漢文世界》（以下簡稱此書）為作者的四大鉅作之一。如果說以《古今和歌集》中心的渡辺（1991）一書為作者青壯年時研究的智慧結晶，那麼，此書可以說是作者在壯年後任職於信州大學、並擔任該校人文學部長公務最繁忙之期，對於和漢文學研究，夙夜不懈所刻畫出的期許與積蓄。

作者歷年亦多次在東北亞（中國、韓國）、歐洲（波蘭）各國的大學與國家研究機構講學，特別是在北京的日本學研究中心與波蘭的華沙大學東洋學院進行長短期海外交流研究生活中，奠定了作者融合東洋漢字文化圈的實證考證學方法與西洋哲學邏輯思考方法。

此書可分三大部（第三部為〈補篇〉），其構成如下：

第一部〈和歌的詩學〉包含兩個部分：一、〈和歌和漢詩的交響〉，共五個章節；二、〈和歌敕撰的思想〉，共五個章節。第一部的十個章節的論述，以之前收錄於《国語と国文学》（東京大學）、《国語国文》（京都大學），另加上《国文学—解釈と鑑賞》（至文堂）等「國文學」學術研究雜誌中的論文為基礎。

　　具體而言，第一章主要闡述以日本古代歌論書的藤原浜成《歌式》、空海《文鏡秘府論》，受到中國詩論書《文章式》、皎然《詩式》、王昌齡《詩格》等影響，如何開創出新詩論的方法與流程。第二章著重於奈良時代壬申之亂（672）後，勝者天武天皇（631～686）的改革對平安初期政治文化之影響，這影響也間接造成「和歌」文化與宮廷政治的深刻關聯。第三章探討平安時代《古今和歌集》時代的「和歌」作者紀貫之（872～945）、凡河內躬恒（859？～925？）等歌人家集，受白居易《白氏文集》的影響；另也闡述平安和漢佳句作品《千載佳句》、《和漢朗詠集》，借用《白氏文集》與《文選》的關鍵語句，進而創造出和歌新運用的過程。第四章由探討《古今和歌集》成立前的《是貞親王家歌合》《寬平御時后宮歌合》等初期和歌創作的世界，進而闡述歌人紀貫之的作歌理念與「前衛」的方法。第五章針對以「和漢對照」方式成書的《新撰萬葉集》漢詩，與中國古典《禮記》、《蒙求》、《藝文類聚》等書的內容做一比較，探討「對仗」等的流行與遊戲性質。

　　第六章開始至第十章，則以探討成立於平安初期第一本敕撰和歌集《古今和歌集》的序文與內容。其中，第六章探討眞名序（即漢文序）與假名序（即平假名文序）的相互關係，以及其對後世「歌論」規範的影響。第七章爲第六章衍伸，加深論述《古今和歌集》中國「禮樂思想」的依據與變化。第八章進入《古今和歌集》序文，亦對整個「文學史」架構進行全面性的考察，連接第九章至詩歌成立層面的大架構論述。最後以「假名散文」成立探討第十章，作爲第一部的結尾，闡述《古今和歌集》在歷經各個時代被「古典化」的過程裡，眞名序與假名序應有的文學史位置與其對整個後世之文化影響。第一部全篇，字字珠璣，帶領讀者走進平安時代「和漢」文學所交織的韻文詩歌傳統與創新的世界。

　　第二部〈物語、願文〉，共七個章節。第一章、第五章、第七章是收錄於「國文學」學術誌中，此誌在當領域中有舉足輕重之地位，爲欲攻讀此領域的學者與研究者必備之學術月刊。另四章則收錄於同等級的重要學術雜誌。兩者皆是在前著渡辺（1991）其後相繼發表之論文。如果說第一部多著墨於韻文文學的探討，那第二部可說是平安時代散文文藝探討之大成。

　　第一章藉由探討以漢文書寫的《恒貞親王傳》內容與《文選》、《淮南子》之異同，詳細道出漢文傳成立之意義。第二章進入平安時代物語的世界，討論《竹取物語》、《伊勢物語》、《宇津保物語》與當代漢文書寫世界的相互關係。第三章以古傳承《續浦嶋子傳記》出發，探討其與唐代傳奇小說《遊仙窟》等作品的密切關係。第四章以《淮南子》中對「魯陽反三舍」之解釋，並與《文選》、《玉臺新詠》類似之橋段對比分析，探討歌物語文學之代表作《伊勢物語》受漢文散文詩詞影響之過程。第五章描述平安時代漢文大家菅原道眞（845～903）之父菅原是善（812～880），其對菅原家漢文家風形成的影響與對道眞之影響。第六章全篇探討平安時代追善願文的製作，以及《本朝文粹》、《往生要集》中的願文與《法華經》之相互關係，闡述平安貴族對佛教儀式的尊重與表現。第二部最後的第七章全篇，亦是藉由《法華經》方便品之內容，探討《菅家文草》、《本朝文粹》受法華經方便品思想之影響。

　　第三部〈和漢比較研究的視角〉，爲作者對同領域學者所出版之書籍內容所寫的書評介紹與翻譯。作者深入淺出地介紹以下有關和漢比較之研究成果：松浦友久（1996）、柳瀨喜代志（1999）、本間洋一（2002）、李宇玲（2011）；另外，亦翻譯聞一多《詩與歌》、朱光潛《詩論》兩部作品。

　　綜觀作者此部鉅作帶領讀者東西來去，自由遨遊於古代和漢比較文學韻文文藝與散文文藝的世界，憑藉其東方考證學文獻學的基礎，加上西學邏輯思考的運用，開啓舊有和漢比較研究之新領域。感謝作者繁忙工作之餘，竭盡所能書寫此大作，讓讀者更瞭解平安時代漢文世界尊傳統卻試創新的歷程。此書對之後凡欲走進和漢比較文學世界後輩，點了一盞明燈，受益無窮。另外，此書若與東京大學名譽教授藤原克己（2001）一書一併閱讀，更能領略當代日本平安時代漢文研究兩位泰斗前後互相呼應，爲後輩指引出平安朝漢文韻文文藝與散文文藝的發展脈絡，其讓後輩學子學習到的不只是學術殿堂裡知識，更是一種對文學學術的熱忱與知識傳承的期許。

參考文獻

本間洋一，2002，《王朝漢文学表現論考》，大阪：和泉書院。

李宇玲，2011，《古代宮廷文学論—中日文化交流史の視点から》，東京：勉誠
　　　出版。

松浦友久，1996，〈『万葉集』という名の双関語—認識の方法としての日中
　　　比較詩学〉，《比較文学年誌》第32號。

柳瀬喜代志，1999，《日中古典文學論考》，東京：汲古書院。

渡辺秀夫，1991，《平安朝文学と漢文世界》，東京：勉誠出版。

藤原克己，2001，《菅原道真と平安朝漢文学》，東京：東京大学出版会。

83. 田中優子，《江戶的想像力：18世紀的媒體與表徵》，1986年

原書：田中優子，1992，《江戶の想像力——18世紀のメディアと表徵》，ち
くま学芸文庫，東京：筑摩書房（初版＝筑摩書房，1986年）。

大橋崇行／梁媛淋 譯

　　江戶時代從事文學的人們是用什麼樣的發想去創作和歌、俳諧、漢詩
或小說的呢？對於現代的我們來說，要重現他們的思考方式是非常困難的
事。

　　比如說，因《南總里見八犬傳》（1814～1842）而聞名的馬琴
（1767～1848），在日本高中生使用的國語資料集中多半是以「瀧澤馬
琴」這個名字出現。這個稱呼是由於馬琴生於瀧澤家，將其本名與雅號加
以組合而成的，自明治時代以後的文學史開始沿用至今。然而，馬琴本人
從未自稱瀧澤馬琴，現今的近世文學研究中提到馬琴時，一般則是以他出
版戲劇作品時使用的「曲亭馬琴」來描述他。

　　此時，「瀧澤馬琴」是明治時代以後出現的稱呼，這點就具有重要的
意義了。若將之與原本就以其姓氏及雅號組成筆名的夏目漱石（1867～
1916）或森鷗外（1862～1922）相對照，就更容易理解了。也就是說，
此一稱呼反映出過往的文學史中，以近代以後的價值觀去解讀馬琴的「小
說」，想在馬琴的戲劇作品中找出與近代以後的小說家們所追求的同樣的
「作家」性和「文學」性的想法。

　　當然，古典的作品要在現代也被再次閱讀，該作品中勢必要具備與
讀者擁有的現代價值觀相通的架構，並必須包含足以對應以此為基礎之分
析、考察的要素才行。另一方面，將古典作品作為研究對象加以解讀時，
則需要盡可能地重現作品創作當時的文化價值觀及背景，並且貼近當時的
情況加以分析、考察。所謂文學研究，就是從這兩者的觀點出發，往返於

過去與現代間的工作。

　　作者田中優子（1952～）的《江戶の想像力——18世紀のメディアと表徵》一書，正是由後者的觀點出發，檢證江戶時代的作家們所擁有的想像力具有何種型態的作品。其中，此書特別關注的是活躍於十八世紀的平賀源內（1728～1780）及上田秋成（1734～1809）這兩位作家。

　　譬如，第一章中檢證了「金唐革」，這是在用丹寧鞣合的皮革上貼上合金箔，再用型紙浮現出花紋後抹上塗料製成的工藝品。這種金唐革，在夏目漱石的《我是貓》一書中曾以「金唐革製的煙草盒」一文登場，而鳥海孝文（1759～1838）的《平賀源內小傳》一書中則寫道，這是活躍於戲劇、俳諧、本草學、發明等各式各樣的領域的平賀源內所製作並推廣的。然而，作者卻參閱德力彥之助（1979）等書，推論這並非源內發明的。具體來說，金唐革源自十五世紀的義大利，除了十七世紀從荷蘭大量輸入日本之外，在爪哇及中國也可看到其蹤跡。作者也指出，用於金唐革的塗料與用在史特拉第瓦里（Stradivarius）小提琴上的塗料相同，源內使用紙而不用皮革，則和由鈴木春信（1724～1770）創立的多色印刷浮世繪有關。也就是說，金唐革並非誕生於江戶，而是在包含亞洲乃至大航海時代的歐洲的世界網絡中所製作出來的。

　　在平賀源內所從事的本草學的領域中，也可看到這種網絡的存在。作者在第二章中指出，這是源於俳諧或狂歌等領域所擁有的「連」的網絡。這種「連」的業績並不是像近代以後的文學那般以作家的自我表現爲目標，而是作爲「連」整體的成果展現出來的。作者在產出這種成果的集團能量中看到了近世「想像力」的泉源，第三章針對「說話」、第四章針對江戶時代世界觀的編織，第五章針對上田秋成《春雨物語》，逐次分析此種江戶時代的網絡具體來說是如何形塑文本的。

　　從現代的文學研究觀點來看，文本是「引用的編織物」，是創作者在有意識或無意識中以各式各樣的形式引用先行的文本而形成的。作者將近代文學中的自我表現及江戶文學的型態視爲對比性的存在，但從文學研究的現狀來看，近代文學中所謂的獨創性及自我表現的神話也已逐漸崩解，因此作者所指出的文學的樣態，說不定也未必是江戶時代特有的模式。不過，思及此書早早出版於1986年，就指出江戶時代的文化、文學絕不是

在被「鎖國」封閉的世界裡獨自發展出來的，而是在國際性的網絡中形成的，在此意義上可謂是十分珍貴的研究成果。

參考文獻

德力彥之助，1979，《金唐革史の研究》，京都：思文閣出版。

84. 柄谷行人，《日本近代文學的起源》，1980年

原書：柄谷行人，2008，《定本 日本近代文学の起源》，東京：岩波書店（初版＝東京：講談社，1980年）。

華語譯本：柄谷行人著，吳佩珍譯，2017，《日本近代文學的起源》，臺北：麥田出版；柄谷行人著，林暉鈞譯，2021，《日本近代文學的起源典藏版》，臺北：心靈工坊。

張政傑

　　《定本 日本近代文学の起源》一書（以下簡稱此書），源自於作者柄谷行人（1941～）1975年於美國耶魯大學訪問期間，應邀講授日本明治文學所做的教學準備，更重要的是，柄谷提到，若未在耶魯遇見保羅・德曼（Paul de Man, 1919～1983），以及耶魯學派所帶起的解構風潮，也不會寫作此書。耶魯學派將「解構」的概念帶入文學批評之中，提出文本的「不可閱讀性」（unreadability），以及所謂的「正確閱讀」並不存在，也就是說，反對唯一的權威性解讀。由此可知，柄谷行人深受西方解構主義的影響，此書並非另一本日本戰後的日本近代「文學史」，欲追溯（或者說塑造）出另一個「近代日本」，而是以米歇爾・傅柯（Michel Foucault, 1926～1984）的系譜學式分析，揭示著日本近代文學的消滅，已然展開。

　　此書並非純粹的學術著作，而是橫跨美學、藝術、哲學、民俗學與文學，以現在時興的說法，具有跨領域的視野，書寫則是採用日本文學批評（評論）的方式，娓娓道出，那些看似堅實穩固不可侵的「近代」「文學」，既曲折又偶然的來歷。其中關鍵概念便是「風景」與「內面」。那麼，何謂日本近代文學中的「風景」與「內面」？

　　近代的最大發明，從來不僅是蒸汽機或電燈泡等嶄新工業技術，而是

一種看待世界的觀點，此書稱作一種遠近法配置，支配著近代新興的各種領域。由於此遠近法基本上由幾何學衍生而出，在近代繪畫中特別明顯，而此書（第六章）藉由古代、中世紀和近代繪畫藝術的比較，說明近代的遠近法式配置，如何演變而來。

古代繪畫之中，無論神祇、人類或物品皆處於不同空間之中，因此常在同一個平面裡出現，大小、顏色、光線卻是大相逕庭，就像不在相同次元裡，意味著某種「非均質的不連續空間」。進入中世紀，宗教力量獨大，因此在相同平面裡，神聖之力無遠弗屆地覆蓋著人類與其他事物，此構圖亦突破了古代的空間限制，出現「均質化的平面空間」。以往被認為不存在於同一個空間的各種矛盾和混沌，突然共處一室，於是必須被排除於日常生活之外。傅柯認為，這便是古代過渡到中世紀後，人類視點轉換的明確例證。

西方文藝復興後，一組以遠方消失點為基準的遠近法配置，悄悄地成為主流。此配置創造出一種「均質化的遠近空間」，表面上近似古代，但卻有著中世紀的均質特性，不僅見於繪畫，特別是植物學家卡爾·馮·林奈（Carl von Linné, 1707～1778）的現代生物分類法，將此空間配置時間化，不同物種間的關連，從單純特徵上的類似，變成演化前後的關係。

如此觀看方式的轉變，不會改變價值，而是改變了形式。日本近代文學的遠近法式書寫，讓單純的外部景色，產生震動內心的意義，彷彿映照出書中人物的內心世界，亦即「內面」，讓讀者發現「風景」。若閱讀明治維新之前的多數文學作品，時時感受到作為讀者的自己，與書中人物總是隔著距離，像是在看戲一般，雖然精彩，但臺上臺下，仍是界線分明。但日本近代文學之中的「風景」，暗示著書中人物的內心世界，加上「言文一致」的敘述方式，使讀者易於帶入自我，產生如同閱讀自我般的感受，從而「發現內面」。

此書各章以不同方式敘述這個遠近法配置如何在不同領域、制度和概念裡出現（例如「告白」、「疾病」與「兒童」等），又如何地改變了日本文學的走向，創造出日本的「近代文學」，這就是日本近代文學的起源。柄谷認為，大多數人已經習於「近代文學」式的閱讀方式，反而遺忘近代以前曾經存在更加多樣的文學表現方式。這便是書中一再出現的「倒

錯」，只記得「現在」，認爲「現在」就是一切，忘記「現在」如何成爲「現在」，而「近代」又如何成爲「近代」。因此，此書詳盡解析日本面對西方近代文藝思潮之際出現的各種接受、融合與再發明，提供了同爲身處東亞的臺灣，一個反身性（reflexivity）思考何謂「臺灣文學」來歷的重要參考資源。

85. 笹沼俊曉，《「國文學」的思想：其繁榮與終結》，2006年

原書：笹沼俊曉，2006，《「国文学」の思想——その繁栄と終焉》，東京：
　　　学術出版会。

笹沼俊曉

　　若你在日本國外的學校唸「日本語文學系」、「應用日語學系」這類
系所，大致都會有機會修到「日本文學史」、「日本文學賞析」等科目。
那麼，對你而言，你所學習的「日本文學」算是「自己的」還是「別人
的」？若你不是「日本人」，你也許會說：「日本文學是一種外國文學，
那當然算是日本人的，而不屬於我們的。」但想一想，所有的日本民眾是
否都閱讀過《萬葉集》、《源氏物語》、《少爺》、《雪國》等作品？當
然不盡然。另一方面，現在許多非日籍人士熱愛閱讀日本文學作品，學習
日語直接閱讀原文，甚至不少人自己嘗試日語寫作。對他們而言，「日本
文學」真的是「別人的」嗎？

　　事實上，「日本文學＝日本人的所有物」這種觀念不一定反映出現
實，而可謂是一種幻想。而且，這種觀念並非擁有悠久歷史，而是明治
時代以後才盛行的一種近代民族主義思想。當然，前近代日本列島也早
已存在著類似於「日本文學研究」的學問，例如江戶時代末期流行的「國
學」，激烈排斥儒教、佛教等，而推崇《萬葉集》、《源氏物語》等古代
和文文獻。但，國學思想中根本欠缺「現在我們日本人，不管階級、性
別、地域等差別如何，都繼承那些古代文學的民族精神」這種想法。這種
觀念其實是在十九世紀歐美民族主義思潮的影響之下被打造出來的，「國
文學」（日本文學研究）這一學問領域的形成、演變，與近代民族國家
「日本」的建構及殖民主義之間有著密切關係。

　　《「国文学」の思想——その繁栄と終焉》一書（以下簡稱此書），

探討近代日本的「國文學者」（日本文學研究者）們之思想和相關論述。出版此書後，作者還研究第二次世界大戰後的「國文學」相關論述，也出版笹沼俊曉（2012）一書。1990年代以後，在米歇爾・傅柯（Michel Foucault, 1926～1984）的「知識考古學」（請見第I部導讀13）、班納迪克・安德森（Benedict Anderson, 1936～2015）的「民族國家」論（請見第III部導讀40）等之影響下，日本學術界中許多學者們以批判角度探討近代以後民族國家「日本」形成的過程中，「日本人」、「日本語」、「日本文化」、「日本文學」等概念如何被建構且演變，不僅如此，「日本語學」、「日本史學」、「日本民俗學」、「日本文學研究」等學問領域本身之起源和其政治性也被當作批判性研究的對象。此書也算是在這種潮流中出現的研究成果之一。

　　最後，筆者（笹沼俊曉）想提起一個問題。現在，雖然各國出身的外籍研究者已經在從事日本文學研究，但日本國內的學術界中日本文學研究卻還是籠統被視爲「日本人的學問」，甚至許多臺灣學者們似乎認爲日本文學的學術論文用日語寫作才有價值。不過，「日本文學研究的主體在於日本、日本人、日本語」這種觀念本來就是近代以後被建構出來的意識形態，我們不應該永遠將其作爲「理所當然」。此外，1990年代以後不少學者關注近代民族國家的建構與人文科學之間的關係，但現在世界各國的人文科學，是否作爲統合民族國家的學問正有效地運作？如今，市場原理主義的邏輯席捲全球，電影、漫畫、動漫、電玩、網路等媒體興盛繁榮，文學作品的出版市場愈來愈衰敗，在這種狀況下，各國的民族主義是否仍舊需要依賴文學研究？

　　筆者認爲，現在我們應當從批判角度重新思考「日本文學」此一學問領域的存在本身和其前提。

參考文獻

笹沼俊曉，2012，《「国文学」の戦後空間——大東亜戦争から冷戦へ》，東京：学術出版会。

86. 小森陽一，《構造上的敘事〈增補版〉》，1988年

原書：小森陽一，2017，《構造としての語り〈增補版〉》，東京：青弓社
　　（初版＝東京：新曜社，1988年）。

廖秀娟

　　《構造としての語り〈增補版〉》一書（以下簡稱此書），是1988年4月由東京新曜社出版的《構造としての語り》的增補版（以下初版本以「初版本」或「構造」略稱）。本文分成二部，第一部以初版本爲底，增補了期刊論文因投稿時受限於字數限制造成註釋不完全的部分，第二部增補了小森陽一（2014.10），再加上〈增補版後記〉，以及由東京大學教授林少陽（1963～）所撰寫的〈解題〉所構成。

　　初版本是作者小森陽一（1953～）的第一本學術專書，與其姐妹作小森（1988）同時出版，二書被譽稱爲1980年代末期以來衝擊日本近代文學研究方法的雙璧，與前田愛（1982[36]、1988），一同衝撞當時以作家論和作品論爲主流的研究方式，透過文本論與記號論嶄新的文學研究方法，試圖翻轉既有的研究思考模式。小森在初版本後記中曾提到，他初期論文的問題意識並不是在被敘事了什麼（故事內容），而是將重點放在如何敘事以及以何種立場在敘事的發話行爲（敘事行爲）。在當時的近代文學研究的領域裡，「作家還元主義」的研究方式盛行，讀者／研究者很容易會將作品中的旁白或特定人物（特別是主人翁）的言論，直接與眞實世界的作家連接，以此來論斷作家的思想或創作主題，全然無視小說的虛構性。小森認爲，由於活字印刷的興起，讀者拿在手上的不是富含作家筆跡思緒翻騰轉折後的原稿，而是活字印刷機械性反覆複製下的殘骸，活字之後，作

---

[36] 請見第VI部導讀87。

爲小說言詞主體的眞實作家已經「死去」／消失，轉爲由讀者透過文本閱讀所想像、描繪出的作家像，須與眞實生活中的作家做區別。

　　小森在第二章〈近代化敘事的出現〉中引用俄國現代文學理論與評論家米哈伊爾・巴赫金（Mikhail Mikhailovich Bakhtin, 1895～1975）的「複調理論」，來分析二葉亭四迷《浮雲》中的敘事構造。所謂「複調理論」，即是將音樂中多聲部的概念引用至文學理論分析，讓文本中眾多各自獨立而互不相融合的聲音和意識交錯，形成具有充分價值、聲音不同的複調敘事文本。主人翁內海文三與作家二葉亭四迷（1864～1909）的關係，以及《浮雲》爲何無法完成、半途而廢等的問題，小森從與過往的定論完全不同的角度來論述，成功地提供了不同的看法。過往在探討《浮雲》時主要聚焦在敘事者的話語與內海文三的內心話，然而小森在〈「敘事」的空白與「讀者」的位置〉一文中，改以阿勢（園田勢）爲中心，透過敘事者的話語、文三的內心話、阿政、本田昇、阿勢的話語，多樣的話語交錯來解讀阿勢像，爲文本提供了新的解釋觀點。由此可知，《浮雲》這個文本絕非只是個以文三爲單一視點的文本，藉由視點的轉移可建構出多層面文本。

　　在第四章〈「寫」與「說」之間〉中，小森批評當時的研究者習慣忽視作品《心》的上篇〈老師與我〉、中篇〈雙親與我〉，而只以下篇〈老師的遺書〉爲中心來論述作家夏目漱石（1867～1916）的思想，並且在道義／利己主義、戀愛／友情、信／不信這種二元對立的選項下，以「正確」選擇的論述方式進行批判；或是雖然將上篇〈老師與我〉、中篇〈雙親與我〉納入論述的軸心，但也只是將之定位爲帶往下篇〈老師的遺書〉的伏筆功能。亦即，小森認爲，下篇〈老師的遺書〉中，老師的死被過往的學者過度美化，在倫理、明治精神、殉死這些所謂父權的絕對價值之下，作家被神格化了。對此，他則主張，在作品《心》中，上篇、中篇、下篇之三部分是處在多層環狀時間線之中，三者間相互對話。並且，他將時間軸依發生時間重新以直線性排序：首先是下篇中提到有關老師的過去，發生時間最早，應擺在最初的位置；之後下篇結尾處與上篇當中所描寫的「我」與老師的相遇時間接連，中篇的後半部與老師撰寫遺書的當下時間是重疊的，從中篇的末尾與正在讀老師遺書的「我」的現在相接連，

之後連結到經過一段年月後，「我」將老師的遺書引用到自己的手記時當下撰寫的時間線；最後貫穿到現在正在閱讀這多層環狀文本讀者們的當下時間（p.335）。

　　時間軸確認之後，透過「我」撰寫的手記，與老師的遺書進行對比，就能清楚的突顯出「我」對老師遺書的批判以及內藏在上篇、中篇、下篇之間多層重疊的相互對話。例如「我」說道：「我不想用冷淡的大寫英文字母」來稱呼老師（上篇第一節）；然而，對於好友K的稱呼，老師卻描述：「我這個朋友的名字在這裡我以K來稱呼他」（下篇第十九節），透過兩者的敘事，來對比出老師以英文字稱呼K的「冷淡」。小森以「我」的〈手記〉為依據，來翻轉遺書的意義，以突顯過往學者對於作品《心》獨重下篇觀點的狹隘之處。如林少陽在〈解題〉中所言，此書有各式各樣讀解的可能性，是一本試圖以敘事為視角來重新檢視日本近代文學明治十年代後半到二十年代初期作品為主的優秀研究專書，對於解讀深藏於文本之中多元多重的意義生成，這是一本重要的經典之作。

參考文獻

小森陽一，1988，《文体としての物語》，東京：筑摩書房。
──，2014.10，〈百年目の『こころ』─言葉の時差のサスペンス〉，《世界》第861號。
前田愛，1982，《都市空間のなかの文學》，東京：筑摩書房（華語譯本：前田愛著，張文薰譯，2019，《花街‧廢園‧烏托邦：都市空間中的日本文學》，新北：臺灣商務印書館）。
──，1988，《文学テクスト入門》，東京：筑摩書房。

87. 前田愛，《都市空間中的日本文學》，1982年

原書：前田愛，1992，《都市空間のなかの文学》，ちくま学芸文庫，東京：
　　　筑摩書房（初版＝筑摩書房，1982年）。
華語譯本：前田愛著，張文薰譯，2019，《花街・廢園・烏托邦：都市空間中
　　　的日本文學》，新北：臺灣商務印書館。

廖秀娟

　　《都市空間のなかの文学》（以下簡稱此書）於1982年由筑摩書房
出版，1992年以筑摩學藝文庫（日語：ちくま学芸文庫）版本的型式再次
發行，是近現代日本文學研究者必讀之書目，透過記號論、現象學以及都
市空間論的視點來分析近代文學文本。全書由18篇論文構成，以序〈空間
文本、文本空間〉為總論，依年代分成I、II、III之三部，從江戶末期開
始，到日本邁入近代化國家的明治、大正時代，之後延伸到戰後「內向世
代」文學時期，以一貫的時間軸線，遠眺俯瞰日本從江戶時代到明治維新
以降都市空間翻覆變遷的更迭與轉變。如前田愛（1932～1987）自身在
〈後記〉中所述，「都市空間中的文學」的潛層含義是「文學中的都市空
間」，如果都市是一部文本，那麼，文學作品可以產生怎麼樣的解釋可能
性；反之，文學作品所描繪的都市又是怎樣的存在。此書的探究方式，並
非以敘事結構或物語機能來進行文本內部符號論述，而是採取莫斯科學派
所代表的文化符號論系統，使此書的分析超越了文學批評的範疇，而是涉
及了文化論的領域。以文學作品來突顯出在都市政策、都市社會學理論之
下容易被忽視的軟實力面向的都市，以及作為生活空間的都市面向。前田
愛嘗試「將都市這部文本，視為文學作品的後設文本，甚至是次文本而對
應參照，進而將原為實體概念的作家，置換為關係概念中的『作家』」，
試圖為只以作家為主體的自我中心論述而逐漸走入死胡同的文學史研究現

狀，注入一股清新氣息。以下針對前田所分的三部構成來進行說明。

　　第I部總計探討了六篇作品，從〈墨東的秘窟　爲永春水《春色梅兒譽美》〉到〈牢房的烏托邦　松原岩五郎《最暗黑之東京》〉，探討的作家作品有江戶時代的式亭三馬（1776～1822）、十反舍一九（1765～1831）、鶴屋南北（1755～1829）、爲永春水（1790～1844），以及描寫文明開化後，新、舊時代在文明與傳統間折衝之下的空間景象，如服部撫松（1841～1908）、永井荷風（1879～1959）、東海散士（1853～1922）、松原岩五郎（1866～1935）等人的作品。前田愛在〈墨東的秘窟　爲永春水《春色梅兒譽美》〉一篇中指出，江戶時代大繪圖中以江戶城爲核心如漩渦般旋轉而出的人造水渠，象徵著同心圓構造的「制度」，層層固守、掌控，不容底層民眾輕易越界，與之相對立的是隅田川流貫其間的「自然」。他又以式亭三馬《浮世床》文學文本爲例，細密地解讀在建築的層次上，江戶時代的長屋透過木門栓、位居各街區要道匯集的理髮店，來進行監控與監視都市底層的民眾。此看似爲日常可見的生活景象，卻無一不是江戶這座都市空間中「制度」與權力的延伸。在〈塔的思想〉中，鐘塔是文明開化的象徵，有別於不定時制的寺院鳴鐘，都市空間中的鐘塔透過24小時制定時的鳴鐘，一聲聲地將近代化的時間滲透入人們心裡，以建構新的時間秩序。

　　第II部則以明治20年代森鷗外（1862～1922）、樋口一葉（1872～1896）、夏目漱石（1867～1916）等知名作家的代表作品爲探討的文本，例如〈BERLIN 1888 森鷗外《舞姬》〉、〈二樓的寄宿處　二葉亭四迷《浮雲》〉、〈孩童的時間　樋口一葉〈比肩〉〉、〈假象之街　夏目漱石《彼岸過迄》〉等等。堪稱此書壓卷之作的《舞姬》一論中，前田指出，故事一開始以遠近法視線的描寫手法，藉著太田豐太郎佇立在歐洲嶄新的帝都柏林菩提樹下大道，遠眺高聳入空的布蘭登堡門以及凱旋塔女神像，作品空間的描寫從近景到遠景，從景物描寫到深入人物心理。然而，相對於菩提樹下大道的燈火輝煌，艾莉絲所在的克勞斯特街陰鬱狹窄闇影盤桓，交錯成羊腸曲徑的迷宮空間。在艾莉絲眼神的牽引下，豐太郎的生命從菩提樹下大道的開放外部空間，闖進了克勞斯特街的閉鎖內部空間，踏入了如漩渦般廻轉向內的迷宮深處，最後又再摧毀艾莉絲心靈之後離

去，重返外部空間。而這樣如迷路般的都市空間，在〈假象之街 夏目漱石《彼岸過迄》〉一論中也能看到。在〈二樓的寄宿處 二葉亭四迷《浮雲》〉一論中，前田將焦點鎖定主角內海文三借宿於園田家屋二樓的空間意義。江戶文學中蕎麥麵店的二樓常被當作露水姻緣的幽會之處，相對於西洋宅邸客廳正面以氣派堂皇的樓梯直通二樓，日本式屋宅中通往二樓的樓梯多隱藏於避人耳目的屋內一隅，連帶著也使得二樓房間帶著一絲秘密與隱晦。日本的二樓除了有西洋閣樓的孤獨隱密性之外，同時也與樓下的世界緊密連結，二樓的居住者無法完全脫離樓下世界的心思囁語，樓下的世界也無法不意識到二樓住民的存在。連接著二樓與樓下的樓梯成了寄宿客與家族之間，分離與聚合的最具體象徵，因失業被樓下園田家排擠的文三無梯可下，只能蟄居於二樓、受困於六疊的暗默空間之中。

　　第III部收錄了〈SHANGHAI1925　橫光利一《上海》〉、〈作為劇場的淺草 川端康成《淺草紅團》〉、〈紙上的都市 池田滿壽夫《獻給愛琴海》〉、〈通往空間的文學 古井由吉〈杳子〉〉，以及與昭和文學、現代文學相關論文五篇。〈SHANGHAI1925　橫光利一《上海》〉中，前田認為《上海》是從上海此一都市文本切離而出的後設文本，是橫光利一（1898～1947）將都市文本施以縱橫無盡的新感覺手法之後，幻化而成的嶄新文体。在看似猥俗瑣碎的都市表象背後，橫光利一刻劃出在依循革命運動時間軸下所浮現的都市深層與動態。《淺草紅團》描寫的是1920年代最前衛都市風情的作品，性別混同的美少女弓子，以及和弓子一樣喜愛變裝的紅團成員、在淺草流竄出沒的乞丐、無賴、娼妓，出現在作品中的都是被健全社會所排擠的人群，透過作品顯露出遭逢1920年代末世界經濟大恐慌下東京的陰暗面。

　　前田愛在此書中藉由日本文學中各式各樣的空間場域、廢園、塔樓、二樓寄宿處、崖上崖下、都市巷弄，構築了內與外、表與裏、身體與世界的複雜構圖，橫跨西方思想與日本民俗學、人類學、社會學、拓樸學理論，是當代文本空間研究必攜之作。

參考文獻

小泉浩一郎，1983，〈前田愛著『都市空間のなかの文学』〉，《文学》第51
　　卷4月號。

小森陽一，2019，〈解説〉，《花街・廢園・烏托邦：都市空間中的日本文
　　學》，新北：臺灣商務印書館。

中島国彦，1983，〈前田愛著『都市空間のなかの文学』〉，《日本近代文
　　学》第30號。

佐藤義雄，2006，〈完結するテキスト、発展するテキスト──前田愛『都市
　　空間の中の文学』〉，《文芸研究》第99號。

張文薰，2019，〈譯者序〉，《花街・廢園・烏托邦：都市空間中的日本文
　　學》，新北：臺灣商務印書館。

88. 阮斐娜（Faye Yuan Kleeman），《帝國的太陽下：日本的臺灣及南方殖民地文學》，2003年

原書：Faye Yuan Kleeman, 2003, *Under an imperial sun: Japanese colonial literature of Taiwan and the south*. University of Hawai'i Press.

華語譯本：阮斐娜著，吳佩珍譯，2010，《帝國的太陽下：日本的臺灣及南方殖民地文學》，臺北：麥田出版。

日文譯本：フェイ・阮・クリーマン著，林ゆう子譯，2007，《大日本帝国のクレオール ── 植民地期臺湾の日本語文学※》，東京：慶應義塾大学出版会。

阮文雅

在殖民與後殖民研究中，文學、政治經濟、語言文化仍多爲各自揮灑的領域，比較缺乏全面性探討殖民經驗的視角。《帝國的太陽下：日本的臺灣及南方殖民地文學》一書（以下簡稱此書）的作者阮斐娜，援用東西方理論，層層剖析語言政策、文化認同、媒體作用與權力的關係，並縱橫探討文本，詳細引證當代史料與後期論述，多視角地解構日本帝國對南方殖民體制的體系性與多面性。

隨著日本帝國的勢力擴張，南方的軸線自臺灣延伸至南洋，也因此帶出此書宏觀的視野與討論範圍。文本題材以日本帝國角度的南方文學出發，轉換到由臺灣視角的本土文學結束，並將之分成〈書寫帝國〉、〈殖民欲望與相剋性〉、〈逆寫帝國〉三部，分別探討日本旅臺作家、臺灣內地作家及臺灣本土作家的文本。第一部主要探討的有大鹿卓（1898～1959）、中村地平（1908～1963）、佐藤春夫（1892～1964）等指涉文明／野蠻構圖的文本，以及中島敦（1909～1942）、林芙美子（1903～1951）關於南洋徵用經驗的文本。第二部聚焦於西川滿（1908～1999）

與佐藤春夫的臺灣傳統文化書寫的取捨與背景；第三部則分世代處理臺灣作家的文本，主要的作家有楊逵（1906～1985）、呂赫若（1914～1950），以及皇民化時期的周金波（1920～1996）和陳火泉（1908～1999）。

各部皆先以巨視的廣角解說歷史結構的問題，再進入細緻的文本探討，有如遠景與近景的鏡頭切換交織，有條不紊地進行體系論述。此書不僅已成爲日本南方殖民文本研究具代表性的專書，也是日本統治期臺灣文學研究的鉅著。

作者在第一部〈書寫帝國〉中引述資料，勾勒出日本帝國的殖民地域的流動與內地作家的軌跡。她援用矢野暢（1936～1999）等南方起源的研究，將1930年代作爲轉折點，南方從之前的浪漫東方主義式的印象，被型塑爲成功的殖民地表象，轉而納入切合帝國主義路線的「大東亞共榮圈」之圈域中。並且，在本部的其中一文〈馴服野蠻人〉中，指出「野蠻」這個字眼在當時的日本殖民意識形態中具有非常重要的機能；像「原始」、「野蠻」、「未開發」、「異國情調」等這些字彙，都是以帝國日本爲標準並定義他者爲「劣勢」、「異常」、「脫軌」、「隸屬」、「能夠服從的」（p.56）爲出發點，再運用倒錯的結構觀察背後文本的意涵。有異於此，在佐藤春夫的〈魔鳥〉中，臺灣原住民是個被用以批判文明暴力、具有可代入性的記號。此外，帝國統治的強化之下，對南方的想像力矩從浪漫轉成了忠誠，例如吳鳳、德坤少年（詹德坤）、花岡一郎、莎勇等人皆被視爲自願對帝國輸誠的宣導記號。作者在其中的〈作家在南方〉一文中解析中島敦《光・風・夢》的抑鬱書寫意涵，亦映射出戰後日本對殖民地懷舊式截圖的林芙美子《浮雲》。就寫作時期而言，《浮雲》是整此書中較爲特殊的存在，爲唯一的戰後文本，但作者的用意是，論述此文本「透過欲望和征服的煽情構造呈現」（p.87）南洋的重層殖民經驗。

第二部〈殖民欲望與相剋性〉加入文壇的脈絡來進行跨域的考察，觀察殖民統治下日語教育附著的近代性。在其中的〈西川滿與《文藝臺灣》〉一文裡，作者梳理戰前及戰後文壇及學者對西川滿的批評，提示了殖民時期浪漫派與寫實派作家針鋒相對下的模糊地帶，並延伸探究後殖民時期1980年代的臺灣本土與民族主義論爭。另外，在〈性／別，歷史學

和浪漫殖民主義〉一文中以佐藤春夫及西川滿書寫臺灣的浪漫派作品為文本，論證臺灣傳統文化的觀看角度與歷史認知的矛盾。

　　第三部〈逆寫帝國〉綜觀日語輸入輸出的角力過程，舉出關鍵人物如伊澤修二（1851～1917）、張我軍（1902～1955）等當代知識分子之理念；並梳理相關資料，論述語言被本質化後作為精神與文化認同的象徵。不同的文化環境產生世代性的差異，作者在其中的〈本土作家的回應〉一文裡解析楊逵與呂赫若等臺灣本土作家的作品，闡述作品中關於與殖民者邂逅經驗的不同特徵。另外，在〈皇民文學與其不滿〉一文中，她觀察周金波、陳火泉等皇民化時期的作品，作家筆下的主角急於與殖民者同化的「欲望」、矛盾與焦慮，也使作品成為揭露帝國文化政治狀況的重要文本。

　　在此書中，語言總是一個能夠透視殖民文本的濾鏡。作者生長於臺灣，日文系畢業，之後來回穿梭日本、美國、歐洲進行文學研究，在多語言、多文化的學習觀察與適應過程中，培養出對於語言權力與政治社會的關聯性，以及對個人脈絡影響的敏銳視點。此書中豐沛的知識量建構出臺灣殖民地文學研究的知識平臺，作者解析文本時宏觀又微視的方法、深入淺出的說明，也提供了學術研究莫大的參考。她一再強調，後殖民主義的文本並非全然是抗爭文本。此書以記錄多元殖民經驗為各個研究文本的底蘊價值，不僅打破殖民地文學研究自帶主觀評價立場的無形框架，也讓此書的論述增添了有容的溫度。此溫度延伸到她對後殖民時期臺灣日語文學世代的關注，也轉喻著曾受帝國太陽曝曬過的臺灣人集體記憶。

89. 飯田祐子，《他們的故事：日本近代文學與性別差異》，1998年

原書：飯田祐子，1998，《彼らの物語——日本近代文学とジェンダー》，名古屋：名古屋大学出版会。

廖秀娟

　　《彼らの物語——日本近代文学とジェンダー》一書（以下簡稱此書），是以作者飯田祐子1997年名古屋大學博士課程學位申請論文（《ジェンダーと日本近代文学——明治三十年代から大正中期まで》）爲底本，經過全面性的加筆與修改後出版，嘗試將性別（gender，ジェンダー）分析帶進日本近代文學的領域，透過探討經典名著，來分析日本近代文學性別化的過程以及性別化的構造。日本性別研究先驅上野千鶴子（1948～）激賞此書是一篇挑戰文學傳統主流的鮮明之作（上野1998）。作者在此書〈後記〉中指出，會將書名取爲《彼らの物語》，是爲了想積極地描繪出男性性別化文學的成立與流通過程。她將焦點設定在明治30年代到大正中期左右大約20年間的作品，乃因這段期間支撐文學有效運作的系統已臻至成熟。在此之前，江戶時代的戲作文學僅被視爲一種女子們解悶用的消遣，帶有負面評價，相較於中心只能算是邊緣的存在；也因此才有坪內逍遙（1859～1935）的提問出現：日本的小說能否成爲一位筋骨健全40歲男性傾注全心之力懸命工作的事業（p.22）。但是，明治30年代開始向40年代移動時，由於自然主義文學的興起，對於文學的評價產生變化，文學逐漸被視爲具有藝術價值的特權領域。換言之，這段期間是適逢文學爬昇至擁有以藝術之名的特權地位時期，借用坪內逍遙的話來說，就是文學儼然已成爲「一位筋骨健全40歲男性可以傾注全心之力懸命工作的事業」。然而，文士職業化的過程，卻也逐步地使得文學男性性別化。此書各章節具體內容如下。

　　作者在序章〈作爲隱喻的性別〉中清楚地對Gender這個字進行定義：相對於男女在肉體上的差異，也就是生物學上的差異，以Sex這個字稱呼，建構在文化上的性別差異則以Gender來稱呼。Gender這個用語是1970年代從文法用語轉變成思考社會上、文化上性別差異時的用語。文中詳細地說明女性主義與性別分析的脈絡，以及自1980年代女性主義評論進入日本後女性主義文學研究的四個方向，同時說明此書以性別作爲研究視點的考量與目的。序章的內容論述有條不紊，對於想研究批評理論的讀者而言，是值得一讀的好文。

　　此書嘗試具體地使用性別理論來進行文本分析，關於其所探討的文本，第I部爲明治30年代到40年代的作品，第III部以大正時代作品爲主，第II部與第IV部以夏目漱石（1867～1916）的作品爲中心。

　　第I部主要是論述明治後半期文學的質變過程。在第一章中，將焦點放在容易與通俗以及女性讀者連結的「家庭小說」上。明治30年代文學所面臨的困境是，理想上作爲培育國民素養的文學應具有的內涵與實際上寫出的不健全文學作品之間，產生了「理想」與「實體」的背離，而家庭小說因爲能解決這個問題而受到高度評價，最終因通俗與藝術的對立而沒落，其所設定的讀者層從紳士、女性、小孩等家庭成員（不讀不健全書籍的讀者），逐漸限定在女性（讀不懂藝術的讀者）。第二章則是將焦點鎖定在文學與金錢關係上的再設定。在明治40年代發生的質變，消除了文學與金錢的對立關係，並且讓小說家成爲一個能夠得到薪資的「職業」。然而，這樣的情形雖然消除了作者與讀者之間的藩籬，卻也因「職業」的有無，在讀者之間形成了新的隔閡，產生了讀者共同體的性別化；也就是一方是讀得懂的男性讀者，他們能夠對爲生活辛苦工作的男性產生同感，另一方則是讀不懂的女性讀者，因爲無法對「職業」之苦產生共鳴。

　　第II部以探討夏目漱石作品中的性別問題。在第四章中以作品《虞美人草》進行分析，《虞美人草》可說是漱石作品中二男一女三角關係模式的開始之作，在故事中敘述二男的故事，而女人則被他者化排除在外，這是典型的「同性友情」型的物語。第五章中以《三四郎》爲例，探討漱石文本中化身爲「謎樣女人」的女人是如何的被描述。第六章探討的同樣也是漱石的三角關係作品──《行人》，但是化爲他者的女性幾乎不被敘

述，只有兩位男性二郎與一郎的故事被描述，這樣的三角形結構也延續到作品《心》。

　　第III部則又再回到文學的整體分析，主要以大正時期作品為主，探討其他以三角關係為素材的作品。例如，《浮雲》、《蒲團》、《從此以後》等作品，將三角關係的類型多設定為當中兩位男性的性格互異、人格截然不同，這與第IV部將探討的作品《心》最大的相異之處；對於作中主角老師來說，與好友K或許有個性上的差別，但是被設定為近似的類型，使得K成為老師能夠同一化的對象，才有了後續嫉妒的情節發生。

　　第IV部則以夏目漱石的作品《心》進行探討，作者仔細的爬梳先行研究中的論點，指出《心》可以稱之為「同性友情」三角型的代表作。然而，此文本看似描寫三角異性戀的構造，卻帶有同性戀解讀的可能，並且將理應是戀愛對象的女性排除在敘事之外，徹底迴避異性戀戀情的描寫，顯示極度厭惡女性的同時，卻也緊抱異性戀框架不放的文本。

　　作者採用性別分析理論之視點，以明治30年代到大正中期的作品為中心，徹底進行理論的文本實踐分析，在當時是一本引人讚賞的鮮明之作，在現今仍是有志於性別研究人士參考的重要著作。

參考資料

上野千鶴子，1998，〈書評　飯田祐子著『彼らの物語—日本近代文学とジェンダー』—日本近代文学にジェンダー分析を持ち込む鮮やかな著作〉，《漱石研究》第11號。

90. 大橋崇行，《從輕小說論少年／少女小說史：現代日本物語文化再考》，2014年

原書：大橋崇行，2014，《ライトノベルから見た少女／少年小説史──現代日本の物語文化を見直すために》，東京：笠間書院。

大橋崇行／何資宜　譯

　　所謂輕小說，泛指以文庫本形式出版，搭配能讓讀者聯想起動漫作品之封面、扉頁圖、插畫，作品中人物的勾勒也彷如動漫角色之小說類型。目前文庫版以「電擊文庫」、「角川Sneaker文庫」（角川スニーカー文庫）、「GAGAGA文庫」（ガガガ文庫）等專門出版輕小說之出版社為大宗，其讀者群設定為十幾歲的國、高中生。現今大眾對輕小說的認知，大抵如此。

　　然而，在日本輕小說於零零年代迎來全盛期的當下，媒體版面卻充斥著各式各樣對小說的「定義」。例如，大塚英志（2003）的「角色小說」（キャラクター小説）論、東浩紀（2001、2007）的「資料庫消費論」（データーベース理論）、新城カズマ（2006）的「零・類型小說」（ゼロ・ジャンル小説）論等等。當時關於輕小說的媒體言論被稱為「零零年代批評」（日語：ゼロ年代批評），有不少的評論關注於「御宅文化」，將其與日本社會議題相提並論。其中，以谷川流《涼宮春日》系列（2003～）為首的輕小說，在此氛圍下也順勢成為媒體爭相探討的對象。

　　輕小說之所以有諸多「定義」，究其原因或許可歸結於1990年神北惠太（1961～）在「創造」了「輕小說」一詞後，[37] 該詞在粉絲之間透過電

腦通訊及網路不斷轉載，因而其具體的概念變得含糊不清。此外，由於當時的媒體評論與「御宅文化」密不可分，而御宅文化具有擅長定義名詞及細分類別之特性，此也成為輕小說定義百家爭鳴的遠因。因此，欲著手輕小說研究，與其將那時期的言論作為評論基底，不如破除其框架、體例，重新省思輕小說的內涵。

　　《ライトノベルから見た少女／少年小說史──現代日本の物語文化を見直すために》一書（以下簡稱此書）於2014年出版，掌握了前述的言論情況，希冀開展「輕小說」研究的突破口。過去，輕小說時常與自然主義、私小說，以及柄谷行人（1941～）所提倡之講究「內面」言論的「近代文學」（柄谷1980）進行對照比較。此類的研究者以前述的大塚英志（1958～）及東浩紀（1971～）為代表，他們主張與「近代文學」截然不同，輕小說儼然是在後現代主義中登場的新形態文學。然而，輕小說既然是十來歲青少年閱讀的娛樂小說，作為與其比較的對象，理應是1990年代以前以少年、少女為主要讀者群的娛樂小說。而這類型的娛樂小說，原本就有著讀完即丟的特性，1960年代以後，因漫畫風潮盛行，更是幾乎不再受人青睞。因此，當大森望、三村美衣（2004）將平井和正《超革命的中學生集團》（1974）喻為輕小說先驅，再加上由秋元書房發行的秋元文庫（1973～1986）在粉絲同人之間打開知名度，都使得秋元文庫的該類文本被視為輕小說「前史」般的存在。自此，每當論及輕小說歷史時，幾乎都會從現代動漫視角提及其與輕小說之關聯性，或聚焦少年、少女為讀者群的文庫本，並點出兩者之間表面的共通點。

　　換句話說，在明治時代學校制度確立之後，「少年」「少女」的概念便順勢而生，而以青少年為對象的娛樂小說也從那時候開始被書寫，流傳至今；可以說早在輕小說概念出現以前，就有了具備現代輕小說特徵的文類，例如將小說人物以動漫角色手法描寫，或者於書中放入令人聯想起同時代動漫的插圖等等。因此，若說1990年代文壇出現了新形態的輕小說，那麼，「創新」與否的比較對象，就不會是「近代文學」，而應該是1990年代以前的青少年娛樂小說才對。事實上，輕小說本來就與「近代文學」追求「獨創幻想」（日語：オリジナリティ幻想）的價值觀截然不同。讀者若欲著手輕小說研究，需要先釐清以少年、少女為讀者群的娛樂小說蘊

含了哪些文本，再由互文性（intertextuality）的視角進行深入解析。而此
書的目的，正是期待成爲此研究之基石。

參考文獻

大森望、三村美衣，2004，《ライトノベル☆めった斬り！》，東京：太田出
　　版。

大塚英志，2003，《キャラクター小説の作り方》，講談社現代新書，東京：
　　講談社。

東浩紀，2001，《動物化するポストモダン オタクから見た日本社会》，講談
　　社現代新書，東京：講談社。

──，2007，《ゲーム的リアリズムの誕生―動物化ポストモダン2》，講談社
　　現代新書，東京：講談社。

柄谷行人，1980，《日本近代文学の起源》，東京：講談社。

新城カズマ，2006，《ライトノベル「超」入門》，ソフトバンク新書，東
　　京：ソフトバンククリエイティブ。

第 VII 部
現代大眾文化研究

總論

榊祐一／金想容　譯

　　本書的第VII部主題雖爲大眾文化研究，但實際上是以漫畫、動畫、電玩遊戲（電玩）等爲核心範疇，主要介紹與所謂御宅系大眾文化（以下簡稱「御宅文化」）相關的文獻。

　　會做這樣的限定，有兩個理由：一是因爲現代大眾文化涵蓋了豐富且多元的內容，相關的研究文獻大多也以不同類型的跨領域方式被產出，因此若不經篩選整理，很可能會變得雜亂無章；二是各國的大學日文系所可說是日本人文學研究的入口，而對於進到日文系所就讀的學生們來說，學習日文的強大動機也多數來自日本御宅文化（如關於臺灣的例證，可參照崛越和男2010：265～266）。也正因如此，與日本御宅文化相關的研究內容，就成爲當前學生們決定畢業論文、碩士論文題目時最受歡迎的選項之一。

　　因此，在第VII部的〈總論〉中，將會概觀御宅文化研究的現況，亦將說明選擇這些研究書籍的理由。在開始前先提醒讀者注意以下兩點：

　　第一點，被視爲御宅文化核心的漫畫、動畫或電玩遊戲之研究，並不絕對等同於御宅文化研究，除非是僅限使用「御宅文化」之觀點的研究。相對地，若不受上述觀點的限制，那麼將會有各種不同的方法可以來進行這些類型的研究。

　　第二點，在「御宅」的相關研究內容中，我們必須先將「研究『被稱作御宅的團體』」，以及「研究『與御宅團體相關的文化』」這兩件事區分開來思考。

　　承以上說明，在這裡將先概述「與御宅團體有關的文化」之相關研究情況，接著再個別針對漫畫、動畫、電玩遊戲等研究成果進行概觀性的介紹。但本文所介紹的文獻，並不僅限於發表在嚴謹學術場域的研究論文，同時將不只是心得感想，而是經過調查或分析而發表的文獻──例如被稱

作「批評」的文章，一併納入研究成果的一環。

一、「與御宅團體有關的文化」之相關研究

1983年，中森明夫將聚集在漫畫市場（Comic Market，コミックマーケット），擁有獨特的行為，對漫畫、動畫、角色扮演有興趣的年輕人，命名為「御宅」（おたく）（中森1989）。而後，1989年犯下幼女連續殺人事件的嫌犯，被媒體塑造成典型的「御宅」，使得原本就含有輕蔑語意的「御宅」，在一般社會大眾的認知中演變成完全負面形象的總體。但是，2005年播映的《電車男》，其為描寫宅男戀愛故事的日劇，又成為一個契機，逐漸減弱了御宅們的「反社會形象」（五十嵐輝、小山友介2006：68）。

在此類研究中，首先必須介紹的，便是關注各種御宅團體相關文化的石井愼二（1989）了。該書率先嘗試將御宅這個集團，以及御宅相關文化做整體性的分析，並羅列了作為與御宅集團有關的文化，例如電玩遊戲、偶像、無線電、偶像外拍、裝飾腳踏車、漫畫市場、羅莉控、BL題材作品愛好者、職業摔角、電腦等等。再者，該書收錄的淺羽道明（1959～）的文章，則聚焦於御宅的同人誌活動或仿作（parody，パロディ）的實踐活動——透過小眾的「專門領域知識與內部資訊」之「共享」行為來創造彼此間的「同類意識」（同前書p.258），且已勾勒出關於御宅文化的接受與實踐的某些特徵。

另外，在數年後出版的大澤眞幸（1992）一書中，也同樣關注了偶像、BL題材作品愛好者、同人誌、電玩遊戲、電腦駭客、超自然現象等主題，大澤主張，被御宅族群所接受的文化對象，與其說是「超越的他者」，不如說是以「內在的他者」形式存在（同前書pp.225～230）。大澤亦指出，御宅文化接受的特徵，就是接受對象在無特定目的之下所擁有的資訊或裝置，是「作為一種顯現〔他者〕代理物之存在的徵兆而被接收的」（同前書p.241）。該書值得一讀。

承上所述，早在1990年左右，就已開始出現統整性地概觀各類御宅團體之相關文化，並嘗試找出其共通特徵的研究，但總體來說，此類的嘗試還是較著重於各御宅團體內部實際情況的觀察分析。而改變這個觀

點者的，則是1990年代後期岡田斗司夫（1958～）的著作（岡田1996、1997）。

　　岡田一直嘗試重新對御宅賦予積極且正向的定義，於此時期率先將各類御宅團體之相關文化視爲「御宅文化」，進行「統合性」的論述（岡田1997：6）。他的這個論點，被認爲是此種論述最初的進展。並且，針對在御宅文化的接受實踐當中（包含作品的解釋與分析的層面），該以何種形式的程序、方法來進行其解釋及分析，岡田主張藉由許多具體例證將其文字化，同時揭示實踐「御宅文化」研究與作品批評的可能性。這些成果，可說都是岡田的功勞。

　　自此之後，御宅族的文化批評／研究開始逐漸盛行，他所提出的方法與分析架構具有獨到性與泛用性，這一點對於後來御宅文化批評或研究產生很大影響力。具體來說，相關的論述都集中在零零年代陸續出現，例如齋藤環（2000→2006）、東浩紀（2001→2012）、宇野常寬（2008→2011）等等。

　　以上三本著作，均爲本書第VII部所收錄的導讀書籍，所以在此不針對其內容與定位做太過詳細的說明。簡要地來說，斎藤環（2000→2006），以性別研究（Gender studies，ジェンダー・スタディーズ）的角度，分析在御宅文化中時常被關注的「戰鬥美少女」表象，提出分析（男性）御宅族所產生的文化接受實踐中的固有性。而東浩紀（2001→2012），則以批判視角，承繼大塚英志（1989→2001）的「物語消費論」，並提出「資料庫消費論」，試著系統性地說明1990年代之後御宅文化的生產、接受等情況。接著，宇野常寬（2008→2011）又主張，東浩紀的論述已無法完全呼應零零年代之後日本國內娛樂性「物語」文化（包含御宅族文化）的「想像力」，而是嘗試賦予此種「想像力」新的解釋。以上著作無一不是「御宅文化」研究／批評的必讀經典文獻。附帶一提，東浩紀（2001→2012）的續論爲東浩紀（2007），該書備受矚目，原因是在其論述中針對1990年代之後御宅文化賴以生存的「想像力環境」，也就是「角色（character，キャラクター）的資料庫」，勾勒其所產出的新「文學」／「物語」之樣貌，並嘗試指出分析的可能性。

　　此外，笠井潔（2006），雖然不及前述三者那般具有影響力，但因發

表了獨特的論述，在同時期的御宅文化研究中也受到關注。他提出「將漫畫、動畫、電玩遊戲等所構築成的新興表現領域」——為了避免被捲入探討「御宅系文化」這個詞彙意義這樣不必要的爭論中——稱為「X類型」（同前書pp.19～21），並參考大塚英志（2003）及東浩紀（2007）的論述，以「角色（character，キャラクター）論」的觀點，針對可視為「X類型」、並「在京極夏彥與森博嗣之後所出版的偵探小說」進行考察。

　　總歸來說，關於上述以御宅文化為主軸的研究實踐之課題，本書第VII部收錄了大塚英志（1989→2001，導讀91）、斎藤環（2000→2006，導讀92）、東浩紀（2001→2012，導讀93）、宇野常寬（2008→2011，導讀94）等書籍。其中，大塚英志（1989→2001）雖然並非以「御宅文化論」為主題，但在其著作中所提出的「物語消費論」，卻是進入二十一世紀之後御宅文化研究最具影響力的理論基礎，同時也適切地說明1980年代御宅文化的生產與接受之特徵（東2001→2012：58～65），因而被選入第VII部裡。

　　再者，關於尚未提及到的西田谷洋（2017）與難波功士（2007）兩本著作（導讀95和導讀96），有別於由大塚英志（1958～）、東浩紀（1971～）、宇野常寬（1978～）等人所提出的「批評家」式的御宅文化論，前者是以文學研究者的觀點出發，分析御宅文化（作品）的最新研究成果；後者則有助於我們思考，將時常被用於指稱御宅文化的「次文化」概念，運用於御宅文化論時的有效性及研究方法之必然性，因此亦收錄於第VII部中。

二、漫畫、動畫、電玩遊戲之研究

　　漫畫、動畫、電玩遊戲，目前被視為御宅文化研究範疇的核心，但這些類型並非作為分析其他文本的材料，而是以其本身為分析對象的論述——可稱之為「批評」或「研究」的論述，則是在1990年代之後，才快速地在日本普及，並以學術的形式開始被制度化。因此，以下的導論將聚焦於1990年代後被出版成冊、並且在方法論上具創新意義的著作，來概觀日本漫畫、動畫、電玩遊戲相關論述的軌跡。

1.漫畫

　　已有許多論述均指出，1980年代後期以降的漫畫批評、研究的一大特徵，便是關注於漫畫的表現形式。而可代表此種潮流的漫畫論學者，則爲夏目房之介（1950～）及伊藤剛（1967～）。夏目稱自己的論述爲「漫畫表現論」，將其與從前反映社會現實的漫畫論，或1980年代強調漫畫家主觀意識的漫畫批評等加以區別，並以兩大主軸──(1)勾勒出漫畫的固有表現形式；(2)以漫畫的表現形式來記述漫畫的歷史──來進行研究（夏目1994、1995）。而伊藤剛（2005→2014）承接夏目的研究成果，將其發展爲「漫畫表現論」，並連結東浩紀（2001→2012）和大塚英志（2003）的論述，發展出關於漫畫的角色（character，キャラクター）之研究──即將「角色圖像」（chara，キャラ）與「登場人物」（character，キャラクター）加以區別；同時提出「框架的不確定性」概念。此獲得廣大的反響，亦影響了其後的研究。例如岩下朋世（2013）是關於角色（character，キャラクター）的研究，鈴木雅雄（2014）是關於框架的不確定性之研究。另外，作爲鈴木雅雄編（2014）成果續篇的鈴木雅雄、中田健太郎編（2017），則是關於「漫畫表現論」的最新研究成果，是值得關注的著作。

　　值得收錄的漫畫論相關著作，爲數眾多，在選擇上著實不易，但考量「漫畫表現論」的高度理論性，和對於同時期、其後所造成的高度影響力，而決定收錄伊藤剛（2005→2014，導讀99）的著作。

2.動畫

　　根據筆者（榊祐一）個人淺見，對當代批評與研究產生強有力影響的書籍有：御宅文化理論的東浩紀（2001）、漫畫理論的伊藤剛（2005→2014）、電玩遊戲理論的松永伸司（2018）等等，但從提出創新的方法論、汎用性的角度來說，目前在日本的動畫批評、動畫研究領域中尚未出現，不過該領域中仍有具參考價值的相關書籍。

　　例如上野俊哉（1998）以出現乘坐型機器人或金屬戰服（Metal suit）的動畫作品爲研究對象，津堅信之（2004）則找出各時代的二種對

立軸，嘗試建構日本動漫史。另外，還有日本文學研究者們，自1990年代前期起，在文化研究領域進程中，將過去狹義的文學作品以外的文本也視爲分析對象來進行動畫研究（米村みゆき2003；千田洋幸2013；西田谷洋2014等）；也出現關注動畫接受型態之一俗稱「聖地巡禮」——將造訪出現於動畫作品裡的實際場所當作娛樂——之研究（岡本健2018；地域コンテンツ研究会2019），以及試著以具體實例來說明目前各種動畫研究方法的小山昌宏、須川亜紀子（2014、2018）等。

在第VII部中收錄了小山昌宏、須川亜紀子的著作（2014，導讀97），其簡潔地統整當代日本動畫研究所採用的分析方法。另外，也收錄了在動畫（包含御宅文化）研究領域中逐漸受到矚目、引領著內容產業旅遊研究的岡本健（1983～）之主要著作（2018，導讀98）。

3.電玩遊戲

和漫畫、動畫研究相同，日本在1995年左右之後才開始流行將電玩遊戲當作一個獨立的文化研究類型。雖然1980年代中澤新一（1950～）已發表過正式的電玩遊戲作品論（中沢1982），但而後他更援引了雅各・拉岡（Jacques Lacan, 1901～1981）的精神分析理論，與克勞德・李維史陀（Claude Lévi-Strauss, 1908～2009）的人類學論述，以《口袋怪獸（寶可夢）》爲主要分析對象，發展出電玩理論（中沢1997）。接下來的西村清和（1999），則主張電玩遊戲是由「遊戲」及「物語」兩大要素結合而成的「物語遊戲」，並嘗試闡明此類型的特徵。桝山寛（2001），則聚焦於電玩遊戲的「互動性」，將其視爲可變成「玩伴」的媒介。八尋茂樹（2005），則將電玩遊戲當作一種「物語」或「文本」，以人文科學領域中的物語論或表象分析等研究方法，進行縝密的論述。以上這些著作均爲此潮流中所留下的研究成果。

另一方面，放眼世界來看，帶領零零年代之後人文科學領域電玩遊戲研究發展的，是以歐美爲中心的「遊戲研究」（Game Studies）。而到了零零年代後期，遊戲研究相關的研究成果才開始在日本出現，如松永伸司（2018）與松本健太郎（2019）等已出版的研究書籍。前者細緻地參考遊

戲研究相關的研究成果，並明確提出超越前人的論述，可稱作是日本首部
具世界水準關於電玩遊戲的「研究書籍」。依據以上對松永伸司（2018，
導讀100）的評價，我們將其收錄爲第VII部中電玩遊戲研究之文獻。

參考文獻

八尋茂樹，2005，《テレビゲーム解釈論序説 / アッサンブラージュ》，東京：現代書館。

小山昌宏、須川亜紀子，2014，《増補改訂版 アニメ研究入門—アニメを究める9つのツボ》，東京：現代書館。

──，2018，《アニメ研究入門〔応用編〕—アニメを究める11のコツ》，東京：現代書館。

上野俊哉，1998，《紅のメタルスーツ—アニメという戦場》，東京：紀伊国屋書店。

大澤真幸，1992，〈オタク論—カルト・他者・アイデンティティ〉，アクロス編集室編，《ポップコミュニケーション全書—カルトからカラオケまでニッポン「新」現象を解明する》，東京：PARCO出版局。

大塚英志，2001，《定本 物語消費論》，東京：角川書店（初版＝東京：新曜社，1989年）。

──，2003，《キャラクター小説の作り方》，講談社現代新書，東京：講談社。

千田洋幸，2013，《ポップカルチャーの思想圏—文学との接続可能性あるいは不可能性》，東京：おうふう。

五十嵐輝、小山友介，2006，〈「おたく」的因子の抽出と「おたくステレオタイプ」の構造の検証—現代の「おたく」と「非おたく」〉，《社会・経済システム》第37號。

中森明夫，1989，〈ぼくが「おたく」の名付け親になった事情〉，石井慎二編，《別冊宝島104号 おたくの本》，東京：宝島社。

中沢新一，1984，〈ゲームフリークはバグと戯れる—ビデオゲーム《ゼビウス》論〉，《現代思想》第112巻第6號。

──，1997，《ポケットの中の野生》，東京：岩波書店。

石井慎二編，1989，《別冊宝島104号 おたくの本》，東京：宝島社。

米村みゆき編，2003，《ジブリの森へ―高畑勲・宮崎駿を読む》，東京：森話社。

西田谷洋，2014，《ファンタジーのイデオロギー―現代日本アニメ研究》，東京：ひつじ書房。

西田谷洋編，2017，《文学研究から現代日本の批評を考える―批評・小説・ポップカルチャーをめぐって》，東京：ひつじ書房。

西村清和，1999，《電脳遊戯の少年少女たち》，講談社現代新書，東京：講談社。

地域コンテンツ研究会，2019，《地域×アニメ―コンテンツツーリズムからの展開》，東京：成山堂書店。

伊藤剛，2014，《テヅカ・イズ・デッド―ひらかれたマンガ表現論へ》，星海社新書，東京：星海社（初版＝東京：NTT出版，2005年）。

宇野常寛，2011，《ゼロ年代の想像力》，ハヤカワ文庫，東京：早川書房（初版＝早川書房，2008年）。

岩下朋世，2013，《少女漫画の表現機構―ひらかれたマンガ表現史と「手塚治虫」》，東京：NTT出版。

東浩紀著，褚炫初譯，2012，《動物化的後現代：御宅族如何影響日本社會》，臺北：大藝出版（原書：東浩紀，2001，《動物化するポストモダン―オタクから見た日本社会》，講談社現代新書，東京：講談社）。

――，2007，《ゲーム的リアリズムの誕生 ―― 動物化するポストモダン2》，講談社現代新書，東京：講談社。（華語譯本：東浩紀著，黃錦容譯，2015，《遊戲性寫實主義的誕生：動物化的後現代2》，臺北：唐山出版社。）

松永伸司，2018，《ビデオゲームの美学》，東京：慶應義塾大学出版会。

松本健太郎，2019，《デジタル記号論―「視覚に従属する触覚」がひきよせるリアリティ》，東京：新曜社。

岡田斗司夫，1996，《オタク学入門》，東京：太田出版。

――，1997，《東大オタク学講座》，東京：講談社。

岡本健，2018，《アニメ聖地巡礼の観光社会学―コンテンツツーリズムのメディア・コミュニケーション分析》，京都：法律文化社。

津堅信之，2004，《日本アニメーションの力―85年の歴史を貫く2つの軸》，

　　東京：NTT出版。

夏目房之介，1992，《手塚治虫はどこにいる》，東京：筑摩書房。

──，1995，《手塚治虫の冒険─戦後マンガの神々》，東京：筑摩書房。

桝山寛，2001，《テレビゲーム文化論─インタラクティブ・メディアのゆく
　　え》，講談社現代新書，東京：講談社。

浅羽道明，1989，〈高度消費社会に浮遊する天使たち〉，石井慎二編，《別
　　冊宝島104号 おたくの本》，東京：宝島社。

笠井潔，2006，《探偵小説と記号的人物（キャラ／キャラクター）─ミネル
　　ヴァの梟は黄昏に飛び立つか？》，東京：東京創元社。

堀越和男，2010，〈動機づけと学習ストラテジーが日本語学習の成果に与え
　　る影響〉，《臺灣日本語文學報》第28期。

鈴木雅雄編，2014，《マンガを「見る」という体験─フレーム、キャラクタ
　　ー、モダン・アート》，東京：水声社。

鈴木雅雄、中田健太郎編，2017，《マンガ視覚文化論─見る、聞く、語
　　る》，東京：水声社。

斎藤環，2006，《戦闘美少女の精神分析》，ちくま文庫，東京：筑摩書房
　　（初版＝東京：太田出版，2000年）。

難波功士，2007，《族の系譜学─ユース・サブカルチャーズの戦後史》，東
　　京：青弓社。

91. 大塚英志，《定本 故事消費論》，2001年

原書：大塚英志，2001，《定本 物語消費論》，角川文庫，東京：角川書店。

蕭幸君

　　《定本 物語消費論》一書（以下簡稱此書），爲大塚英志（1989）年的復刊增補版。不同的是，他搜羅了數篇收錄於其他書籍中與此書內容相關的文章，並於卷末另設一篇有關都市傳說的論述，之後以《定本 物語消費論》爲名重新出版。原本已經絕版的書籍爲何要重新出版？大塚英志（1958～）在卷末的說明是，大塚（1989）只是順應當時論述潮流下的產物，故未重版；然而，十餘年後，他感到當時所論述的問題直至2001年不但有濃厚的既視感，現今仍缺乏洞察問題的重要觀點。例如流言的衍生與傳遞，或者同人二創活動，每個人都能成爲創作者將自己的作品傳遞出去，從原創那裡獲得的片斷訊息加上自己的想像力，在既定「世界」（世界觀）框架下編織出屬於自己的故事，進而引導出一種新的消費型態。創作者本身雖認爲這是基於自己的意願與自由參與創作，殊不知這種消費者本身也想成爲創作者的慾望，正是被群眾操控術所左右的結果。大塚認爲，我們在探究被控制管理的陰謀論述的同時，更需要思考這背後體制對我們自身的影響，這也是此書在版權消失後復刊、重見天日的原因之一。

　　此書共分〈故事消費論筆記〉、〈被複製的故事〉、〈被消費的故事〉、〈故事的再生〉、〈手塚治虫與故事的終結〉五個部分，外加一個附錄〈補／都市傳說〉。作爲首章的〈故事消費論筆記〉尤爲重要，這裡不但點出了日本社會裡故事消費所帶來的問題，也指出故事消費的過程中，攸關故事創作的「世界」掌控者人材的缺乏，是日本故事消費市場的一大缺陷，亦是極待解決的首要問題。而日本之所以會充斥著這麼多的故事軟體，其主因是因爲「世界」的匱乏，引發消費者自己主導創作的慾

望，藉由消費自己的創作來解決問題（自我療癒）。例如，搜刮零食的附贈商品、二創活動、流言的傳遞、都市傳說，乃至反核言論等社會議題的參與，都與此有著極爲密切的關係。

大塚分別在〈被複製的故事〉、〈被消費的故事〉、〈故事再生〉中檢討故事形成的過程是如何被複製、傳遞、再被消費，進而在社會中的各個層次裡再生、演變。例如，他分析過去口傳故事的流傳，就是依靠著大致的故事線，由口傳者自由發揮地銜接重要的片斷來敘述整個故事，這種方法正類似現今電腦的創作軟體或者同人二創活動一般，在既定的世界框架下跟故事線的片斷來無限複製故事。至於這種無限複製故事的現象究竟會帶來什麼下場，閱讀尚・布希亞（Jean Baudrillard, 1929～2007）的《消費社會》（*La société de consummation*, 1970）便可瞭然於心。

然而，究竟是哪些人在支撐著日本的故事消費？就漫畫雜誌來說，它的主要消費群就是「團塊世代」與「團塊二代」。[1] 但這並不限於次文化場域，大塚指出，從西武集團的市場研究雜誌《ACROSS》中針對團塊世代的各種分析以及商品開發就可看出端倪。他認爲，團塊世代與其二代不僅人口眾多，具有強烈且明確的自我認知，這些因素使他們容易成爲商品販售的訴求對象；但重要的是，他們在帶動市場消費與潮流的同時，團塊世代文化也成爲被消費的對象，進而影響整個社會，這才是最大的問題。

終章〈手塚治虫與故事的終結〉的篇幅雖短，卻是此書極爲重要的環節。他認爲，手塚治虫（1928～1989）的漫畫，最主要的訴求就是「時間」，也就是「歷史」。日本因戰敗而喪失的「歷史」，手塚則試圖藉由漫畫的故事使其重生。漫畫，就是在肩負此等使命下誕生的。如今喪失了開啓故事消費的手塚，漫畫原本的使命或許早已被遺忘了。

此書的論點，在於關注日本社會中「故事」究竟是如何被生成、被消費，除了創作者，消費者本身又是如何在一個被動的狀況之下成爲參與

1　根據大塚在此書裡的〈被消費的故事〉一部分中所下的定義，「團塊世代」雖然指的是1947～1949年出生的人，但他認為可將經歷過東大紛爭與披頭四等1950年後出生的人也涵蓋其中，併稱為「全共鬪世代」。「團塊世代」的人數眾多，其子女則被稱為「團塊二代」，對日本消費市場都有著極大的影響力。

「故事」消費與生成的雙重推手，甚至與這些意圖推波助瀾的體系框架攜手造就整個故事消費傾向。這些充斥在日常生活中的，無論是零食的附贈商品、文學作品、動漫、電影、遊戲、流行服飾、音樂或者廣告等等，這些透過具有故事內容的事物，潛移默化當中都會成為一種徹底決定個體、社會、國家乃至世界狀況的影響因素。大塚在這裡敲響的警鐘，無庸置疑地，是我們在思考日本次文化的議題上，都必須停下腳步深思的。

參考文獻

大塚英志，1989，《物語消費論─「ビックリマン」の神話学》，東京：新曜社。

──，2004，《物語消滅論》，東京：角川書店。

──，2016，《「おたく」の精神史一九八〇年代論》，星海社新書，東京：星海社。

東浩紀，2007，《ゲーム的リアリズムの誕生─動物化するポストモダン2》，講談社現代新書，東京：講談社。（華語譯本：東浩紀著，黃錦容譯，2014，《遊戲性寫實主義的誕生：動物化的後現代2》，臺北：唐山出版社。）

92. 齋藤環，《戰鬥美少女的精神分析》，2000年

原書：斎藤環，2000，《戦闘美少女の精神分析》，東京：太田出版。

蕭幸君

　　無論僅是感興趣或者想深入鑽研次文化的人，有許多重要的著作是我們不想錯過的。齋藤環（1961～）的《戦闘美少女の精神分析》（以下簡稱此書）便是其一。此書的獨特性，在於作者從一個心理分析醫師的立場出發，專業地透過大量的實例引證，比對日本與歐美的作品，進而分析日本次文化中戰鬥美少女的呈現與消費現象。他從眾多的戰鬥少女角色中將「戰鬥美少女」獨立出來，並賦予其「陽具少女」（phallic girl）這個概念（此為作者本身的自創用語），用以對比、區別歐美作品中較為常見的「陽具母親」（phallic mother）類型的女性角色，將此視為日本獨自發展出來的女性角色人格。有別於斎藤美奈子（2000）探討的女性主義與戰鬥美少女，此書側重的是動畫中戰鬥美少女與性取向（sexuality）的問題。而作為動畫主要閱聽者的御宅族群，便成為了他首要的分析對象。

　　作者認為，日本的御宅將戰鬥美少女視為一種慾望的對象，而其性取向的原因複雜且多元，但要凝聚日本次文化中戰鬥美少女這種消費形態的現象，推動市場的創作方與媒體的介入是不可或缺的。追根究底，這種虛構的媒體空間運作，與偏離主體性、喜愛透過想像力追求虛構中慾望個體的御宅相結合，就是長久以來形成日本戰鬥美少女消費形態的主因。

　　其次，作者引介了被稱為御宅族群的始祖——藝術家亨利・達格（Henry Darger, 1892～1973）[2]，試圖從分析亨利・達格的精神徵兆與創

---

[2]　在臺灣，有關亨利・達格，有較新的出版書（吉姆・艾雷居著，朱崇旻譯，2020，《亨利・達格，被遺棄的天才，及其碎片》，臺北：麥田出版）。

作傾向，來連結並解讀日本御宅與戰鬥美少女的關係性[3]。作者的分析指出，從亨利・達格身上所看到的豐富的視覺化、想像力，以及他自身創作中出現的陽具少女，與日本御宅族群和戰鬥美少女的關係性不謀而合。

　　此書對於日本御宅的分析，來自於作者本身的觀察所衍生而來的一些思辨。作者觀察他周遭的御宅、御宅的來信，以及與御宅的互動，藉此揭開了日本御宅族群有關戰鬥美少女日常消費形態的面紗。這些實例調查，還包括海外的日本次文化愛好者以及歐美戰鬥美少女作品的現況，除了這些來自海外的觀點之外，我們也能從作者與他們的對話和分析，看到雙方對日本戰鬥美少女在見解上的差異。兩者的對話中，雖提及日本與歐美之間社會文化背景與消費型態的差異，但並沒有深究其內涵。在這裡齋藤強調的是，不分海內外，御宅都是多樣性的；而相較之下，歐美仍然不像日本存在著這麼多的戰鬥美少女作品。

　　爲了深入確認此點，作者在〈戰鬥美少女的系譜〉章節中大量地引述1960年代以降乃至1990年代後期的作品資料並進行分類。據其分析，1960年代手塚治虫（1928～1989）、橫山光輝（1934～2004）、石之森章太郎（1938～1998）的作品中就可以看到女性參與戰鬥的描寫，大友克洋（1954～）、宮崎駿（1941～）、藤子不二雄（藤子・F・不二雄＝1933～1996與藤子不二雄A＝1934～2022）等著名的創作者，也都有戰鬥美少女的作品誕生。到了永井豪（1945～）的《甜心戰士》、《惡魔人》，就已經可以看到變身美少女的雛形，同時這也開啓了御宅對戰鬥美少女的慾望消費。在經過多樣化的演變，直到1990年代，戰鬥美少女的形象雖逐漸從活潑變得空虛化，但這類型的作品仍能歷久不衰的原因，作者認爲這跟戰鬥美少女的慾望消費有著密不可分的關係。

　　作爲此書終章，也是此書重要環節的幾個議題：戰鬥美少女究竟是如何被形成、爲何而存在？而她們爲何必須戰鬥？又如何成爲御宅族群心中的所想所望？齋藤在終章給出了他的答案。他認爲，相較於凡事以現實爲本的歐美，日本的虛構空間擁有更多的創作自由，這種特殊的空間成爲培養戰鬥美少女的極佳土壤。不僅如此，「日本空間」的這種自由且多重的

---

[3]　也可以說，這是齋藤環自創「陽具少女」這個概念的重要依據。

虛構環境所造就的戰鬥美少女，也因其終究無法成為現實而更臻完美，也
正因她們的存在是一種比現實更為真實的虛構，才能讓從想像空間中求取
慾望的御宅族群為之瘋狂。換言之，這種具有亨利‧達格精神徵兆的日本
御宅對戰鬥美少女的慾望，也可以說是一種抵抗過度資訊化而陷入幻想的
共同體、且讓我們回歸現實的一種戰略方式。

參考文獻

大塚英志，2016，《「おたく」の精神史─一九八〇年代論》，星海社新書，
　　東京：星海社（此書是東京的朝日新聞社於2007年出版的同名書籍，外加
　　部分新增內容後重新出版的）。
斎藤美奈子，2001，《紅一点論─アニメ‧特撮‧伝記のヒロイン像》，ちく
　　ま文庫，東京：筑摩書房。

93. 東浩紀，《動物化的後現代：御宅族如何影響日本社會》，2001年

原書：東浩紀，2001，《動物化するポストモダン―オタクから見た日本社会》，講談社現代新書，東京：講談社。

華語譯本：東浩紀著，褚炫初譯，2012，《動物化的後現代：御宅族如何影響日本社會》，臺北：大藝出版。

南雄太／陳柏伸　譯

　　《動物化するポストモダン―オタクから見た日本社会》一書（以下簡稱此書）擁有革新性，決定了零零年代日本的文化批評的方向。

　　在此書中，作者東浩紀（1971～）以動畫及遊戲這類現代日本的御宅族系文化（＝次文化）為素材，嘗試從後現代時代御宅族的消費行動的變化，解讀在日本文化的底流中所發生的結構性變化。假如要用一句話來形容作者所提及的御宅族消費行動的變化，想必就是從「故事消費」轉移到「資料庫消費」（＝非故事消費）了。據作者所言，後現代以前（1980年代以前），每當御宅族消費動畫與遊戲這類虛構作品時，將其慾望投射到作品背後所內含的世界觀或是歷史觀這類「大敘事」；然而，後現代（1990年代）以降，便轉為「可以單獨消費與原著故事無關的片段、圖畫或設定，消費者隨自己喜好加強投射在那些片段的感情，類似這樣的消費行動已經抬頭了」（p.61）[4]。所謂「資料庫消費」，正是指對這類「片段」的累積而形成的巨大非敘事空間的慾望，「幾乎不管故事與訊息」，御宅族不經意所消費的，「僅是作品背後的資訊」（p.62）。以這個層面來看，作者認為，後現代時代御宅族具有特色的消費行動——「人物萌」

---

[4]　譯注：包含下列內容在內，東浩紀（2001）的引用文章出處，皆來自華語譯本，頁數也同樣來自相同的譯本。

（キャラ萌），就是一種行動限制，從「資料庫」當中虛構（＝二次創作）出角色，並在角色身上發現任何「萌要素」，之後立刻移入感情。

於是，現在產生了「藉著操作複數要素」將複數的「萌要素」「排列組合」、而「類似的作品無論多少都可以被創造」（p.135）之狀況。消費這點的御宅族所擁有的行動模式，也並非「知性鑑賞者」（p.135），而是對於這類「要素」表現出單純且模式化的反應，要說的話更「近似藥物中毒者的行動原理」（p.135）。作者引用法國歷史哲學家亞歷山大・科耶夫（Alexandre Kojève, 1902～1968）的概念，將上述的生產／消費循環逐漸形成的現代文化狀況，用「動物化」一詞加以說明。過去，科耶夫將「戰後美國被滿足消費者『需求』的商品包圍，或者隨著媒體起舞而改變行為的消費者社會」（p.103），挪揄成動物性。而作者指出，現代的御宅族從「資料庫」當中，抽出能「將自己喜愛的萌要素在自己喜愛的故事裡展現出來的作品」（p.142），藉此立即處理感情層面的心動。並且，他將這樣的御宅族視為受到「對大型非敘事的慾望」（p.146）驅使的「資料庫的動物」；御宅族會從「大敘事」解體之後出現的「大型非敘事空間」（＝資料庫）中，將對「意義」的渴望「還原到動物性的需求，因此感到深刻的孤獨」（p.146）。此書的標題《動物化するポストモダン》，便是在暗示御宅族這樣的生存方式。

佐佐木敦（1964～）說道，零零年代批判所展現的傾向，可分成兩者：一為關於御宅族系文化的分析；二為從媒體環境，考察現代社會各種現象的資訊社會論調（佐々木2009：334）。但同時，佐佐木也承認，這兩者可說都是以此書為源頭所衍生出來的；在那之前，「對御宅族系文化進行正面且客觀的論述」一事（p.13），文藝批判是「強烈反彈」的。然而，此書的問世，成功地讓世人廣泛地理解到，這類御宅族系文化正是反映出最先端文化狀況的一面鏡子，成為醞釀不分高雅文化／次文化、自由地分析作品的氛圍之契機。實際上，在那之後，以宇野常寬（1978～）為首的許多年輕評論家，都是以此書的討論為前提，發表出出色的次文化評論。而且，此書採取人類的行為模式受到「資料庫」這個資訊環境左右之立場，藉此將意識形態與理想那類「故事」加以規範化，同時將因此而形成的現代人類形象加以相對化。但如上的資訊環境本身（有一半是自

動）決定人類存在方式之這類研究手法，後來經由作者本人及濱野智史（1980～）的工作，衍生出應用資訊環境創出「公共性」之更具有社會學風格的主題。

　　如是，此書的問世，出乎意料地在日本文化批評中開創了零零年代的新天地，此書成爲這領域的先驅者。

參考文獻

佐々木敦，2009，《ニッポンの思想》，東京：講談社。

94. 宇野常寬，《零零年代的想像力》，2008年

原書：宇野常寬，2011，《ゼロ年代の想像力》，ハヤカワ文庫，東京：早川書房（初版＝早川書房，2008年）。

南雄太／陳柏伸　譯

　　《ゼロ年代の想像力》一書（以下簡稱此書），著眼於零零年代的日本國內所推出的小說、電影、漫畫、連續劇以及動畫之類的「故事」（日語：物語），並追溯其想像力是如何變遷的。在此書當中，作者宇野常寬（1978～）首先著眼在1990年代的日本社會，指出當時日本由於發生東京地鐵沙林毒氣事件（1995年）這類非現實的事件，導致社會根基不穩，進而釀成人們對社會的不信任感。並且，宇野認爲，這類不信任感明顯損及了年輕人對社會性自我實現的信賴，結果造成「尋求對自我形象＝角色設定之認同的心理主義」橫行；再者繼承東浩紀的理論，說明那個時期流行抽離當時次文化之中「『社會』『歷史』這類的中間層」、「與『世界』直接連結的『世界系』（セカイ系）」（p.35），此流行即反映了這類的「心理主義」。同時，作爲突破那類「自閉家裡蹲（ひきこもり）／心理主義」的「過去想像力」，此書亦提出了名爲「生存（Survive，サヴァイヴ）系」的類型。

　　一言以蔽之，所謂「生存系」，指的便是「以全面打出擁有某種『決斷主義』性傾向的生存感爲賣點」的這類作品（p.23）。根據宇野的說法，正是因爲社會上不把1990年代的「因爲社會是錯的，所以不參與」（p.25）這類「自閉家裡蹲」的消極思考視爲「正確的價值觀」，所以「『反而』以無根據的羅織方式選擇特定的價值觀」（p.26），即轉換成此積極思考，這就是「後世界系」的「嶄新想像力」。

　　此書指出，零零年代正是將這類「生存系」的價值觀脫穎而出的時

代。宇野將此視爲「小敘事」所引發的「日常混戰」（p.124），此情形乃因在現代社會（文化）當中，對這類「自己做出選擇（決斷）的小敘事，自己負起責任的態度」已經定型所致，並且明確表示，這就是與零零年代「後現代狀況的進行幾乎完全吻合」的世界觀。

　　然而，宇野並非無條件地肯定這類「生存系」的想像力脫穎而出一事。實際上，在此書當中，宇野爲了終結「決斷主義者」的「混戰」，提出了以下的策略：著眼於「並不是非零即一、非黑即白的關係，而是灰色的那種既曖昧又舒緩的關係」（p.390），從包含這類關係的「疑似家族」式的共同體之存在意義當中，找出避開將世界分成非敵即友的「決斷主義之陷阱」（p.390）的可能性。因此，宇野將「生存系」的想像力視爲零零年代特有的嶄新要素，最後卻試圖將充滿那類「決斷主義」的零零年代加以相對化。

　　此書整體性地掌握了零零年代日本的文化動向，並且提出新的心理面向，因而受到高度的評價。說得更具體點，東浩紀的論點是「『大敘事』失效之後，人們會從喪失整體性的不透明資料庫之海當中，讀取自己想要的資訊」（p.48）。而此書的劃時代性，便是批判性地承接了東浩紀的論點。也就是說，「東將消費資料庫的角色這種概念視爲一種故事批判，但是作者認爲角色常常融會了共同性」（p.54），並且將後現代時代的人類行動原理，從「消費資料庫」這種非敘事（＝非溝通。discommunication）性的慾望，解讀爲「小敘事」中發生的溝通（＝故事，包含鬥爭）的問題。然而，必須一提的是，此書採用將故事內容與現實世界應有的狀態直接連結的手法，而這種手法不過是前陣子流行的「社會反映論」的翻版，且其作爲閱讀虛構作品的方法，也被批評爲短視（千田洋幸2017：320～323）。

　　但不論如何，此書以文化上的脈絡爲基礎，試圖對於「大敘事」解體後複雜化的日本社會現況給予一貫的願景，此無疑是大膽的嘗試，並且此書也包含後來宇野在工作上的諸多中心思想。若讀者想要知道批評家思想的原點，此書可說是必讀的作品。此外，本文庫版收錄了命名爲〈零零年代的想像力，其後〉的特別長篇探訪文。

參考文獻

千田洋幸，2017，〈ゼロ年代批評とは何だったのか――一九九五年と二〇一一の「あいだ」で〉，西田谷洋編，《文学研究から現代日本の批評を考える―批評・小説・ポップカルチャーを巡って》，東京：ひつじ書房。

95. 西田谷洋編，《從文學研究思考現代日本批評：關於批評、小說、大眾文化》，2017年

原書：西田谷洋編，2017，《文学研究から現代日本の批評を考える―批評・小説・ポップカルチャーをめぐって》，東京：ひつじ書房。

西田谷洋／劉淑如　譯

　　在日本的文學研究者之中，已經開始有人先行研究大眾文化，例如米村みゆき編（2003）、押野武志編（2015）等等。那麼，此書《文学研究から現代日本の批評を考える ── 批評・小説・ポップカルチャーをめぐって》（以下簡稱此書），將從哪些面向來探究大眾文化？

　　此書第一部分，先就大眾文化中經常聚焦的題材 ── 即戰爭／鬥爭空間中的表象的政治學 ── 進行闡述。其中，作者之一的中村三春（1958～），從活體武器（日語：生体武器）具有超現代的科學性與原生的古典性的戰爭表象之兩義性，而不是從反戰與否及尊重女性與否的觀點，主張世代論述與年代論述的無效性。山田夏樹（1978～）不僅發現相互對立陣營之間的類似性，還從追求陽剛性的同時、又將身體借給女性的主角的身上，找到從封閉空間掙脫的可能性。西田谷洋（1966～）從抵抗、鬥爭主體的領導性／平等性等問題出發，審視新自由主義社會下被迫不可視化＝被迫可視化的不自然性。河野眞太郎（1974～）主張戰鬥／勞動少女被迫管理自己的身分、情緒，並爲勞動傾盡所有。岩川亞里莎（岩川ありさ）（1980～）則主張，可藉由與愛德華・薩依德（Edward W. Said, 1935～2003）所說的對位法式的解讀 ── 即根據與社會等作品的外部所連結的各種關係，來進行作品解釋的一種解讀方法 ── 所產生的共鳴，改變「現在」。

　　第二部分，探討身體／視線的沉浸／覺醒，以及無力化／批評化之間的衝突。其中，廣瀨正浩（1973〜）提醒讀者，沉浸感乃是經由對虛擬世界體系的從屬而生，而合理化其管理的想像力，也在眞實世界的政治中發揮作用。水川敬章（1978〜）指出，小說創作中存在著對原創電影的批判性，同時也發現小說中仍保有原著爲電影此一表現行爲的實現性。近藤周吾探索女性＝電影＝文學雖然背負母性，被迫強顏歡笑以致無力，卻仍非一無所有的眞諦。倉田洋子則認爲，有同性戀慾望的少女形象，之所以會以男性形象出現在以年輕少女爲主要讀者群的雜誌投稿欄或小說中，一方面是因爲男性化的女同性戀對女性的認同；另一方面則是由於分離派的女性主義者主張，可以透過將女性與男性分開，以實現對父權制的反對，因而獲得了「政治正確」（political correctness）。

　　如上述，此書從文學研究的角度出發，透過對動畫、漫畫、輕小說、輕文藝、小說、電影、雜誌的分析，探討「零零年代批評」的對象，即大眾文化作品之特徵。

　　編者西田谷洋（2014）除了評論動畫作品之外，也批判大塚英志（1958〜）、東浩紀（1971〜）、宇野常寬（1978〜）等人的論點，此書亦探討「零零年代批評」。序論中，對於未涵蓋先行研究的「零零年代批評」過度賦予意義一點，加以批判，並將容易依賴批評話語的研究加以相對化。這些觀點在文學研究中皆屬正統之論述。

　　影響「零零年代批評」的主張有大塚英志（2003）的「自然主義性質的現實主義」，以及東浩紀（2007）的「遊戲性現實主義」等概念。而影響這些概念者，則是柄谷行人（1980、2005）。雖然龜井秀雄（1983）批評柄谷行人（1941〜）的論述，也在將理論引進日本文學研究方面做出了重要貢獻，卻未曾在「零零年代批評」中被提及。然而，就針對透過大塚的主張、爲「零零年代批評」帶來深遠影響的柄谷的論述加以批評這一點而言，龜井（1983），乃具有可以將「零零年代批評」加以相對化之意義。

　　具體來說，在此書的第三部分，小谷瑛輔（1982〜）爬梳龜井秀雄（1937〜2016）與柄谷之間的對答關係；矢口貢大討論龜井引進米哈伊爾・巴赫金（Mikhail Mikhailovich Bakhtin, 1895〜1975）的理論；服部徹

也（1986～）則探究龜井秀雄將與敘事者有關的論述加以理論化之意義。另外，關於檢視並回應「零零年代批評」，請參見此書第四部分。其中，大橋崇行（1978～）從類別和標籤的角度審視輕文藝，並指出輕文藝所存在的，難以用輕視文藝批評的「零零年代批評」的輕小說理論之框架，來加以掌握的實況。千田洋幸從始自東浩紀（2001）的誤傳、多元、偶然性等角度，探討「零零年代批評」的可能性。柳瀨善治（1969～）也針對「零零年代批評」所提出的扁平化理論，重新提出正向的解讀，並嘗試將伊藤計劃（1974～2009）、宮內悠介（1979～）與三島由紀夫（1925～1970）、小林秀雄（1902～1983）等人相提並論。

　　一如後來的《文學＋》、《G-W-G》等由文學研究者所參與的評論雜誌，也開始出現將「零零年代批評」加以對象化的動向，作者們藉由此書所拋出的議題，在「零零年代批評」的探討上也做出了一定的貢獻。

參考文獻

大塚英志，2003，《キャラクター小説の作り方》，東京：講談社。

西田谷洋，2014，《ファンタジーのイデオロギー——現代日本アニメ研究》，東京：ひつじ書房。

米村みゆき編，2003，《ジブリの森へ　高畑勲・宮崎駿を読む》，東京：森話社。

東浩紀，2001，《動物化するポストモダン——オタクから見た日本社会》，東京：講談社（華語譯本：東浩紀著，褚炫初譯，2012，《動物化的後現代：御宅族如何影響日本社会》，臺北：大藝出版。）

——，2007，《ゲーム的リアリズムの誕生——動物化するポストモダンII》，東京：講談社。（華語譯本：東浩紀著，黃錦容譯，2015，《遊戲性寫實主義的誕生　動物化的後現代2》，臺北：唐山出版社。）

柄谷行人，1980，《日本近代文学の起源》，東京：講談社。（華語譯本：柄谷行人著，吳佩珍譯，2017，《日本近代文學的起源》，臺北：麥田出版。）

柄谷行人，2005，《近代文学の終り——柄谷行人の現在》，東京：インスクリプト。

押野武志編，2015，《日本サブカルチャーを読む》，札幌：北海道大学出版
　　会。
亀井秀雄，1983，《感性の変革》，東京：講談社。

96. 難波功士，《族的系譜學：青少年次文化的戰後史》，2007年

原書：難波功士，2007，《族の系譜学—ユース・サブカルチャーの戦後史》，東京：青弓社。

榊祐一／金想容　譯

　　第二次世界大戰後的日本，陸續出現了許多屬於年輕人的文化形態，如被稱作太陽族、瘋癲族、暴走族、御宅族等的族群，這些都曾風靡一時。《族の系譜学—ユース・サブカルチャーの戦後史》一書（以下簡稱此書），雖是針對上述族群爲研究對象的戰後日本青少年文化史，但此書有別於其他相同類型研究書籍的獨特之處，便是將這些日本的年輕人文化，放在源自於歐美的社會學之「青少年次文化」（Youth subculture）概念中重新詮釋，並試著勾勒出其實際的樣態與變遷。

　　另外，此書的核心概念，也就是此書作者難波功士（1961～）所主張的，因爲日本的次文化出現了「民間用法（folk use，フォーク・ユース）與學術用法（academic use，アカデミック・ユース）的分離」，又同時發生「民間用法」和「學術用法」的內部「分裂」（難波1997：73），因此首要工作便是將錯綜複雜的次文化概念逐一整理，並賦予其合宜的定義（有關日本「次文化」用法的具體例證，請參照榊祐一2018）。此書共分爲兩個部分。首先，第一個部分嘗試進行理論性的探討，以作爲實踐「戰後日本青少年次文化史」研究的準備。

　　《日本學指南》的第VII單元，介紹以漫畫、動畫、遊戲等爲主要研究對象的現代日本大眾文化，具體來說，也有介紹御宅系大眾文化等相關研究的重要著作。讀者們或許已經知曉，日本存在著以「次文化」這個用語來指稱御宅系大眾文化的現況；但此書作者卻跳脫「以某種特定內容（contents，コンテンツ）或作品（的類型）」爲基礎的「次文化」觀，而以英國社會主義評論家雷蒙・威廉斯（Raymond Williams, 1921～

1988）所提倡的「文化」概念——將「次文化」視爲「人類生活樣態的整體」——作爲立論根基，主張「不在各種文化之間區別優劣善惡」。換言之，即是秉持著不將某種特定文化理想化、不認定何者爲高級文化，或將次文化視爲某種反抗文化的態度（pp.20～23）。再者，作者也將次文化定義爲「該社會的非常習性（非傳統性）／或非支配性之團體」，「藉著某些共通的形式使其表象出之生活型態（Way of life）的總體」，並從「階級」、「場域」、「世代」、「性別」（gender，ジェンダー）、「媒介」等「五個視角」，來討論此書中「青少年次文化」的「非常習性」（pp.74～81）。

　　此書的第二部分，則延伸上述的理論基礎，進一步對戰後日本的青少年文化進行具體的分析論述。閱讀各章節之不同時期的日本青少年文化發展，固然十分有趣，但更值得關注的是，作者在其論述中提出，戰後日本青少年文化產生了可說「從『族』到『系』」（p.382）之重大變化。被稱爲「族」的青少年次文化，包含「藉由許多的物或媒介，在聚集群體的場域裡，透過彼此間面對面的認證，一起建構出某種群體自我認同的過程」；而被稱爲「系」的青少年次文化則沒有上述的過程，相較於「在特定的時期裡共同形塑群體認同」，「系」則傾向於「存在於個人心中，且具有多重性、只爲了某個特定目的而臨時出現的自我駐足點」，並且會「依當天的心情，或遇到的對象不同而加以選擇及變動」。這樣的變化，已在歐美的（青少年）次文化研究中被指出（pp.382～385），而作者便是一貫地透過青少年次文化的視角，來分析並論述戰後日本的青少年文化。

　　此書使我們瞭解到，研究日本的漫畫、動畫或遊戲，並非一定等同於研究「日本的次文化」，而在分析這些研究對象時也不一定要受限於所謂「次文化」的概念。對於打算用「次文化」概念進行研究這些文化的讀者們，此書應該是一個值得參考的優良範本。

參考文獻

榊祐一，2018，〈日本におけるサブカルチャーをめぐる語りの諸類型〉，《層—映像と表現》第10卷。

難波功士，1997，〈「サブカルチャー」再考〉，《関西学院大学社会学部紀要》第78號。

97. 小川昌弘、須川亞紀子，《增補改訂版動畫研究入門：鑽研動畫的九個要點》，2014年

原書：小川昌弘、須川亜紀子，2014，《增補改訂版アニメ研究入門—アニメを究める9つのツボ》，東京：現代書館。

横濱雄二／楊琇媚　譯

　　日本動畫的開端一般認爲是1917年，分別是由下川凹天（1892～1973）、幸內純一（1886～1970）、北山清太郎（1888～1945）所製作的動畫（橫田正夫、小出正志、池田宏2012：58）。而如眾人所知，正式的電視動畫，始於1963年開始播放的手塚治虫（1928～1989）和蟲製作（日語：虫プロダクション）的《原子小金剛》。因此，若從草創期開始計算，日本的動畫歷史有一百多年；而電視動畫歷史雖有60年左右，但正式的動畫研究，不過是在1998年日本動畫學會成立之後才展開。

　　《增補改訂版アニメ研究入門—アニメを究める9つのツボ》一書（以下簡稱此書），是以大學等高等教育機構的學生爲對象。對於上述新潮流的日本動畫研究，該如何以學術的觀點來分析，此書提出了可能性。關於各章的觀點，簡單地說明如下：第一章，主要透過小說作品的解讀，參考幾個歐美的批評理論來分析動畫作品；第二章，採用電影研究的影像分析手法，分析日本的動畫作品；第三章，以少女作品中常見的戰鬥少女的角色爲題材，論述性別（gender，ジェンダー）的問題；第四章，舉出動畫中聲音的作用，探討聲音（聲優的身體性）與角色圖像（chara，キャラ）的關係；[5]第五章是動畫史研究的導覽，完整地歸納研

---

[5]　關於角色圖像（chara，キャラ）的概念，可以參考伊藤剛，2014，《テヅカ・イズ・デッド—ひらかれたマンガ表現論へ》（請見第VII部導讀99）。

究對象、先行研究、觀點與方法論；第六章，主要提出在英國發展的文化研究（cultural studies）所使用的觀眾（audience，オーディエンス）分析手法，如何應用於日本的動畫研究之觀點；第七章，探討美學與藝術學的觀點應用於動畫的可能性；第八章，聚焦於產業的側面，特別論述作品的流通（播放、販賣）。第九章，論述作為資訊傳遞媒介的動畫的機能；結尾則簡潔地歸納現在的研究狀況及今後的展望。

此書也有不足之處。此書是以目前日本主流的商業動畫為主，因此幾乎沒有言及如電視動畫出現之前的作品，或非商業性動畫的作家與作品。另外，也幾乎沒有介紹到日本以外的作品之相關研究。但是，這是因為此書將內容限定在目前日本動畫研究中重要的論點，也因此對於初學者來說，此書是易讀的「研究入門」書。

也可以說，此書是研究日本動畫之際必讀的文獻之一。再者，兩位作者（小川昌弘、須川亞紀子）於2018年出版了續篇，即應用篇（小川、須川2018）。這本應用篇也採同樣的架構，提出了心理、演出、動畫歌曲、聲優、粉絲、產業、文化政策、動畫史、物語構造（narratology，ナラトロジー）、視聽覺資訊的觀點。筆者建議可一併參考。只是各章理論方面的水準良莠不齊，如開頭所說，日本動畫研究的成果積累得還不足夠，因此，有些論點因為應該參考的先行研究較少的緣故，不得已就顯現出評論者自身的獨特性。也因此，讀者在閱讀此書或續篇之際，雖說兩本都是入門書，但並非全盤接受，而是必須批判性思考。

除此之外，日文撰寫的動畫相關書籍，還有橫田正夫、小出正志、池田宏（2012），此書不僅探討日本，也概述世界的動畫歷史、技術、文化等等，是一本「閱讀事典」，索引和參考文獻一覽都相當充實，有助於研究。另外，須川亜紀子、米村みゆき（2019）概括式地論述動畫整體的樣貌，並簡潔地整理各個項目，也適合參考。

參考文獻

小川昌弘、須川亜紀子，2018，《アニメ研究入門〔応用編〕─アニメを究める11のコツ》，東京：現代書館。

須川亜紀子、米村みゆき，2019，《アニメーション文化55のキーワード》，世界文化叢書，京都：ミネルヴァ書房。
横田正夫、小出正志、池田宏，2012，《アニメーションの事典》，東京：朝倉書店。

98. 岡本健，《動畫聖地巡禮的觀光社會學：內容旅遊的媒體、溝通分析》，2018年

原書：岡本健，2018，《アニメ聖地巡礼の観光社会学―コンテンツツーリズムのメディア・コミュニケーション分析》，東京：法律文化社。

近藤周吾／陳柏伸　譯

　　內容（contents，コンテンツ）研究，除了分析內容本身之外，也傾向於關注其所枝生的現象。動畫舞臺的尋訪在國外也廣受歡迎，此方面的研究也呈現盛況。

　　在2012年，甚至有研究者（岡本健，1983～）以此拿到博士學位。《アニメ聖地巡礼の観光社会学―コンテンツツーリズムのメディア・コミュニケーション分析》一書（以下簡稱此書）以觀光爲經線，以資訊社會爲緯線而寫成的，儘管修訂爲適合一般人士閱讀，但卻是以那份學位論文爲基礎。

　　以下概述此書的架構。首先掌握觀光學與資訊社會的基本狀況，之後正面檢討探訪動畫舞臺的課題；將重點放在《幸運☆星》的舞臺——鷲宮，以及《K-ON！輕音部》的舞臺——豐鄉——這兩地作爲代表事例；最後，也著眼於地域與旅行者雙方的資訊傳達，以及觀光時與他者相遇的狀況來收尾。此書的研究手法多采多姿，運用了文獻調查、田野調查、社群媒體（SNS）溝通調查、問卷調查及連線解析等手法。由於此書是前所未有的研究，可以看出作者將複數類型的問題統合時所煞費的苦心。作者不會一頭熱地陷入局部理解的困境，進行一個研究時，總是持續探索如何掌握大局，貫徹自己的研究態度，且橫跨各式各樣的領域，採用多樣的手法。此風格與這個研究態度息息相關。

　　由於時代變遷快速，無論資料或是結構方面，或許有人認爲此書已經逐漸變成古典著作。然而，正因如此，參照此書才有其意義。因爲我們必須比較、對照過去與未來。在探訪動畫舞臺不如現在有名的初創期，雖說較爲辛苦，但也相對自由。可是，以如今的成熟期來說，也有必要掌握過去的資料以及先行研究。從這點來說，此書可說是必備的文獻之一。

　　只是，此書也並非沒有任何問題，那就是輕視歷史。舉例來說，身爲文學研究者的筆者（近藤周吾），對於在學術方面使用「聖地巡禮」一詞，會格外愼重；然而，身爲觀光學者的作者，卻透過簡單的手續解決了此問題。這個論爭涉及有無宗教性之問題，也包含這點在內歷史性、通時性（diachrony）的處理之問題。實際上，此書的參考文獻一覽中有超過兩百份的文獻，但幾乎都是需要驗證的零零年代[6]以後的文獻，也幾乎看不到作者有檢索自己出生前的資料的痕跡。而且，此書輕率地放棄文獻調查的可能性，傾向於將比重放在實地調查上。輕視歷史，會連帶地影響到輕視古典的研究成果累積這個重大問題，但作者並沒有這個自覺。觀光潮流是從1950年代開始，動畫熱是從1980年代興起，動畫聖地巡禮是從1990年代開始，這根本是機會主義，沒有固定的出發點。觀光、動畫以及舞臺探訪的起源，任何一項都能追溯到更早的時間點[7]。儘管如此，由於作者過度強調自己的學問爲新學問，所以活在當下（Carpe diem）的色彩特別強烈，沒有歷史社會學的觀點。儘管作者在分析《幸運☆星》的舞臺鷲宮時有採用歷史社會學的觀點，但若就分解各個要素、將其還原並應用在各項研究領域或其他類型上這一點來說，就會曝露其根基的脆弱。

　　在華語圈也是如此，社群媒體發達，內容旅遊活絡是顯而易見的。因爲COVID-19疫情，此書所提及的「資訊空間」的比重，在其他的意義上也在高漲著。此書的長處是，藉由重視所謂的「資訊空間」，找出與過去觀光之間的差異，刷新了以往的觀光形象。然而，也因爲「資訊空間」，歷史、經驗、紀錄、記憶、意識形態、情緒及回憶等這類古典概念，正在

[6]　關於「零零年代批評」的問題，請參照第VII部導讀95。

[7]　關於動畫的起源，請參照第VII部導讀97；關於動畫舞臺採訪的起源，請參照大石玄（2020）；至於將動畫以外的也納入視野的研究，有地域コンテンツ研究会（2019）之類。

消失中。對於強調「與他者相遇」的此書而言，可說是致命性的空白。

　　此書的可能性，在於與對此書而言的「他者」的接續，以填補「空白」，此時才會開花結果。洞察到這點的筆者，正在關注華語圈的研究者、相關人士會如何解讀此書。

參考文獻

大石玄，2020，〈アニメ《舞臺探訪》成立史・新訂版：いわゆる《聖地巡礼》の起源と紀元〉，《富山県立大学紀要》第30卷。
地域コンテンツ研究会編，2019，《地域×アニメ—コンテンツツーリズムからの展開》，東京：成山堂書店。

99. 伊藤剛，《手塚已死：走向開放的漫畫表現論》，2005年

原書：伊藤剛，2014，《テヅカ・イズ・デッド―ひらかれたマンガ表現論へ》，星海社新書，東京：星海社（初版＝東京：NTT出版，2005年）。

横濱雄二／劉淑如　譯

　　《テヅカ・イズ・デッド―ひらかれたマンガ表現論へ》一書（以下簡稱此書），爲2005年出版的單行本之再版，約十年後再度以新書之姿問世。

　　正如作者伊藤剛（1967～）在〈新版後記〉中所言，此書再版的引信爲日本漫畫研究在過去十年所取得的長足進步。

　　此書提出特別値得注意的觀點，在於「角色圖像」（chara，キャラ）與「登場人物」（character，キャラクター）的分離。「角色」（character，キャラクター）一詞，原本指的是日本次文化批評語境中的登場人物。到了二十一世紀初，東浩紀（2001）等人開始注意到其圖像的面向，並就此展開討論。而伊藤則進一步強化了此一趨勢，他嘗試將圖像的面向，從作爲登場人物的character（キャラクター）當中抽離，以示區別。

　　根據伊藤的定義，「角色圖像」「大多由以相對簡單的線圖爲基本的圖像繪製而成，透過以專有名稱命名（或透過讓人對此產生期待），而給人一種具『人格（般）』的存在感」（p.126）。相對地，「登場人物」則「可以解讀成是一種以『角色圖像』的存在感爲基礎，並帶有『個性』的『身體』的表象，能使人聯想到文本背後的『人生』或『生活』」（同前）。

　　這裡可能有必要再稍作解釋。伊藤的理論，是將「角色圖像」定義爲「登場人物」的先驅形態。例如，某個人物出現在某部漫畫中，起初讀

者並不熟悉其名稱、行爲或言行習慣（個性），但倘若造形幾乎相同的人物，接二連三地被畫出，則讀者便能理解到，那些圖像所代表的是同一個人，這圖像便是「角色圖像」。當讀者在感受角色圖像時，會從具體的圖像與固有名稱當中，體會到一種模糊的「存在感」；若再進一步閱讀漫畫作品，便可以將「角色圖像」的「存在感」，理解爲實際漫畫文本中擁有具體性格的「登場人物」。

此一角色圖像概念的出現，爲漫畫表現理論開闢了新視野。而這種「角色圖像」並不僅限於漫畫中的人物，包括電腦遊戲、動畫、輕小說等周邊文類在內的整個御宅文化，都可納入視野。甚至所謂2.5次元文化，如漫畫、動畫作品的舞臺化等等，也在其討論範圍之內。關於這類廣義的「角色圖像」的性質的嶄新研究，請參照さやわか（2015）及岩下朋世（2020）。

不過，此書也提出另一個重要的概念。在此書出版前，竹內オサム（1989）和大塚英志（2003）便已就漫畫中的「電影式技法」[8]進行考察。對此，伊藤則從畫格構造的相位加以解讀，並指出，「框格」具有兩個含義：其一爲相當於電影螢幕的「預先切割出的『世界』的框格」（p.243）；其二爲「切割世界的設備是『攝影機』的這種電影固有的狹義」（同上）。後者在漫畫中被類比爲紙本上的分格，至於前者的框格究竟是畫格還是整張紙面，則不得而知，而伊藤將這種不可判定的狀態，稱之爲「框格的不確定性」。

如上，伊藤將傳統論點予以相對化，並導入了「框格的不確定性」是否具有電影性格此一全新相位。而這也使得從分格構圖的相同視角，探討竹內治蟲（竹內オサム）（1951～）與大塚英志（1958～）以手塚治虫（1928～1989）爲題材所發現的「電影式技法」，以及未使用此技法的漫畫，成爲可能。框格的問題，不僅與和此書幾乎同時出版的秋田孝宏（2005）所指出的問題有相通之處，此一論點也可說影響了其後的漫畫表現論。

8　關於「電影式技法」等漫畫表現論的歷史觀，請參照小山昌宏、玉川博章、小池隆太（2016）的第4章。

如是，此書不僅限於日本漫畫的研究，在日本御宅文化的研究上，也佔有特別重要的地位。這絕不是一本簡單易懂的書，但絕對是值得一讀的文獻。

參考文獻

小山昌宏、玉川博章、小池隆太，2016，《マンガ研究13講》，東京：水声社。

大塚英志，2003，《アトムの命題─手塚治虫と戦後まんがの主題》，東京：德間書店。

竹内オサム，1989，〈手塚マンガの映画的手法〉，《漫画批評体系3─描く・読む・売る》，東京：平凡社。

岩下朋世，2020，《キャラがリアルになるとき─2次元、2.5次元、そのさきのキャラクター論》，東京：青土社。

東浩紀，2001，《動物化するポストモダン─オタクから見た日本社会》，講談社現代新書，東京：講談社。（華語譯本：東浩紀著，褚炫初譯，2012，《動物化的後現代：御宅族如何影響日本社會》，臺北：大藝出版。）

秋田孝宏，2005，《「コマ」から「フィルム」へ─マンガとマンガ映画》，東京：NTT出版。

さやわか，2015，《キャラの思考法─現代文化論のアップグレード》，東京：青土社。

100. 松永伸司，《電玩遊戲的美學》，2018年

原書：松永伸司，2018，《ビデオゲームの美学》，東京：慶應義塾大学出版会。

榊祐一／劉淑如　譯

《ビデオゲームの美学》（以下簡稱此書）是一本試圖從美學的觀點，闡明作爲藝術形式的電玩遊戲獨有的特徵之著作。

此書由三部分構成。首先，在第一部分，作者松永伸司先行確立討論的框架，如作爲研究對象的「電玩遊戲」之定義、電玩遊戲的接受構造與其中指意的定位之明確化，以及電玩遊戲爲藝術的前提討論等等。接著，在堪稱此書核心的第二部分，作者提出可以說明電玩遊戲的指意及其獨特性的理論架構。在最後的第三部分，作者則具體揭示，運用前述理論架構，可以對電玩遊戲提出何種全新解釋或全新觀點。過程中，作者並聚焦於電玩遊戲中的時間與空間、玩家的行爲等等。

第二部分揭示構成此書遊戲理論基礎的觀點，此即，從指意的角度來看，電玩遊戲被認爲是由一種句法（符號）和兩種語義（符號內容）所組成。而這種觀點，借用作者的話，是從納爾遜‧古德曼（Nelson Goodman, 1906～1998）風格的「符號理論觀點」，重新評價賈斯柏‧朱爾（Jesper Juul, 1970～）所「制定的電玩遊戲的兩面性——規則與虛構，以及其相互作用」，才得以成立（p.349）。簡單來說，即在電玩遊戲中，主要有一個以視覺形式呈現在顯示器上的符號，而此符號的形式乃用以表徵兩個語義學領域——用作者的話說，即「遊戲機制」與「虛構世界」（p.99）。這裡的重點應該是在於，將過去僅適用於電玩遊戲的虛構面向的「表徵觀點」，也運用在電玩遊戲的規則（≒遊戲機制）面向（p.102），而這使得從統一的觀點，思考電玩遊戲的兩面性及其相互作

用，變成可能。

此書第五至第十二章，即基於此一視角，提出看待電玩遊戲的全新方式，其中最重要的，便是有關「重疊」的討論（pp.111～115）。電玩遊戲中固然存在著A「虛構的內容」與B「遊戲的內容」二者，且顯示器上的視覺要素，亦具有表徵此二者的「符號」之機能；然而，此時將可能出現下列三種情形：①只存在A的符號、②同時存在A與B的符號、③只存在B的符號。其中，作者將某一特定的A與B共享顯示器上的某個要素作為其符號，即類似像②的情形，稱之為A與B的「重疊」。作者並留意到，這種「重疊」狀態的存在，使得電玩遊戲中的「遊戲符號」，得以「透過與其共享素材的虛構符號的內容，進行個性化」。

這種「重疊」，堪稱是此書所揭示的理論框架的另一個骨幹。作者發現，「類比推理」、「解謎」和「模擬」是電玩遊戲獨有的現象，而這些都源自於「重疊」的作用（第八章）。作者更進一步以具說服力的形式闡明，「將虛構世界中的行為，歸因於虛構的接受者」（p.267）的這種伴隨著電玩遊戲中的接受行為而來的獨特的記述方式，也是透過「重疊」的符號作用，才得以實現。

礙於篇幅無法詳細介紹，但此書另有其它新穎主張，例如就本體論而言，作為玩家互動對象的遊戲機制，是屬於現實的──而非虛構的、亦非虛擬的（pp.200～221），以及作者稱電玩遊戲是一種「行為的模擬」（第十二章）等等。透過閱讀此書，讀者將可一窺2010年代中期電玩遊戲理論的研究最前線之風貌。

儘管如此，電玩遊戲的研究已在世界蔚為風潮，除了此書之外，尤其以歐美圈的遊戲研究為主的理論研究成果也在穩步積累中（請參照Wolf and Perron 2014等）。另外，有關日本電玩遊戲作品的研究，較諸日本，反倒在歐美的遊戲研究中所受到的關注度更高。因此，將來讀者若有意依照字面意義「研究」（日本）電玩遊戲，詳實參照與讀者的研究主題相關的上述研究成果，將是最基本的要求。

參考文獻

Wolf, Mark J.P and Perron, Bernard ed., 2014, *The Routledge Companion to Video Game Studies*, New York: Routledge.

研究指南

對於日本研究有益的工具、網站等的介紹

　　所謂研究，並不意味著查詢你個人所不知道的事物，或者只是單純陳述你的想法，而是一種社會行為，即在獲取社會共有的「公共知識」，同時糾正謬誤並為其添加新的知識。因此，在研究過程中，首先要調查、整理，並且分析、批判關於你設定的主題前人已提出過的觀點。這就是所謂「文獻探討（回顧）」（日語又稱其為「整理先行研究」）。

　　以下，我們將告訴你如何找到日本研究的相關論文和書籍，以及進行研究時可以參考的網站和工具書。首先，試著找出和你研究課題相關的「先行研究」吧！

一、文獻檢索網站

1.「CiNii」（https://cir.nii.ac.jp/）

　　此為日本的國立情報學研究所（NII, National Institute of Informatics）所架設的數據庫網站。其具有三種類型的數據庫：第一是在日本發表的期刊論文數據庫（CiNii Research），第二是大學圖書館的綜合目錄數據庫（CiNii Books），第三是博士論文數據庫（CiNii Dissertations）。在搜索視窗中輸入關鍵詞，會出現相關的論文列表。其中一些論文在網路上會以PDF的形式出現，利於方便閱覽。

2.「国立国会図書館オンライン（ONLINE）」（https://ndlonline.ndl.go.jp/#!/）

　　國立國會圖書館（NDL, National Diet Library）是日本最大的圖書館，收集和保存所有在日本出版的出版物。在所附的網址中，你可以搜索

該館藏的資料，包含在日本國內發行的書籍、雜誌、期刊論文、報紙、古文和中文書籍、地圖、技術報告類、電子書籍和雜誌，以及博士論文；此外，還可以搜索影片和語音紀錄。

　　該網站還有一種「遠程文獻傳遞服務」（日語：遠隔複写サービス），若你在該服務提出申請的話，該館即會將你所需的文獻郵寄到海外，惟此服務的價格稍高。另外，在同一網站的「国立国会図書館デジタルコレクション（Digital Collections）」（https://dl.ndl.go.jp/）中，可以閱覽並獲取版權已過期的文獻全文，例如古典書籍、明治和大正時代的書籍。

3.「雑誌記事索引集成データベース　ざっさくプラス」（http://info.zassaku-plus.com/）

　　此為明治時代迄今的期刊文章索引的數據庫，需要以團體或個人的名義訂閱。

　　另外，還有一些沒有在CiNii、國立國會圖書館等機構註冊的論文，可以嘗試在谷歌或其他搜索網站上輸入關鍵詞＋PDF，或許會出現不少的搜索結果。

　　書籍部分，也可以透過「亞馬遜」（https://www.amazon.co.jp）、「honto」（https://honto.jp）等網路書店，來試著找尋你所需的著作。至於舊書，尤其是絕版書，可以透過「日本の古本屋」（https://www.kosho.or.jp）搜尋。

二、關於日文論文寫作方式的參考文獻

1. 藤田節子，2009，《レポート・論文作成のための引用・参考文献の書き方》，東京：日外アソシエーツ。
2. 石黒圭，2012，《論文・レポートの基本—この1冊できちんと書ける！》，東京：日本実業出版社。
3. 小熊英二，2022，《基礎からわかる論文の書き方》，講談社現代新書，東京：講談社。

4.「日本語学習 支援サイト」（Online Writing Lab, http://ksky.fc2web.com/owl.top.htm）。

　　本網站旨在幫助把日語當作第二語言的人如何撰寫報告和論文，並在第二章「文献リストを作ろう」中，說明如何在日文論文中引用資料並做出參考文獻列表。

三、辭典、百科全書類

1.「Japan Knowledge」（https://japanknowledge.com/）

　　此網站可以進行各種辭典和百科全書的交叉檢索，包括《日本大百科全書》《世界大百科事典》《日本国語大辞典》《現代用語の基礎知識》《国史大辞典》《日本人名大辞典》《新編日本古典文学全集》，以及其他許多辭典、百科全書和文本，對基本專門用語和文本的查詢有一定的幫助。然而，想利用該網站的服務，需要以個人或團體名義註冊，你所屬的學校圖書館可能有訂購，建議你可以先上學校圖書館網站確認。

2.「Weblio国語辞典」（https://www.weblio.jp/）

　　在此網站可以進行各種辭典和百科全書的交叉檢索。

3.「物書堂」（App）

　　如果你購買了付費辭典，你可以交叉搜索各種日語辭典、日中和中日辭典、漢和辭典和古文辭典等。

著者簡介

Ｉ　思想研究

編著者

■ 柳瀬善治

〔日本〕廣島大學人間社會科學研究科准教授。日本近代文學、日本思想史、文學理論、現代大眾文化研究。井上隆史、佐藤秀明、松本徹編，《三島由紀夫事典》，共著，東京：勉誠出版，2000年；〈「リトル・ボーイ再び」事件〉〈文学者・文化人と核武装論〉，川口隆行編，《〈原爆〉を読む文化事典》，東京：青弓社，2017年；〈八〇年代以降の現代文学と批評を巡る若干の諸問題について─三島由紀夫と小林秀雄の〈亡霊〉に立ち向かうために〉，西田谷洋編，《文学研究から現代日本の批評を考える》，東京：ひつじ書房，2017年；〈サブカルチャー批評の現在と未来─三・一一以後のサブカルチャー批評は何を表象すべきなのか〉，押野武志編，《日本サブカルチャーを読む─銀河鉄道の夜からAKB48まで》，札幌：北海道大学出版会，2015年；《三島由紀夫研究》，福岡：創言社，2010年。

執筆者

■ 茂木謙之介

〔日本〕東北大學大學院文學研究科准教授。表象文化論、日本近代文化史、天皇的表象研究、怪異怪談研究。《表象としての皇族─メディアにみる地域社会の皇室像》，東京：吉川弘文館，2017年；《表象天皇制論講義─皇族・地域・メディア》，東京：白澤社，2019年；一柳廣孝監修，茂木謙之介編，《怪異とは誰か（叢書怪異の時空第3巻）》，東京：青弓社，2016年。

■ 齋藤一

〔日本〕筑波大學大學院人文社會科學研究科准教授。英語圈文學（十九世紀末、二十世紀初期的小說）、文學理論、英美文學制度史。〈文学とアール・デコ─雑誌『ホライズン』とH・E・ベイツ「橋」を中心に〉，菊池かおり、松永典子、斎藤一、大田信良編，《アール・デコと英国モダニズム─20世紀文化空間のリ・デザイン》，東

京：小鳥遊書房，2021年；〈〈私〉たちの詩学〉、《現代詩手帖》第64卷第8號，東京：思潮社，2021年；《帝国日本の英文学》，京都：人文書院，2006年。

■ 川口隆行

〔日本〕廣島大學大學院人間社會科學研究科教授。日本近現代文學、文化史。《広島抗いの詩学─原爆文学と戦後文化運動》，京都：琥珀書房，2022年；《〈原爆〉を読む文化事典》，編著，東京：青弓社，2017年；《原爆文学という問題領域》，福岡：創言社、2008年。

■ 水溜眞由美

〔日本〕北海道大學大學院文學研究院教授。日本思想史。《堀田善衛─乱世を生きる》，京都：ナカニシヤ出版，2019年；《『サークル村』と森崎和江─交流と連帯のヴィジョン》，京都：ナカニシヤ出版，2013年。

■ 內田康

〔日本〕京都府立大學共同研究員。日本文學、東亞比較文學。〈移動する〈幽霊〉─村上春樹文学と上田秋成〉，中村三春監修，曾秋桂編，《村上春樹における移動》，新北：淡江大學出版中心，2020年；〈〈父なるもの〉の断絶と継承の狭間で─村上春樹『騎士団長殺し』と、〈父殺し〉のその先〉，《近代文学試論》第56號，2018年；《村上春樹論─神話と物語の構造》，臺北：瑞蘭國際，2016年。

■ 菅原潤

〔日本〕日本大學工學部教授。近現代德國哲學、日本哲學史。《実在論的転回と人新世─ポスト・シェリング哲学の行方》，東京：知泉書館，2021年；《上山春平と新京都学派の哲学》，京都：晃洋書房，2019年；《京都学派》，東京：講談社，2018年。

■ 水川敬章

〔日本〕神奈川大學國際日本學部准教授。日本近現代文學、文化。〈「胡蝶」における庭園と光源氏のセクシュアリティについて─感性と美学、ビオスとゾーエー〉，久保朝孝編，《源氏物語を開く》，東京：武蔵野書院，2021年；〈『リンダリンダリンダ』論─原作映画と小説化作品の幸福のために〉，西田谷洋編，《文学研究から現代日本の批評を考える》，東京：ひつじ書房、2017年；〈『食堂かたつむり』試論─倫子のイメージをめぐって〉，押野武志編，《日本サブカルチャーを読む》，札幌：北海道大学出版会，2015年。

■ 李文茹

〔臺灣〕淡江大學日本語文學系副教授。日本近現代文學、性別文化、殖民地文學文化。《「霧社事件」と戦後の台湾／日本 ジェンダー・エスニシティ・記憶》，臺北：瑞蘭國際，2016年；〈雑誌『人間』と「戦後日本」との接点—八〇年代台湾における「核」言説のジレンマ〉，《原爆文学研究》第16號，2017年。

II　民俗學

編著者

■ 林承緯

〔臺灣〕國立臺北藝術大學特聘教授兼文化資源學院長暨文化資產與藝術創新博士班主任。民俗學、民藝美學。〈台湾における民俗研究の展開と課題—民俗文化財保護行政の発展を兼ねて—〉《人文学報》第118號，2021年；《臺灣民俗學的建構》，臺北：玉山社，2018年；《信仰的開花：日本祭典導覽》，新北：遠足文化，2017年；《就是要幸福：臺灣的吉祥文化》，臺北：五南圖書出版，2014年；《宗教造型與民俗傳承》，臺北：藝術家出版，2012年。

執筆者

■ 武井基晃

〔日本〕筑波大學人文社會系准教授。民俗學。関沢まゆみ編，新谷尚紀、武井基晃著《民俗学が読み解く葬儀と墓の変化》，東京：朝倉書店，2017年；伊藤純郎、山澤学編，《破壊と再生の歴史・人類学—自然・災害・戦争の記憶から学ぶ》，共著，つくば：筑波大学出版会，2016年；《「境界」を越える沖縄—人・文化・民俗》，東京：森話社，2016年。

■ 伊藤龍平

〔日本〕國學院大學文學部教授。傳承文學（近世至近現代的説話）。《ヌシ—神か妖怪か》，東京：笠間書院，2021年；伊藤龍平、謝佳靜，《現代台湾鬼譚—海を渡った「学校の怪談」》，東京：青弓社，2012年；《江戸の俳諧説話》，東京：翰林書房，2007年。

■ 蔡亦竹

〔臺灣〕實踐大學應用日語系助理教授。日本與臺灣的民俗學。《表裏日本：民俗學者的日本文化掃描》，新北：遠足文化，2016年；《圖解日本人論》，新北：遠足文

化，2018年；〈台湾での日系仏教の展開―日蓮正宗法宣院の事例を中心に〉，古家信平編，《現代民俗学のフィールド》，東京：吉川弘文館，2018年。

■ 菊地曉

〔日本〕京都大學人文科學研究所助教。民俗學。《民俗学入門》，東京：岩波書店，2022年；菊地曉、佐藤守弘編，《学校で地域を紡ぐ―『北白川こども風土記』から》，京都：小さ子社，2020年；《柳田国男と民俗学の近代―奥能登のアエノコトの二十世紀》，東京：吉川弘文館，2001年。

■ 角南聰一郎

〔日本〕神奈川大學國際日本學部歷史民俗學科准教授。佛教民俗學、物質文化研究。神奈川大学日本常民文化研究所編，《ブラジル日本人入植地の常民文化―民俗歷史編》，共著，横浜：神奈川大学日本常民文化研究所，2021年；染谷智幸編，《はじめに交流ありき―東アジアの文学と異文化交流》，共著，東京：文学通信，2021年；植野弘子、上水流久彦編，《帝国日本における越境・断絶・残像―モノの移動》，共著，東京：風響社，2020年。

■ 小林宏至

〔日本〕山口大學人文學部暨人文科學研究科暨東亞研究科准教授。社會人類學、客家研究。吉野晃監修，岩野邦康、田所聖志、稲澤努、小林宏至編，《ダメになる人類学》，共著，東京：北樹出版，2020年；飯島典子、河合洋尚、小林宏至，《客家―歷史・文化・イメージ》，東京：現代書館，2019年；ホッピー文化研究会、碧海寿広、藤野陽平、濱雄亮、高橋典史、岡本亮輔、小林宏至，《ホッピー文化論》，東京：ハーベスト社，2016年。

III　歷史學

編著者

■ 楊素霞

〔臺灣〕國立政治大學日本語文學系教授。日本近現代史、殖民地研究、近代東亞史。《帝国日本の属領統治をめぐる実態と論理―北海道と植民地台湾・樺太との行財政的関係を軸として（1895～1914）》，臺北：國立政治大學出版社，2019年；〈植民地台湾における「明治維新」認識〉，《社会システム研究》第44號，2022年；〈戦後台湾における「明治維新」認識の再構築―1970年代後半～2000年〉，《日本文化研

究》第81輯，2022年；〈日露戦争期における「北進日本」史観の特徴〉，《植民地文化研究》第11號，2012年；〈日治初期臺灣統治政策論的再考：以《時事新報》對漢人統治與拓殖務省問題的討論爲中心〉，《亞太研究論壇》第33期，2006年。

執筆者

■ 藤村聰

〔日本〕神戶大學經濟經營研究所准教授。日本經濟史、日本經營史（近世至現代的企業史，從神戶高商＝現在的神戶大學的資料分析職業履歷）。〈近世後期における江戸武家屋敷の上水・橋々組合について〉，《歷史学研究》第682號，1996年；《近世中央市場の解体》，大阪：清文堂出版，1999年；〈鈴木商店と神戶高商―『学校一覧』による卒業生の就業実態〉，《国民経済雑誌》第219卷第3號，2019年。

■ 龜田俊和

〔臺灣〕國立臺灣大學日本語文學系助理教授。日本中世史。《観応の擾乱―室町幕府を二つに裂いた足利尊氏・直義兄弟の戦い》，東京：中央公論社，2017年；《南北朝期室町幕府をめぐる諸問題》，臺北：國立臺灣大學出版中心，2022年；〈初期室町幕府体制の「滅び」―「三条殿」体制と将軍足利尊氏の大権行使〉，《史林》第105卷第1號，2022年。

■ 陳計堯

〔臺灣〕國立成功大學歷史學系副教授。中國商業史、臺灣經濟史、臺灣原住民史、比較殖民地史。*Business Expansion and Structural Change in Pre-war China: Liu Hongsheng and His Enterprises, 1920～1937*, Hong Kong: Hong Kong University Press, 2006；〈臺灣白銀流動與貿易表現（1865～1895）〉，《臺大歷史學報》第65期，2020年；〈20世紀初期における在中国日系製粉企業の「経営失敗」（1900-1930）〉，楊素霞譯，《社会システム研究》第34號，2017年。

■ 藍弘岳

〔臺灣〕中央研究院歷史語言研究所副研究員。日本思想史、東亞思想文化交流史。〈「明治知識」與殖民地臺灣政治：「國民性」論述與1920年代前的同化政策〉，《中央研究院近代史研究所集刊》第88期，2015年；〈會澤正志齋的歷史敘述及其思想〉，《中央研究院歷史語言研究所集刊》第89本第1分，2018年；《漢文圈における荻生徂徠―医学・兵学・儒学》，東京：東京大学出版会，2017年。

■ 李啓彰

〔臺灣〕國立成功大學歷史學系副教授。日本近代史、近代東亞國際關係史、日本文化史。《日清修約交涉史》，新北：稻鄉出版社，2020年；〈「留守政府」時期外務卿副島種臣對外政策的檢討：臺灣「番地無主論」之形成與運用〉，《思與言》第58卷，2020年；〈近代東亞國際秩序確立的競爭—1871年中日修好條規締結過程的考察〉，李宇平編，《中國與周邊國家的關係》，新北：稻鄉出版社，2014年。

■ 冨田哲

〔臺灣〕淡江大學日本語文學系副教授。臺灣史、社會語言學。《植民地統治下での通訳・翻訳—世紀転換期台湾と東アジア》，臺北：致良出版社，2013年；〈ある台湾語通訳者の活動空間および主体性—市成乙重と日本統治初期台湾〉，楊承淑編，《日本統治期台湾における訳者及び「翻訳」活動—植民地統治と言語文化の錯綜関係》，臺北：國立臺灣大學出版中心，2015年；〈韓国華僑と台湾—台湾の大学への「帰国」進学者を対象に〉，植野弘子、上水流久彦編，《帝国日本における越境・断絶・残像—人の移動》，東京：風響社，2020年。

■ 清水唯一朗

〔日本〕慶應義塾大學綜合政策學部教授。日本政治外交史、口述歷史。《原敬》，東京：中央公論新社，2021年；《近代日本の官僚》，東京：中央公論新社，2013年；《政党と官僚の近代》，東京：藤原書店，2007年。

IV　語言學

編著者

■ 陳志文

〔臺灣〕國立高雄大學東亞語文學系教授。現代日語的文法研究、文章論與文體論研究、日中對照研究。〈副詞形の「一般に」と「一般的に」についての考察〉，《国語学研究》第58號，2020年；〈「へと＋動詞」構文についての考察—移動動詞を中心として〉，《国語学研究》第59號，2020年；〈現代日本語の計量文体論〉，村上征勝監修，金明哲、小木曽智信、中園聡、矢野桂司、赤間亮、阪田眞己子、宝珍輝尚、芳沢光雄、渡辺美智子、足立浩平編，《文化情報学事典》，共著，東京：勉誠出版，2019年；〈形容動詞連体形における「な／の」の選択条件について—「有名」「有限」「有数」の考察を中心として〉，斎藤倫明、石井正彦編，《日本語語彙へのアプ

ローチ―形態・統語・計量・歴史・対照》，東京：おうふう，2015年；《現代日本語の計量文体論》，東京：くろしお出版，2012年。

執筆者

■ 洪心怡

〔臺灣〕國立高雄科技大學應用日語系教授。日語語音學。〈台湾の日本語学習者における長／短母音の聴覚弁別―音節位置、アクセント型、半母音の有無による影響〉，《台大日本語文研究》第42期，2021年；《台湾の日本語学習者による長音の知覚研究》，臺中：白象文化，2019年；〈台湾人日本語学習者における閉鎖音の促音知覚について〉，《音声研究》第16卷12號，2012年。

■ 呂佳蓉

〔臺灣〕國立臺灣大學語言學研究所副教授兼所長。認知語言學、擬聲語及擬態語研究、語言類型學、隱喻研究、語言與文化研究。〈詞彙語意面面觀〉，黃宣範編，《語言學―結構、認知與文化的探索》，臺北：國立臺灣大學出版中心，2021年；Van Hoey, Thomas & Chiarung Lu., Lexical variation of ideophones in Chinese classics: their implications in embodiment and migration. In Fon, J. (ed.) *Dimensions of Diffusion and Diversity.* (Cognitive Linguistics Research, vol. 63), De Gruyter Mouton Press, 2019；〈認知と文化を取り入れた語彙リソースの構築〉，山梨正明編，《認知言語学論考》第13卷，東京：ひつじ書房，2016年。

■ 田島優

〔日本〕明治大學法學部教授。日語的文字論、感謝表現的歷史。《漱石と近代日本語》，東京：翰林書房，2009年；《「あて字」の日本語史》，名古屋：風媒社，2017年；《あて字の素姓》，名古屋：風媒社，2019年。

■ 齋藤倫明

〔中國〕中國海洋大學外國語學院日語系特聘人才教授。日語語彙論、語言單位論。《語構成の文法的側面についての研究》，東京：ひつじ書房，2016年；《語彙論的語構成論》，東京：ひつじ書房，2004年；《現代日本語の語構成論的研究》，東京：ひつじ書房，1992年。

■ 林立萍

〔臺灣〕國立臺灣大學日本語文學系教授兼日本研究中心主任。日語詞彙研究。《日本

昔話語彙の研究》，臺北：國立臺灣大學出版中心，2014年；〈日本昔話方面語の登
場人物から窺われる庶民の生活文化〉，斎藤倫明、石井正彦編，《日本語語彙へのア
プローチ—形態・統語・計量・歴史・対照》，東京：おうふう，2015年；〈登場人
物から見た日本昔話語彙の特徴—『赤い鳥』の童話を手掛かりに〉，《台大日本語文
研究》第34期，2017年。

■ 小針浩樹
〔臺灣〕輔仁大學日本語文學系副教授。日語文法理論。〈語の把握法—第三の立
場〉，《国語学研究》第59號，2020年；〈コピュラ文における『こそ』の機能〉，
《国語学研究》第56號，2017年；〈文法論の領域〉，斎藤倫明、大木一夫編，《山
田文法の現代的意義》，東京：ひつじ書房，2010年。

■ 賴錦雀
〔臺灣〕東吳大學日本語文學系特聘教授。日語語言學、日語教育學。《和語擬音語
・擬態語の研究》，私家版論文集，1991年；《日本語形容詞の語構成論的研究》，
臺北：大新書局，2001年；《臺日異文化交流能力育成研究7》，臺北：致良出版社，
2020年。

■ 小林隆
〔日本〕東北大學大學院文學研究科教授。日語語言學、方言學。小林隆編，《全国
調査による言語行動の方言学》，東京：ひつじ書房，2021年；小林隆編，《コミ
ュニケーションの方言学》，東京：ひつじ書房，2018年；《方言学的日本語史の方
法》，東京：ひつじ書房，2004年。

■ 王世和
〔臺灣〕東吳大學日本語文學系教授。日語表現法。〈台湾のための、日本語教育の
ための日本語研究〉，《大葉應用日語學報》第16期，2019年；〈日本語教育のため
の文法研究〉，《東吳日語教育學報》第50號，2018年；《文章・談話と文脈との交
渉》，臺北：日月文化出版，2015年。

■ 落合由治
〔臺灣〕淡江大學日本語文學系特聘教授。文本研究、表現研究、日語語言學、媒體研
究。《日本語の文章構成に関する基礎的研究—テクスト論と結合して》，臺北：致良
出版社，2007年；《新聞報道記事のテクスト論—その文章構成と表現技法の質的研
究》，臺北：致良出版社，2009年；《社会的表現ジャンルにおける日本語テクスト

のパロール的様相》，臺北：瑞蘭國際，2019年。

■ 郭碧蘭

〔臺灣〕國立屏東大學應用日語學系副教授。應用語言學、談話分析、日語教育。《日本語教育の視点から見る台湾人学習者の謝罪発話行為》，臺北：致良出版社，2014年；〈中国語を母語とする日本語学習者のクレーム対処における談話的特徴―日本語母語話者との比較を通じて〉，《台灣應用日語研究》第22期，2018年；〈少子化でもなお冷めることのない日本語学習熱を背景に〉，宮崎里司、春口淳一編，《持続可能な大学の留学生政策―アジア各地と連携した日本語教育に向けて》，東京：明石書店，2019年。

■ 神作晉一

〔臺灣〕南臺科技大學應用日語系助理教授。日語語言學（文字表記・語彙・文法）、日語教育學。〈丁寧体否定形式「～ませんです」の動向―「国会会議録検索システム」を例に〉，《論究日本近代語　第1集》，2020年；〈接尾語「～にくい」「～づらい」の動向―『こち 』コミックスを例に〉，《日本近代語研究6》，2017年；〈本居宣長の送り仮名意識―漢字と仮名の関係〉，《国語文字史の研究6》，2001年。

■ 簡月眞

〔臺灣〕國立東華大學民族語言與傳播學系教授兼系主任。社會語言學、接觸語言學、日語語言學。Chien, Yuehchen and Shinji Sanada, Yilan Creole In Taiwan. *Journal of Pidgin and Creole Languages*, 25(2), 2010；〈借用されないことば―日本語とアミ語との接触を軸に考える〉，《日本語学》第38卷第12號，2019年；《台湾に渡った日本語の現在―リンガフランカとしての姿》，東京：明治書院，2011年。

■ 王淑琴

〔臺灣〕國立政治大學日本語文學系教授。日語語言學。《日本語の自他両用動詞の研究―「自他対応」「自他交替」との関連》，臺北：國立政治大學出版社，2020年；〈『切る』『切れる』の意味の対応・不対応について―『基本動詞ハンドブック』の記述をもとに〉，《台灣日語教育學報》第31號，2018年；〈日本語における再帰構文とその位置付け〉，《台灣日語教育學報》第29號，2017年。

■ 陳麗君

〔臺灣〕國立成功大學臺灣文學系教授。社會語言學、功能語法、性別研究。《新移

民、女性、母語ê社會語言學─國際婚姻kah語言認同》，臺南：亞細亞國際傳播社，
2021年；〈再談臺灣語言中日語借詞的音韻規範和分布原理─以臺、鄒、布農語的超
音段成分為例〉，《三十而立─臺灣語文學會三十週年慶祝論文集》，臺北：秀威出版
社，2021年；〈臺灣多語教育nih臺語聲韻覺 早期指導ê重要性─以臺南市口埤實驗國
小做 〉，《臺語研究》第12卷第2期，2020年。

■野林靖彥
〔日本〕麗澤大學國際學部教授兼學部長。日語語言學、文法論與語意論。〈世界は述
語的に作られる─項的述語、叙述性述語、存在動詞述語による意味構成〉，《国語学
研究》第59號，2020年；〈図と地の解釈学─意識下に沈む無名存在の探求〉，《麗
澤大學紀要》第98卷，2015年；〈項と叙述の表現図式─主述構造とモダリティ〉，
《国文学：解釈と教材の研究》第49卷第7號，2004年。

■林青樺
〔日本〕日本大學中文中國文化學科兼任教師。日語語言學。《現代日本語における
ヴォイスの諸相─事象のあり方との関わりから》，東京：くろしお出版，2009年；
《現代日本語における可能表現の研究─典型から周辺へ》，臺北：致良出版社，
2014年；〈待遇表現としての可能構文に関する一考察〉，《日本語の様々な姿を考
える 黄憲堂教授記念論文集》，臺北：致良出版社，2016年。

■李廣微
〔日本〕同志社大學文化情報學研究科博士生。計量語言分析。〈文学作品の模倣に
関する計量的比較分析〉，金明哲、中村靖子編，《文学と言語コーパスのマイニン
グ》，東京：岩波書店，2021年；李広微、金明哲，〈モデリングから見る小説にお
ける助詞の経時変化〉，《情報知識学会誌》第31卷第3號，2021年；李広微、金明
哲，〈統計解析からみた小説『続明暗』の文体模倣〉，《計量国語学》第32卷第1
號，2019年。

Ⅴ　日語教育學／第二語言習得研究

編著者
■羅曉勤
〔臺灣〕國立臺中科技大學應用日語系教授。日語教育學、質的研究、教育實踐研究。
協働実践研究会、池田玲子編，《アジアに広がる日本語教育ピア・ラーニング》，共

著，東京：ひつじ書房，2021年；陳淑娟主編，周欣佳、陳姿菁、陳淑娟、闕百華、羅曉勤、羅濟立著，《日語文教材教法108課網》，臺北：五南圖書出版，2021年；《台湾高等教育での日本語人材育成における実践研究─今を生き・未来につながる教育を目指して》，臺北：瑞蘭國際，2020年；台湾協働実践研究会，《大学生の能動的な学びを育てる日本語教育─協働から生まれる台湾の授業実践》，共著，臺北：瑞蘭國際，2019年；〈台湾人日本語既習者が語る日本職場のコンフリクト─ケースメソッド教授法の教材作成に向けて〉，《台灣日語教育學報》第36號，2021年。

執筆者

■ 陳毓敏

〔臺灣〕中國文化大學日本語文學系副教授。第二語言習得、日語教育學、翻轉教育。《聴解教育における反転授業の導入および効果》，臺北：致良出版社，2018年；《第二言語としての日本語習得研究の展望》，共著，東京：ココ出版，2016年；《台湾人日本語学習者の漢字語習得における母語転移─縦断的及び横断的コーパスを用いて》，臺北：致良出版社，2015年。

■ 簡靖倫

〔臺灣〕國立臺中科技大學應用日語系專案助理教授。日中對照研究、華語教育、漢語語言學。〈論臺灣華語的非現實體標記「會」─從時間概念語言範疇化的角度〉，杉村博文教授退休記念中国語学論文集刊行会編，《杉村博文教授退休紀念中國語學論文》，東京：白帝社，2017年；〈時間概念的語言範疇化─論臺灣華語的非現實體標記「會」〉，《華語文教學研究》第4卷，2016年；〈中国語の習慣相標識に関する一考察〉，《漢語与漢語教学研究》第5卷，2014年。

■ 施信余

〔臺灣〕淡江大學日本語文學系副教授。言談分析、日語教育學、社會語言學。《遠隔接触場面における調整行動の研究─母語話者と非母語話者による日本語会話の分析》，臺北：致良出版社，2015年；〈対面接触場面における日本語母語話者と台湾人上級日本語学習者の調整行動─複合的な調整行動の相互依存連鎖とパターン化を中心に〉，《台灣日本語文學報》第36期，2014年；〈対面接触場面における調整行動─台湾人日本語学習者と日本語母語話者の会話より〉，《日本語／日本語教育研究》第5號，2014年。

■張瑜珊
〔臺灣〕東海大學日本語言文化學系副教授。日語教育學、語言生態學、教育實踐研究。《反転学習研究から得られた実践知―日本語初級文法授業を対象に》，臺北：瑞蘭國際，2021年；〈「グローバル化」という内容重視の授業で学習者が何を体験してきたか―主体的な学びの促しを試みて〉，台湾協働実践研究会編，《大学生の能動的な学びを育てる日本語教育―協働から生まれる台湾の授業実践》，臺北：瑞蘭國際，2019年；《研究生のための持続可能性アカデミック日本語教育―言語教育専攻の大学院生らの教育実践を通して》，東京：お茶の水女子大学大学院博士論文，2012年。

■工藤節子
〔臺灣〕東海大學日本語言文化學系助理教授。日語教育學、自律學習。〈プロジェクト型交流を運営する教師の成長―インタビューとKJ法による分析から〉，《台灣日語教育學報》第36號，2021年；〈コースデザインと授業実践を通した言語教育の学び〉，《多元文化交流》第11號，2019年；〈海外の中等教育機関で日本語を教える教師の仕事と悩み〉，水谷修監修，《日本語教育の過去・現在・未来　第2巻　教師》，共著，東京：凡人社，2009年。

■陳文瑤
〔臺灣〕東海大學日本語言文化學系副教授。歷史物語、中古文學、中世文學。台湾協働実践研究会編，《大学生の能動的な学びを育てる日本語教育―協働から生まれる台湾の授業実践》，共著，臺北：瑞蘭國際，2019年；《『今鏡』の創造方法―中世説話集との比較研究》，臺北：致良出版社，2016年；〈『今鏡』「蜂飼大臣」宗輔の逸話が語られた意味―『古事談』など中世説話集に語られた様相との比較から〉，《大葉應用日語學報》第11號，2016年。

■陳姿菁
〔臺灣〕開南大學應用日語學系副教授。談話分析、日語教育學、華語教育。〈第九章 資訊科技融入日語文教學〉，水谷修監修、陳淑娟主編，《日語文教材教法―A1、A2級的教學設計》，共著，臺北：五南圖書出版，2021年；〈Level-1の日本語活動の試み―キー・コンピテンシーの『態度』を中心に〉，《台灣日本語文學報》第48期，2020年；〈自己評価を用いた会話活動の可能性―第二外国語としての日本語授業を例に〉，《台灣日本語文學報》第40期，2016年。

■ 荒井智子
〔日本〕文教大學文學部教授。日語教育學、同儕學習、學習風格。水谷信子監修、桜井隆編，《日本語教育をめぐる研究と実践》，共著，東京：凡人社，2009年；台湾協働実践研究会編，《大学生の能動的な学びを育てる日本語教育—協働から生まれる台湾の授業実践》，共著，臺北：瑞蘭國際，2019年；協働実践研究会、池田玲子編，《アジアに広がる日本語教育ピア・ラーニング—協働実践研究のための持続的発展的拠点の構築》，共著，東京：ひつじ書房，2021年。

■ 黃鈺涵
〔臺灣〕國立臺灣大學日本語文學系副教授。日語教育學、語用論、情態表現。〈日語句末表現之語用考察—臺日比較之觀點〉，《臺大東亞文化研究》第5期，2018年；〈Can-doを取り入れた第二外国語授業のクラス活動と評価方法—学習者の自己評価に関する考察〉，《台灣日語教育學報》第25號，2015年；《非断定的表現「（し）そうだ」に関する語用論的考察》，臺北：國立臺灣大學出版中心，2014年。

■ 中村香苗
〔臺灣〕淡江大學日本語文學系副教授。會話分析、談話分析、相互行為研究、日語教育學。〈非母語話者との話し合い訓練を通した母語話者の気づき—「やさしい日本語」と「調整行動」の観点から〉，村田和代編，《シリーズ話し合い学をつくる3 これからの話し合いを考えよう》，東京：ひつじ書房，2020年；〈Critical Content-Based Instructionを目指した会話授業—「多文化共生」をテーマに〉，《銘傳日本語教育》第22期，2019年；〈社会文化理論における「学習」の探究—台湾人JFL学習者の話し合い活動での母語使用と学習の協働構築〉，《台灣日本語文學報》第37期，2015年。

■ 佐藤良子（內田良子）
〔臺灣〕東海大學日本語言文化學系助理教授。異文化溝通、日語教育學。佐藤良子（內田良子）・平田亜紀、福本明子、宮崎新，〈協働学習と異文化コミュニケーション—「内なる国際化」が進む日本で高等教育機関は何を求められているか〉，梁安玉監修，青山玲二郎、明石智子、李楚成編，《リンガフランカとしての日本語—多言語・多文化共生のために日本語教育を再考する》，東京：明石書店，2020年；〈4章海外から見た日本・日本から見た世界〉，藤巻光浩、宮崎新編，《グローバル社会のコミュニケーション学入門》，東京：ひつじ書房，2019年；〈12章　市民社会と公

共〉，藤巻光浩、宮崎新編，《グローバル社会のコミュニケーション学入門》，東京：ひつじ書房，2019年。

VI 文學研究

編著者

■ 山藤夏郎

〔臺灣〕國立政治大學日本語文學系副教授。日本古典文學研究（中世漢文學）。《〈他者〉としての古典―中世禅林詩学論攷》，大阪：和泉書院，2015年；〈動かない時間―室町禅林詩学における恒常不変的なものへの（／からの）眼差し〉，前田雅之編，《画期としての室町―政事・宗教・古典》，東京：勉誠出版，2018年；〈透明な声、隔たりの消失―古典世界において〈一つ〉の世界はいかに想像されたか〉，荒木浩編，《古典の未来学―Projecting Classicism》，東京：文学通信，2020年；〈忘れなければならない―中世禅林詩学における〈空虚な主体〉への／からの眼差し〉，《日本文学研究ジャーナル》第13號，2020年；〈海と観音と禅―無学祖元の観音信仰〉，《禅文化》第264號，2022年。

執筆者

■ 西田谷洋

〔日本〕富山大學教育學部教授。日本近代文學。《村上春樹のフィクション》，東京：ひつじ書房，2017年；《女性作家は捉え返す―女性たちの物語》，2020年，東京：ひつじ書房；《物語の共同体》，金沢：能登印刷出版部，2021年。

■ Wiebke DENECKE（魏樸和，ヴィーブケ・デーネーケ）

〔美國〕麻省理工學院文學部教授。中國與日本古典文學、和漢比較文學、韓國漢文學、漢字文化圈的比較文學、世界古典學。*The Dynamics of Masters Literature. Early Chinese Thought from Confucius to Han Feizi, Cambridge, Mass.: Harvard University Press, 2010; Classical World Literatures. Sino-Japanese and Greco-Roman Comparisons*, New York: Oxford University Press, 2013；〈句題詩の展開―「漢―詩」から「和―詩」へ〉，佐藤道生編，《句題詩研究》，東京：慶應義塾大学出版会，2007年。

■ 河野貴美子

〔日本〕早稻田大學文學學術院教授。和漢古文獻研究、和漢比較文學。《日本霊異記

と中国の伝承》，東京：勉誠社，1996年；Edoardo GERLINI、河野貴美子編，《古典
は遺産か？　日本文学におけるテクスト遺産の利用と再創造》，東京：勉誠出版，
2021年；〈空海の文事を通してみる平安朝文学史の一考察〉，《国語と国文学》第
98巻第5號，2021年。

■ 渡部泰明
〔日本〕國文學研究資料館館長。和歌史研究。《中世和歌の生成》，東京：若草書
房，1999年；《中世和歌史論─様式と方法》，東京：岩波書店，2017年；《和歌
史─なぜ千年を越えて続いたのか》，東京：KADOKAWA，2020年。

■ 齋藤正志
〔臺灣〕中國文化大學日本語文學系教授。日本中古物語文學、日本現代小說。《川上
弘美初期短篇研究─引用論による解読》，臺北：寂天文化，2019年；〈魅惑の傷痕
─村上春樹「木野」論〉，沼野充義監修、曾秋桂編，《村上春樹における魅惑（村上
春樹研究叢書TC005）》，新北：淡江大學出版中心，2018年；〈「竹」的「斎宮」與
「月」之「皇女」─『大和物語』的『竹取物語』引用〉，《台大日本語文研究》第33
期，2017年。

■ 陳斐寧
〔日本〕廣島大學森戶國際高等教育學院准教授。日本古典文學、和漢比較文學。
〈「網代車」小考〉，《国文論叢》第57號，2021年；〈中宮定子と檳榔毛車〉，
《むらさき》第55巻，2018年；〈『源氏物語』に埋もれた〈清涼山〉を掘り起こす
─「須磨・明石」から古代東アジアへ〉，《日本文学》第58巻第9號，2009年。

■ 大橋崇行
〔日本〕成蹊大學文學部日本文學科准教授。日本近代文學。《言語と思想の言説─
近代文学成立期における山田美妙とその周辺》，東京：笠間書院，2017年；大橋崇
行、山中智省，《小説の生存戦略─ライトノベル・メディア・ジェンダー》，東京：
青弓社，2020年；〈「見えがたきもの」と病─三遊亭円朝「怪談乳房榎」〉，《文
学・語学》第233集，2022年。

■ 張政傑
〔臺灣〕東吳大學日本語文學系助理教授。日本近現代文學、日本統治期臺灣文學、臺
日學生運動與相關文化活動、戰後臺灣紀錄片。〈桐山襲とその〈戰後〉─冷戰・身体
・記憶〉，《戰後日本を読みかえる　第2巻　運動の時代》，東京：臨川書店，2018

年：〈東亞「風雷」如何殘響？—臺灣「保釣文學」與日本「全共鬥文學」的比較研究〉，《中外文學》第48卷第2期，2019年；〈流動体としてのオキナワ〉，《社会文学》第50號，2019年。

■ 笹沼俊曉

〔臺灣〕東海大學日本語言文化學系教授。日本近現代文學、日本近現代思想史、東亞比較文學。《リービ英雄—「鄙」の言葉としての日本語》，東京：論創社，2011年；《「国文学」の戦後空間—大東亜共栄圏から冷戦へ》，東京：学術出版会，2012年；《流轉的亞洲細語：當代日本列島作家如何書寫臺灣、中國大陸》，臺北：游擊文化出版，2020年。

■ 廖秀娟

〔臺灣〕元智大學應用外語系副教授。日本近代文學、昭和文學、日治時期臺灣文學研究。《〈夢〉からみる昭和十年代の外地文学》，臺北：致良出版社，2012年；〈眞杉静枝「リオン・ハヨンの谿」「ことづけ」論—白百合を手がかりとして〉，《台大日本語文研究》第35期，2018年；〈太宰治「律子と貞子」論—理想の妻像を手がかりとして〉，《解釈》第67卷1-2月號，2021年。

■ 阮文雅

〔臺灣〕東吳大学日本語文學系副教授。近現代日本文學、日語文學、俳句研究。《「昭南」文学研究—南方徴用作家の権力と言語》，臺北：日月文化出版，2014年；〈林芙美子「ボルネオ　ダイヤ」論—二項対立図式の明暗〉，《近代文学試論》第59號，2021年；〈『台北俳句集』のテクスト分析—俳人高阿香の作品を例に〉，《台灣日本研究》第14期，2020年。

VII　現代大眾文化研究

編著者

■ 榊祐一

〔臺灣〕南臺科技大學應用日語系助理教授。日本近代文學・文化（主要為明治期韻文）、現代日本大眾文化（主要為電玩遊戲、動畫）。〈明治十年代末期における「唱歌／軍歌／新体詩」の諸相〉，《日本近代文学》第61集，1999年；〈アニメーション／運動／物語—宮崎駿に注目して〉，中山昭彦編，《ヴィジュアル・クリティシズム—表象と映画＝機械の臨界点》，東京：玉川大学出版会，2008年；〈物語として

のゲーム／テレプレゼンスとしてのゲーム—『バイオハザード』』を例として〉，押
野武志編，《日本サブカルチャーを読む—宮沢賢治からAKB48まで》，札幌：北海
道大学出版会，2015年；〈日本におけるサブカルチャーをめぐる語りの諸類型〉，
《層—映像と表現》第10巻，2018年。

執筆者
■蕭幸君
〔臺灣〕東海大學日本語言文化學系助理教授。日本近代文學、表象文化。〈『螢』、
滅する生への希求—『わたしを離さないで』と『其後それから』に言及しつつ〉，柴
田勝二、加藤雄二編，《世界文学としての村上春樹》，東京：東京外国語大学出版
会，2015年；〈死を凝視する生—車谷長吉「花椿」を読む〉，《多元文化交流》
第11號，2019年；〈來自過去的誘惑—論《還願》現象引發的「臺灣」想像〉，《多元
文化交流》第12號，2020年。

■南雄太
〔臺灣〕國立臺中科技大學應用日語系助理教授。近現代日本文學、文化。《村上龍作
家作品研究—村上龍の世界地図》，東京：專修大学出版局，2007年；《越境装置と
してのAKB48》，臺北：致良出版社，2020年。

■西田谷洋（富山大学）
→請見第VI部

■横濱雄二
〔日本〕甲南女子大學文學部日語日本文化學科教授。日本近代文學、映像文化。〈メ
ディアミックス—そういうのもあるのか〉，山田奨治編，《マンガ・アニメで論文・
レポートを書く—「好き」を学問にする方法》，京都：ミネルヴァ書房，2017年；
〈一九六五～八五年　ミステリの拡散〉〈ミステリのメディアミックス—『八つ墓
村』をめぐって〉，押野武志、谷口基、横濱雄二、諸岡卓眞編，《日本探偵小説を知
る——五〇年の愉楽》，札幌：北海道大学出版会，2018年；〈メディア・イベント
としての『君の名は』と『君の名は。』〉，地域コンテンツ研究会編，《地域×アニ
メ—コンテンツツーリズムからの展開》，東京：成山堂書店，2019年。

■近藤周吾
〔日本〕國立富山高等專門學校一般教養科准教授。日本近代文學。〈富山の文学—文

学とサブカルチャーの「両輪駆動」〉，《日本近代文学》第95集，2016年；〈『おおかみこどもの雨と雪』論—『二十四の瞳』『八日目の蟬』とのテクスト連関〉，西田谷洋編，《文学研究から現代日本の批評を考える—批評・小説・ポップカルチャーをめぐって》，東京：ひつじ書房，2017年；地域コンテンツ研究会編，《地域×アニメ—コンテンツツーリズムからの展開》，共著，東京：成山堂書店，2019年。

譯者

■ 阮文雅
→請見第VI部

■ 劉淑如
〔臺灣〕國立宜蘭大學外國語文系副教授。日本近代文學、日治時期臺灣文學與樺太文學的比較研究。〈鄉誼與協力：回應帝國日本的同化教育—長見義三的樺太小説〈和人教我的事〉〉，《臺灣東亞文明研究學刊》第16卷第2期，2019年；〈日本帝國保障占領下北樺太亞港的流離再現：大鹿卓小說〈夜霧〉書寫的時代意涵〉，《台灣日語教育學報》第28號，2017年；〈田山花袋小說中的殖民地樺太與臺灣的再現—以〈阿留夏〉〈眞岡〉與〈山中巡查〉爲例〉，《高大人文學報》第1期，2016年。

■ 葉宇軒
〔日本〕東京大學中國語中國文學研究室博士生。近代中日學術思想史。《成爲教育學：論明治前期及民國初年荀學言説的近代生成》，臺北：國立臺灣大學中國文學研究所碩士論文，2021年；〈以宋爲度／維度—從清代宋學「再現」到漢宋論述〉，《道南論衡全國研究生學術研討會論文集》，臺北：國立政治大學中文系，2021年。

■ 楊琇媚
〔臺灣〕南臺科技大學應用日語系副教授。日本近代文學、性別論。《「第三の新人」文学における〈家族〉言説—安岡章太郎・小島信夫・庄野潤三—》，臺北：致良出版社，2015年；〈村上春樹「ハナレイ・ベイ」論—母子関係の象徴性に着目して〉，《台灣日語教育學報》35號，2020年；〈庄野潤三「プールサイド小景」論—作品におけるジェンダーの非対称性に着目して〉，《台大日本語文研究》第42期，2021年。

■ 楊素霞
→請見第III部

■ 葉靜嘉

〔臺灣〕慈濟大學教育研究所助教。臺灣運動史。《臺湾における「野球文化」の構築とそのナラティヴモードについて—臺湾における「王貞治」イメージの形成とその変化（1965-2020）に注目して》，臺北：國立政治大學日本語文學系碩士論文，2021年。

■ 黃信棋

〔臺灣〕南臺科技大學應用日語系碩士生。日本民俗學。

■ 蔡忠佑

〔臺灣〕國立政治大學日本語文學系碩士生。日本近代史、日本民俗。

■ 蔡亦竹

→請見第II部

■ 張夢桓

〔臺灣〕國立政治大學日本研究碩士學位學程。日本史（日本政治史、幕末維新史）、日本城郭保存與活用、日本大眾文化研究、臺日關係。《政治・外交環境の変化に見る「開国」の捉え方の異同—彦根市における井伊直弼顕彰を中心に—》，京都：立命館大學大學院國際關係研究科修士論文，2022年。

■ 梁媛淋

〔臺灣〕南臺科技大學通識教育中心助理教授。日本史（19世紀的大名家臣與旗本）。〈十九世紀前半彥根井伊家の身分構造〉，《日本研究》第53集，2016年；〈幕末尾張德川家の身分構造〉，《年報地域文化研究》第18號，2015年；〈幕末萩毛利家の身分構造〉，《年報地域文化研究》第17號，2014年。

■ 馮家瑋

〔臺灣〕國立政治大學日本研究碩士學位學程暨立命館大學國際關係研究科碩士生。日本政治外交與國際關係研究。

■ 胡必馨

〔臺灣〕國立高雄大學東亞語文學系碩士生。自稱詞、役割語研究。

■ 劉泱伶

〔臺灣〕日語補習班教務主任。句末語氣詞「吧」與日語的對照研究。《非下降イントネーションで発話される「吧」の確認要求用法—ダロウとの対照に向けた一考察》，

臺北：國立政治大學日本語文學系碩士論文，2020年。

■ 廖秀娟
→請見第VI部

■ 黃如萍
〔臺灣〕國立高雄餐旅大學應用日語系副教授。日本近現代文學。〈日影丈吉「ねずみ」論─台湾という〈空間〉〉，《台大日本語文研究》第40期，2020年；〈夢野久作「冗談に殺す」論─〈日常〉から〈非日常〉へ〉，《解釈》第63卷11-12月號，2017年；《〈犯罪〉作品の意匠》，臺北：致良出版社，2013年。

■ 陳文瑤
→請見第V部

■ 吳沛珊
〔日本〕曾任鳥取縣政府交流推進課東亞交流組國際交流員，現為臺灣的大學兼任講師、口譯和筆譯人員。《一定會考的JLPT日檢N1選擇題1,000：高效能、高報酬、新日檢快速通關！》，共著，新北市：我識出版教育集團，2022年

■ 林玉英
〔臺灣〕「あいち医療通訳システム」華語醫療口譯人員。日語教育學。

■ 何資宜
〔臺灣〕國立高雄大學東亞語文學系副教授。太宰治研究、戰爭文學研究、臺日文化研究。《昭和十年代 太宰治》，臺北：致良出版社，2020年；何資宜、徐柏茵，〈原爆マンガから見るネット言説と販売戦略との関係をめぐって─こうの史代の『夕凪の街 桜の国』を中心に〉，《高大人文學報》第4期，2019年；〈太宰治「駈込み訴へ」試論─その創作手法からみる作者の創造と読者の想像〉，《台大日本語文研究》第37期，2019年。

■ 金想容
〔臺灣〕國立政治大學日本語文學系助理教授。近現代臺日消費文化史。〈日本統治時代の台湾における「味噌」の生産と消費─1900～1945年を中心に〉，《多元文化交流》第10號，2018年；〈現代台湾における『日本発ポピュラー文化』の再構築─台湾製『偶像劇』をめぐって〉，《天理台湾学会年報》第20號，2011年。

■陳柏伸

〔臺灣〕南臺科技大學應用日語系兼任講師。日語語言學。《日本語における役割語の研究──サブカルチャーを中心に》，臺南：南臺科技大學應用日語系碩士論文，2011年。

國家圖書館出版品預行編目資料

日本學指南／山藤夏郎，林承緯，柳瀨善治，
陳志文，楊素霞，榊祐一，羅曉勤編. --
初版. -- 臺北市：五南圖書出版股份有限
公司, 2023.07
　　面；　公分.

ISBN 978-626-343-097-6（平裝）

1.學術研究　2.文集　3.日本

731.07　　　　　　　　　　111011366

1XMX 日語系列／通識系列

日本學指南

編　　者 — 山藤夏郎、林承緯、陳志文、柳瀨善治

　　　　　楊素霞、榊祐一、羅曉勤

發 行 人 — 楊榮川

總 經 理 — 楊士清

總 編 輯 — 楊秀麗

副總編輯 — 黃惠娟

責任編輯 — 陳巧慈

封面設計 — 王麗娟、陳亭瑋

出 版 者 — 五南圖書出版股份有限公司

地　　址：106台北市大安區和平東路二段339號4樓

電　　話：(02)2705-5066　　傳　　真：(02)2706-6100

網　　址：https://www.wunan.com.tw

電子郵件：wunan@wunan.com.tw

劃撥帳號：01068953

戶　　名：五南圖書出版股份有限公司

法律顧問　林勝安律師

出版日期　2023年7月初版一刷

定　　價　新臺幣580元

經典永恆・名著常在

五十週年的獻禮——經典名著文庫

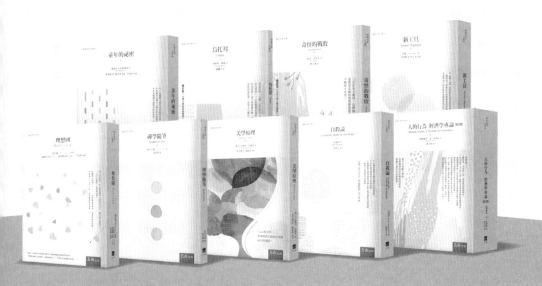

五南,五十年了,半個世紀,人生旅程的一大半,走過來了。

思索著,邁向百年的未來歷程,能為知識界、文化學術界作些什麼?

在速食文化的生態下,有什麼值得讓人雋永品味的?

歷代經典・當今名著,經過時間的洗禮,千錘百鍊,流傳至今,光芒耀人;

不僅使我們能領悟前人的智慧,同時也增深加廣我們思考的深度與視野。

我們決心投入巨資,有計畫的系統梳選,成立「經典名著文庫」,

希望收入古今中外思想性的、充滿睿智與獨見的經典、名著。

這是一項理想性的、永續性的巨大出版工程。

不在意讀者的眾寡,只考慮它的學術價值,力求完整展現先哲思想的軌跡;

為知識界開啟一片智慧之窗,營造一座百花綻放的世界文明公園,

任君遨遊、取菁吸蜜、嘉惠學子!